国家社会科学基金项目
"应用认知语言学视域下的英语教与学实证研究"
【批准号 13BYY083】成果

本书受教育部人文社会科学重点研究基地
广东外语外贸大学外国语言学及应用语言学研究中心出版基金资助
广州工商学院学科发展与建设项目资助
广东多语种教育发展研究中心项目资助

应用认知语言学

卢植 ◎ 著

Applied
COGNITIVE
LINGUISTICS

北京大学出版社
PEKING UNIVERSITY PRESS

图书在版编目 (CIP) 数据

应用认知语言学 / 卢植著 .—北京：北京大学出版社，2022.11
ISBN 978-7-301-33537-6

Ⅰ.①应… Ⅱ.①卢… Ⅲ.①认知语言学 – 教材 Ⅳ.① H0–06

中国版本图书馆 CIP 数据核字 (2022) 第 196228 号

书　　　名	应用认知语言学 YINGYONG RENZHI YUYANXUE
著作责任者	卢　植　著
责任编辑	郝妮娜
标准书号	ISBN 978-7-301-33537-6
出版发行	北京大学出版社
地　　　址	北京市海淀区成府路 205 号　100871
网　　　址	http://www.pup.cn　新浪微博：@ 北京大学出版社
电子邮箱	编辑部 pupwaiwen@pup.cn　总编室 zpup@pup.cn
电　　　话	邮购部 010-62752015　发行部 010-62750672　编辑部 010-62759634
印　刷　者	北京圣夫亚美印刷有限公司
经　销　者	新华书店
	720 毫米 ×1020 毫米　16 开本　23 印张　420 千字 2022 年 11 月第 1 版　2022 年 11 月第 1 次印刷
定　　　价	78.00 元

未经许可，不得以任何方式复制或抄袭本书之部分或全部内容。
版权所有，侵权必究
举报电话：010-62752024　电子邮箱：fd@pup.cn
图书如有印装质量问题，请与出版部联系，电话：010-62756370

前　言

本书是我主持完成的国家社科基金项目的成果，以国家社科基金项目结项报告的主干部分内容为本书主要内容。2006年，我曾经写道"目前，我国认知语言学的实验研究寥寥无几"（卢植，2006a：x），意在强调和倡导认知语言学的实证研究和应用研究，眼前这本书实际上是对当时的思考所做的深化和延伸，也是我对认知语言学应当理论和实验并重的认识的体现。

2002年10月份在苏州大学第二届全国认知语言学研讨会会前的"第二届全国认知语言学讲习班"上，心理空间理论和概念整合理论的创始人、加利福尼亚大学圣地亚哥分校（UCSD）的Fauconnier教授分别讲授了"心理空间和概念合成"与"整合网络的压缩"的培训内容，期间，我问他，你的理论可以通过实验给予验证吗？Fauconnier教授回应可以。这可以看作是我的认知语言学实证研究的起点和发端。2001年我从雷丁大学（The University of Reading）访学进修归国后，教育部国家留学基金委员会对我申报的"语言的认知研究"以留学回国人员科研启动资金的形式给予资助，2004年我获批国家侨办人文社会科学规划项目"应用认知语言学研究"，2006年我主持的国家社科基金项目"基于语料库的英汉语言自然语义元语言对比研究"是与认知语言学有关的实证研究，2013年我主持的国家社科基金项目"应用认知语言学视阈下的英语教与学实证研究"于2017年底顺利结项。本书就是在2013年国家社科基金项目的部分研究成果基础上汇编而成，项目的部分成果在成书之前以论文形式发表于*System*、《外语教学与研究》等学术期刊。

关于认知与语言、认知与外语学习的问题，桂诗春先生是我国最先提出要进行研究的学者。1991年《外语教学与研究》第3期发表的桂先生的《认知与语言》是我国最早论及认知与语言的论文，1992年《外语教学与研究》第4期上桂先生的《认知与外语学习》是我国最早提出要研究认知与外语学习之间关系的论作。早在1988年桂先生就主持国家哲学社会科学重点课题"中国学生学习英语的心理语言学研究"并于1992年出版了我国首部探讨中国学生学习英语的心理认知机制的论文集，这是我国最早的使用认知科学手段进行外语学习过程认知机制的实证研究。1993年我有幸考入先生门下攻读博士学位，正是恩师的学术思想引导我从思考认知与语言研究及认知与语言学习的问题出发设计自己的学术进路。我将本书视作对先生学术思想的传承和纪念。因为，在我进行课题研究和写作本书的过程中，始终受到先生深邃学术思想的滋养，时刻受到先生伟大人格的激励。在我撰写本书的过程中，先生的音容笑貌时时浮现于脑海，每每感到困惑和迷茫时，总是从堆积在手边的先生的论著中寻找灵感、汲取力量。桂先生在《中国学生英语学习心理》的"绪言"中写道，从认知科学的角度看，任何教学过程，包括英语教学过程，都是一个信息处理的过程，要了解这个过程，就必须结合学习过程中的知觉、表象、记忆、理解、意识、思维、决策、问题求解等心理表征来进行研究，因为，不管是语言的习得、学习，还是使用都受这些心理表征的制约，也就是认知制约。这一思想至今依然是从事应用认知语言学研究的金科玉律。我在纪念先生九十华诞的主旨发言中提到对先生的最好纪念就是踏踏实实照着他指引的路径做研究，传承先生的学术。先生留下了无数宝贵的学术珍品和值得我们终生学习的学术智慧，这本书就当作对先生的纪念！

我在2013年国家社科基金项目的申报书中论及选题价值和意义的部分写道"把认知语言学的理念和应用语言学的实践结合起来从而确立应用认知语言学的学科地位，构建具有中国特色的应用认知语言学体系具有重要的学术价值和教学实践意义。把认知语言学的重要概念应用到外语及第二语言习得和教学中的一些具体问题，探讨如何利用国内丰富的英语学习者资源进行认知语言学的应用研究，扩大中国外语语言学界在国际上的影响和地位，均具有重要的指引意义"。国家社科基金项目立项后，整个项目就在这一指导思想下展开。

项目实施过程中，项目组成员付出了极大辛劳。孙娟、涂柳、范晓、戴凤娇、项娟、叶新新、向丽梅、舒欣、李曼玉、和慧娟等为具体子项目的执行和完成做了大量的工作。项目原计划为三年即2016年完成，期间因故申请延期一年结项，2017年底顺利结项为"良好"等级，匿名结项评审专家给出的出版建议和修改意见均吸收于本书，作者对评鉴专家们的意见和建议表示诚心接受和衷心感谢。原来提交给国家社科规划办的结项报告共包括15章，减去已发表于国内外学术期刊的有关内容，本书主体内容共10章，其中第4章和第5章由山东财经大学外国语学院副教授孙娟博士撰写，其余各章由我撰写，全书参考文献由我逐一核对校编。

本书写作过程中所参考和引用的国内外参考文献都按学术规范做了标示并列入参考文献，但因涉及主题多，工作量极大，文献浩如烟海，难免顾此失彼、挂一漏万，若有所遗漏，诚祈读者指出以便补正。本书第2章至第9章用到了大量文字的、图画的或者动画视频的实验材料，正文都做了实物图片介绍或文字说明，但考虑到篇幅限制，书末未将全部实验材料以附录形式呈现；书中凡是实验室条件下电脑呈现的实验程序都是以实验心理学软件E-prime单机版编写的程序用于呈现实验文字或图片、视频，读者若对实验材料和程序感兴趣或有疑问，请联系作者。读者批阅本书的意见和建议或学术交流请通过电子邮箱zhi.lu@foxmail.com联系作者，您的任何意见、建议、质疑和探讨都会被作者视为弥足珍贵的财富！切磋和交流将有助于细化我们对某个议题的思考、深化对于问题的研究，有利于应用认知语言学的探索。

我对认知语言学的研习始终得到胡壮麟先生的亲切关怀和悉心指导，我参与了胡先生主编的《语言学教程》第三版至第五版中"语言与认知"（第6章，与齐振海合写）和《语言学高级教程》中"认知语言学"（第9章）的写作，期间受教于先生者甚多。《语言学教程》作为国内出版时间最长、印刷版次最多的专为国内外语专业本科学生编写的国家级规划教材，于2021年荣获首届国家教材奖。在参编两本教材的过程中，我曾数次前往北京大学出版社参加编写组工作会议或录制授课视频，也曾多次作为授课人员参加出版社举办的语言学讲习班，和出版社结下深厚友谊。本书的出版得到北京大学出版社的鼎力支持，外语编辑部主任张冰教授一直关心本书的写作并将本书选题纳入出版计划，外语编辑部副主任刘文静女士给予很多具体的业务指导，本书责任编辑郝妮娜女士在排版编辑上悉心付出，为本书增色甚多，在此一并表示衷心谢忱。本书出版之际，恰逢胡壮麟先生九十华诞，借此向先生送上最诚挚的祝福，祝先生健康长寿、东海泰山！

卢　植

2022年8月25日

于广外

目 录

1. 导言 1
   1.1 应用认知语言学 1
      1.1.1 认知语言学 1
      1.1.2 应用语言学 3
      1.1.3 应用认知语言学 4
   1.2 应用认知语言学的研究方法 14
      1.2.1 定性研究方法 15
      1.2.2 定量研究方法 18
   1.3 本书主要内容 21

2. 原型范畴与核心词教学 23
   2.1 范畴与范畴化 24
   2.2 范畴与词汇教学 34
   2.3 实验研究 39
      2.3.1 基本词产出实验 39
      2.3.2 原型词教学实验 40
   2.4 结果分析与讨论 42
      2.4.1 基本词产出实验的结果 42
      2.4.2 原型词教学实验的结果 43

I

  2.4.3 综合讨论 ··· 46

 2.5 小结 ·· 52

3. 语言相对论与外语教学 ······································ **54**

 3.1 语言相对论 ··· 55

 3.2 英语和汉语数字标记系统 ·································· 62

 3.3 英汉单语者及双语者图片相似度判断实验 ·············· 68

 3.4 结果分析与讨论 ·· 72

  3.4.1 结果 ·· 72

  3.4.2 讨论 ·· 76

 3.5 小结 ·· 80

4. 隐喻与短语动词教学效用 ···································· **82**

 4.1 隐喻与概念隐喻理论 ······································ 83

 4.2 英语短语动词及其教学 ···································· 85

 4.3 实验研究 ··· 97

 4.4 实验结果 ·· 101

 4.5 分析与讨论 ··· 109

 4.6 小结 ··· 114

5. 意象图式与动词隐喻义学习 ································ **117**

 5.1 具身认知与意象图式 ····································· 117

 5.2 动词隐喻及其认知理解 ·································· 121

 5.3 动词隐喻实验 ·· 132

 5.4 结果与讨论 ··· 136

  5.4.1 结果 ··· 136

  5.4.2 综合讨论 ··· 141

 5.5 小结 ··· 146

6. 位移事件类型框架与动态位移事件的学习 ······ **147**

- 6.1 位移事件类型 ······ 148
- 6.2 位移事件习得研究 ······ 152
- 6.3 实验研究 ······ 160
- 6.4 数据分析与讨论 ······ 165
  - 6.4.1 语义成分表达 ······ 165
  - 6.4.2 方式动词的类符与形符分析 ······ 168
  - 6.4.3 自主性动态位移事件的路径密度 ······ 170
  - 6.4.4 致使性动态位移事件的数据分析和讨论 ······ 173
  - 6.4.5 原因动词的类符与形符分析 ······ 176
  - 6.4.6 致使性动态位移事件的路径密度 ······ 178
- 6.5 小结 ······ 182

7. 构式与英语被动构式的理解 ······ **183**

- 7.1 构式与构式语法 ······ 184
- 7.2 被动构式与构式语法 ······ 194
  - 7.2.1 被动构式本体研究 ······ 194
  - 7.2.2 被动构式的认知理解 ······ 198
- 7.3 构式与外语学习 ······ 204
- 7.4 被动构式判断实验 ······ 208
- 7.5 实验结果和讨论 ······ 209
- 7.6 小结 ······ 226

8. 英语双宾语构式习得 ······ **229**

- 8.1 双宾构式 ······ 229
- 8.2 英语双宾构式理解与产出实验 ······ 240
- 8.3 结果与讨论 ······ 243

8.4 小结 …… 249

9. 概念合成理论视角下的二语写作 …… 251
9.1 概念整合理论 …… 252
9.2 作文过程与概念整合 …… 258
9.3 研究方法 …… 266
9.4 数据分析与讨论 …… 268
9.4.1 两组被试四项作文指标的描述统计 …… 268
9.4.2 两组被试的二语作文中的一语使用率 …… 270
9.5 小结 …… 278

10. 结　语 …… 279
10.1 总结与回顾 …… 279
10.2 展望及建议 …… 286

参考文献 …… 289

后　记 …… 355

1. 导言

在认知语言学与应用语言学的交汇融合中形成和发展起来的应用认知语言学，是把认知语言学的重要概念应用于外语及第二语言习得和教学中的一些具体问题的学科。应用认知语言学的基本观点是认知语言学的理论原理和概念模型应用于中国语境下的英语教学的实践有助于提升英语教与学的水平和质量，我国英语学习者在学习和提升英语语言水平和能力的过程中理解和把握英语中的特殊语言现象如习惯用语、短语动词等的隐喻基础和认知理据有助于提高他们的学习效果。认知语言学的语言观有助于英语教学，英语教学吸收认知语言学的原则和原理，有益于丰富和深化应用语言学学科内涵。

1.1 应用认知语言学

1.1.1 认知语言学

认知语言学（cognitive linguistics）是"研究思维本质及其语言表达的学科"（Lakoff，2004：123）。从这一定义看，认知的性质和本质是认知语言学研究的首要对象，而认知虽是一个高度抽象的概念，但又是体现人类本质的客观存在，是联系人与外在世界的重要纽带。所以，认知语言学认为语言是认知的表征（卢植，2006a：1）。认知语言学同时具有自然科学和社会科学的属性（卢植，2006a：17），是认知科学和语言科学相互交叉、彼此融合而研究人类认知与语言关系的交叉学科。近年来，更多的认知语言学研究融合了心理学、神经科学、语言习得研究以及言语障碍研究的要素，体现出了跨学科的属性（束定芳、张立飞，2021）。认知语言学是一种语言研究的"运动"，而不是一个学派或一个单纯的语言学学说。经过四十余年的发展，认知语言学已成为当前世界语言学研究的一个重要范式（束定芳、田臻，2021：1）；作为语言学范式的认知语言学可以分为"宏观认知语言学"（cognitive linguistics，小写的"c"）和"微观认知语言学"（Cognitive linguistics，大写的"C"）（Wen & Taylor，2021：2）。从学科范畴和分类的角度看，认知语言学兼有自然科学和人文社会科学的属性。随着研究手段和技术从思辨向实证转化，认知语言学家对认知和语言的探索不断深化着我们对语言认知机理和机制的探究，推进着人类对于语言本质的理解和认识。"多种研究方法相互结合，在理论和应用方面均增强了认知语言学研究的深度和广度"（束定芳、田臻，2021：107）。认知语言学导向的语言认知研究是一个快速发展的运动，存在着不同的理论模式和研究路线，但它们的共同点是认为语言是一种心理现象，最终必须按心理现象来描写（Langacker，1991a：8）。

　　语言观是人们对语言的总体看法和根本观点，反映了人们对语言本质的认识（林正军、张宇，2020）。认知语言学有以下指导语言认知研究的主要原则或基本假设：（1）语言不是一种自主的认知机能，而是人类认知的主要组成部分，（2）人类语言是一个开放性的符号单位清单，其中的形式通常与意义（即构式）配对，（3）意义是语言的全部，（4）意义建构是概念化，（5）语义结构是概念结构，（6）概念结构是具身性的，（7）意义表征是百科式的，（8）语法是有意义的，（9）语言知识基本上源于语言的使用（Wen & Taylor，2021）。

　　认知语言学的哲学基础是体验哲学和经验主义哲学中的合理成分，因此，认知语言学认为人类语言不是先验的和超验的，而是经验的和体验的，认知与语言是互动的，认知—语言具有整体生态性，语言在人类与环境的互动中生成、演化、发展（卢植，2006a：1）。认知语言学的语言观在于它不是独立于语言的形态—句法特征，而是从人类感知时空的基本手法入手去探索语言共性，认为语言共性是人类的感知机制和物质世界相互作用的结果。语言是一种认知手段，人们通过这一手段表达自己对生活于其中的世界的看法与感受，把高度抽象的概念和极为复杂的概念化过程转换成言语。

认知语言学采用多学科的方法探讨语言的认知表征，将语言研究与认知研究紧密地结合和关联起来，强调依据人的认知过程阐释语言及语言行为，把语言系统看作是人的认知常规的总和，语言行为是语言符号在不同认知加工通道中的激活；描述和解释语言时要参照原型、图式、范畴、脚本、认知域或认知模式等描写参量，因为语言知识是不能与百科知识截然分开的。就语言表征而言，最主要的认知环节是对语义的记忆和用知识进行语义推导，准确地获得对于语言形式的语义解释。在认知语言学家看来，整体—部分关系、时间—顺序概念等都是人类感知世界时所产生的共同认知结果，是语言的普遍原则或语言共性。譬如，Langacker（1982）有两个最突出的观点，一是句法不是独立的，而是与词汇、语素连为一体的符号系统的一部分，二是语义结构因语言而异，语义结构中存在着层层相叠约定俗成的映象，是约定俗成的概念结构，语法是语义结构约定俗成的符号表征。认知语言学所催生的实证研究复杂而艰辛，却极具说服力（王寅等，2003）。

1.1.2 应用语言学

应用语言学（applied linguistics）是融合语言学、语言教学、二语习得研究、教育学和心理学研究语言教学，尤其是外语教学的交叉性综合性学科。19世纪末，"应用语言学"由Courtenay（1870）提出，但未引发关注，20世纪40年代以后，语言的应用研究和理论研究得以明确地区分开来，应用语言学的研究才逐步推开。1948年被公认为当代应用语言学的发端之年，《语言学习：应用语言学期刊》是年首发，学界因之有此共识（Grabe，2010），此后，应用语言学经由大量不同的方式得以定义和阐释。

应用语言学有广义和狭义之分，本书所涉为狭义应用语言学。应用语言学是一门应用型的交叉科学，它的基本特点是把各种与外语教学有关的学科应用到外语教学中去（桂诗春，2005）。应用语言学最为显著和鲜明的特点是其实证性和实验性，它以过程和实践为导向，以外语教学中的问题为驱动，着眼于实际的教学过程探讨具体而细微的问题，避免空泛的文字陈述和铺设（卢植，2011：13），应用语言学可以看成是各种语言学理论的试验场，其中，研究语言的学习和使用的心理过程的心理语言学在应用语言学界广受重视（Skehan，1998：5）。语言学习的信息处理范式认为心灵是一个受容量限制的、通用的符号处理系统，这一范式提出至今一直为二语习得研究和外语教学实践提供丰富资源（Harrington，2002）。注意、意识和记忆在这个范式中的作用又被称为微过程（Ellis，2001；Schmidt，1990，2001）。从宏观角度看，外语教学的最终目的是用外语来传达意义、交流思想、完成交际任务。母语习得是和意义连在一起的，母语对外语学习所起的迁移作用实际上源于我们要用另一种语言来表达我们用母语所表达的意义。

从学习理论的角度看，知识的习得和使用是一个具有目的性和可控性的内在心理过程，涉及模式识别、感知觉、视听表象、注意、记忆、知识结构、语言、思维、决策、解决问题等一系列的心理认知过程。外语的学习和使用以大脑（信息处理器）为中心，连接输入和输出，牵涉知觉、表象、记忆、理解、意识、思维、决策、问题求解（语言的使用也是一种问题求解）的心理表征。外语教学中的各种教学模式和教学方法的提出都体现着认知的重要地位（桂诗春，1992a）。

从应用语言学角度思考和讨论我国外语教学的问题时要重视语言教学的认知基础，了解学习者学习语言的心理过程（桂诗春，1992b：3）。在语言学习中，认知、意识、经验、具身、大脑、个人、人类交往、社会、文化、历史以复杂而动态的方式交融在一起，所以语言学习牵涉认知的各个方面。认识外语教学的认知基础关系到教学思想改变的问题，教师和研究者应该围绕外语教学的认知基础对中国学生学习外语的心理过程开展更多的实验性的研究（桂诗春，2010）。

1.1.3 应用认知语言学

认知语言学的蓬勃发展促使学界关注其对外语学习及第二语言习得的意义和价值、影响与应用（刘正光，2009；文秋芳，2013；刘正光、艾朝阳，

2016），实际上，"认知语言学应用于第二语言学习中的问题在最早的理论认知语言学论文发表几年内便出现了"（Tyler，2012：10），但国际上冠以"应用认知语言学（Applied Cognitive Linguistics）"的书籍都是以文集而非专著形式出现（Pütz, et al., 2001a, 2001b; Tyler, et al., 2018），譬如，Pütz等（2001a，b）主编的《应用认知语言学》（卷1和卷2），Littlemore和Juchem-Grundmann（2010）主编的《国际应用语言学会评论》（*AILA Review*）第23期特刊"二语学习暨教学中的应用认知语言学"，Tyler等（2018）主编的《什么是应用认知语言学？》均为荟集单篇论文而成的文集而不是系统阐述和论证应用认知语言学完整体系的专著。

应用认知语言学是"认知语言学对二语和外语的习得和教学启示"（Pütz，2007）。魏晓敏等（2018）认为应用认知语言学指认知语言学理论应用于语言学习和教学的研究，尤其指外语学习和教学研究。

Pütz 等（2001a，b）主编的《应用认知语言学》（*Applied Cognitive Linguistics*）第Ⅰ卷荟集的论文主要讨论了英语时态系统的认知研究方法、语法构式中的原型、与语言习得有关的神经认知机制和机理等议题；《应用认知语言学》第Ⅱ卷主要论及学习短语动词和固定短语的分析法、隐喻与习语学习的综合法、形态学和词汇层的系统有序与混沌无序、语言教育的文化模型。

Littlemore和Juchem-Grundmann（2010）主编的*AILA Review*第23期特刊《二语学习暨教学中的应用认知语言学》的9篇论文涉及实证研究、理论合成和认知语言学对外语教学的建议等，认知语言学与二语学习和教学的相互作用，认知语言学视角下的二语习得中的显性知识与学习，认知语言学应用于课堂第二语言的学习——英语情态词为例，二语短语动词学习的认知语言学阐释，认知语法为什么会在二语课堂中发挥作用，帮助学习者使用二语词汇的形式—意义匹配，构式语法走向教学模式，转喻推理与二语习得，英语学习中的隐喻能力的现状与走向。

Tyler等（2018）主编的《什么是应用认知语言学？》分三部分讨论了范畴与构式，识解与视点，一词多义等三大主题的教学，涉及的具体内容有用法和概念的教学——论认知教学语法，从英语主从结构和并列结构的学习角度看构式与互动能力，德国和西班牙英语学习者对英语互补结构中的连词that的选用，类型学角度的法国和荷兰英语学习者对空间的描述，视点概念在二语教学中的运用，应用合成理论教授英语虚拟条件句，用认知图式分析定冠词的教学，用认知语言学的用法中心教学法重教中级西班牙语的"因"和"果"词句，一词多义与认知语言学的概念隐喻词汇教学法，具身体验与二语介词的教学——对抽象性介词in和on的个案研究。

《应用认知语言学：概念隐喻与意像图式在英语学习中的应用》（李福印，2004）呈现了"概念隐喻与影像图式法"应用于英语中的隐喻、成语和习语的教学与学习，这一方法是综合了众多的认知语言学的理论及实证研究的结果和结论而原创的框架，底层是具身体验（embodied experience），中层是影像图式和概念隐喻（image schemas and conceptual metaphors），上层是包括隐喻、成语和谚语的语言表达式（linguistic expressions including metaphorical expressions, idioms and proverbs）。作者用400名大学本科一年级和二年级学生作为被试，通过五组实验验证了这种方法的有效性和可行性。实验结论证实"概念隐喻与影像图式法"是一种系统有效的学习隐喻中的隐喻表达、成语和谚语的方法。这一研究属于"应用认知语言学"范畴内的具体研究。

Robinson & Ellis（2008）主编的《认知语言学与二语习得手册》展示了认知语言学的基本概念及其理论框架与二语习得和外语教学的关联（卢植、陈卓雯，2011）；Boers & Lindstromberg（2008）主编的《词汇与短语教学的认知语言学方法》显示了认知语言学所阐述的词汇的认知理据可以有效地促进词汇教学，证明认知语言学原理奠定了外语词汇教学和二语词汇习得的新方向和新范型；De Knop等（2010）主编的《通过认知语言学促进语言教学之效能》证明认知语言学的理念可以整合于外语教学法和二语习得的研究之中。21世纪以来的近二十年已经涌现出大量关于认知语言学在二语教学中应用的出版物（例如：Achard & Niemeier，2004；Boers & Lindstromberg，2008；Robinson & Ellis，2008），把认知语言学理论方法作为二语习得研究的框架。在二语习得领域，外显知识和学习是研究的一个重要领域，已经得到研究者和实践者的广泛关注（DeKeyser，2003；Dörnyei，2009；Doughty，2003；Norris &

Ortega，2001）。Kristiansen等（2006）主编"认知语言学的应用"书系至2022年已出版40余本，其中有23本涉及认知语言学与外语教学或二语习得。

认知语言学已成为二语习得与外语教学研究的重要理论基础之一，正在成为一种新的二语习得与外语教学的研究范式，把认知语言学的原理运用于二语习得的研究进而推动二者的发展业已成为学界的共识（卢植、陈卓雯，2011）。

认知语言学对于二语习得研究和外语教学研究的适用性可分为三大类：（1）基于经验的二语习得研究，（2）以认知语言学原则为指导的二语课堂教学，（3）运用认知语言学的原理进行的特定词汇的教学。

认知语言学的原理和原则可否应用于外语教学？应用语言学和认知语言学的交汇和融合能否形成"应用认知语言学"？这些问题成为在应用语言学和认知语言学两者中间寻找新的学科增长点或研究问题的触发点。从上面的阐述中不难发现的是应用语言学和认知语言学两者可以相互借鉴、相互融合、相互促进，寻找外语教学研究中的新问题、新接口。

认知语言学关于母语和二语学习的基本理念是语言知识是从应用中获取的，人们通过置身于语言环境中可以识别出语言系统中的模式和联系，用这种知识建立起来的关于语言系统的假设可以在真实的交际语境中得到检验，经历了检验过程的语言系统知识进而得以扩展和深化。上述关于母语和二语学习的认知语言观与涉及语言输入、交互影响、语言输出角色的传统理论（Gallaway & Richards，1994；Gass，1997；Gass & Mackey，2006）是一致的。认知语言学对上述观点的推进和深化在于对在语言和思想中起作用的认知过程进行详细描述，这些认知过程能使人们从语言应用中提取和归纳出语言知识，因此，认知语言学认同二语习得理论关于语言和语言学习是自发的动态系统的观点（Ellis，2006a）。

如何将认知语言学与现有的应用语言学理念关联起来并促进语言教学方式的变革？认知语言学家提出的主要认知加工涉及从语言应用中提取语言知识的过程（Bybee & McClelland，2005；Evans & Green，2006：10；Goldberg，2003；Liu & Tsai，2021；Luo，2021），语言本质上是功能的和使用型的，是通过人对现实世界的体验而产生的，其主要功能是人际交流，语言能力是一般的和通用的认知能力的组成部分，语言现象可以通过统合传统的形态学、句法学、语义学和语用学加以解释。

认知语言学提出以教法为核心对二语词汇教学展开实证研究，利用非任意性和理据性的词汇观研究和探索词汇教学问题，运用依据认知语言学原理所提出的方法向学习者展示看似截然不同的词义和单词的使用本质上是"有理据的"，词的认知理据有助于学生掌握一些难懂的词的意义（Boers & Lindstromberg, 2008a）。从认知语言学角度看，一词多义本质上并非由于一个词以随机方式呈现一个新的词义，而是从这个词的"核心义"系统地进行词义扩展的结果，例如，学习者熟悉物理学中的自由落体运动的原理及其应用，就会领会某个发现的"意外"性并将其形象地描述为"她无意中'发现'了一个证据"（Lindstromberg & Boers, 2005; Verspoor & Lowie, 2003）。从"认知语言学的词是有理据的"这一观点出发研究一词多义的教学应用不仅有益于实词教学，对促进高频虚词如介词的教学也很有价值，如介词over是一个高频的多义词，其延伸义可以通过over的字面用法（如the ball went over the hedge, 球越过篱笆）来识别，也就是说，let's discuss this over a beer（让我们喝啤酒时讨论这个问题）和they had a dispute over the use of Boolean networks（他们在布尔网络的使用上有争议）中over的比喻义用法可以通过它的第一个用法的字面义来理解（Boers & Demecheleer, 1998; Choi, 2010; Tyler & Evans, 2004; Lindstromberg, 2010: 14）。

认知语言学认为语言是人类大脑表征的结果，是"传统语言单位的结构化条目"（Langacker, 1999: 8），传统语言单位或构式是具有内在符号特征的（Kemmer & Barlow, 2000; Taylor, 2002: 8），因此，所有的构式都是形式和意义的配对（Goldberg, 2003），这种关于语言的认识是内隐性的语言知识，要通过语言习得和应用的内隐加工应用式方法加以补充才能在学习者的头脑中建立起来。

认知语言学基于语言使用的分析为研究语言结构提供了新视角，为语言现象的理据提供精准解释并用于二语学习者较难习得的一些语言现象如介词、短语动词、条件关系词和冠词的教学（Dirven，2001；Radden & Dirven，2007；Tyler & Evans，2004），譬如，从英语情态动词入手考察认知语言学理论在二语课堂教学中的应用，通过对英语情态动词进行形象直观而又通俗易懂的解析为英语教师和学生提供不同于传统教法和学法的教与学指导和辅助，此类认知语言学指导下的情态动词的解析较少用艰涩聱牙的专业术语和玄妙深奥的理论推演，在教学中多以简笔图式或漫画图式甚至形声图文俱备的多媒体图式展示教学内容，以课堂教学的准实验结果证明应用认知语言学的理论可为二语研究及高效的教学提供依据。

认知语言学的一个关键原则是人的大多数认知是由空间—物质—社会经验建构并反映在语言中的，换句话说，人类一般会将某一概念域如逻辑—推理—预测中的事件和经验置于其他概念域如空间—物质—社会中加以思考。由此一来，抽象的认知便和具象的行为关联起来，通过具体而形象的外部互动建立和发展复杂而抽象的内部认知表征。

应用认知语言学将认知语言学和二语教学关联起来，分析和研究认知语言学对语言教学方式的作用和影响。认知语言学所阐述的以下认知加工涉及从语言应用中提取语言知识的过程。

识解。识解指的是人们可从不同角度以不同方式感知事物。对语言的使用类似于这一认知过程，因为语言能用词突显同一现象的不同方面。人们通过眼睛从自身角度见证某些现象，虽然对特定情况的描述可能有默认方式，但是并没有完全中立的描述方式，视角不同，人们使用的语言也因之不同。语言反映着人们看待事物的特定方式，成语"万水千山"放在不同语境中或用不同的词语组合所构建出的图像或意像便差之千里，"万水千山到延安"和"万水千山只等闲"都含"万水千山"，前者侧重于路程本身之艰苦卓绝，后者则侧重于目的地及对困难的藐视和乐观面对困难的豪迈气概。可见，语言从来就不是"客观的"，即使人们希望尽可能客观地呈现某一信息，但其话语也会对通常识解事件的特定方式进行编码。从这点上看，任何语言都有自身的逻辑。再如，认知语言学认为不同语言在描述动作的方式上存在差异（Talmy，1985；Slobin，1996），在卫星框架语言如英语中，动作方式被编码于动词中，人们可以"爬行"于隧道中，从洞口"滑"出或"缓慢行走"于鬼屋中；而在动词框架语言如西班牙语中，则先侧重于动作的方向再提及方式，因此，一个讲西班牙语的人更倾向于用"沿着隧道爬出去"或"从洞中滑出去"表达同样的事件。Slobin（2000）发现，当被要求叙述一则最近听过的故事时，说卫星框架语言的人一般对动作方式更加感兴趣，说动词框架语言的人则对动作方向更感兴趣。这对于语言教学有一定的启发和启示意义，可以解释为什么以西班牙语为母语的学生在学英语时对表动作行为的动词的习得备感困难，尤其是在初学阶段必须用母语作为教学语言进行第二语言教学的时候更是如此（Littlemore，2009：10），可能的原因就是他们习惯了西班牙语识解事件的方式，克服母语的识解模式对他们而言有困难。换句话说，不同的世界观深嵌于不同的语言中，学习者在习得母语后会形成"认知习惯"（Hunt & Agnoli，1991），而要促进第二语言的学习就要打破这种认知习惯，至少应引导学习者注意这种认知习惯，意识到它们对学习新语言的阻碍或干扰，协助他们想要用新语言表达思想时采取完全不同的方式重组自己的思维。

范畴化。范畴化涉及人如何对有关外在世界的知识进行划分和归类。人在童年期一般是通过使用来习得语言的概念知识，在解释所遇到的不同现象之间的关系时，人们所建立起的范畴一般较为灵活。不同语言在归类事物的方式上有所不同，人在母语中的习得范畴化模式根深蒂固而难以轻易改变或丢掉，这就导致范畴化成为二语学习者二语习得中的重点和难点。范畴多为受原型效应管束和制约的辐射状网络，即范畴有程度接近的原型并且原型之间的界限是模糊的，例如，多数人会把"房子"看作是"建筑物"范畴中的典型代表（即"原型"），"棚"或"桥"的原型化程度则相对较低，甚至可能被看作是属于不同的范畴（比如"基础设施"），这就说明范畴具有界限模糊这一特性。认知语言学认为人们关于词义的知识是在辐射状范畴即辐射状的语义网络中运作的。范畴网络都是跟特定的词联系在一起并围绕"核心义"或"基础义"建构的，比如，over的词义在 I looked over the fence and it was amazing（我查看了栅栏，结果令人惊愕）比在Audrey and Richard's friendship is raked over by gossip mongers（奥黛丽和理查德的友谊被爱八卦的好事者反复炒作）

中更为核心。辐射状语义网络是大量多义词的基础，词义是以基本义为中心比喻义向边缘辐射而成的辐射状范畴。关于范畴辐射性的认识是隐性的，不能轻易通过显性语法准则来获取，这对于二语教学具有潜在的启发意义，本书正是遵循这一原则进了相关的词汇教学实验。词的抽象义与其基本的字面义的应用有关联，这种现象就是语言理据。认知语言学为二语教学所做出的重要贡献之一就是为语言中特定的形式—形式，形式—意义，意义—意义关系提供了新解（Boers & Lindstromberg, 2008a），启发二语习得研究人员探讨为什么特定单词只能用于特定情景，这在一定程度上有助于在语言教学中消除任意性，比靠死记硬背或仅仅听从老师说"就这样用"的效果更好。

认知语言学在范畴化上的研究比范畴的传统观念为内隐性语言知识存储在大脑中的方式提供了更好的描述。与语法规则的外显知识相比，目标语的语法和词汇的内隐知识包含了更为灵活、更具辐射性的范畴。调查认知语言学和传统语法理论对范畴化的两种不同分析方式对于二语语法教学的意义，显然是一个值得关注的议题。

构式及其识别。构式及其识别延展了语言的理据性和范畴的建构，Goldberg（1995：12；2006：40）在构式语法研究中展示了单词组合在一起形成"构式"表示构式自身意义的过程和机理，这些意义与日常经验有关，存在于辐射状的范畴之中，例如，"结果构式"核心范例（她甩手的时候把戒指甩出去了）和次要范例（他喝酒喝死了）的整体意义是由其语法和词汇共同表达的。因此，认知语言学关于语法和词汇不可分割的观点与语料库语言学的观点相一致。学习母语时，构式知识是通过模式识别和目的性阅读等技巧获得的，幼儿通过预测别人可能要说的或要问的话并将听到的语言与预测进行映射，从而学会把特定表达与特定意义联系在一起（Tomasello, 2003：21）。举个例子，如果要给小孩子喂吃的，保姆或监护人常会用类似"你想要……"这样的语言启动喂食行为，最终儿童会把这一表达和他们将会有东西吃的事实联系起来，儿童从小通过"偶然学习"这样一个过程慢慢地渐进式地学会把特定词汇与特定构式联系在一起，特定单词的使用会自发地引起他们预期特定构式，反之亦然；二语学习情景下，学生常常会有很多机会应用这些技巧。但儿童学习母语时接受的语言输入跟成人学习二语时接受的语言输入是完全不同的，调查二语学习者接触的输入类型，评估语言输入是否能为学习者提供足够机会来习得目标语的构式，这是应用认知语言学研究和探讨的主要课题之一。

隐喻。隐喻指的是人根据另一实物理解和看待此一实物的一种认知能力。人们能根据已知事物用隐喻的手段来理解全新的现象，这就是为什么多数抽象概念是由更为有形的具体现象来表述的。隐喻思维是即时的动态认知加工，会在语言中留下痕迹。隐喻在语言中的差异司空见惯、俯拾皆是，譬如，英语中有比较多的"帽子"和"运输"的隐喻性习语，而法语则存在较多的"食品"的隐喻性习语（Boers & Demecheleer，1995），这类差异是由历史因素和文化差异造成的。

转喻。转喻即人们用一个实物来指代与其紧密相关的另一个概念的一种认知过程。像隐喻过程一样，人们采取转喻思维将他们能直观看到的（或者语言中即将直接提到的）场景或事件和一个更大的场景或事件联系起来。在非语言转喻中，一张人们所熟悉的建筑物的局部照片可以诱导或提示人们想象出整个建筑物或是整条街道。语言转喻的例证，如"Number Ten（十号）已宣布将不会有任何粉饰行为。"中的"Number Ten"用转喻指英国首相及其官僚班底。转喻和隐喻一样为大脑提供了一种速记手段，能在语言中留下深深的印迹。虽然不同语言在使用隐喻和转喻的方式上有所不同，但也还是有相当多的重叠之处。隐喻和转喻思维可以构成重要的二语学习加工过程，使学习者得以理解陌生的隐喻和转喻概念，也使他们能够创造性地运用目标语（Littlemore & Low，2006a：78；Juchem-Grundmann，2009：24）。本书有两个隐喻与词汇学习的实证研究。

上述五个认知语言学关于加工过程与二语教学联系起来的方式可以侧重于理论并从教学数据中提供有价值的范例，也可以描述认知语言学所启发的关于语言教学方法效应的实证研究。由此可见，应用认知语言学对于外语教与学的确具有广阔的潜在价值。认知语言学的一些关键概念与第二语言学习和教学特别相关，如识解、范畴、隐喻、转喻、表征、理据和构式。这些概念中的有些概念催生了语言教学的新方法，另一些则为已有的外语教学方法提供了进一步的学理支持。出于这一考量，本书从第2章到第9章的每一章关于认知语言学对第二语言学习和教学的潜在贡献都做了较长的学理阐述和分析。

学界已经达成的共识是认知语言学的基础观念和基本原则非常适合于揭示语言学习和教学的规律和本质（Holme，2012；Langacker，2008：11；Pütz，2007；Tyler，2016；Yu & Wang，2018，Luo，2021，束定芳 & 田臻，2021）。在过去的二十几年中，关于认知语言学在第二语言学习和教学中的应用的研究大量涌现，这些研究的出版形态有专著（如，Holme，2009；Littlemore，2009；Littlemore & Low，2006a，b；Tyler，2012）、学术期刊专刊（如，Boers & Littlemore，2003；Ellis & Cadierno，2009；Littlemore & Juchem-Grundmann，2010；Ortega，et al.，2016）和文集（如，Pütz，et al.，2001a，2001b；Achard & Niemeier 2004；Boers & Lindstromberg，2008a；Robinson & Ellis，2008；Tyler，et al.，2018）以及大量的期刊文章。

许多学者雄辩地论证了认知语言学在二语习得中的潜力（Luo，2021）。例如，Langacker（2008：9）提出了三个基本观点：认知语言学的概念——意义的中心性、语法的意义性及其基于用法的概念——自然为语言教学提供有用的基础。类似地，Holme（2012）提出了第二语言课堂的教学模式基于合作学习的四个原则——学习原则，词汇—语法连续体原则，概念化原则及使用原则。Taylor（1993）探讨了在二语教学研究中利用认知语言学的见解的可能性并构建教学语法以减少"感知的外语任意性"系统。Achard（1997）证明认知语言学是二语习得研究的有效框架，"因为它对语言形式和习得过程的形式属性具有解释力并且提供了建构和社会过程令人满意的概念整合。"

基于用法的原则是认知语言学和二语习得之间联系的核心。在基于用法的语言模型（Bybee，1995；Langacker，2000）中，语言通过使用而获得。这种语言学习观"与传统理论"关于输入、交互和输出的作用并无不同（Littlemore & Juchem-Grundmann，2010：1），从而为二语习得中的各种现有方法提供了统一的理论框架。认知语言学关于基于用法的原则中，"详细描述了以下认知过程、用法在语言和思维方面起作用，使人们能够从语言中提取语言知识的'用法'"（Littlemore & Juchem-Grundmann，

2010：1），这引发了大量受认知语言学的启发而从事第二语言学习和教学的人对此进行深入探索。

为了解释认知语言学对二语习得研究和语言教育学的影响，在应用语言学与认知语言学的交汇融合中形成和发展起来的应用认知语言学可以独立成为一个学科研究领域，把认知语言学的重要概念应用到外语及第二语言习得和教学中的一些具体问题，对于认知语言学和应用语言学具有重要意义。

认知语言学可以成为二语习得与外语教学研究的重要理论基础之一，推动形成新的二语习得与外语教学的研究范式。应用认知语言学视域下的英语习得和教学的实证研究有助于推动确立应用认知语言学的学科地位，而这一学科的研究重点就是要探究我国英语学习者学会英语的符号—意义表征系统的内部过程及其运作机制；我国英语学习者在学习和发展英语语言水平和能力的过程中理解和把握英语中的特殊语言现象如习惯用语、短语动词等的隐喻基础和认知理据有助于提高他们的学习效果，认知语言学的理论原理和概念模型应用于中国的英语教与学的实践有助于提升英语教与学的水平和质量。认知语言学关于语言的一些观点有助于英语教与学，而应用语言学也希望在已有基础上吸收新兴学科认知语言学的原则和原理来丰富和深化自己的学科内涵和拓展自己的学术疆界。

1.2 应用认知语言学的研究方法

在讨论语言学的研究方法时，对研究工具或方法应持动态的观点（桂诗春、宁春岩，2000：Ⅳ）。对语言学的方法的讨论可以从宏观和微观两个角度或层次来展开和推进，从不同的层次和角度考察语言学包括认知语言学的具体研究方法。宏观层次的语言学方法论为语言学的研究设定指导原则和研究框架，微观层次的方法或程序是宏观方法论得以体现和实现的手段，保证对具体语言现象的研究的深度和精度，对于研究成果的信度和效度具有十分重要的作用（卢植，2006a：25）。

目前，尚未有关于应用认知语言学的研究方法即方法论的专论，但认知语言学的研究方法的论著（束定芳，2021）的系统和完整研究适用于应用认知语言学的研究，笼统地谈方法未必具有实际意义，方法实际上蕴含于具体的研究之中。对方法的研究最好的做法是在具体的研究实践和学术探索中去体味和感悟。对某个具体方法的最好掌握就是在研究过程中去运用它，没有万灵的方法，只有契合和适于具体研究问题的方法。

1.2.1 定性研究方法

定性研究方法尤其是内省法是语言学研究中最常见和最实用的传统方法（束定芳，2013：31）。从定性研究着手界定和定义相关的认知语言学概念，描述问题的性质和特征，定位研究的语言现象和相关要素及其变量，为选择研究所使用的素材做准备。在认知语言学的研究中，许多具有探索性质的研究都基于定性方法，对某个问题的研究首先发端于对某个语言现象的描写和说明，然后通过推理和猜想对该现象背后的原因或因素进行解释和分析。在一个限定的范围内考察所研究的现象，获得有关的语言现象的一手资料加以归类整理，进行认知语言学的分析，从原始资料中归纳概括出适合于用作研究所需要的实验选材（卢植，2006a：30）。

内省法。内省法是认知语言学最经典和最常用的方法，在认知语言学各个具体研究领域中，各领军人物所采用的研究方法均为内省法，认知语言学的几乎所有重要概念都是各领域开拓者利用内省法的结果，而绝大多数早期的具体语言问题研究也是内省性质的（束定芳，2013：31）。内省式的语言分析法从分析特定的语言现象或语言形式入手，荟集能够代表某种具体语言现象或事实的具体句子，收集具有代表性和典型性的语料，是实施研究的第一步。本书第2章"原型范畴与核心词教学"按照原型理论中的4条规则分析和设计实验材料并进行分组，具体分为15个含有特定词缀和词根的常用词（原型词）、15个常用词选作原型词并匹配15个原型词的上位词和下位词作目标词、15个熟词设为原型词并匹配15个具有同样发音规则的词设为目标词、15个原型性多义词及其多义语义选作实验教学目标。第3章"语言相对论与外语教学"中，一方面，汉语和英语的复数标记系统在一定程度上是相似的，都是通过使用形态句法手段如屈折、修饰和一致等实现；另一方面，两者的差异大于相似，英语名词的复数标记系统要求强制的和外显的规则，汉语的名词复数标记系统则不需如此，在数量上有所变化时仍保持不变，只有表示生命体的名词加"们"来表达复数含义和特征，如"我们""你们""姐姐们""妈妈们"，英语则把名词分成可数和不可数名词，前者在表示复数时必须通过规则后缀-s/-es或者不规则后缀加以屈折，而后者是集体名词，在逻辑单位和外在形体上是中立的，不具备复数特质因而也就没有复数形式。总之，英语强制性地给大量的名词及名词短语标记复数，而汉语只是有选择地给相对较少的名词及名词短语标记复数。

本书从第2至第9章的实验都采用了内省法为具体的实验研究确定研究目标和任务，提出要解决的问题。内省法在应用认知语言学研究中的价值在于"内省首先是人们交际和思维中的重要的认知手段，也是语言研究的重要方法"（束定芳，2013：39）。

定性研究方法的另一个重要手段是理论阐释。理论分析和观点评述是应用认知语言学研究的基础性工作。譬如，认知语言学范畴化理论关注词汇的心理意义和认知理据，为词汇教学提供了新的视角和思路。将原型范畴理论运用于词汇教学有四种具体方式，"基本层次范畴"有七个特征，上述要点都需要对相关的理论做出详尽的阐释和论述。

Brown（1976）将语言相对论假设划分为强化版的语言决定论和弱化版的语言相对论。强化版的语言决定论，坚持认为语言和文化之间存在着决定论的关系，而弱化版的语言相对论则称为语言相对论，弱化版则只提出两者间的相互关系。两者在如下方面有所区别：第一，假设强调的重点不是必不可少的决定论点而是语言的潜在影响，假设预测说话人可能的行为模式而不是预测说话人实际的行为模式。第二，这样的影响是互相的，不仅仅是人们所使用的语言影响人们观察和看待世界的方式，而且是人们看待世界的方式也会影响语言。语言相对论提供了观察人类认知和经验世界之间关系的新视角，对语言教学、语言保护及认知科学具有重要而显著的意义。

对概念隐喻理论的教学应用研究系统地阐述了这一理论。概念隐喻理论认为隐喻不是语言的修辞用法，而是一种系统的概念认知模型。这一理论引发了一场隐喻研究革命，广泛运用于隐喻分析。隐喻是影响人类感知、思维和行动的日常语言中的一部分。概念隐喻表示一个从源域到标域的跨域映射，是一个隐喻系统，属于人类日常生活中必不可少的一部分。

类型框架理论探究不同类型的语言如何表达空间关系。类型框架理论提出，位移事件普遍可包含六个认知语义成分，分为中心成分和非中心成分，其中中心成分涉及图形、背景、运动、路径，而方式和原因则是非中心成分。另外，路径成分在图形、背景和方式之间具有联结关系，是描写位移事件最重要的成分，在事件中起着核心图式和框架功能。对不同语言位移事件框架进行描述与分析，根据位移事件表达的核心语义信息成分——路径在句子中的呈现位置，语言主要分为卫星框架语和动词框架语两类，语言间的类型差异会影响位移事件表达的习惯，不同语言在编码位移事件时对语义成分的选择有所不同。

构式语法理论认为语言的基本单位是形式和意义的结合体——构式，在具体词语缺席的情况下也具有与形式相应的意义和语用功能。构式语法的生成能力在于描述语法允许或不允许的大量语言表征，同时强调构式的不可预测性。构式作为一个整体，大于其各构成成分之和，且具有独立于其组成成分的句法特征或语义特征，构式的意义不能从已有的其他构式或其构成成分推断出来。动词和构式义相互作用，一个具体表达式的意义来自于动词和构式的整合。Goldberg（1995：4）构式语法理论的构式定义更为宽泛，涵盖语素、单词、习语、部分词汇填充语言模式以及完全的普遍语言模式，Goldberg对构式的划分在规模大小、复杂性、形式以及功能上具有变化性和多样性，因此，那些依靠分析其成分不能加以预测的其形式或功能的语言模式可以被处理为构式，英语论元结构划分为及物结构、双宾致使论元结构和原因位移论元结构等，每一类论元结构在形式和意义上是独一无二的。

概念整合是人类思维中的一个认知过程，实际为一个基本包含四个心理空间的心理空间网络，即两个输入空间、类属空间和合成空间。隐喻中的"两个输入空间（'始源域'和'目标域'）也是两个中间空间，类属空间包含了适用于两个输入空间的骨架结构。合成空间通常包含两个输入空间之间无法投射的结构"（Tuner & Fauconnier, 1995），概念整合理论在在线、动态和无意识的认知操作中作用显著，是"在许多不同类型案例中操作的基本认知操作"（Fauconnier & Turner, 1998a: 136）。

本书各章在阐述和分析相关理论的基础上，提出了自己的理论框架作为研究的理论依据和研究基础。

模型化方法。本书也采用了模型化的方法，这些模型有的是先前研究提出的，有的是在理论基础上提出的原则性模式。比如，本书第9章尝试用概念整合论说明和阐释在二语学习者写作过程中可能出现的两种模式并解释其转换过程，具体分析一语在二语写作过程的作用。我们依据概念整合论的原理和原则构拟了二语写作中一语作用的整合模型并用图式形式直观阐释了模型的元素和模块。一语在写作启动时首先进入作者思维，作者将一语所指转换为二语所指。输入空间1（IS1）表示一语所指，包括一语语法框架、词汇和结构（"S-P"），输入空间2（IS2）表示二语的语法框架。其后，类似的"S-P"框架被压缩到类属空间（GS），两个输入空间的部分结构被选择性地投射到合成空间1（BS1），而后者生成了二语语法框架中的"S-P"结构。基于IS1和IS2的第一次整合，BS1被作为第二次整合的输入即输入空间3（IS3），与之平行对应的IS4则代表二语词汇，在第二次合成中，BS1/IS3的部分结构被投射到BS2生成二语的所指和实际文本。

1.2.2 定量研究方法

认知语言学中的定量研究方法，尤其是实验方法带有十分明显的自然科学的特征，研究人员的研究设计理念、研究器材，尤其是程序的操纵控制对研究的最终结果具有举足轻重的意义（卢植，2010a: 34）。应用认知语言学直接运用多种定量研究方法。

实验室实验。研究人员根据研究的目的，首先确定所要研究的问题的有关维度，通常是对拟研究的语言现象进行语言学的分析，然后把实验语料安排到实验程序中去进行实验，计算机自动生成实验的数据文件，数据统计工作也主要是通过现成的统计程序如SPSS来完成。本书的多个实验都是运用实验室实验完成的。如第3章的"语言相对论与外语教学"中所进行的汉—英双语者对名词复数标记认知的实验研究在一间安静的实验室里对每位被试进行个别实验，先向被试呈现原始图片，然后呈现5个备择图片，给中级水平二语者组被试的实验指示语用英文和中文两种语言呈现，给高水平二语者组被试的指示语则仅用英语呈现，要求被试判断几个备择项中哪一个与原始图片最为相似。按需要给予他们实验时间，为了排除被试在做出选择时循着语言线索进行选择，实验人员不许口头指出图片之间的差异，以随机方式向被试呈现图片组合以便克服顺序效应。

自然实验。范畴理论在英语词汇教学中应用的实证研究采用的是自然实验。整个实验持续两天，每组学习两课的目标新词，每课25分钟，为了维持学生的注意力和保持他们的认知激活，教师安装了具有较强的视觉吸引力和感染力的计算机PPT程序，图文结合，用图像直观地展示出词义，同时，用电脑呈现了目标词的详细的解释和适宜的例证帮助学生加深对新词词义的形象认知和直观记忆。因变量是教师是否用原型教学法教授新词，对实验组实施原型框架下的多层次教学，教师首先解释和例示一个高频词或常用词的所有被试都熟悉的原型义，然后程序自动呈现一个新词并逐条列举和阐释它与核心词的关系；实验程序对对照组随机呈现目标词。实验的因变量是被试的词汇记忆量，第三天实施后测实验检查每组目标词的记忆量即所记忆的单词数。

在自然实验方法中，研究人员一般是先提出某个假设，然后根据科学研究的原理设计出结构严谨、逻辑性强的实验程序或实验方法，然后将希望研究的语言语料安排到所设计的实验程序中去，以数理统计的取样规则选取特定的人群作为实验对象，收集数据，对所收集到的数据进行统计分析，用相关的原理、理论、模式对经过分析的数据进行理性讨论，以此验证研究假设。

有声思维实验。作为一种研究方法，有声思维法通过让被试说出自己头脑中的想法，使得研究人员了解或至少部分了解被试思维过程，即被试被要求在解决问题的同时大声说出想法并在必要时在再次解决问题过程中重复这一要求，以此鼓励被试说出他或她正在想什么，有研究者认为有声思维法会干扰自然的写作过程，但也有许多研究发现二语学生对写作时进行有声思维反映良好，没有证据表明有声思维法改变了正在研究的任务的过程或结构，而且作为一种方法，有声思维法原则上是不会对思维过程产生过多干扰的。本书认可有声思维法在揭示写作过程中作者思维过程的效用，我们的"概念合成理论视角下二语写作中的一语影响"研究采用了有声思维法来收集数据。

  问卷调查法。本书的大部分研究都使用了问卷，有的问卷是作为研究的辅助工具，有的是作为主要的研究手段用于收集实验数据。作为研究的辅助工具的问卷主要被用来收集基础性数据和信息，包括被试姓名、年龄、性别、专业、CET-4分数、英语学习年限、实验前是否有国外经历等，这些数据作为研究的背景信息和基础数据，一般也会计入数据统计分析，而且有的数据本身就是极为重要的研究因变量，如"概念整合与写作的研究"中，问卷直接设计了5个问题，引出被试对于其英语写作过程所持观点以及其关于一语对二语写作影响的看法。考察被试在二语写作过程中是否运用了一语，例如一语或二语的思维、谋篇和写作模式，揭示被试在构思作文时或者写作前提炼大纲时使用了哪种语言，弄清被试的思维方式，以及一语或二语在写作时是否处于第一潜意识水平，揭示被试对一语是否有帮助或干扰其英文写作的看法，进而进一步调查其在二语写作时对于一语的依赖程度。

  定量研究方法有以下优点：（1）客观性，客观地取得研究数据以反映变量间的关系，如因果关系、相关关系、函数关系等；（2）可证性，定量研究对于不同变项之间的关系力求做出合乎其本来面目的说明和分析，研究结果的真实性和所得结论的可靠性较高。研究程序、研究经过、研究发现和结论都放在一个可以供同行进一步检视和重复验证的位置，客观而谨慎地指出研究的不足和缺憾，为课题研究的深化留下空间和余地（卢植，2010a：35）。首先，实证研究涉及具体的统计数据，看上去要比纯粹的理论探讨和思辨更为客观、科学，但研究者容易过度依赖实证数据（束定芳、张立飞，2021），而忽视对数据的深度解读和理论分析，甚至忽略数据与研究问题的逻辑关联。论及和阐述语言学的研究方法，科学探究过程中，研究方法的改善和发展是一个不会终结的过程，而怎样巧用研究工具和方法，需要研究者自己不断揣摩（桂诗春、宁春岩，1997：Ⅳ），才能有所体悟，逐渐做到得心应手、游刃有余。研究方法是用来解决所要研究的问题的,对方法最好的应用应谨记"与其坐而论道、不如起身躬行",在具体的研究过程中提炼和升华对研究方法的运用。

1.3 本书主要内容

本书把认知语言学的研究成果运用到实际的英语教学过程中。主要有以下内容:

1. 导言。对应用认知语言学所涉及的两大基本学科做简要的阐述和说明,认知语言学的理论原理和概念模型应用于中国的英语教与学的实践有助于提升英语教与学的水平和质量,而应用语言学也希望在已有基础上吸纳新兴学科认知语言学的原则和原理来丰富和深化自己的学科内涵和拓展自己的学术疆界。

2. 原型范畴与核心词教学。运用两个实验探讨了认知语言学的原型范畴理论运用于词汇教学的效用,证明原型范畴理论有助于词汇教学,其教学效果优于传统的词汇教学方法。

3. 语言相对论与外语教学。研究了汉—英双语者对名词复数标记认知,使用图片实验测量了单语者和二语双语者的认知偏向和处理,证明语言相对论及其语言整体观对于现代语言教学具有重要意义,习得和学习一门不同于母语的语言可以改变学习者的思维模式。

4. 隐喻与短语动词教学效用。探讨了认知语言学的概念隐喻理论用于多义性短语动词教学的效用,以认知语言学隐喻理论原理为基础的教学呈现方法在启发学生思维和提升教学效用等方面有一定的价值。

5. 意象图式与动词隐喻义学习。意象图式对促进英语学生理解动词模糊隐喻性用法的实验研究。以双重编码为理论框架,利用意象图式理论驱动的多媒体呈现教学与学习材料,探究双重编码方式与传统普通编码方式对中国英语学习者理解动词隐喻性用法的影响,研究发现,双重编码理论下的多媒体教学法更大程度地激发学习者的运动想象力。

6. 位移事件类型框架与动态位移事件的学习。中国英语学习者对动态位移事件习得的实证研究。汉语在自主性位移事件的表述上呈现比较复杂的语言框架类型特征，汉语应处于卫星框架语和动词框架语两种语言框架类型之间。

7. 构式与英语被动构成的理解。英语学习者对英语被动构式的理解的实证研究。第二语言水平在对被动构式的理解过程中起着重要作用，语言经历和相关句型的使用频率在理解中也起到作用。英语被动构式的处理过程既包括句法运算，也包括启发处理。

8. 英语双宾语构式习得。采用实证研究探讨在汉语语境条件下中国学习者的双宾语构式的习得，用在英语双宾构式中的动词在某种程度上会影响对该构式的学习，英语双宾构式的输入和产出之间的关系随着语言水平的提升而有所变化。

9. 概念合成理论视角下的二语写作。结合概念合成理论及两种二语生成模式，运用有声思维法揭示英语二语作文写作过程的中的一语影响和作用，验证了大学生二语话题写作过程中一语的五个中介功能（转换、内容生成、二语形式检索、内容验证、程序管理）。

10. 对应用认知语言学有关问题的思考和总结，对未来研究的展望。

2. 原型范畴与核心词教学

  范畴是语言研究的中心问题之一，认知语言学认为语言由互相连接的自适应原型范畴构成，词义是包含核心义和边缘义的辐射状范畴网络。范畴是人类探索和理解外界事物的基础，也是人类与外界万物互动及进行思维活动的基础。范畴理论是认知语言学的基础性核心理论之一，关注词的心理意义和认知理据。词是认识和研究语言的核心概念，也是语言学习的先决条件。人类习得母语的过程就是不断建立范畴的过程，通过学习具有相同属性或特征的客观事物并把它们归置于范畴之中，幼童在极短的时间内便完全掌握母语的语言系统，这不仅是学习语言的过程，更是形成推理和概括等认知思维能力的过程，对于个体的智力发育具有无可替代的价值。

  应用认知语言学的目标之一是通过向学习者提供目标语的特征和可理解的解释帮助他们通过理解和掌握词的认知理据来扩大词汇量，提升语言使用能力。本章将原型范畴理论运用于中国英语学习者的词汇学习和教学，检验范畴论应用于词汇教学实践的效用；在分析和阐述认知语言学的范畴理论和原型理论的基本原理后，通过基本词产出实验和原型词教学实验阐释和验证认知语言学的原型范畴理论的基本原理和教学应用，归纳和总结基于原型范畴理论的词汇教学原则和课堂设计原理。

2.1 范畴与范畴化

"范畴"一词源自古希腊语 κατηγορια，原意为"状态"（statement）。亚里士多德最早在《范畴论》（希腊语 κατηγορίαι，拉丁语 categoriae，亚里士多德，1959：11）中阐释了关于范畴的理念和思想，认为一个特定的实体可以通过列表适用于该实体的一系列必要和充分条件加以定义，这一观点称为经典范畴论。亚里士多德（1959：10）的最知名的例子是对"人"的定义，如果说某个实体是人是真的，那么它一定是一个两足动物，因为这就是"人"的意思；如果这是必要的，同样的实体不可能不是两足动物，因为这就"有必要"意味着事物不可能不存在，因此，不能同时说同一实体是人而不是人。亚里士多德（1959：16）使用"主体"和"客体"概念陈述和解释了实物的必然与偶然之间的关系，必然是决定实物本质并使得实物使然的本质属性和主要特征，而偶然是不决定实物本质的连带属性和次要特征。一个概念要么属于一个范畴，要么不属于一个范畴，而不存在亦甲亦乙的第三种情况，以"鸟"为例，如果某个实体"有两支翅膀""两条腿""有喙""能下蛋"以及其他附带属性，那么它就属于"鸟"的范畴，一个拥有上述基本特征的实体便具备了属于"鸟"这一类属范畴的充要条件。概而言之，经典范畴论认为范畴应根据必要条件和充分条件而共同定义，具有二元对立性质，有清晰边界，同一范畴内所有成员的地位是相等的。

经典范畴论在哲学、逻辑学、心理学、语言学、人类学等领域得到普遍研究和广泛应用。哲学家 Fregg 深受经典范畴论的严格二分法的影响，坚持对范畴作严格划界和二元对立，认为"排中法则实际上只是要求概念有一个清晰边界的另一种形式。你选择的任何对象 D 要么属于概念 U，要么不属于概念 U；别无他选"（Fregg，2008：259）。

经典范畴论曾为语言研究尤其是语义研究做出过巨大贡献。其一，它提供了一种较为经济有效地解释大量单词合理性意义的方式，以"bachelor"为例，它的意义可以通过以下四个特征加以解释：[+human]、[+male]、[+adult]、[−has never married]；其二，它使得人们有可能进入一个单词语义的互联性微观结构中系统地思考和反映这个单词不同语义之间的差异和联系，从而轻易建立起单词之间的关系，比如，"boy"的特征是[+male]，而"girl"的特征是[–male]，这两个词之间的关系便是反义关系，再如，"man"的特征是[+human]、[+male]、[+adult]，而"husband"的特征是[+human]、[+male]、[+adult]及[+married]，因此，这两个词之间的关系是上下义关系，因为"man"包含了"husband"；其三，它提供了限制某些短语和句子的语义的方式，可以解释为什么一些词可归属于一类而有些则不行，比如，像动词"eat，drink，breath"，不管它们是及物的还是非及物的，这些动作的领受者都分别含有"[+solid]、[+liquid]及[+gas]"的语义，可以说"eat some meat"，但显然不能说"drink some meat"，同理，不可以说"the apple wakes up"，因为短语"wake up"需要一个具有"[+animate]"这一属性的主语词作为它的使动者；其四，它有助于保证句子之间的语义关系边界，如陈述句、因果句、转折句等，譬如，"Jack is a bachelor"和"Jack is a man"两个句子中，"Jack is a bachelor"表示"he is a man"，在语义上和"Jack is married"存在对立和矛盾。

范畴的概念在语言学中至为重要，语言范畴特别是词类范畴深受亚里士多德思想的影响，他强调语言的析取性质，认为语言范畴中，"有些是离散的，有些是连续的；有些是由相互之间有位置的部分组成的，有些不是由有位置的部分组成的"（亚里士多德，1959：8）。Labov（1973）认为"语言学是对范畴的研究，即通过将现实划分为离散单位和单位集合，研究语言如何将意义转化为声音"。语言学的首要任务是分析语言的音—形—义之间的映射关系，而这种映射关系又以句法为中介，句法学则关注如何把语言实体即语句切分为不同范畴并分置和指派给句子成分。任何语法理论都离不开范畴，语法学家都能识别词类和句法关系范畴。因此，范畴是语言研究的中心问题。Lakoff（1987：180）强调研究语言范畴的重要性，"语言范畴是任何关于人类概念系统的适当理论都必须能够解释的抽象范畴之一"。但 Lakoff 并不太关注严格意义上的语法分类，比如将词分为词类、词类边界等，他对angry，over，英语中的三种结构进行的案例研究属于语义研究而非句法研究。在对over的讨论中，他认为over"基本上是一个介词，但它也可以充当副词、前缀、助词和谓语形容词"，事实上，这种说法值得商榷，因为词项不起副词、前缀、助词或谓语形容词的作用，而是副词、前缀、助词或谓语形容词。Langacker（1987：189）主张基本语法范畴如名词、动词、形容词和副词可以在语义上加以定义，名词、动词等是有语义极和语音极的符号单位，决定语法范畴的分类，范畴中的所有成员都具有基本的语义属性，这些成员的语义极具化了一个抽象模式并具有合理的显式特征，如，名词是一个符号实体，其语义特征是具化一个称为[事物]的模式，动词表示过程，形容词和副词则表示时间关系。Bates和MacWhinney（1982）运用原型范畴理论分析了"名词"这一语法术语，"名词"的核心原型"是离散的实体，是具体、可视、可触的处在三维空间的一个实体"。

经典范畴论关于一个范畴内的成员都是确定的和必然具有共同特征的观点遭到了哲学家维特根斯坦和罗素等人的质疑和反对，维特根斯坦（Wittgenstein，1978：65）认为范畴内的成员具有各种各样的相似性即"家族相似性"（"family resemblance"）。罗素也认为模糊性不是世界的属性而是人对世界的表征，"使用精确符号时，排中法则是正确的，但当符号是模糊的时，它是不对的，事实上，所有符号都是模糊的"（Russell，1923）。如果说所有符号都是模糊的，那么，精确的符号就是不存在的，因此，排中法不适用于分析和解释所有范畴。罗素认为，像"秃头"和"米"这样的范畴概念显然是模糊的，它们只是相对于某个基准而得出的定义，"米"作为度量单位是某一特定温度条件下测距杆上两个标记之间的距离，人无法精确指示测距杆上的标记，也无法精确测量温度，因此，"米"这一概念很模糊，但它的模糊程度不如"秃头"的模糊程度高。

认知语言学认为人类具有把具有类似属性和特征的事物归置为一组或一类的能力（Lackoff，1987：5）。范畴是"感知不同实物为同一范畴实例的能力"（Dirven & Verspoor，1998：108），这实际上是把范畴等同于人的认知能力了。"……一个典型的词项代表着一个复杂的范畴，它不仅仅只有一个意义，而是有许多个相互关联着的意义……这些意义构成了一个网络，而这个网络是由范畴关系串联起来的……"（Langacker，2004），如果说语言学要研究范畴，那么，它就要研究语言是如何通过范畴化把意义转化为声音的（Labov，1973：342）。从人类习得母语的经验过程来看，范畴的建立使得初学语言的孩童不必持续地重复学习具有相同属性或特征的客观事物。人对事物进行分类后就可以利用范畴中的某个具体个体的知识对新事物做出反应，而没有必要时时处处都去学习新的事物，这不仅是学习语言的过程，更是形成推理和概括等认知思维能力的过程，对于个体的成长具有至关重要的意义和价值。对此，人们的共识是范畴是人类思维对客观事物及其本质的一种结论和反思。本质上，范畴是一种组织和管理知识的有效方式。

范畴化是人形成范畴的过程，也是概念形成的基础，概念是在范畴基础上通过范畴化而建立起来的，是范畴化的产物。没有范畴和概念，人的世界知识将繁杂无序、混乱不堪。从认知角度看，范畴化是人识别客体的方式和工具。"可以把人类对不同实物或事件进行分类的过程看作是一种心理过程，这种分组和分类的心理过程通常称之为范畴化，而其产物或经验便是认知范畴"（Ungered & Schmid，2008：67）。人遇到外部世界中某种新的具体实物或抽象概念时会自动或有意识地将其分配到某个类别之中，儿童在逐渐熟悉周边环境的过程中尤其如此。因此，范畴化是人对已有知识进行系统化组织的过程。范畴化贯穿于人类生命的全程，作为一种对已有知识进行系统梳理和有序组织的认知过程，范畴化使得人类通过对外界纷繁复杂的实物条分缕析、分门别类来理解世界万物，从而使所学知识更有条理，助益人类认知系统对知识的管理，而知识管理是人们依据相关概念来定位知识的方式。因此，范畴化对哲学、人类学、社会学、心理学以及通用的数理学科等都具有非凡意义。

人在与外部世界的交互作用中常常进行着模式识别（pattern identification），把事物划归于类似的范畴之中，譬如，把"狗""猫""小熊"等划归到"动物"范畴，把"椅子""桌子""凳子"等划入"家具"范畴，等等。范畴化可协助人判断某个行为的适当性，譬如说，喜食野生蘑菇的食客必须具备区分毒蘑菇和无毒蘑菇的能力，食用毒蘑菇无疑是一种不恰当的行为。认知语言学家对范畴化怀有极大的研究兴趣，是因为它是人类了解和理解周围世界时的首要行为之一，幼童在遇到新事物时是如此（这是我可以吃的东西吗？这是我可以玩的东西吗？这个东西既能吃又能玩吗？），即使是成年人也会不停地对事物做出分类，特别是当人身处新的环境或面对陌生事物时更是如此。

范畴化可减少人对客观环境的复杂性和复杂度的认知，科学家估计，大千世界中存在着约七百万种可以细分的颜色，如果人对这么多种颜色中的每一种颜色都独立地做出反应，那将耗费毕生的时间来识记它们的名称，但把可区分的相近颜色划归到同一个范畴时，人们仅需根据它们的类属属性做出反应，而不用一个个地单独去识记。在英语文化中，人们很容易认可猫、狗和羊都属于"动物"范畴。但范畴边界是模糊的，某个范畴内的一些成员会比另外一些成员更为原型，以"宠物"范畴为例，多数人会认为猫、狗、金鱼是宠物，但大象是宠物吗？在有些情况下，大象可能会被看作是宠物，但多数人会认为它在"宠物"范畴中的地位不如猫、狗或金鱼那样显著，用认知语言学家的话说，大象不那么"典型地"属于"宠物"范畴。因此，"宠物"范畴是一个"辐射范畴"，它内部的某些成员在某种程度上比另外一些成员更为中心或原型。再进一步思考，在"宠物"这一范畴系统中，"网络宠物"（青少年所喜欢的电子宠物）应居于何种位置？它们究竟是宠物还是玩具？它们可能被视为处于"宠物"范畴的边缘（Croft & Cruse，2004：95）。由此可见，范畴的界限并非明确而明晰，而是有点混乱且模糊，因此，认知语言学家就不得不讨论"模糊界限"的问题。

认知语言学将范畴成员看作是某类范畴的典型范例，范畴中最典型的成员称为原型。自然物种范畴包含现实世界中的自然实体（如动物），其成员资格在某种程度上取决于实体的性质，比如鱼因其生物特性而被归入自然物种范畴。表示自然物种的术语是索引性的，其范畴有明确边界，但范畴内部也可能会出现原型效应（Taylor，2003：63；Lakoff，1987：169）。人造实体成员的资格则由标准属性决定，可以有模糊的边界，如玩具和汽车属于人造实体，它们的范畴内部的成员的边界是模糊的（Taylor，2003：47）。

"认知语言学最终将不得不与经典范畴论和结构主义概念（如词汇关系

2. 原型范畴与核心词教学

和语义成分）和平共处……也许它们可以用一种类似于爱因斯坦相对论吸收而非否定牛顿经典物理学的方式结合起来"（Cruse，1992）。Pinker（1999：275）也持类似的和解与兼容思路，人在学习不规则动词时使用维特根斯坦"家族相似性"范畴的原则，学习规则动词时则使用亚里士多德经典范畴论原则（Bybee & Moder，1983），前一类范畴成员必须要牢记，而第二类范畴成员则按规则加以学习。

如前所述，Wittgenstein（1978：67）认为一个范畴中的成员至少可以被区分为"核心成员"和"非核心成员"，它们不是处于平等的地位，范畴没有明晰的边界，当有新成员进入某个范畴时，该范畴的边界便会扩展。为了深入阐释自己的观点，维特根斯坦用"game"的经典例子阐释了自己的观点，世界上有成千上百种的"game"，如纸牌游戏、桌球游戏、甚至于奥运会，但是，没有一种由所有游戏都能够共享的共同特征或称共性，在打篮球的游戏中，应该有赢球者和输球者，但当这一游戏是由一个男孩子自己玩的时候，我们就会发现上述两种篮球游戏中没有共同特征了，但是我们仍可感觉到两者还是有某些相似之处，因此，"game"一词不适合经典范畴理论的模型。维特根斯坦得出结论认为"game"是由具有重重叠叠类似性的网络链接起来的，而且一个范畴内的成员之间不存在固定的边界；他在更抽象的层次上把"家族相似性"定义为一组构成AB、BC、CD、DE的个体项目，也就是说，每个个体项目都至少有一个也许若干个与其他一个或多个项目共同的元素，但没有一个或几个单个项目和所有项目具有共同性（Rosch & Mervis，1975），维特根斯坦的解释与Rosch和Mervies（1975）对原型的定义都是致力于解释家族相似性的核心原理和基本原则，为经典范畴论坚持认为某种属性或特性必须为所有范畴成员所共有且必须是"范畴内部的"的观点开放了一个备选方案。

人类思维是一个混合系统，通过不同的子系统学习模糊关联和清晰规则。最新的旨在捕捉人们在实验室学习人工范畴时的速度和精度的认知心理学范畴模型（Pinker，1999：279）多由两部分组成：基于相似样本族的范畴模式关联器和基于规则的范畴规则选择器。在解释人类的范畴认知时，心理学家只能使用这样的混合模型，因为对某些范畴，被试能很快找到规则，而对有些范畴，被试则凭直觉判断一些例子并根据它们与记忆中的已有例子的相似度对新例子加以范畴化。没有哪种模型能像混合模型那样使用单一机制解释人的每一类行为。

关于范畴化概念的许多问题仍然悬而未决。究竟范畴的边界是清晰的还是模糊的？对某些范畴的分布数据，是应该"一刀切"还是应该"一分为二"？目前，对于上述问题尚无明确答案，在可预见的未来，分歧或许仍将存在。

对原型范畴论的原创性及开创性研究是对颜色范畴的研究，Berlin和Kay（1969）研究了89种语言并验证和检测了说话者对颜色进行范畴化的方式，发现存在着基本颜色范畴，而且即使在不同语言的同一个颜色范畴中也存在着最佳范例颜色，比如西班牙语中的最佳焦红色的范例"太阳"也是俄语中红色色系的最佳范例，而且人们使用一个范畴中的焦红色区分颜色并设定不同的颜色范畴，尽管人们说着不同的语言，但是他们却共享系统的焦红色颜色范畴概念。他们的研究表明，在颜色范畴中存在着最佳或典型范例，焦点颜色的观念作为最重要的研究范畴化原型模型的方法而广受关注，成为认知语言学的经典理论之一（Ungerer & Schmid, 2008：1）。Labov和Waletzky（1967）进行的经典性的"杯子"实验中，要求被试给一些形状各异、大小不一、薄厚不同、高低有别的容器命名，被试要通过自己的容器意象和对容器形象的判断对这些容器做出命名，把它们称作是"杯子""碗"或"缸子"等等，实验得出的结论是范畴之间的边界极为模糊，人们的认知过程中存在原型。

Rosch（1972）利用实验发现在3—4岁的幼儿中"焦点颜色比非焦点颜色在感知上更为突显，3岁幼儿的注意力更多地受到焦点颜色而不是非焦点颜色的吸引，4岁幼儿对焦点颜色与所呈现的其他颜色之间的匹配比之非焦点颜色要更为准确"（Ungerer & Schmid, 2008：9）。Rosch（1972）系统地比较了不同文化中的颜色词，更新了先前学者已有的焦点意味着核心位置的观点，认为其中有些观点不太适宜，因此，把Berlin和Key的术语"焦点"改为"原型"这一术语并提出了"原型理论"。她认为范畴的内涵特征和它们的数量不是一成不变的，就像人类的认知会变化一样，范畴的内涵特征和它们的数量也处于变化之中，即使是中心原型也是有原型的，有更为典型的、更好的、更关键的特性，也有不够典型、较差的和泛泛的特性，核心特性互相之间分野明显，而边缘特性则与其他范畴的边缘特性相重叠和交叉，同一个范畴中的成员不必具有共同的特性，相反却具有某些相互重叠的特征组合。一言蔽之，同一个范畴中的成员和家族相似性一样，只在部分上具有共同特征；一个范畴中的成员地位不是平等的和相同的，而是包含着不同程度的典型性，Ungerer和Schmid（2008：66）认为：（1）范畴并不代表世界的各种现象的任意区分，而是应该被看作是建立在人类心理认知能力的基础之上；（2）颜色、形状以及有机体和具体实物的认知范畴是在具有感知突显性的原型的基础上固定的，在范畴的形成过程中发挥着关键性的作用；（3）范畴的边界是模糊不清的。还以"鸟"这一范畴为例，麻雀和金丝雀都被看作是原型成员，而企鹅和鸵鸟则被认为是不够典型的和非正式的边缘性成员，苹果和橘子被认为是"水果"范畴的中心原型成员，而番茄和山楂则属于该范畴的边缘成员。

范畴化的结果是始终都有一个次级的多层级系统，经典范畴论没有关注范畴的层级特征。一个实物可以有多个名称，处在特殊层级的名称居于优先地位，有一个单一的心理意象，因此更容易被人们所接受，只有处在核心层级上的名称才是客体的真正名称，而处在其他层级上的名称只是"想象的产物"（Brown，1974：21）。

Berlin和Kay（1969）研究了居住在墨西哥南部使用玛雅语的泽尔塔尔人使用"共性分类法"对动植物进行分类的过程和方式，泽尔塔尔人可以把动物和植物划入许多类别范畴，每个范畴都有自己的名称，范畴又形成层级结构。在处理收集到的泽尔塔尔人的数据时，Stross（1973）发现儿童先习得属于层级结构中中等层级——基本层级范中畴的那些词，然后把习得扩展至高层通用级别和低层详细层级，Hunn（1977）从心理学角度对基本层级范畴进行了大量研究，Rosch（1973）也通过心理学实验更正和改进了基本层级单词的存在方式，改进后的基本层级单词是那些人们最常使用和儿童最早习得的词。

简而言之，真实世界中的物质可被分类划入很多范畴中，如"动物""植物""工具"等等。一个实物体可以属于不止一个范畴，比如，"苹果"既属于"水果",也属于"食物"范畴,作为一个"客体",它分属于不同层次的范畴。范畴系统最为重要和显著的特性是它"类似于金字塔的层级体",塔尖的范畴相对概括和抽象,塔基的范畴则相对具体和精细。在范畴的所有不同层级中,某个层级会在人的认知过程中表现得最为突显,因而最容易被直接识别和区别,这类范畴被称为"基本层次范畴",它代表着范畴连续体中的"黄金均数",从基本层级范畴起始,最抽象和概括的层级是"上位范畴",而最具体的层级为"下位范畴",比如,对"What are you doing?"的回答,可能是"I am swimming"而非"I am doing a sport"或"I am doing a backstroke",因为"swim"是一个基本层次词,"sport"是一个上位词,而"backstroke"则是一个过于具体的下位词。

综上所述,"基本层次范畴"有七个特征:(1)具有认知的完整性、(2)从心理上容易识别、(3)具有地位上的优先性、(4)从行为到反应的一致性、(5)常用于日常交际之中、(6)具有线索有效性、(7)人的知识和思维是从这个层级上得以组织的(Rosch,1978;Lakoff,1987)。

基本层次范畴是语言中的基本词,是不需要特别认真思考的默认词,形式简单、易记易学、高频使用,是常用词的主体部分,语义上是中性和中立的,适宜用于多种不同的情境(Taylor,1995:39)。上位范畴是对基本词和下位范畴的高度概括,标志着认知过程中普遍的未经加工的概念映像,与之截然相反的是下位范畴,是基本层次范畴概念的进一步切分,下位范畴中的词更为具体和准确。认知语言学将上位范畴和下位范畴合称为"共生性范畴"(parasitic category)。区别基本层次词和上位词及下位词的原则(卢植,2006a:86):(1)基本词常用于口头言语交际,大多数都极为简单,词形很短。(2)基本词大都极为具体而非抽象,都与视觉和听觉概念相联系,这两类概念是区分开的,但在语义记忆系统中又是相互连接的子系统(Paivio,1986:88),譬如,"table"是装有四条腿的木制实物,其读音和实体均极简洁、易识记。(3)基本词反映的是具体实物,最容易被人类大脑接收和加工,儿童首先习得的就是基本词,"table"和"furniture"相比,是一个表示具体实物的下义词,"furniture"则是更大更复杂的范畴,"table"又比

"tea table"所含的细节性信息更少,"tea table"具有许多限制性条件和具体的识别性特征,因而更为具体。

基本范畴词因其感知突显性而成为默认范畴,在日常交际中具有优先地位。一种极为方便的区别基本范畴词和其他词的方式是简单地问一些问题,尤其是可以指称的问句,如"What's this?"或"What are you doing now?",用基本词就可以回答,如,"This is a table."或"I am watching a dog."。通常,人们极少用上位词如"This is a kind of furniture."来回答,也不会用下位词如"I am watching a Labrador retriever."来回应。

学习和掌握一词多义是语言学习的重要方面之一,词义知识可以通过词汇深度测验加以测量(Read,1997)。外语学习者有必要认识单词的隐喻义延伸到目标语中的规约化方式(Littlemore & Low,2006a,2006b),比如,对hand一词的学习,英语学习者最早学习的hand的意思是身体的一部分或一个器官,后来才逐渐学到这个词的其他词义如隐喻义(如,hands of a clock,hands of a compass)或转喻义(如,hand them a pen,give them a hand)。认知语言学认为hand的多个备选词义在一个辐射状范畴中彼此关联,其基本义则作为原型而发挥作用。

人类大脑天生具有将外来事物加以范畴化并把它们与已有知识关联起来进而理解它们的倾向,人类认知所形成的范畴本质上是灵活的和辐射状的,有些范畴成员比其他一些范畴成员更为中心。这一点对于语言学习具有极为重要的意义,可变的和灵活的范畴概念不仅适用于单个的词和语素,而且适用于"语法规则"、音位特征及语调模式。

Littlemore和MacArthur(2007)用语料库研究考查了英语的thread与wing和西班牙语的hilar与aletear,结果发现两种语言中的两个单词都是以辐射状范畴运作的,但范畴的性质却大相径庭,英语语料库(the Bank of English)中的运动方式动词to thread常以及物方式用于谈话中,西班牙语语料库(Corpus de Referencia del Español,CREA)中hilar的许多例子里包含习惯用语hilar fino,可大致译为英语的to thread very finely(谨慎做事),西班牙语中的hilar常用来指一个接着一个出现的行动或事件之间的联系,而这样的意思却很少出现于英语中。这一研究表明,尽管不同语言中词的修辞义有某些重叠,但也确实存在大量的变异,而变异是语言学习者的学习难点和堵点,应用认知语言学有必要对此加以探究。

认知语言学关于词在辐射状范畴中运行这一观点如何可以帮助二语学习者和教师已有研究(Danesi,1993)。观察到非母语的外语学习者多用单词的字面义表达意思,用认知语言学的术语来说,就是多用范畴中心的词的原型义用法,而母语者更多地使用处于范畴边缘位置的修辞义。Alejo(2008)发现语言学习者倾向于避用修辞义而多用原型义,即使是生活或工作于目标语环境中的高级英语学习者也倾向于依赖词的原型义,而且这一倾向明显高于母语者的语义偏好;第一语言的迁移是影响外语学习者词义使用倾向的主要因素。进一步仔细观察,发现非母语者全都偏爱使用短语动词及其搭配以及小品词的原型义,他们比母语者使用的短语动词的类型少,即使是生活于英语日常环境中的高级英语二语学习者也倾向于避免使用范畴的边缘词。习得过程中的注意频率效应是影响这类语言用法偏向的潜在变量。外语学习者比母语者更多地使用辐射状范畴的中心词这一事实其实并不奇怪,因为在基于使用的语言系统中,母语者通过在多重话语的情景中接触自己语言的词汇来建构这些词的语义外延知识,而外语学习者不具备接触频繁的有意义的和变化多端的交际互动途径,因而其语义外延知识相对贫乏,即使是高级英语学习者也比英语母语者对范畴边缘成员的意识要低(Littlemore & MacArthur,2007)。

2.2 范畴与词汇教学

词汇是达成高水平语言能力的关键因素。Wilkins(1972:111-112)"Without grammar very little can be conveyed, without vocabulary nothing can be conveyed"的论断人尽皆知。Haynes和Baker(1993)认为二语学习者所面临的最主要困难是二语词汇量的贫乏。

在应用认知语言学的引领下,向教师灌输和传授范畴论框架下的词汇教学法得到众多学者的倡导(Barner & Bale,2002;Abelev,2005;Laws &

Hunter，2006；Boers & Lindstromberg，2008；Boers，2013；Ioannis，2020；Chang，et al.，2021）。Don（2004）认为范畴论应用于外语教育实践中的常规性词汇教学有助于学习者的词汇学习和记忆，Krinsky和Krinsky（1994）认为在原型范畴论框架下进行词汇教学时学生会在记忆语义相关词的过程中遇到困难，不利于对词汇的长期记忆和保持，二语学习者可以更快地学习和记忆那些在语义上不关联的词（Bolger & Zapata，2011）。Achard和Niemeier（2004：11）阐述了一系列将认知语言学应用于语言教学的指导性原则，强调了范畴理论与词汇教学的有关问题。基本层次范畴的词汇是词汇教学的重点，范畴化的典型理论对英语词汇教学中多义词（或一词多义）的教学有着重要的理论指导作用（文旭、匡芳涛，2016）。学界对于范畴理论应用于实际的日常词汇教学仍存争议。

应用认知语言学家认为指导学生思考不同语言关于词之间有理据的意义联系网络有助于学生更深切地体会和领会母语的优点和不足（Athanasiadou，et al.，2004；Boers & Lindstromberg，2006；Dirven，2001；Holme，2010；Lindstromberg，Lindstromberg & Boers，2005；Littlemore，2004；Littlemore & Low 2006a；Tyler & Evans，2004；Lou，2021）。

Rosch（1975）提出原型范畴论用于词汇教学的四种具体方式：（1）教授多义词的原型义以便让学生了解该多义词的更多意义，（2）使用典型词根或词缀引导出更多具有相同词缀的单词以扩大学生的词汇量，（3）以学生已习得的基本层次词为中心向外辐射和扩展去教授具有上下义关系的其他词，（4）把一个具有典型性的词的发音作为核心教授其他具有相同发音规则的词以巩固新学得的词。

Verspoor和Lowie（2003）以78名母语为荷兰语的英语学习者为被试进行了一项实验，为了测试学习者能否理解和记忆多义词核心义之外的次要义，他们首先让实验组明确18个含有很多延伸义多义词的核心义，被试要在没有延伸义的前提下猜想这些词的核心义，而对照组则先知道了延伸义然后再猜测核心义。实验结果显示，实验组的学生能释义出更多的延伸义；同时，后测结果表明实验组也能确切地记住实验单词的词义。

Dirven和Verspoor（1998：19）逐一详细解释"电话、公司、下午、工作、愚蠢"五个词的词义后认为这些词从中心到边缘遵循原型顺序。Lakoff（1987）用理想化认知模型（Idealized Cognitive Model，ICM）分析"单身汉、谎言、母亲"的语义范畴后认为这些范畴属于"放射状范畴"，范畴成员处于不平等的地位，形成从中心向边缘的图式。Taylor（2003：105）用原型理论分析和解释了包括日常用词的多种语言现象以及英语中的原型性词缀，提出用原型范畴描写词类，认为语言系统中的主要词类都与原型性语义值相联系，名词定名客体，动词指定过程，形容词指定属性，介词指定客体间的关系。Cuyckens等（2003）讨论了词汇范畴的内部结构（如原型结构、家族相似性、辐射结构）并从隐喻、转喻、意象图式等角度解释了多义词的多种语义间的关系。Langacker（2004）以"fruit"为例说明"fruit like apples and bananas"的意义是核心义，"典型词项代表着一个复杂范畴，具有不止一个意义，而是具有多个相互关联的意义，这些意义构成一个由范畴性关系联结而成的网络"。

Lowie和Verspoor（2004）利用双语心理词汇互动激活模型考察了外语学习中的母语迁移效应，实验要求四位英语水平不同的母语为荷兰语的英语学习者完成英语介词完形填空测试，频率和相似性是实验设计中的重点变量，实验材料系根据Cobuild语料库中的频率、正字法和词义用法的相似性制备而成。结果表明，频率对荷兰英语学习者的英语介词学习有一定影响，但对较高水平的学习者没有影响；概念表征介导的跨语相似性（语音/正字法相似性）在介词习得的起始和中间阶段发挥作用，但在高水平的熟练阶段不起作用。这项研究清楚地展示了输入频率（认知语言学所研究的重要因素之一）和相似性在不同的外语熟练程度下的交互作用模式，对词汇教学具有重要的启示和启发意义。

Csäbi（2004）阐明了英语多义词是以其原型义为核心的理念，多义词的多个意义通过隐喻及意象图式等方式构成一个意义网络，他用实验证明匈牙利英语学习者意识到"hold""keep"等词的原型义与边缘义之间的关系时对其词义的记忆会更为牢固。Csäbi假设，如果明确地向二语学习者教授多义词和习语的意义理据，二语学习者可以更好地学习多义词和含有该多义词的固定表达。他对匈牙利英语学习者进行实验以了解掌握多义词词义理据知识的学习者是否比只记住单词及其词义的学习者更容易学习这些单词及其习语的词义，主试向实验组呈现两个多义词"keep"和"hold"，其中包括关键词（例如"手"和"控制"）和示意图（例如，一个内外各有X的圆圈表示短语动词"keep in/out"），同时用身体语言向被试强化词义的理据；要求对照组识读同样的例句并做填空练习，同时指导他们记忆目标词的词义。被试在实验的当天完成填空测试，一天后复测。测试分数的结果支持如下假设，即词义理据的显性知识比记忆英语单词及其对应词的匈牙利语词义能更好地帮助学习者学习多义词。在课堂上使用这种方法的另一个好处是它鼓励学生猜测意义并积极参与创造性的脑力活动，从长远来看，会产生更好的效果。这是应用认知语言学启发和指导如何改进多义词教学的一个很好案例。首先，本研究没有采用前测，实际上，实验前检查实验组和对照组在多义词方面的知识是否相同，这一点很重要；这项研究把实验组的分数较高解释为完全是由于他们接受了实验的效果，是否准确，值得商榷。其次，实验后第二天，通过一次测试来衡量实验组和对照组的多义词技能，也值得质疑。Tarone（1982：18，1988：32）认为与任务相关的中介语变体表现出学习者词汇准确率的差异，最好使用词汇产生测验来测试学习者对词的功能和形式的记忆，或者，起码应执行多个任务来获取学习者的词汇知识。再次，对目标语多义词的教学用语是被试的母语匈牙利语而不是目标语英语，这与Achard和Niemeier（2004：13）关于应用认知语言学的词汇教学建议相悖。受认知语言学的启发设计一个实证研究测量教学效果有助于考虑认知应用语言学研究者所提出的教学问题。

Tyler和Evans（2004）解释了多义词"over"的多重意义彼此互连为一个互联性语义网络的方式，建议教师在词汇教学中应首先介绍单词的原型义再过渡到词的其他意义，他们进一步探讨了多义词的教学问题，对英语介词"over"进行了详细的认知语言学分析和教学合理性的分析，阐释了他们的网络模型有益于学习者的若干优势。第一，模型以相对较少的原则为"over"的各种延伸义提供了理据，向学习者提供了较为系统的语义描述。第二，模型基于意义的经验基础而构念,展示了观察外部世界所产生的延伸义,学习者可以利用自己对世界的体验来解释介词的词义。第三,模型作为一个视觉量规帮助学习者捕捉这些感官是如何连通的。最后,他们给出了教中级学习者学习"over"的建议教案,其中明确了教授原型义和两个扩展义的步骤和做法。尽管他们建议的教学是在小型准实验性课堂干预中进行的,但我们仍然需要充分评估这种教学方法是否有效;除了实际的时间限制,我们还要考虑的是没有受过认知语言学家培训的普通教师是否能够理解模型所强调的课堂语言描述将其完整准确地呈现给学生。

Boers(2004)讨论了通过训练学生的隐喻能力提升和扩展学生词汇量的原则、过程和方法,提出学生所学的隐喻表达的基本原理越多,他们的词汇记忆速度越快。也有学者对词类中关联性词语的教学提出质疑,要求对这一主题进行更多更为深入的研究,譬如Bolger和Zapata(2011)用实验证明了,增加不同的语境故事,学习者会在学习语义相关联的词语中遇到困难,即语义相关联的词汇会抑制学习过程。

Gao(2011)对中国英语学习者进行了一项实证研究验证认知语言学为什么能够促进二语或外语学习者。在课堂实验后,实验1中延迟后测的结果显示,实验组的表现优于对照组21.7%;实验2提高了6.73%;实验3提高了6.61%;实验4中增加了21.7%。实验结论是,通过启发他们分析图像图式结构的特征,认知语言学启发下的词汇教学法有利于提升外语学习者的词汇记忆和语法应用能力,促进阅读、写作和翻译等学习任务中的语义理解,特别是在促进词汇的长期记忆方面具有极大作用。

语言学界推动着对基本词特征和特点的讨论,提出了区分基本词的有效和简易方法,激发和启发了更多的教师意识到教授新词的顺序和教法,将范畴理论应用于英语教学实践,是一个应用语言学的问题(卢植,2006a:143)。应该研究认知语言学在词汇教学中的应用,强调基本词的重要性,将范畴理论用于多义词教学。原型理论应用于多义词教学备受关注,运用原型理论帮助学生丰富上下义关系词汇(梁晓波,2002)。文旭和匡芳涛(2016)指出基本层次范畴的词汇是词汇教学的重点,范畴化理论对英语词汇教学有重要的理论指导作用。

综上所述，关于范畴理论与词汇教学，可以总结出以下四点：（1）大多数语言学家支持将原型范畴理论应用于词汇教学并相信其效果将令人鼓舞；（2）应努力尝试发现范畴理论在词汇教学的具体应用，深入验证应用认知语言学关于词汇教学的假设并找出全面和合理地利用这一理论的正确方法；（3）外语词汇教学中尚未对基本词教学给予足够关注，还没有普遍意识到应遵循教授词汇的重要顺序和认知语言学的学理；（4）对范畴理论应用于词汇教学的定性分析多于定量研究，尚需加强和推进对这一问题的实证论证。

2.3 实验研究

2.3.1 基本词产出实验

英语词汇量和词汇知识深度的测验和考察具有极为重要的价值（Hellman，2011）。本实验参照范畴建构（category construct）实验范式（Holme，2009：130）引发被试的基本词产出，用词汇回忆产出实验检测被试的词汇层次和原型词的情况，考察原型范畴是否具有心理现实性。

研究问题与假设

本实验调查英语专业学生的单词即时回忆中基本层次词的产出情况。研究问题是，在启发法诱导的实验条件下，英语学习者自发产出的基本词和次级词的产出量有无差异？

研究假设是在启发法诱导的实验条件下英语学习者自发产出的基本词和次级词的产出量无差异。

被试

40名暨南大学翻译专业一年级研究生。问卷调查表明40名被试英语学习背景相近（均从小学四年级开始学英语，已学英语12年）、学历背景相同（均有英语语言文学学士学位）、英语水平相同（所有被试均在本实验实施前8个月参加过全国统一的TEM8〔Test for English Majors Band 8，英语专业八级国家标准化考试，平均分67.6，TEM的信度和效度均已有权威计算和检验并得到学界认可]。

实验程序

（1）主试提示和要求被试合作一起回想以字母"b"开头的英文单词如boy，business，behavior，book等并写在专用实验记录纸上，用时5分钟，培训被试熟悉实验程序，培训结束后进入正式实验。

（2）主试向被试发放印有实验指导语的范畴建构实验专用实验卡片，被试在10分钟内写出尽可能多的以字母"s"开头的英文单词如space，star，sun，sky，词汇回忆产出实验中，被试的产出单词填写在实验卡片上。实验卡片上的提示语和指导语中特别提示，如果回忆和产出具体单词速度慢时，先以某个大的概念如school来驱动和激活与之相关联的词，如student，study，studio，sport，shot。以字母"s"开头的单词在英语中数量最多（据wordfinder网站统计多达13690个），理论上假定被试已掌握的单词中"s"开头的单词最多，可较好地展示他们在不同层次的英语单词的记忆量。参照新版《高校英语专业八级考试大纲》（2016）词汇评级标准计算被试产出的词汇级别，级别越低越接近于基本层次范畴。主试评定并标注被试所写单词的层次做标签，汇总后计算每位被试产出单词的层次；写错的单词予以删除，所写单词形式不同但实为同一个词的不同形式时则视具体情况处理，如不规则词say-said或swing-swung确定为两个词，而规则变形变位词study-studied则计算为一个词。计算每个层次词的频次和比例。

2.3.2 原型词教学实验

研究问题与假设

将原型范畴理论应用于英语教学是一个具有重要研究价值的问题，需要进行实验来检验和验证其科学性、合理性和有效性，实验旨在回答以下问题：

（1）原型范畴教学法和传统教学法在帮助学生更好地学习新词方面有无差异？

（2）原型范畴教学中的原型层次教学法和词义释义教学法的效果有无差异？

与上述问题对应的研究假设：

（1）原型范畴教学法与传统教学法在帮助学生更好地学习新词方面的效果无差异。

（2）同一原型理论框架下的原型层次教学法和词义释义教学法效果无差异。

被试

本实验的被试与基本词产出实验（实验1）被试相同，不同之处是以随机方式将40名被试分为实验组和对照组各20人，两组的TEM8分数经独立样本t检验表明实验组和对照组的英语水平无显著差异（$t=66.90$，$p=0.613>0.05$）。

实验材料

按照Taylor（2003）原型理论的4条规则选自《新牛津英汉双解大词典》（2007）的60个目标词作为实验材料，4组材料的分组如下：（1）15个含有特定词缀和词根的常见词设为原型词，将它们作为核心词，从词典选取带有系统词缀或词根的新词；（2）15个常用词选作原型词，这些原型词的上位词和下位词新词设置为目标词；（3）15个简易熟词设为原型词，15个具有同样发音规则的假词设为目标词，如核心词but发音规则是"辅音–元音–辅音"，将实验词dud设定为和but同样发音规则的目标词；（4）15个原型义词的15个多义语义设定为教学目标。以随机方式安排即将教授给实验组的目标词，这一安排不同于教师在日常教学中使用的教材按顺序排列和呈现新词的传统教学法。实验材料的样例见图2.1所示，如图中左边第1组的tree是原型词，plant为其上位词，conifer和deciduous是原型词tree的下位词，两个下位词各自还有自己范畴的下位词；图中右边是设计中的第三条规则的示例，but和much的发音规则都是"辅音–元音[ʌ]–辅音"，下面都是依据这一规则拟制的目标词（其中有些词是英语里面没有的词，也就是说，不是英语词，有些是英语词但频率极低）。

图 2.1　实验材料样例

实验程序

实验是在两天的教学课堂上进行的真实教学情景中的自然实验，实验组和对照组各学习两个单元课的目标新词，实验用时设定为开始上课的前25分钟，这是学生高度关注教学过程及教授内容的最佳时段。为了维持学生的注意力和保持他们的认知激活，实验程序设计了具有较强视觉吸引力和感染力的课件以"图+文"方式呈现目标词的详细解释和适宜例证帮助学生加深对新词词义的认知和记忆。实验自变量是教师所实施的词汇教学方法，实验组实施原型框架下的多层次词汇教学即原型教学法，教师例解一个所有被试都熟悉的高频词或常用词的原型义，程序自动呈现一个新词并逐条列举和阐释它与核心词的关系，对照组按教材原有顺序排列和呈现新词的传统教学法接受新词教学，实验程序对对照组随机呈现目标词。实验的因变量是被试的词汇记忆量，第三天实施词汇量测试检测实验组和对照组目标词的记忆量。测试纸印制有60个目标词，要求被试写出对应于每个词的正确词义和尽可能多的词义。

2.4 结果分析与讨论

2.4.1 基本词产出实验的结果

基本词产出实验探索被试的范畴建构依赖基本层次词的程度。实验数据依产出的词的频次和比率计算，结果表明，在规定时间内，多数被试能够写出11至17个单词，40位被试共写出568个单词，其中11个是错拼或伪词，即不存在的词不计入数据，因此，557个单词为有效数据，其中351个属于层次1，91个属于层次2，56个属于层次3，39个属于层次4，15个属于层次5，只有5个属于层次6，结果样例如图2.2所示，其中，side，six，sorry等词为层次1的词，sexy，sell等属于层次2的词，spy属于层次3的词。

SAMPLE 1:

sexy [L2]	spy [L3]	side [L1]	six [L1]	sorry [L1]	silent [L2]
sit [L1]	snake [L2]	say [L1]	said [L1]	small [L1]	sock [L1]
size [L1]	sell [L2]				

图2.2　词汇产出样例

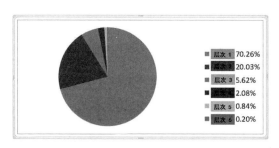

图2.3　每个层次词的占比

图2.3的饼图显示基本层次（L1）词的比例为70.26%，层次1和层次2词占全部单词产出的90.29%，中间的层次3和层次4占7.7%，而高层次的层次5和层次6词占1.04%。

表2.1　各层次词的平均值（M）及标准差（SD）（N=40）

	M	SD
L1	9.296	4.01
L2	2.629	1.26
L3	0.777	0.603
L4	0.259	0.457
L5	0.111	0.312
L6	0.037	0.192

表2.1显示，基本层次（L1）词的输出最大，该组词的标准差为4.01，高水平层次范畴中有没有明显离散趋势，L5的标准差为0.312，L6的标准差为0.192，被试更为一致地学习高层次的单词，而很少学习以及如何学习低层次的具体词。

2.4.2 原型词教学实验的结果

实验的后测考察实验组和对照组在不同的教学方式下正确回忆的单词数量，结果如图2.4和表2.2所示。

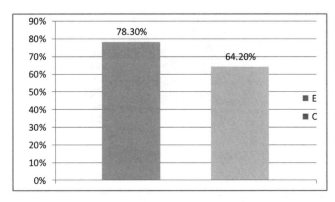

图2.4 实验组（E）和对照组（C）在词汇保持测验中的成绩

图2.4的柱形图显示每一组的回忆准确率，实验组的回忆准确率为78.30%，对照组的回忆准确率为64.20%，两者相差近15%，实验组明显优于对照组在词汇保持与回忆测验中的成绩。两组后测的总体成绩为60，实验组的平均分为47.4，对照组的平均分为39.3，独立样本t检验，$p=0.002<0.005$，实验组和对照组在词汇的回忆上有着显著差异（表2.2）。实验结果拒绝本实验的研究假设1。

表2.2 实验组和对照组词汇回忆分数的独立样本t检验（$N=20$）

	均值	标准差	t	p
实验组	47.40	6.62	41.20	0.002
对照组	39.30	8.69		

本实验的目标新词是根据构词规则挑选和呈现的，被分成了4个不同类型的组，它们都是在原型理论的框架下进行设计，但还是有意义上的细微差别：第一组词有着相同的词缀或词根且具有相同的中心词，第二组目标词是核心原型词的上位词或下位词，第三组目标词具有相同的典型词的发音规则，第四组词的意义全部都是作为目标词的核心多义词的派生义。

T1、T2、T3和T4表示四组目标词，比较实验组和对照组对每组材料的记忆量的平均值（M）及标准差（SD），对每组目标词实验组和对照组进行独立样本t检验，结果如表2.3所示：

表2.3　四类实验材料的独立样本t检验（$N=20$）

		均值	标准差	t	p
T1	实验组	12.35	2.25	10.11	0.001
	对照组	9.45	2.87		
T2	实验组	13.10	2.10	11.02	0.007
	对照组	10.70	3.08		
T3	实验组	8.35	2.41	7.58	0.347
	对照组	7.60	2.56		
T4	实验组	13.55	2.31	12.54	0.024
	对照组	11.45	3.24		

从表2.3可见，最显著的差异出现在对T1目标词的记忆上，其检验的$p=0.001$，原型词缀的应用具有最佳的效果，实验组较之对照组在这方面做出了更为优秀的成绩。同一原型理论框架下的原型层次教学法和词义释义教学法效果差异显著。

和T1组相类似，T2组的成绩提示实验组被试从原型知识中获益更多，基本词辐射网络可以帮助被试记忆词的上位词或下位词，因此有助于他们的词汇量的扩大。

T3的价值，我们的假设原型发音规则的应用也许是一个很好的尝试，事实是对照组和实验组做得差不多一样好，$p=0.347 > 0.05$，无统计学上的显著意义。

关于T4的结果，在本组材料的实验中，实验组仍比对照组正确地回忆出更多的单词，证明原型教学法比传统教学法能够更有效地教授多义词。

讨论上述结果的原因以及导致上述现象的因素，被试通过认知手段根据单词的语义来记忆和储存单词，意味着具有相近意义的单词会被比较靠近地加以储存；相反，拥有其他关系譬如类似发音和读音的单词则是相对分离而储存的。单词的储存类型决定了记忆过程，具有相似词形或相关语义的单词、词缀和词根会比那些仅仅具有类似发音规则的单词被更快和更牢固地记住，被试能够较好地回忆T1的实验材料，而对T3的实验材料的回忆则较差。

2.4.3 综合讨论

基本词产出实验的结果显示基本层次词在被试的整个心理词汇中比例最大，基本层次词置于最高位置，否定了这一实验的研究假设，也就是说，基本层次词和次级层次词在英语学习者的心理词库中的比例是有差别的。在语言习得领域，众多学者都从理论和实证角度阐述和证实了儿童先习得层级结构中的中等层级——基本层级范畴中的词即基本词，然后习得扩展至高层通用级别和低层层级词，基本层级词是那些人们最常使用和儿童最早习得的词（Stross，1973；Hunn，1977；Rosch，1973）。本章基本词产出实验的结果进一步证明了上述观点的合理性。因此，强调基本词的核心特征具有重要意义：（1）基本词是被试首先习得的词，形式简洁、意义精确、音节简单、构词短小。（2）基本词汇常常代表具体的客观事物，而上位词通常表现为通用概念，较少和一个有根有据的事物相联系，比如说，"动物"的形象或者意象通常是多种多样的，相反，下位词则相当准确，具有许多的限制，常常只能代表一个不具有认知可变性的实物，比如说，当我们说"金毛猎犬"时，我们指的就是那一类有着金色毛发的猎犬，而不是别的颜色的狗，因此，只有基本层次词是居于语言认知加工的"金色媒介"的适当范畴。（3）基本词常被频繁地用于交际中，可以被识别为简单问题如"那是什么？"而常可以用基本词来回答。基本词如此重要，教师应该主要讲授常用且易学的单词，然后讲授复杂的、不规则的复合词，学生应该首先掌握属于词汇范畴中的原型的基本词。

如前所述，"基本层次范畴"的七个特征是，具有认知的完整性、从心理上容易识别、具有地位上的优先性、从行为到反应的一致性、常用于日常交际之中、具有线索有效性、人的知识和思维是从这个层级上得以组织的（Rosch，1978；Lakoff，1987）。基本词产出实验完全验证和支持认知语言学的这一基本观点。

从研究方法上来看，区别基本范畴词和其他词的最为简便易行的方法就是简单地问一些问题尤其是可以指称的句子，如"What's this?"或"What are you doing now?"，用基本词就可以回答，如，"This is a table."或"I am watching a dog."，通常，人们极少用上位词来表达，也不会用下位词回答极简单的问题。在这一点上，人们似乎遵循着极简主义的原则，这实际上是人类认知的基本遵循之一。本章的基本词产出实验明显证实了这一基本原理。

　　认知语言学认为语言原型词和核心词的词义具有普遍性，外语学习者的母语和二语可能共享某些原型义，外语学习者用母语建立起来的分类系统会导致他们形成一些习惯，遇到一种具有不同分类系统的不同语言时，这些习惯很难打破（Elston-Güttler & Williams，2008），这可能需要相当大的认知灵活性以及强大和机敏的"注意"技能（Ungere & Schmid，2008：67）。

　　原型词汇教学策略是把范畴理论应用于记忆和处理词汇，是一种典型的任何人类心理的认知策略，如前所述，已有的实证研究证明了应用范畴理论的有效性，本章实验2即原型词教学实验证明在四类应用中，原型词缀对于丰富词汇量具有极大的优势，中心词策略是一个较为有效的方法，对多义词的教学也具有一定的促进作用。

　　基本词产出实验结果的启发意义在于教师应该极大地关注原型性词缀和词根的教学。很多词缀起初是从一个单词演化而来的，尽管它们已经失去了形态上的独立性，但它们的语义价值和分类功能（范畴化功能）依然保留，词根和词缀变成了语素，成为构词的最小意义单位，譬如以后缀"-ful"为例，它最初来自于单词"full"，后来变为一个黏着语素，但仍然表示的是"full"的语义和意思，因此，从这类可见的词缀中，学生会直接分别将单词分类进不同的范畴。诸如"re-""-tion"之类的原型性词缀无疑会刺激学习者的认知并扩大他们的词汇量。随着学习者学得更多的单词，难学的和稀有的词缀开始出现而不再仅仅局限于那些原型性的词缀，比如，词缀"sub-"，自它的原始典型形式开始，会出现更多的形式，如"sug-""sus-"及"suf-"等等，这些词缀形式就给了学生丰富和扩大他们的词汇量的机会；事实上，词缀不仅仅表现的是一定的范畴，也反映着词汇的屈折规则，当一个学生知道了一个已经习得的词缀的规则特征时，他就可能会正确地推断出另一个单词的意思，在这种方式下,建议学生首先掌握常见的词缀,然后通过"家族相似性"去对其他单词加以分类和范畴化,这应该是既扩大词汇量又加深词汇知识的最有效方式。

  原型词教学实验的结果显示,实验组在学习目标词时因接受原型知识而取得了积极的效果,中心词缀和词根的应用是最有效的新词教授方式,被试在单词回忆测验中可以正确地重现和回忆更多的带有原型义的词缀和词根的词。上下义词的层次性排列的应用是教授新词的第二种有效方法,原型范畴理论框架下的多义词教学获得了令人满意的效果。词的不同意义在放射状范畴内运行并通过隐喻和转喻等过程将其链接,对单词不同词义的了解是衡量词汇深度的重要指标之一(Read,1993)。将辐射范畴明确纳入第二语言教材的教学大纲,从原型表征逐渐向范畴边缘的真实世界语言过渡(Shortall,2003)。教师可以向学生介绍单词的原型义,系统地把原型词引入词汇教学大纲,然后向范畴边缘移动扩展。对于碰巧位于范畴边缘的高频意义以及非原型的有用集合表达式,需做出例外的规定和安排(Littlemore,2004)。制定一个从单词的原型义开始然后转向更外围的用法的教学大纲的想法应是有益于词汇教学的,尝试将每个单词或结构都以这种方式呈现,也许会导致一些听起来或看起来非常虚假的文本,也可能会和严格线性的教学大纲中的词汇安排有抵触,但还是值得尝试。

  原型范畴的理念有助于解释词的具体义和抽象义或比喻义间的关系,建议在课堂上利用语义透明度高的基本词来解释抽象难懂的词(Littlemore & Low,2006a),向学习者介绍词的原型义能更好地帮助他们保持对词汇的长期记忆(Boers,2004),在词汇教学过程中最好让学习者使用原型义(Verspoor & Lowie,2003)。同一范畴内的词义彼此互连为一个互联性语义网络,通过辐射状范畴实现互联性语义网络,呈现原型义并用图表和身体或肢体动作演示该原型义与该范畴中其他意义的关系(Tyler & Evans,2004),这一教法的理念早有学者提出(Kövecses & Szabó,1996),本章的原型词教学实验进一步验证了这些观点和论点。

  本章的实验结果显示在中国的英语教学语境中,认知语言学启发和引导下的词汇教学法有利于外语学习者的词汇能力，这一结果和Gao（2011）的研究结果一致。Krinsky和Krinsky（1994）认为在原型范畴论框架下进行词汇教学时学生会在记忆语义相关词的过程中遇到困难，不利于对词汇的长期记忆，二语学习者可以更快地学习和记忆那些在语义上不关联的词（Bolger，2011），本章的研究结果并不支持他们的观点。有实验结果显示，实验组的学生能释义出更多的延伸义（Verspoor & Lowie，2003），本章原型词教学实验的后测结果显示实验组也能确切地记住其单词词义。

Csábi（2004）测试了对英语动词hold和keep的明确的认知语义解释在教学实践中的效果。除了文字性的解释，研究人员也给实验组学生提供了一些形象化的帮助，如通过教师的模仿表演或在黑板上画图来帮助学生理解词的核心义；对照组的学生也被要求理解keep和hold的意思，但只给他们提供这两个词在母语匈牙利语的翻译。后测结果显示，实验组的学生能更好地在两个词之间做出正确的选择，这说明了即使是语义外延再抽象的动作也能加深学习者的理解。之所以实验组的学生表现突出，部分原因来自于他们在理解词义时加入了认知的成分，也有部分源自于理解词义时的形象化支撑，这是对照组所没有的，关于这一点，本书第5章将通过进一步的实验做出探讨和验证。

在认知语言学范式下，词一般是在辐射状范畴内运作，基本的原型义位于中心，比喻义位于边缘，隐喻和转喻是促进意义扩展的主因。那么，这对第二语言学习者意味着什么呢？辐射范畴如何帮助他们学习这门语言？非母语者一般会避免使用词的隐喻义而更倾向于使用词的字面义（Danesi，1992），而在认知语言学术语中，字面义是范畴的中心，是词的核心义，本章的实验1证实了这一观点的合理之处。

辐射状范畴知识是人在日常生活中积累起来的，人在自然的交际环境中比在人为的受控环境中更容易获得这些知识，这突出了语言处理和产生是基于使用的本质。和词的所有方面一样，辐射状范畴知识会随着时间的推移而发生相当大的波动。

二语学习者会对第二语言范畴的灵活、典型性质有内隐认识，这些内隐知识是通过大量运用比较过程的范例而获得，是在认知语言学家所描述的基于用法的学习中建立起来并协助创建灵活的、基于范例的辐射状范畴，而他们的元语言知识往往包含更多固定的范畴、规则和例外，是通过获取"规则"来学习的，由此产生的范畴是稳定的、离散的、清晰的（Roehr，2008）。基本词产出实验面对的问题是成年英语学习者中的基本词产出，以"s"字母开头的单词的即时性保持测验中，成年英语学习者的输出更多地依赖其基本词汇，英语教学过程中的词汇教学应该更多地关注常用基本词的操练和实践。

非母语人士更倾向于使用词的基本义而不是次级词义，两者之间的差异肯定足够显著，值得深入调研（Mahpeykar，2008），本章基本词产出实验有同样的研究发现。从第二语言学习的角度来看，学习者观察不同语言将事物划分为语义类别的方式变异时，这些变异都变得饶有趣味。在母语者群体看来，有些类别可能是唯一合理和明智的范畴化结果，但范畴很少能做到完全客观，有时甚至可能带有某种武断的特性，英语中的"鞋子"比法语中的"靴子"可能更容易唤起人的意象联想，但两种语言中的范畴本质上都比另一种语言中的范畴更为"客观"或"理性"。因此，对边界所在位置的判断容易体现语言的多样性。范畴是围绕原型形成的，范畴边界非常灵活，容易因上下文语境发生更改和变异。对于第二语言学习者而言，重要的是理解目的语范畴系统的工作机理以及它与第一语言范畴系统的区别。

原型词教学实验中的第二组材料的实验结果的启发意义是，应该使用辐射性的教学策略向大学生教授词汇，这一策略揭示了单词之间的互联关系，借助于原型范畴的帮助，我们可以对单词的语义有一个更好的理解，也可以解释为什么既具有灵活性又具有稳定性的词更容易理解（Geeraerts，1992），新词像蜘蛛网一样向四周辐射和扩散，核心词是网的中心，围绕着中心而建立起层次性的体系。语义范畴是原型范畴，以此而言，不同的单词，即该范畴的不同成员，处于不同的地位，有些接近中心，有些则处于范畴范围的边缘，但都通过"家族相似性"而居于一个网络，因此，教师应教会学生澄清词范畴成员之间的关系，使得词汇的教学清晰有序，建立起词的语义链以便于学生加深对词的记忆，比如说，当我们要教授一个非常有用的基本层次词"sweet"时，教师可以建立起一个意义链或者语义网，如图2.5所示：

2. 原型范畴与核心词教学

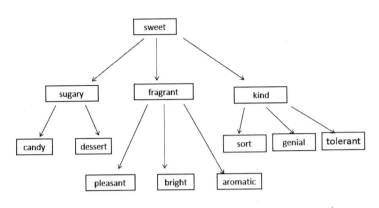

图 2.5 放射状词汇教学策略样例

通过这一样例，学生可以学得"sweet"一词，也可以学得其他用于表达味道的词以及其味道为"sweet"的名词等等，简而言之，放射状词汇教学策略可以激发学生扩大潜在的词汇，通过单词网格的扩展，可以更为轻松和有效地学习别的词汇。

第三组材料的结果提示，在一个单词有多个词义的时候，应将重点放在其典型的中心义的讲解上，英语中存在大量的多义词，如"set"有多达192个词义，这些多义词的意思是任意性的吗？当然不是！在这些意义中，其中一到两个词义是原型的，在人的认知加工中处于突显地位，在大多数情况下，这些典型义在这门语言的历史中是最早起源的，而其他词义则是在典型义的基础上发展而来。因此，所谓多义并非孤立地发展而来，而是连接于一个语义的链条之中。传统的教学法倾向于根据词义出现于文本中的情况而随机地教授词义或者一次尽可能多地罗列单词的词典释义而忽视词义之间的相互联系，如此教法，只能是事倍而功半，难以取得令人满意的效果。如果从多义词的核心原型义出发，突显词的中心意义，通过解释该词的其他词义之间的联系而平稳地讲解其他词义，协助学习者编织一个语义网络，学习者定当从中受益，学习效果之好也将不言自明。

原型范畴指向性教学可以唤起学生的形象思维，激发学生学习更多单词的兴趣，促使他们对新的习得模式的适应性。训练学生的原型思维可以把他们的注意力吸引到探索新词本身上来。

将辐射状范畴明确纳入第二语言教材的方式是通过一个公开的语法教学大纲，该大纲应从原型表征逐渐向范畴边缘的真实世界语言过渡（Shortall，2003）。换言之，可以首先向初学者介绍单词的原型义，然后系统地扩展他们的教学大纲，使其包含单词的较少中心义。首先引入基本义或原型义，然后向范畴的边缘移动是有意义的。对于碰巧位于范畴外围的频繁意义以及非原型的有用集合表达式，需要做出例外阐释（Littlemore，2009：54）。

2.5 小结

基本词产出实验结果表明，在规定时间内，多数被试能够写出11至17个单词，40位被试共写出557个有效单词，其中351个属于层次1，91个属于层次2，56个属于层次3，39个属于层次4，15个属于层次5，只有5个属于层次6。基本词产出实验的结果否定了这一实验的研究假设，基本层次词和次级层次词在英语学习者的心理词库中的比例是有差别的。在语言习得领域，习得属于层级结构中中等层级——基本层级范畴中的词即基本词，然后习得扩展至高层通用级别和低层层级词，基本层级单词是人们最常使用和最早习得的词。

英语学习者的输出更多地依赖于其基本词，英语教学词汇教学应该更多地关注日常基本词的操练和实践。在学习目标词时接受原型知识的被试取得了更为积极的效果，中心词缀和词根的应用是教授新词的最有效方式，学生在单词回忆测验中可以正确地重现和回忆更多带有原型义的词缀和词根的词，上下义词的层次性排列的应用是教授新词的第二种有效方法，原型范畴理论框架下的多义词教学效果良好。

基于范畴论的原型词汇教学法可以帮助被试更好地记忆新词，被试通过认知手段根据单词的语义来记忆和储存单词，具有相近意义的单词会被比较靠近地储存，拥有其他关系譬如类似发音和读音的单词则是相对分离而储存的。单词的储存类型决定了对它的记忆过程，具有相似词形或相关语义的单词，词缀和词根会比那些仅仅具有类似发音规则的单词要被更快和更牢固地记住。范畴理论尤其是原型理论和基本层次范畴理论以及这些理论的原则在课堂教学中的应用,对于促进词汇的教与学具有极大的潜在实用性。词汇教学是一个艰难和复杂的问题,认知语言学为词汇教学提供了新的方法,使得词汇教学更加有效,认知语言学发现在二语和外语学习中语言的无任意性这一特质能够促进词汇及词组的教学和学习,因此,教师和材料编写者用认知语言学原型理论和语言理据性的观点指导教学和教材编写可以激发起学生对词汇的兴趣和积极性(Boers & Lindstromberg,2008a)。如果说对于范畴理论应用于日常词汇教学仍存争议,那么,进行更多的深入研究应是一个值得努力的方向。

3. 语言相对论与外语教学

不同的语言是以相同还是不同方式范畴化客观世界的？一个人所使用的语言会塑造或决定其理解和表达世界的方式吗？外语学习会改变或者至少部分地影响一个人的思维偏好和认知方式吗？哲学家、人类学家、心理学家及语言学家一直对这些问题怀有极大探究兴趣和研究动力。语言相对论提供了观察人类认知和经验世界之间关系的视角之一，深刻影响了当代认知语言学的产生和发展，众多认知语言学者及其学说都在一定程度上吸收了语言相对论的思想和观点，具有多学科性和实证性特征的认知语言学的发展和演化是吸收人类科学研究成果的各种有益思想和观点的结果。强化版语言相对论认为语言和思维之间的关系是决定与被决定的关系，弱化版语言相对论则倡导和坚持语言与思维之间的互动关系。就语言现象而言，名词复数标记是汉语和英语中都最为常见的一种语言现象，但两种语言在名词复数的表达与使用上又明显有所不同，复数标记在结构上和语义上都极具研究价值。

本章采用展示语言与认知之间关系的图片相似性判断实验测验英语单语者、汉语单语者、汉—英语双语者（汉语为母语而学习英语者）对汉语和英语名词复数标记的认知，验证语言可能更为密切地与某些认知过程相关联的认知语言学观点并指出英语教师要向中国的英语学习者讲授和教授名词标记系统的整体概念而不是以孤立和机械的方式传授英语名词复数的屈折规则。

3. 语言相对论与外语教学

3.1 语言相对论

1940年4月,身为保险公司化学工程师兼耶鲁大学人类学讲师的本杰明·李·沃尔夫(Benjamin Lee Whorf)在《麻省理工学院技术评论》(*MIT Technology Review*)第42卷第6期发表的"科学与语言学(Science and Linguistics)"一文中提出"语言决定思维"的观点,因其观点和其导师萨丕尔(Edward Sapir)的观点高度一致,故被称为萨丕尔–沃尔夫假设(Sapir-Whorf Hypothesis)。这一假设认为,不同文化和语言中所固有的范畴机制在人们经验外部世界的过程中会影响说话人的认知过程,说不同语言的人表现出不同的思维方式和行为特点。沃尔夫的作品散见于不同书籍或期刊论文,萨丕尔–沃尔夫假设也因之得到人们的不同解读,既受热捧也遭冷遇,其影响不仅局限于语言学,也扩展至心理学、人类学及认知科学等诸多相关领域,世界各地的学者纷纷通过实验来检验其假设到底能否站得住脚,迄今,大量实证研究远未得出确定性结论,歧见依然多于共识。

萨丕尔–沃尔夫假设分为"语言决定论"和"语言相对论"两个版本(Brown,1976)。语言决定论认为人的思维是由人所说的语言决定的,人的母语结构强烈地影响甚至最终决定其感知和经验世界的方式。语言相对论则认为语言会影响思维过程,认知上的差异受语言体系之间结构差异的影响。历经多年的研究后,极端强硬的语言决定论渐受冷遇,温和中立的语言相对论则广受追捧。但近几年又有新的研究揭示出一个人学习母语时的确会最终学得某些思维习惯,这些思维习惯以明显而又令人吃惊的方式塑造人的经验和体验方式(Pinner,2016;Moore,2019;Virginia,2020)。

譬如,英语和尤卡塔语(墨西哥东南部地区原住民所说的一种土著语)中的复数标记有所不同,而数字标记系统的差异确实导致研究对象思维方式的不同(Lucy,1992a:189),这一研究发现有很大的启发意义,但双语者的行为方式并未纳入研究设计之中,因此,一个人学习一门在语法上和自己的母语显著不同的第二语言或外语是否会改变其思维倾向和认知过程,并未定论。

实际上,语言与思维相互交织的观点可以追溯到古典文明时期,古希腊人将语言描述为思想的外套,亚里士多德认为语言是心理过程的符号或象征,一个人的真实想法和思考可以通过他的语言揭示出来,某种程度上,思维是一种独白形式,语言和思维是相互依存的,没有思维,语言将毫无意义,而没有语言,思维也将无从表达。古罗马帝国时期的思想家奥古斯汀认为语言只不过是概念的标签。

19世纪20世纪之交,洪堡、博尔思、萨丕尔在语言与思维关系的研究中发挥了重要作用。洪堡(Humboldt,1988:56)认为语言是思想的真实结构,语言的多样性不仅代表符号和声音的多样性,而且代表一系列对世界的观点和体验,对不同的语言应依据其"优势"或"完美性"加以排序,有些语言如德语、英语和其他一些印欧语系语言在本质上优于其他语言,这一观念在20世纪传播甚广(Pütz & Verspooer,2000:56)。洪堡的上述观点遭到德裔美国人类学家博尔思(Boas,1940:448)的反对,后者提倡所有文化和语言都是价值均等的,语言是文化不可分离的成分,每一门语言都可用不同的方式表达相同的观点。博尔思为描写语言学和文化相对论做出了巨大贡献,但他并没有研究和考察语言和思维之间的关系。博尔思的学生萨丕尔传承他的研究事业和学术思想,继续探索语言的奥秘,但萨丕尔却又支持洪堡关于语言反映人的思维结构及世界观的观点,认为没有两种语言是足够相似到可以让人们在它们之间进行完美翻译的,因为语言以不同的方式表达和表征现实,因此,说不同语言的人会以不同的方式感知世界。萨丕尔(Sapir,1929)在《作为科学的语言学的重要地位》中写道:"人类并不像通常所理解的那样孤独地生活在客观世界中或者孤独地在世界中参加社会活动,而是极大地受到已经成为表达他们社会之媒介的特定语言所支配。如果设想一个人绝对地适应现实而不使用语言,而语言仅仅是解决具体的交际问题或者用来内省的伴生性工具,那将是一个极大的错觉。事实上,'现实世界'在很大程度上是建立在群组的语言习惯基础之上的……我们的视觉和听觉以及其他方面的经验某种程度上是和我们的行为一致的,因为我们社区的语言习惯预制了特定的最佳解释。"

萨丕尔本人从未系统研究过语言影响思维的方式,但他的作品中蕴含了萨丕尔—沃尔夫假设的核心思想。受业于萨丕尔的沃尔夫在其学术鼎盛期1925

3. 语言相对论与外语教学

年至1941年间扩展了他的老师萨丕尔的学说，并系统地考察和调研了语言与思维的关系，沃尔夫关于语言模式塑造思维模式的观念一般被称为"沃尔夫假说"，为了表示对萨丕尔的导师地位和学术威望的承认和尊崇，这一假设遂被学界称之为"萨丕尔—沃尔夫假说"。沃尔夫宣称，一门特定的语言会影响说这门语言的人的思维习惯，这就意味着不同的语言模式会塑造不同的思维模式（Whorf，1956：66），从这个意义上说，人们的语言造就了他们的思维方式，因此，不同的语言或许能够揭示出说这门语言的人理解外部世界的独有方式。关于语言相对论，沃尔夫断言：

> 从这一事实继续前行到我所称之为"语言相对论原则"的观点，用非正式的术语来说，该观点认为标记不同的语法是由指向于不同类型的观察所表明的，因此，不会与观察者相对等，但是一定会在某种程度上形成世界观……从每一个这样的未加阐释的朴素世界观出发，一个明示的科学世界观就会通过衍生朴素而含蓄的世界观同样的基本语法模式的更高的说明和规定而出现（Sapir，1929）。

如上所述，强化版的语言相对论又称为语言决定论，弱化版的语言相对论则称为语言相对论，强化版语言相对论坚持认为语言和思维之间的关系是决定与被决定的关系，弱化版语言相对论则只提出语言与思维之间的互动关系。语言决定论强调的是语言对思维的决定性作用，语言相对论强调的并非语言对思维的决定性作用而是语言对思维的潜在影响，预测的是说话人的可能行为模式而非实际行为模式。概言之，语言相对论认为语言和思维之间的作用和影响是互相的，它强调人们的语言会影响他们观察和看待世界的方式，同时认为人们看待世界的方式也会影响他们的语言。

语言相对论引发了巨大争议和激烈论战，很多受结构主义语言学和实验研究方法论影响的学者设计了一系列可操作的实验来检验语言相对论到底是"真"是"假"。20世纪50年代，学界主要通过具体的实证调查寻找能够支持语言相对论的证据，如Brown和Lenneberg（1954）试图在颜色感知领域寻找支持语言相对论的证据。20世纪60年代和70年代，学界普遍强调人类语言与认知的普遍本质与共性，如Berlin和Kay（1969：100）证明人对颜色词的感知受制于词的语义条件，他们认为语言相对论并不具有充分的说服力用于阐释人类语言与认知的共性。人们发现并非所有实验结果都支持语言相对论的假设，因为很难找到能完全归因于语言的显著认知差异，因此，这一理论在很长一段时间内饱受非议、屡遭质疑。20世纪80年代后期，学界转而从社会语言学视角通过实验寻找支持语言相对论的证据并获得强有力的证据（Pütz & Verspoor，2000），在空间认知、虚拟句推理、思维与口语的认知过程、名词的语法性尤其是颜色词的感知等领域获得了支持萨丕尔—沃尔夫假设的实验证据，证明语言作为文化的有机成分部分地影响着人的思维方式尤其是人的范畴化方式（Bloom，1981：13；Lucy，1992a：10，1992b：154；Slobin，1996a；Levinson，2003：101），语言相对论又重受热捧，但它仍没有确切地阐明语言影响思维的程度和深度。20世纪90年代以来，学界从不同学科视角运用不同方法展开对语言相对论的研究，认为必须历史地看待博尔思、萨丕尔和沃尔夫的"语言相对论"思想，在他们所处的时代，语法研究中充斥着幼稚的种族论观点，人类学和历史学中也充满了庸俗进化论的思想，因而他们的观点难免不带有历史的局限性（Hill & Mannheim，1992），譬如，博尔思（Boas，1940：215）批评语法学家以印欧语系的范畴体系在美洲土著语言中寻找语言范畴体系的做法，认为应根据美洲土著语言内部的标准识别它们的语法模式，根据美洲土著语言语法所属的系统来理解它的意义，萨丕尔（Sapir，1929）也告诫不要将语言视为预先存在的"客观"世界上的一组标签。上述观点不可避免地导致将语言和文化形式视为永恒的普遍意义的反映，妨碍语言学家和文化人类学家理解其他文化或语言的组成模式。Lee（1996：6）系统梳理沃尔夫的一些鲜为人知的未发论作及散发于不同期刊的论文，对其思想进行全面阐述后将其称为"沃尔夫理论复合体"并在这一复合体框架内解释语言相对论的本质和逻辑，集大成地概括出这一理论复合体的十二个要素，并展示了这些要素如何交织在语言、思维和经验之间的复杂关系之中。语言对认知的作用是人们关注的焦点，沃尔夫对于语言与认知及思维的见解与当代连接主义的理念颇为相似，只有理解沃尔夫对完形经验和意义的"隔离"分析，才能理解他对语言相对论所做的推理。

对语言相对论的实证研究一般分为词汇层次和语法层次的研究，最受关注的主题有词汇范畴、颜色词、颜色记忆、虚拟句推理、数字词等，对这些主题的实证研究大都获得了支持语言相对论的证据，但也有反例。对空间辨认、名词语法性及名词数字认知等的实证研究均取得了重大成就，比如说，不同语言中的时间概念可能存在巨大差异，英语对时间的描述是作为平面延展的，而汉语对时间的描写是作为垂直立面延展的，因此，可以在两种语言使用者的时间认知上发现差异（罗思明、王文斌、王佳敏，2018；王文斌、赵轶哲，2021）。英语多用front或back表示序列和顺序，比如London is about 5 hours ahead of New York和a few years back，ahead和back之类的词也用于表示平面空间，如用在the way ahead或the child sat in the back of the car behind the driver中。汉语则既用具有平面序列隐喻义的空间词如"前""后"等，也用垂直空间隐喻词如"上"或"下"来描写时间顺序。英语和汉语描写时间的不同方式反映了两种语言使用者的不同的时间认知。一项分析汉语母语者和英语母语者的时间认知的实验以母语分别为英语和汉语的美国大学生作被试，实验用语是英语，主试要求被试观察图片中的实物，实物下面是一个描写客体的垂直和水平空间关系的句子，被试需要判断描写时间的句子的真值。结果显示，两组被试及汉语母语者和英语母语者在观察平面关系的客体时比观察垂直关系的客体时的反应更快，这表明人们受到了描写时间的空间词的影响，英语被试在观察平面关系时比观察垂直关系时对问题的反应更快，而汉语被试则正好相反。这一结果与描写时间的隐喻模式相一致，也就是说，英语把时间描写为水平延展，而汉语把时间描写为水平延展加垂直延展，这就提示了一个事实，即人们对空间隐喻词的使用会影响到他们描写时间时的思维和行为（Boroditsky，2001）。研究还证明年龄因素似乎也影响研究结果，美国的汉语双语者深受把时间描写为垂直延展这样一种认知的影响，而这种影响又受他们开始学习英语的起始年龄这一因素的影响，在倾向于把时间描写为垂直延展时开始学英语的双语者比很小就开始学英语的被试更容易把时间描写为是垂直的，这就证明学习外语的起始时间会影响学习者对语言基本技能的习得及其语义偏向，而英语使用者在接受了训练并熟悉了把时间描写为垂直延展后，也会做出和汉语使用者极为类似的反应，这就提示正是由于英语和汉语使用者的语言差异造成了他们对时间的不同反应。

高一虹（2000）认为语言相对论引导我们重新思考语言、文化及思维之间的关系，反思民族沙文主义，将有助于建设一个文化多元的和谐社会。杨永林和门德顺（2004）认为在外语教学领域，萨丕尔–沃尔夫假设可以帮助教师理解学生的行为，未来的语言相对论研究将是跨学科和多学科的，结合语言相对论和二语习得、翻译研究、认知科学、心理学等，更好地揭示语言与思维之间的关系。卢植（2006a：9；2006b）把语言相对论的研究和跨文化语言教学以及当代认知语言学结合起来提出了语言相对论的学术价值。杨朝春（2005）讨论和批判了语言相对论的实证研究。语言相对论原则能为不同学科的科学研究带来更多启示，因为沃尔夫所追求的是一个统一的、超学科的、更高层次的世界，这个世界等待所有科学去发现，而发现的过程就是所有科学交叉和融合的过程（祝丽丽、王文斌，2021）。

上述的已有实证研究所获得的证据极富启发意义，但也存在着不容忽视的局限性。多数实证研究中的不同语言使用者通常只接受用他们的母语所编制的测试，数据的比较分析所产出的差异只能表明语言对思维的影响，不能有说服力地证明语言经验是否决定思维。其次，上述研究对不同语言的比较触发了更深层次的问题，即它们无法确保用两种语言制备的实验材料和实验指导语是完全一样的，即便把口头指导语的使用减到最少，问题也依然存在，比如，即使要求被试以动作或行动回答简单的提问"which one is most like?"，主试也很难保证"most like"这样的表述在两种语言中是指同样的事情或完全等义，它在一门语言中也许表示"完全相同"，而在另一门语言中可能是"接近于类似"的意思。由于对指导语的解释和理解不同，被试在实验中的行为表现就可能会有所不同，而这样的行为差异是由于对指导语的不同理解所导致的，而不是由思维差异所引起的。再次，即使使用了非语言的任务（如范畴分类实验或标记相似度判断实验），任务本身也是各具特色的，譬如说，范畴分类实验和标记相似度判断实验都要求被试进行决策来完成实验任务，如何对实验中的实物或事物做出分类？应以什么为基准进行相似度判断？被试在谋划和计算如何完成任务时，就会基于他们的语言所强化了的区分基准或标准做出有意识的决定，因此，使用诸如范畴分类偏好或相似度判断等显性测量方法所收集的数据就不如非语言的证据那样具有说服力。

语言相对论因其与外语教学法的关联而渐受关注，Niemeier（2004）确定了将语言相对论与外语教学相结合的两点理由。第一，"许多科学领域逐渐地摈弃了知识是各自区分的和独立的观点而认为我们必须采取更为整体的视角"，第二，"人们不再认同语言是自主官能的观点，而是认为它与其他心理官能直接互动"。认知语言学强调语言、文化及思维是难解难分相互交织的，不能只看其一不及其余，沃尔夫关于语言影响思维方式进而影响世界观以及概念化过程的观点对外语教学具有重要的启发意义。Niemeier进一步认为语言教学的相关主题如外语意识培育、跨文化能力、自主学习能力、行动学习法及整体学习法等都与语言相对论有密切关系，因为"文化并不脱离语言而存在，而是暗含在语言的每一个单词和每一个语法构式之中，因此就不断地通过语言来表现"（Niemeier，2004）。她进一步阐明，"所有这些方法的共性在于它们并不是割裂语言的各个不同方面，而是建立在关于语言的同一个概念的基础之上，认为语言是一种整体方式，不可分割地与文化及人们的身心经验联系在一起"（Niemeier，2004）。从这个意义上说，沃尔夫的学说是"整体论"的，因为它"突出地强调语言、思维及文化之间的相互联系，不把它们看作是各自分离的模块"（Niemeier，2004）。

立足于上述"整体论"观念，就要重新审视当前外语教学方法面临的许多问题，外语教学依然仅依赖于本土教师有限的外国文化知识，多局限于教材，集中在语法和词法的教学上，却很少涉及外国文化背景知识的教学。外语教师面临的两难困境是，一方面要正确地传授语言，另一方面还要"翻译"外国语言以及语言背后的外国文化而不能用学习者的母语和本族文化过多地干预学生的外语学习过程。因此，如何以一种不把语言与文化割裂开来的整体方式教授外语便成为应用认知语言学的首要关切。

由于其固有的和内在的整体观，语言相对论对当代外语教学法具有重要的意义，其语言及文化整体观受到了勃兴的认知语言学的实证研究和理论支撑，进一步丰润着当前的语言教学法。外语教学的终极目标不仅仅是意识到或者去除掉可能存在于学习者文化之中的偏见，而是首先要认识到并明白不同的文化是以不同的方式感知和体验着世界，不同的思维方式和价值体系在自己的文化中得到升华，与其他的思维和价值体系一样成熟和周密（Niemeier，2004）。

20世纪80年代以来，新型实证研究和科学方法的发展重新激发起了学界对语言相对论的研究兴趣，但多数研究都是基于二手材料的，对汉语的研究则更少。本章的研究旨在提供证据来验证支持语言相对论的观点，我们假定，如果被试的认知表现以特定方式与语言结构相吻合，那么语言的具体结构与认知有关这一论断便可得到部分支持和验证。"未来需要运用更多的评估程序和其他语言学的和文化的研究工作，以排除那些似是而非、似可变通的解释，建立和树立研究结果的可信度和普适性"（Lucy，1992b：85）。

3.2 英语和汉语数字标记系统

名词数字标记（nominal number marking）是表示数量、数字、复数及数量变化的标记成分，如复数屈折、单数–复数一致、用数词或形容词表示单数或复数的名词短语等等。名词复数标记是汉语和英语中都存在的极为常见的一种语言现象，但两种语言的名词数字标记系统又具有不同的机制，易于进行比较研究。就研究价值而言，复数标记在结构上和语义上都极为重要，在大多数情况下都有清晰的所指，有利于研究人员设计出一个可控的非语言的认知评估实验程序借以观察、记录和分析实验进程中实时发生的现象或过程。

英语的名词复数标记包括名词短语复数标记是用于指示人、物、生物（除人之外的其他有生命物种）、地方、事件（如战争、婚礼、示威、辩论）、品质（如坚毅、勇敢、美丽、漂亮）、现象（如小雨、浓雾、阴霾、沙暴）以及抽象的情绪（如爱憎、愉悦、窃喜、自娱）等的词或词组，复数标记后的名词短语既可以是单个名词或代词，也可以是含有一个名词或代词而发挥单个名词或代词功能的一套词组，常用作主语或动词的宾语（刘世理，

2006）。用作一个词的名词短语由一个名词最为核心的主要成分构成，以各种方式受具有语法功能（比如复数）的屈折过程修饰（通常是词缀），也可以受词汇修饰成份（如限定词、量词、形容词）修饰，还可以受多种短语及从句修饰成份修饰。Lucy（1992b：33）依据两个关键特征[±生命性]和[±离散性]将名词短语分成为三类：（1）[+生命性，+离散性]，如dog，cat，mother，teacher等，携带这些特征的名词在涉及复数或者量称时必须采用强制性的复数屈折；（2）[–生命性，+离散性]，如computer，pen，book，desk等，有这些特征的名词在涉及复数或量称时也必须使用强制性的复数屈折；（3）[–生命性，–离散性]，如water，love，cloud，milk等，这类名词不用复数形式，要用表示单位或种类的词或词组把它变成为一个单位表示其可数形式。

如上所言，英语复数标记通常通过名词或名词短语的某些屈折过程来标志，多数名词通常采用后缀–s或–es来表示所指的复数性（如pen–pens, lady–ladies），也有许多英语名词并不遵循这一屈折模式构成复数形式，这种不规则的变数过程有以下几个原因，一是古旧的复数标记形式依然存在，如ox-oxen，二是词本身属于外来词，如phenomenon-phenomena。无论不规则形式看起来有多么异类，其实还是标志所指事物在数量上的变化。有些传统上被称为不可数名词的词如love，heat，bread等既无复数形式也不能用屈折承载复数意义，它们在数量上的增加通过表示种类或单位的词实现，如two slices of bread, three cups of milk，但这些词并不是只有单数没有复数，它们不能被量化是因为缺乏具体边界来定义和限定其单位。英语表示所指数量有所变化的另一个手法是修饰，即把形容词置于名词前按限定词→数量词→修饰语的顺序用于修饰所指的数量，也有少量限定词标记名词的一致或名词复数形式（Lyons，1977：111），如不定冠词（a/an）和类似形式的词（some，each，this/these，that/those）。数量修饰词可以既标志单数又标志复数，比如five apples与two apples相比时明确地显示出数量发生了变化。数量形容词或形容词词组如several，a few，abundant，a great deal of等通过所提供的关于名词固有词义信息与复数形式间接地相互作用。英语在更大句子层次上标记复数的手段是一致，单数可数名词要求句子的谓语加后缀-s或-es或者改变"be"的形态与它保持一致，如there is a bird on the tree与there are two birds on the tree；不可数名词则要求谓语必须以单数形式来保持一致，当然，谓语"单数"不一定意味着句子的主语是处于单数状态。

汉语的"复数"数字标记概念是通过分类词加名词一起来表达的（杨朝春，2009）。此外，汉语还有其他一些复数标记方式，如给代词或一些生命体添加"们"构成诸如"你们""我们""小狗们""妹妹们"等，这一做法对有生命特征的事物非常管用。在古汉语中，也有复数本身直接后接名词的一些情况（吕叔湘，1982：129），如"三人行，必有我师焉。"（《论语·述而》），"十目所视，十手所指。"（《大学》）；这一规则不起作用时，则必须使用分类词，如"一尺布，尚可缝；一斗粟，尚可舂；兄弟二人不相容。"（《史记·淮南衡山济北王传》）。古汉语复数标记中的这些特征和英语中的情况极为相似，而当代汉语中数字词直接跟名词的情况则极为罕见，据《当代汉语词典》（1983：385）阐释，分类词是一组用于估测人、实物和行为之数量的词，因此，第一组例子应该修正为"三个人、十只眼、十只手"，无论数字和分类词如何变，被修饰的名词仍未发生屈折。汉语演化史中，分类词的使用经历了一定的阶段，派生自具有指称价值的意念词渐变为虚词。不同的分类词搭配不同的名词，而这种搭配是以特定联结为基础的。比如说，细长的东西与"支"搭配，如"一支粉笔""一支枪"，平宽的东西与"张"搭配，如"一张纸""一张床"，小而圆的东西与"颗"搭配，如"一颗珍珠""一颗药丸"，等等，不一而足。

汉语和英语的复数标记系统在一定程度上是相似的和重叠的，两者都通过使用形态句法手段如屈折、修饰和一致等实现，但深入和系统地分析，便可发现两者的差异其实是大于相似的。汉语和英语两门语言的不同在于，何者的复数标记系统要求强制而外显的规则，而何者不需如此（杨朝春，2009）。具体而言，汉语的名词在数量上有所变化时仍然保持不变，只有表示生命体的名词这一情形除外，我们可以给表示生命的名词加上"们"来表达复数含义和特征，如"我们""你们""姐姐们""妈妈们"，而英语则把名词分成了可数名词和不可数名词，可数名词是在表示复数特质时必须通过规则后缀-s/-es或者不规则后缀加以屈折的一类名词，而不可数名词是集体名词，在逻辑单位和外显形体上是中立的，不具备复数特质因而也就没有复数形式。总之，英语强制性地给大量的名词及名词短语标记复数，而汉语则只是有选择地给数量相对较少的名词及名短语标记复数。

以上的对比分析表明，是否强制和外显屈折是英语和汉语的复数标记系统的分水岭。Brown（1976）简洁地指出了关于语言之间差异性的一个关键事实："语言之间的本质区别在于它们必须传达的东西而不在于它们可以传达的东西"，这一准则的意义在于，如果不同的语言以不同的方式影响人们的思维，某种语言习惯性地强制说话者的所思所想，当说话者描述特定类型的信息时，这门语言就会惯常性地强制说话者留意和关注外部世界的某些特定细节，留意和关注某些特定的经验，而其他语言的使用者可能不需要总是思考这些特定的经验。由于这样的言语习惯是从幼年便累积而成的，它们便很自然地沉淀和结晶为超越语言本身的思维习惯，影响着人们的体验、感知、联想、感受、记忆以及人们对世界的适应和定向。

如何解释汉英两种语言的差异巨大的名词复数标记系统对于各自语言使用者的认知的影响和作用？这一问题具有更为深刻的涵义和意义，当然，下述涵义和意义无疑难能穷尽这些差异的可能作用和效用。

对复数的突显不同。首先，英语使用者会比汉语使用者更习惯性地注意不同客体的数量，在英汉两种语言的名词或名词短语都使用复数形式的语境中，英语使用者会比汉语使用者更多地采用复数形式，关注和标志复数的情况会更为常见。其次，英语使用者比汉语使用者习惯性地关注更广范围的所指类型，对[+生命性，+离散性]和[−生命性，+离散性]的客体都使用复数形式，而汉语使用者只对一部分[−生命性，+离散性]的客体使用复数形式，因此，英语使用者会储存更多的需用复数形式的名词及名词短语。

对形状和材质的突显不同。Lucy（1992b：142）认为英语和尤卡塔语在复数标记系统上的差异表现在两种语言中词汇基本语义结构的隐性差异，这种差异最为清楚地反映在用于说明单数的结构上。我们认为，英语和汉语的差别在于它们如何把一个或一类客体处理为"一个单数的独立实体"（集体名词）。许多英语单词把预设性的单位编码为它们的固有语义的一部分，这里的"单位"是一个实物或客体的最为明显和突出的可把该客体与其他客体区分开来的特征。英语中的[+生命性，+离散性]名词和[-生命性，+离散性]名词由于离散性而内在和自动地带有"单位"，而[-生命性，-离散性]名词则不然，离散性是一个抽象概念，不能从外形和形状上详述，一个有清晰而明确的形状或造型的客体才能谈论其量化问题。因此，英语名词所预设的单位通常是客体的外形或形状，汉语和日语等东方语言中的名词缺乏类似的指称外形的单位而有指称物质材质的表达，英语使用者更关注客体的形状而汉语使用者则更关注客体的材质。Imai和Gentner（1997）的研究表明，英语单语者倾向于根据客体的形状特性对客体进行范畴化分类（如，把一个木质的角锥体和一个塑料材质的角锥体进行匹配，而不是把木质的角锥体和一块木头相匹配），相反，日语单语者则倾向于根据客体的材质特性对客体进行范畴化（如，把一个木质的角锥体和一块木头相匹配，而不是把它和一个塑料材质的角锥体相匹配）。

  Lucy（1992b：101）用一组图片作为刺激材料进行实验来探究这些不同的范畴化模式是否会影响不同语言使用者的思维。主试将实验图片中的物体分成动物[+生命性，+离散性]、工具[-生命性，+离散性]、物质[-生命性，-离散性]三类，图片绘制了一些普通的乡村生活场景，其中包含不同类型的与这三类名词短语相符合一致的目标客体。实验材料有三组，每组含六张图片，第一张是原始图片，其余的是备择图片，每张备择图片在物质属性上有一个差别之处（如图3.1所示）。备择图片2（动物）包含动物数量的变化（如：two chickens vs. one chicken），备择图片3和4包含工具数量上的变化（如：two buckets vs. one bucket, one shovel vs. two shovels），备择图片5和6包含物质实体在数量上的变化（如：two puddles of mud vs. one puddle of mud, bigger vs. smaller piece of meat）。实验要求被试判断和选择哪一张备择图片"最像"原始图片。

3. 语言相对论与外语教学

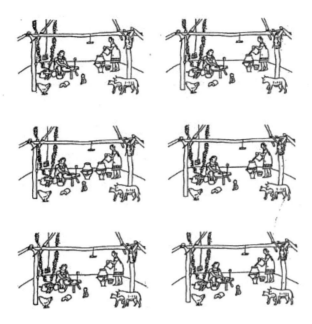

图3.1　图片组合样例

左上边是原始图片，右上边是备择2，第二排是备择3和4，第三排是备择5和6.

实验目的是探索备择图片中不同目标客体的数量变化如何影响被试对备择图片与原始图片的相似度的判断，比如说，备择图片中目标动物的数量变化与目标工具数量的变化相比是否会导致被试认为图片更不同于原始图片？

结果支持了研究假设，尤卡塔语被试总是相等地选择3、4、5、6等备择图片而不是备择图片2，对动物数量的变化的处理最为显著，而英语被试对动物和工具的数量变化处理最为明显，因此多选择备择图片5和6而不是2、3、4等。[+/−生命性]和[+/−离散性]特征是名词最关键的内在特性和属性，它们与语法上的复数标记系统接口和互动并把说话人的注意力指向不同类型的实体复数的异同。

上述图片相似度判断实验（Lucy，1992b：100）的结果具有很强的启发意义，但它并没有回答尤卡塔语—英语的双语者如何在图片匹配任务中做出选择。本章首先要调查语法对双语者的认知的影响，解释双语者是如何以及为什么在认知上受具体的二语语法属性的影响。本章的研究在本质上是比较性质的，必须展示有关两种语言的数据进而对数据进行比较以便推演出关于语言差异影响认知方式的结论。同时，使用实验方法来解释语言和认知的意义，证明语言对思维或认知的影响。认知是人类大脑内部的一系列无法直接被观察和描绘的活动，需要设计一种可操作的实验任务来反映认知的工作过程和机理，如若不设计出这样的任务，就无法精确地说明一个人的语言范畴如何不同于另一个人的语言范畴。汉语和英语两种语言之间的差异实际上是如何指称同一个指称域的差异，体现出语言的形态句法分析及其对指称的特殊关注，因此，本章的实验制作英语和汉语的数词标记来保证它们同时指称同样的实物。

3.3 英汉单语者及双语者图片相似度判断实验

研究问题与假设

本章所讨论的语言影响是指语言会影响说话人对于一个所指的习惯性处理。研究问题是，不同水平双语者或不同母语者处理同一名词数字标记的方式是否有所不同？母语为汉语的英语二语者的第一语言会持续地影响他们的范畴化偏好吗？或者说，对[−生命性，+离散性]名词短语的二语习得会改变他们的范畴化偏好吗？

依据上述的语言相对论理念和英汉语名词复数标记之间的差异，提出如下假设：

（1）英语单语者把动物和工具的数量变化看作是最为显著和突显的，因此会把含有物质实体数量变化的备择选项处理为与原始的数量最相似，其选择将主要集中于备择项5和6。

（2）汉语单语者将会把动物数量的变化看作是最为显著和突显的，因此会把含有工具和物质实体数量变化的备择选项处理为与原始的数量最相似，其选择将主要集中于备择项3和4以及5和6。

（3）中等水平的汉语英语二语者的二语的影响仍然较弱，且他们的范畴化偏好仍然未受影响，他们将把动物数量的变化看作是最为突显的，会把包含工具和物质数量变化的备择项处理为最类似于原始的，他们的选择将分布在备择项3和4及5和6。

（4）高水平的汉语英语二语者的二语的影响已经足够强大到压倒一语的影响且他们的范畴化偏好将类似于英语单语者，他们将把动物和工具数量上的变化看作是最为突显的，会把包含物质数量变化的备择项处理为最类似于原始的，他们的选择将主要集中于备择项5和6。

被试

60名被试分成四组，第一组15名英语单语者，平均年龄25岁，住在美国，完全不会说汉语；第二组15名高水平汉语英语学习者，平均年龄24岁，已通过TEM 8考试；第三组15名中级汉语英语学习者，平均年龄20岁，刚开始学习大学英语尚未参加CET4考试；第四组15名为从未学过英语的汉语单语者，年龄在45岁以上且由于种种原因没有接受过英语教育但具有相对良好的教育背景和逻辑思维能力。

实验材料

实验所用的材料包括日常乡村场景的工笔画图片三组（如图3.2所示）。

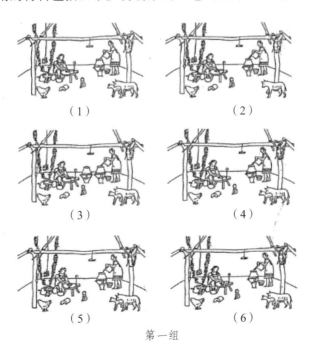

第一组

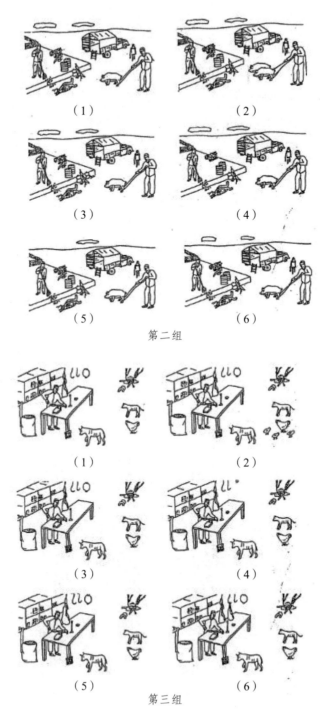

图3.2 工笔画图片组合样例

这些图片中的实物的具体数量和类型与假设相关，每组图片中包含一个原始图片和五幅备择图片，图1为原始图片，是被试进行比较判断的基础，图2包含动物数量的变化，图3和图4既包含工具数量的变化也包含容器数量的变化，图5和图6包含物质数量的变化。图片采自Lucy（1992b：99）的实验范式，扫描后用Adobe Photoshop制作而成。

实验程序

在一间安静的办公室中由主试向每位被试进行个别实验。先向被试呈现图1（原始图片），然后呈现5个备择图片，要求被试判断几个备择图中哪一个与原始图最为相似。中级水平二语者组的实验指示语用英文和中文两种语言呈现，高水平二语者组的指示语仅用英语呈现。由于有5组备选图片，每位被试就有五次机会选出备选图片。实验时长依每位被试的任务进度而定，主试不能口头指出图片之间的差异以便排除被试在做选择时循着语言线索进行判断，图片组合以随机方式向被试呈现以便克服实验的顺序效应。第一组15位英语单语者由主试的友人在美国本土协助施测，其余各组由主试在国内进行面对面实验测试。

数据收集

以每位被试选出一类备选项（动物、工具或物质）的次数对被试的反应计分，用表格记录数据收集过程（记录表如表3.1所示），对数据加总并转换为百分数由SPSS-20.0处理。

表3.1　数据收集表样例

第一组　英语单语者　　　　　　　　　　　被试编号No._____
姓名：_____　　年龄：_____　　性别：_____　　学历：_____

	选项2	选项3 & 4	选项5 & 6
组1			
组2			
组3			
组4			
组5			

3.4 结果分析与讨论

本节分析实验数据,首先是概览性的四组描述统计,然后通过独立样本 t 检验展示四组被试的组间差异。

3.4.1 结果

相似度判断是非言语行为,理论上,实验结果并非由言语造成,而是在一定程度上反映了一般的认知处理。

1. 四组被试的整体情况

表3.2 被试图片判断任务中的反应比例

组别	备选2:动物	备选3 & 4:工具	备选5 & 6:物质
英语单语者	4%	22%	74%
高水平汉语英语双语者	7%	29%	63%
中级水平汉语英语双语者	4%	45%	51%
汉语单语者	5%	51%	44%

表3.2展示的是被试在判断相似度不同选项上的百分比,每组有15位被试,每位被试有5次机会做决策,因此,每组共有75次选择。根据每位被试选择一种最像原始图片的类型(动物、工具、物质)备选项的次数计分,然后把分数转换为百分比,每组被试在备选项2(动物)和备选3和4项(工具)以及备选项5和6(物质)之间做出了明显区分。将每组数据处理为因变量,自变量是每一类范畴,进行单向方差分析。

表3.3 三种范畴的描述统计($N=15$)

	均值	标准差	标准误	95%置信区间	
				下限	上限
动物	0.2000	0.41404	0.10690	−0.0293	0.4293
	0.4000	0.50709	0.13093	0.1192	0.6808
	0.2000	0.41404	0.10690	−0.0293	0.4239
	0.2667	0.45773	0.11819	0.0132	0.5202
	0.2667	0.44595	0.05757	0.1515	0.3819

续表

		均值	标准差	标准误	95%置信区间	
					下限	上限
工具	1	1.1333	0.63944	0.16523	0.7789	1.4877
	2	1.3333	0.72375	0.18687	0.9325	1.7341
	3	2.2667	0.79881	0.20625	1.8243	2.7090
	4	2.5333	0.51640	0.13333	2.2474	2.8193
	总计	1.8167	0.89237	0.11520	1.5861	2.0472
物质	1	3.6667	0.61721	0.15936	3.3249	4.0085
	2	3.2667	0.70373	0.18170	2.8770	3.6564
	3	2.5333	0.74322	0.19190	2.1217	2.9449
	4	2.2000	0.41404	0.10690	1.9707	2.4293
	总计	2.9167	0.84956	0.10968	2.6972	3.1361

注释：表中第一栏，1=组1英语单语者；2=组2高水平汉语英语双语者；3=组3中级水平汉语英语双语者；4=组4汉语单语者。

表3.4 方差齐性检验

	F	Df_1	Df_2	p
动物	1.930	3	56	0.135
工具	0.812	3	56	0.493
物质	2.920	2	56	0.042

三个范畴的 F 值（Levene统计值）如表3.4所示，分别是1.930，0.812及2.920，p 值分别是0.135、0.493和0.042，均大于0.05，方差的均等是可以接受的。

表3.5 单向方差分析（ANOVA）

		平方和	自由度	均方	F	p
动物	组间	0.40	3	0.13	0.66	0.581
	组内	11.33	56	0.20		
	总计	11.73	56			
工具	组间	21.25	3	7.08	15.42	0.000
	组内	25.73	56	0.46		
	总计	46.98	59			

续表

		平方和	自由度	均方	F	p
物质	组间	20.18	3	6.73	16.82	0.000
	组内	22.40	56	0.40		
	总计	42.58	59			

表3.5所示，动物组的$p=0.581>0.05$，四组间的差异不显著，组的主效应不显著，而从工具和物质组别来看，显著值均为0.00，小于0.05，组间有极为显著的差异。单向方差分析表明所有被试组在动物、工具和物质之间做出了明显区别。

2. 四组被试的组间比较

组间的最明显差异预计出现在工具和物质之间，英语单语者会认为物质的变化是最不值得注意的因而会相应地选择备择项5和6，而汉语单语者则会认为工具和物质的变化是微不足道的，因而在工具和物质之间分布他们的选择。我们假定高水平的汉语英语者与英语单语者的选择类似，而中级水平的汉语英语者像汉语单语者一样做出类似的选择行为。上述假设得到了表3.2中原始数据的支持，74%的英语单语者选择备择5和6为最类似于原始的选择项，只有22%的英语单语者选择备择项3和4，而相应的比例在汉语单语者中为44%和51%。

独立样本t检验用来证实与工具和物质有关的组之间的差异，即比较两组之间相同变量的平均值，检验两组之间的差异是否显著，基本逻辑是，首先，独立样本的被试分别通过描述统计，其次，方差齐性的Levene检验用于考察两组方差是否同质，如果是同质的，则随后自动进行t检验，如果$p<0.05$，那么两组被试之间的差异即被证明是显著的。根据3.3中的假设，在组1和组4之间，组2和组3之间、组1和组2之间、组3和组4之间进行比较。

3. 英语单语者和汉语单语者的比较

为了考察和调查包含了工具的变化备择3和4，对它们分别进行处理，进行英语单语者和汉语单语者之间关于工具方面的独立样本t检验。

表3.6　组1和组4间工具判断均值的t检验

t	Df	p	均差	标准误	差异值的95%置信区间	
					下限	上限
−6.28	28	0.000	−1.33333	0.21232	−1.76825	−8.9842
−6.280	26.804	0.000	−1.33333	0.21232	−1.76913	−8.9754

表3.6所示，p=0.00<0.05，因此，汉语单语者比英语单语者多选备择3和4的差异值是显著的，表示了组间的方差差异。

为了发现给予不同处理的包含物质变化的备择5和6的情况，进行了英语单语者和汉语单语者之间关于工具范畴的t检验。

表3.7　组1和组4间对物质选择均值的独立样本t检验

t	自由度	p	均差	标准误	差异值的95%置信区间	
					下限	上限
7.056	28	0.000	1.40000	0.19841	0.99358	1.80642
7.056	25.823	0.000	1.40000	0.19841	0.99203	1.80797

如表3.7所示，p=0.00<0.05，因此，两组之间关于备择项5和6（物质）的差异是显著的，证明了组间的方差的差异，独立样本t检验证明英语单语者和汉语单语者在选择"最相似"备择项中的差异，英语单语者的选择主要集中于备择项5和6（物质），而汉语单语者的选择则均匀和平衡地分布于备择项3和4（工具）以及备择项5和6（物质）。

4.高级汉语英语二语者和中级汉语英语二语者的对比

为了考察和调查高级汉语英语二语者和中级汉语二语者对包含了工具变化的备择项3和4的选择，进行了两组之间关于工具的独立样本t检验。

表3.8　组2和组3工具选择均数的t检验

t	自由度	p	均差	标准误差	差异值的95%置信区间	
					下限	上限
−3.353	28	0.002	−9.3333	0.27832	−1.50344	−0.36323
−3.353	27.732	0.002	−9.3333	0.27832	−1.50369	−0.36298

表3.8所示，$p=0.002<0.05$，高级汉语英语二语者比中级汉语英语二语者更多选择备择项3和4（工具）这样的差异是显著的，组间方差的差异显著。

为了考察高级汉语英语二语者和中级汉语英语二语者对包含了物质变化的备择项5和6的不同处理情况，进行了两组之间关于工具的独立样本t检验。

表3.9 组2和组3物质选择均数的独立样本t检验

t	Df	p	均差	标准误差	差异值的95%置信区间	
					下限	上限
3.767	28	0.001	1.00000	0.26547	0.45620	1.54380
3.767	27.498	0.001	1.00000	0.26547	0.45575	1.54425

如表3.9所示，$p=0.001$（<0.05），两组之间关于备择项5和6之间的差异是显著的，证明组间的方差差异。

总之，独立样本t检验证实了高级汉语英语二语者和中级汉语英语二语者之间在选择"最相似"备选项方面的差异，和英语单语者一样，高级二语者的选择主要是集中于备选项5和6（物质），而中级二语者则均匀和平衡地分布在备选项3和4（工具）备选项5和6（物质），仍然保留着汉语单语者的选择方式。

3.4.2 讨论

学习一门新语言可以使学习者以不同的方式对事物进行分类，例如，日本人一般根据实体材质对物体进行分类，而英语国家的人倾向于根据实物形状对它们做出分类，双语者倾向于使用两种系统对物体进行分类，而单语者只使用单一系统对物体进行分类（Cook, et al., 2006）。

动态系统理论（Larsen-Freeman & Cameron, 2008：55）认为个人现有的范畴和原型系统是一个相对稳定的"吸引子状态"，语言学习者接触到新的范畴时需要改变已有的现成范畴系统并朝着新的吸引子状态发展。范畴模式的跨语变异的一个研究领域是可数和不可数标记，英语往往把物体分类为可数或不可数并用不同类型的标记来表示，譬如，面粉、糖和盐等物质是不可数的，而豌豆等豆类是可数的。Imai（2000）向一组以英语为母语的人和一组以日语为母语的人展示了一系列物品，包括糖袋、豌豆盘、铅笔、糖果管等并要求每组被试将物品分为两类。日本参与者倾向于将它们分为细长物体和圆形扁平物体，而英语使用者倾向于将它们分为可数物体和不可数物体，这表明分类过程在某种程度上是这些参与者的真实认知现象，而不仅仅是语言问题。而大多数为英语使用者编写的日语教科书在早期章节中都有一节指出了细长物体和短扁物体在计数方式上的区别，这表明教科书编者认为这是一个值得特别关注和对待的问题。

在认知语言学的观点中，经验是具身性的并提供图像图式，人通过具身性经验概念化意义（Johnson，1987：75），本书第五章将运用意象图式实验进一步论证和验证这一论断。设若这一理念和观点是成立的和可接受的，那么，接下来的问题是，人们所具有的不同经历是如何聚集在共同的概念化之中建构共同意义的？答案在于人类社会是如何发展起不同的文化模式和思维特质。本章实验的目的是要证明被试在实验任务中的非言语反应即图片判断选择行为与语言模式相关，也就是说，在语言的影响下，被试的非言语反应将遵循显著不同的每种语言中的名词短语类型数量标记模式所含示的既定模式。如前所述，被试的非言语反应模式与语言的数量标记模式之间的紧密关联支持语言结构对认知和加工产生影响的观点。

实验的第二个目的是探索和发现不同组被试的共通性非言语证据，考察对于不同所指类型数量变化的分化性和顺序性敏感是否对应于名词短语类型的复数标记的跨语相似性，而这种跨语相似性是名词短语类型的函数。对于这一模式的发现将提供一个框架对相异的非言语行为模式进行特征描述和评估，词类共性特征可能会标志认知共性的运作与言语的普遍功能需求之间的互动。

工具和物质的选择率的比较对比不同组被试对不同数量变化类型的敏感性，结果支持假设1和2。备择项3和4（工具）中附加客体的引入或者删去对于英语单语者更为突出和显著，英语单语者在选择物质最类似于原始项目中具有比较高的比率；对汉语单语者而言，此类引入或删除没有如此突显，这些比率通过独立样本t检验而得以验证。

本研究的主要关注点是二语习得是否会对认知过程产生影响，结果显示高级二语学习者和中级二语学习者的范畴偏好存在差异，高级二语学习者的选择模式与英语母语者的选择模式较为一致，更多地选择备择项5和6，较少选择备择项3和4，而中级二语学习者仍然和汉语单语者的一致，他们的选择均匀地分布于备择项3、4、5及6，两组之间的比率差异得到了独立样本t检验的证实，结果支持了假设3和假设4。

对上述差异的分析如下，中级二语学习者仍将无生命的名词短语分类为两个范畴：[+生命性，+离散性]和[−生命性，−离散性]，因此，他们指向无生命的实体（工具和物质）的认知过程仍然受到[−生命性，−离散性]标准的影响，并且不在工具和物质之间做区分，而高级二语学习者开始运用[−生命性，−离散性]和[−生命性，+离散性]的标准把工具和物质处理为两个不同的范畴。总之，二语习得中对不同的数量标记系统关于[−生命性，+离散性]名词短语的习得影响了学习者对那类名词短语所指的认知倾向和认知处理。同样的结果也在日语–英语双语者的相似性判断实验中获得（Athanasopoulos，2006），一方面，高级日本英语学习者的行为表现更类似于英语单语者的，把物质选作更像原始图片，另一方面，中级日本英语学习者的表现更类似于日语单语者，均匀地选择工具或物质为最类似于原始图片。

需要进一步分析的问题是，为什么在认知任务中二语语言模式胜过一语语言模式，一个可能的解释是，高级二语学习者对于[−生命性，+离散性]和[−生命性，−离散性]之间的区分已经整合到他们思维的无意识层面。另一个可能的原因是高级的二语学习者受到了二语教学用语的二语知识关于语言模式的激活的影响（Grosjean，2001），而这又增强了他们对于[−生命性，+离散性]名词短语的所指的认知倾向和处理。Hoffman等（1986）对中国英语学习者的性格特质判断的实验展现了类似的现象，当用汉语展示时，被试的判断仍然是中国人的刻板印象，而用英语展示时，被试的判断则很类似于英语单语者的判断。

对于偏向于二语模式的认知偏好的另外一个解释是，用汉语和英语所标记的可数性的程度，在二语学习者中的认知转换是非对称的。对学习有较多标记的语言结构的二语学习者而言，如果二语有标记语言结构多于一语有标记语言结构，那么，这些认知转换就有可能更具有戏剧性，这一解释也和如下观点是一致和兼容的，即具体的语言结构影响认知的方式是通过突出某些方面的现实而实现的。Brown（1976）指出，语言之间的区分主要是由于它们所必须传达的而不是它们可能所传达的。如果说不同的语言以不同的方式影响人们的思维，这可能不是由于语言允许人们思考的东西而是由于语言习惯性地强制人们所思考的东西。

认知中的转换有可能甚至是发生在一个较低的层次而不是较高的层次，如表3.2所见，51%的汉语单语者选择工具，44%的汉语单语者选择物质，45%的中级二语学习者选择了工具，而51%的中级二语学习者选择了物质，与汉语单语者相比，中级二语学习者在工具的选择上高出7%，而在物质选择上低了6%，也就是存在着一个轻微的偏向于英语刻板印象的转移或转换，它可能标志着二语者认知转移的开始和发端，这意味着二语者认知的改变可能应回溯到二语习得的早期阶段，而只有二语的高级层次得到习得时才能观察到显著的改变。

本章研究旨在发现和寻找能够支持语言相对论的假设的证据，受Lucy（1992b）的启发，本研究希望探讨的是，具有不同的语法模式的语言使用者是否会以不同方式的思考，习得一门具有不同语法模式的第二语言是否会改变某些认知过程。Lucy（1992b）的研究发现是支持语言会影响思维模式的假设的，其研究发现是令人信服、有说服力的和富有创新性的，但他没有考虑使用双语者作为被试或者研究对象。事实上，大量的关于语言和思维之间关系的研究均聚焦于单语者，而忽视了世界上的大多数人口都使用一门以上的语言来进行交际这样一个事实（Athanasopoulos，2006），双语是常态而单语则是例外（Cook，1999，2002），因此，对于语言与认知之间关系的考察和研究应该考虑到人类思维可以容纳和适应数种语言的潜力，否则，考察和研究就是不完整的。对双语者的认知过程的调查和研究业已显示了双语对于诸如注意控制力等某些认知过程的影响（Bialystok，2002；Bialystok，et al.，2004），对于双语者的颜色范畴化的研究大都表明，他们感知纯天然颜色范畴的方式和过程不同于和他们有同样母语的单语者，而是受到了所习得的二语的颜色范畴的影响（Ervin，1961；Caskey-Sirmons & Hickerson，1977；Athannasopoulos，2006；Jameson & Alvarado，2003；Athanasopoulos, et al.，2004）。本质上，文化是经验的集成，不同文化的人们常用某些惯常的偏好去认知和解释特定的事物，文化聚集某些共同的占支配地位的概念化方式。文化使得人们心中有种假设，即我们以不同的方式去建构某种现象的意义。然而，这些差异来自共同的认知和解剖结构，同时又是与环境互相作用的，因此，占据主导地位的神话可能有着共同的主题却以极不相同的方式来表达这些主题，更值得深究的是，这些明显的变异变体是否简单地将看待现实的同样方式置于不同的用途或是否他们是从我们感知和认知识解的基本差异中演化而来。

3.5 小结

本章通过使用五组描写可数物体和不可数物质的图片测量了单语者和二语双语者的认知偏向和处理，结果观测到了两者之间的显著差异，这一结果支持了研究假设，汉语单语者和中级二语学习者认为动物数量变化是最为显著的，因此选择工具和物质为最为类似于原始图片，相反，英语单语者和高级的二语双语者把动物和工具的变化看做是最为显著的，因此选择物质为最为类似于原始图片。基本结论是：

（1）不同的选择模式反映出每门语言中的复数化的频率影响到对图片的非言语解释和解读，语言通过指引人的注意力到刺激的具体特征之上而对思维过程施以影响。学习一门截然不同的语言可以影响这一指向，高水平的二语学习者能够重新定向其注意并且表现得更像单语者，英语单语者的相似性偏好与英语的语法模式相一致，汉语单语者的相似性偏好与汉语的语法模式相一致。

（2）语言相对论及其语言整体观对于现代语言教学的发展具有极为重要的意义。首先，应该如何进行英语所有格构式的教学。在中国，名词复数标记体在教学大纲中是极为重要的语言点，教师要花费极大的气力去解释可数名词和不可数名词以及名词复数屈折形式的作用和用法，同时，学生也要花极大的气力去记忆屈折规则。因此，教师要向学生讲授和教授名词标记系统的整体概念，屈折规则不应该以孤立和机械的方式加以强调。其次，既然习得和学习一门思维方式上截然不同的语言可以改变学习者的思维模式，教师就有必要思考如何以更为高效的方式去改进和提高学生的英语水平，一旦认知过程受到了语言习得的影响，自动和自主学习便是水到渠成。教师应该把自己的注意力从传统教法转向鼓励学生的创造性学习。

4. 隐喻与短语动词教学效用

　　隐喻是认知语言学的核心概念之一，在一定意义上，隐喻研究标志着认知语言学的发端和兴起，因此，隐喻在认知语言学中的重要性不言而喻。认知语言学认为隐喻不再仅是一种修辞手段，而是一种描述事物的方式和看待事物或语义迁移的手段，是影响人类感知、思维和行动的日常语言的主要组成部分，隐喻本身就是一种认知工具和思维方式，构造人的概念系统并塑造人感知世界的方式。现代英语中的短语动词因其数量多、使用广，具有多义性和歧义性，给英语学习者的短语动词学习造成了很大的困难。英语短语动词避用是二语习得和应用语言学领域极为有趣的一种学习者行为和现象。认知语言学理论为英语多义短语动词的研究提供了新的视角，即短语动词的多重意义实际上是系统的和有理据的，深化和拓展了人们对词汇包括短语动词性质及结构的认识，使词汇教学与学习在二语教学和研究中被长期忽视的局面有所改观，成为外语词汇教学研究的重要动力。

　　本章通过三个实验分析中国英语学习者对短语动词的多个义项的掌握情况，从认知语言学角度通过概念隐喻理论分析短语动词多个义项之间的联系及其认知理据，探讨教授多义短语动词的有效方法。本章对英语多义短语动词教学的启发意义是教师应该根据概念隐喻的理论阐释多个义项之间的联系，说明短语动词字面义和隐喻义之间的转换机制和认知理据，帮助学生注意和理解短语动词多义项的系统性和关联性，合理安排短语动词在教材中的呈现顺序、增加输入频率，增强记忆强度。

4.1 隐喻与概念隐喻理论

英语metaphor（隐喻）一词源自希腊语的metaphora，意为"carrying across"，即"由此即彼"，本意为通过转移把一个物体上的一些特点转移到另一个物体上，这样人们就可以通过前面的物体来理解后面的物体的特性。西方最早对隐喻进行系统研究的是亚里士多德，他对隐喻性质及功能的阐释确立了两千多年来西方修辞学界隐喻研究的基本线索和基调。在东方，中国最早的诗歌总集《诗经》中就已经广泛运用"比"和"兴"的手法描写万物特征，"比"即比喻，其中就包括隐喻。

隐喻研究分为隐喻作为修辞格的传统研究、隐喻作为修辞格向认知研究的过渡、隐喻的当代认知研究三个阶段。第一阶段以亚里士多德的比较论（Aristotle，1954）和昆体良的替代论（Quintilian，1920）为代表，第二阶段以理查兹（Richards，1936）和布莱克（Black，1962）的"互动论"为代表，第三阶段则集中体现为Lakoff和Johnson（1980），Fauconnier和Turner（1994）的认知语言学理论。Johnson（1987：11）用"隐喻热"来形容第三阶段的隐喻研究，这一时期的隐喻研究突破单一的修辞格分类与描述，走上了多学科多角度研究的道路，成为横跨哲学、心理学、语言学、人类学、文学等学科的多维性研究领域，实现了从隐喻的修辞观向认知观的转向。

隐喻不仅构造人们的概念系统，而且塑造人们感知世界的方式。作为一种认知构造的隐喻能促进人们的抽象思维，影响人们思考复杂问题的方式和解决问题的能力（Thibodeau & Boroditsky，2011），不断从旧概念中拓展出新概念（Carroll & Thomas，1982），是人们理解抽象概念和进行抽象思维的主要认知机制（Lakoff，1993）。

概念隐喻理论（Conceptual Metaphor Theory，CMT，Lakoff & Johnson，1980）认为隐喻是一种系统的概念认知。概念隐喻理论引发了隐喻认知研究革命（Lakoff & Johnson，1980；Lakoff，1987；Lakoff，1993；Kövecses & Szabó，1996；Kövecses，2010；Gibbs，2011；束定芳，2000a，2000b；束定芳 & 汤本庆，2002；胡壮麟，2020），隐喻不再被看作仅仅是一种修辞手

段,更是一种描述事物的方式和看待事物或语义迁移的手段,是影响人类感知、思维和行动的日常语言中的一部分。隐喻涉及源域和标域两个概念范畴,源域和标域的映射通常被描述为 X IS Y,如 TIME IS MONEY。具体来说,源域是一个提供概念通道和语言表达的域,标域是一个通过源域了解语言表达的概念域(Lönneker-Rodman,2008)。概念隐喻表示一个从源域到标域的跨域映射,属于人类日常生活语言中必不可少的一部分。

Lakoff 和 Johnson(1980:3)将概念隐喻分为结构隐喻、方位隐喻和本体隐喻。结构隐喻用具有高度结构化的概念来构建其他概念,允许我们通过更具体的或至少高度结构化的主题来理解一个相对抽象的或固有的非结构化的主题(Lakoff,1993),源域可以为标域提供一个框架或结构,人们可以通过结构映射理解目标概念,下面以 ARGUMENT IS WAR(Lakoff & Johnson,1980:4)为例:

  4.1 a. Your *claims* are indefensible.

    b. He *attacked* every weak point in my argument.

    c. His *criticisms* were right on target.

    d. If you use that strategy, he will *wipe* you *out*.

    e. He *shot down* all of my arguments.

以上例句中的斜体的表达都是用来表达辩论是战争,因为战争的所有特征比辩论的特征更为具体和形象。如果一个人卷进辩论中,他会攻击对方立场,制定计划,保护自己,获得或失去立场或计划,使用策略等等。结构隐喻允许人们做的事情多于方位隐喻和本体隐喻,用具有高度结构化的、描述清晰的概念来构建其他概念。

方位隐喻从空间领域映射基本经验到抽象认知(Lakoff & Johnson,1980:29),与空间方位关系和人们的身体结构特征密切关联,如 up-down,in-out,front-back 等,如:

  4.2 VIRTUE IS UP;DEPRAVITY IS DOWN

    a. Barnes put up a *candidate* of his own for this post.

    b. Soldiers went in to put down *a rebellion*.

4.3 GOOD IS UP; BAD IS DOWN

 a. I'm feeling *up*.

 b. I'm feeling *down*.

4.4 HAVING CONTROL IS UP; BEING SUBJECT TO CONTROL IS DOWN

 a. Investors don't want to tie up their *money* for years.

 b. You need not to bow down to the *enemies*.

以上三个例子表明方向向上倾向于与积极的方面有关，而相反的方向向下经常与消极方向挂钩，因此，有许多概念如幸福、健康可以表征为up。许多概念由方位隐喻构建，这些概念并非随意的，而是建立在人们的身心感知和文化经验之上，揭示人类思维和语言的演变过程。

本体隐喻是一种把想法、活动、时间、情感等看作物质和实体的思维手段，人们利用具体的事物如物质、实体去理解抽象的事物如思想、活动、时间、情感等等。本体隐喻分实体隐喻和容器隐喻，前者把实体和物质看作源域，后者把身体、视域、事件、动作、活动和状态看作有里外的容器。第二种类型即容器隐喻是本体隐喻的最典型的例子，比如（Lakoff & Johnson，1980：32）：

4.5 a. There is *nothing* insight.

 b. We're out of *trouble* now.

 c. There was a lot of good *running* in the race.

 d. I put a lot of *energy* into washing the windows.

 e. There is a lot of *land* in Kansas.

本体隐喻从源域映射到标域，它允许人们通过具体的、可触及的事物去理解抽象的、难以定义的、无形的概念，由此，可以很容易地理解别人的经验。

4.2 英语短语动词及其教学

短语动词也被称作复合动词、双词动词、非连续动词、多词动词、动词副词组合词、动词小品词构式等等。《牛津高阶英汉双解词典》（*Oxford Advanced Learner's English-Chinese Dictionary*，霍恩比，2004：948）指出，短语动词就是一个动词与一个副词或介词相结合，或者有时候与两者都结合从而产生一个新的意义的动词形式，如go in for，win over and see to。现代英语中的短语动词因其数量多、使用广，给英语学习者的短语动词学习造成很大的困难。一方面，短语动词具有多义性，由一个普通动词加一个介词或副词构成，含有多个不能直接通过动词加介词或副词的字面义组合推测出来的意义；另一方面，短语动词具有歧义性，一个短语动词可能有多个意义，多个短语动词也可能表达相同或相似的意义。Kurtyka（2001）认为短语动词有如下特征：（1）单个短语动词的多义性，如put down；（2）语法的复杂性，如及物与不及物的划分、时态的要求，如在Are you having me on?中必须用现在进行时而不是其他时态或体；（3）与其他词语的搭配组合性，如map out plans是符合语法的搭配，map out people则是不合语法的搭配；（4）语义状态的变化性，短语动词的语义和形式随着语言发展在不断地变化。

  早期的短语动词研究一般是从结构主义视角研究短语动词的句法特征，如Quirk等（2008：408）称短语动词是由"动词+副词""动词+介词"或"动词+介词+副词"构成的"多词动词"，表示一个不可分割的整体概念。Side（1990）认为小品词的含义应为短语动词语义的一部分，由介词分开的小品词与动词后跟两个名词短语的结构，前一个名词短语为动词直接接宾语，后一个名词短语为介词宾语；他用如下公式表达这三种多词动词：动词 ± 直接宾语 ± 副词 ± 介词。索天章（1978）认为短语动词的大量涌现是现代英语的重要特征，特别是动词 + 副词短语填补了英式短语（如sleep on，sit on等）的短板。罗廷亮（1985：55-70）从短语动词的意义、短语动词与普通动词、短语动词中的介词和副词、短语动词中常用副词的意义、宾语的位置、短语动词的形象性和短语动词与普通动词的语体色彩等七个方面对这一语言现象进行了综合探讨。汪榕培（1997）从结构、语义和使用三方面阐述了短语动词的六种基本句法结构，分析了短语动词语义的完整性、多义性、语义关系和小品词的语义，论述了短语动词得以广泛使用的原因。程杰（2010）以当代句法学发展的最新语段理论为背景提出的VCP分析法研究了英语短语动词的句法生成过程，运用"动词补语并移"和"动词的常规移位"两种操作推导出短语动词的连续用法和分裂用法两种结构，简洁而系统地解释了短语动词的主要句法和语义特点。

随着认知语言学的发展，结构主义框架下的短语动词研究逐渐与认知语言学视角的短语动词研究并驾齐驱甚至逐渐被后者取代。认知语言学致力于研究短语动词的整体性意义及其句法表现，立足于短语动词的隐喻认知功能，认为动词和小品词这两个组成部分分别通过语义的隐喻扩展形成短语动词的成语化语义，揭示了短语动词的语义形成过程。Morgan（1997）研究figure out后指出动词—小品词结构具有四种语义构成方式，分别是"字面义—字面义""字面义—隐喻义""隐喻义—字面义"和"隐喻义—隐喻义"。Hampe（2000）通过对face up to的考察提出了短语动词的第五种语义构成方式，在to face up to形成之前to face已经转义，而且face，up和to三重隐喻扩展形成了to face up to比to face更为丰富的语义。与传统上对短语动词的归类描述研究不同，认知语言学对短语动词意义形成的隐喻机理的研究更为深入，揭示出短语动词的整体意义是将动词和小品词进行隐喻扩展而形成的这一机理。王朝培（2006）结合认知语言学中的概念合成理论与隐喻理论揭示了短语动词语义构成经历的复杂过程，即"分别隐喻化过程、意义匹配过程、选择投射过程以及意义合成过程"，解释了短语动词语义形成的新模式，即依据感知经验和百科知识，高度成语化的短语动词语义在语言的不断发展过程中逐步形成，最终固化在语言中。Lu和Sun（2015）系统梳理和分析了多义性短语动词的研究路径和主要观点，不可预测性是多义性短语动词的本质特征，体现在两方面，一方面是一个短语动词有多种含义，另一方面是几个短语动词可能具有相同或相似的含义，认知语言学理论为英语多义短语动词的研究提供了新的视角，短语动词的多重意义实际上是系统的和有理据的。目前的短语动词研究多转为以实证方法探究与短语动词的加工和教学相关的问题（如，俞珏、张辉，2019；张萍、王晓琳，2022），对短语动词的理论分析和本体研究的比重逐渐下降、数量有所减少，逐渐淡出研究者视野，当然，实验研究必须基于对短语动词的系统性本体描写和精微化语言学理论分析，这是应用认知语言学短语动词研究的基本原则，更是对所有语言现象的认知语言学研究应遵循的基本准则，语言的本体研究是语言的实证研究的基础和本源。

英语短语动词避用是二语习得和应用语言学领域极为有趣的一种学习者行为和现象，表现为英语学习者常常避用英语短语动词。英语短语动词数量多、使用广、多义性和歧义性等特点是导致其他母语背景的英语学习者避用的主要原因。避用实质上是学习者能够识别或认识但不能流畅自如地使用某个结构的一种现象（Kleinmann, 1977）。Schachter（1974）在短语动词使用情况的实证研究中首先提出第二语言习得中的避用现象，发现母语（L1）与二语（L2）的差异引起母语为汉语和日语的学习者回避使用关系从句这一现象。Dagut & Laufer（1985）研究了希伯来语为母语的英语学习者的英语短语动词避用情况，认为短语动词的避用现象普遍存在于非日耳曼语系的英语学习者之中，Hulstijn和Marchena（1989）在荷兰的英语学习者、Laufer和Eliasson（1993）在瑞典的英语学习者中发现了短语动词的避用行为。Liao & Fukuya（2004）调查了中国英语学习者对英语短语动词的避用现象，结果发现，短语动词本身的语义隐晦和母语与二语之间的差异性或相似度会导致学习者避用短语动词，学习者的隐喻水平、短语动词类型及测试类型都会影响被试对短语动词的避用，一语与二语的差异以及短语动词的语义难度可能是造成学习者避用的主因，学习者对短语动词的避用行为是一种中介语的表现。Becker（2014）认为语言水平、学习环境、任务类型以及动词类型等因素都是造成英语短语动词难学的因素。由此可见，导致英语学习者避用短语动词的主因是短语动词的语义复杂性，传统的直接翻译教学法一般不对短语动词的语义做理据性分析和阐释，学习者的任务就是被动地采用机械记忆方式识记教材里的短语动词。从中国的英语教学实践来看，短语动词是我国英语教学中的难点之一。

张彬（2007）通过调查发现，中等水平的学习者明显表现出对短语动词的回避倾向，学习者避用短语动词可能是许多因素共同作用的结果，而国伟（2013）的实证调查发现，中国英语学习者没有避用英语短语动词的倾向。

Sansome（2000）、Dirven（2001）从教学角度研究短语动词并反思短语动词的习得问题，如应用语言学家和语言教师应如何教授学生习得短语动词、影响短语动词习得的因素等，探讨了认知语言学的概念隐喻理论用于多义性短语动词教学的效用。他发现与传统的翻译呈现法相比，认知呈现法能够清晰地分析阐释短语动词多个义项之间的认知理据，有利于学习者对短语动词多个义项之间关系的认知理解，对学习者短语动词的长久记忆有较大作用，而对短语动词的短期记忆影响较小，学习者的英语水平和呈现方法对教学效果具有交互作用。以认知语言学原理为基础的教学呈现方法在启发思维和提升教学效用等方面有一定的价值。

本书第2章提到，认知语言学把词汇问题带进了语言研究的中心领域，极大地深化和拓展了人们对词汇包括短语动词性质及结构的认识（Rudzka-Ostyn，2003：9），认知语言学认为短语动词的认知理据会影响对短语动词的阐释和学习（Condon，2008），为短语动词教学提供了新的思路和范式，使词汇教学与学习在二语教学和研究中被长期忽视的局面有所改观，成为外语词汇教学研究的重要动力（Pütz，2007；Boers & Lindstromberg，2008；Alejo，et al.，2010；卢植、丛迎旭，2015），从认知语言学的角度对短语动词及其习得进行研究渐成大势（Kövecses & Szabó 1996；Gardner & Davies，2007；Mahpeykar & Tyler，2015；Garnier & Schmitt，2016）。将认知语言学关于词汇认知理据的理论原理应用于英语短语动词的教学研究，主要有以下观点：

（1）概念隐喻呈现法比直接翻译法呈现或教授英语短语动词更有利于学习者对短语动词的识记、理解和回忆。Kövecses和Szabó（1996）考察了直接翻译教学法和概念隐喻教学法对学习短语动词的不同作用，对用一语释义呈现短语动词的方法和用概念隐喻分组呈现短语动词的方法进行比较，分析何种方法更有利于学习者对短语动词的记忆，中级英语水平的匈牙利成年英语学习者分为对照组和实验组分别学习含有up和down的短语动词，对照组接受以匈牙利语对等释义英语短语动词的呈现方式，实验组则接受按概念隐喻分组呈现英语短语动词的呈现方式，结果显示，实验组对英语短语动词进行回忆的正确率高于对照组的英语短语动词回忆正确率。Boers（2000a）用实验验证了概念隐喻在词汇教学中的作用，表明按隐喻主题或源域将词汇组织起来有助于记忆不熟悉的隐喻表达。Kurtyka（2001）用认知语言学的射体—界标（trajector-landmark）的原理，将认知语言学框架下分析的英语短语动词作为教学实验材料，由8名教师在为期9个月的时间内向16–19岁的中、高级波兰英语学习者讲解和教授。教学过程中用认知语言学原理如意象图式与认知模拟、语言呈现+图表例解、概念隐喻和转喻等解释短语动词。问卷结论显示，学生对材料反响积极，大多数学生认为认知方法提供的信息量大、形象直观、新颖有趣、能启迪学生意识到自己还有未知的领域。在事后测验中，学生总体上的知识有所增进，对短语动词的理解有所加深，认知法的运用使学生都能更为有效地习得外语，学生主要关注与语言输入相对应的意象图式并把外语输入的对应图式与母语进行对比。该项研究提出认知语言学可以给外语教学法提供诸多启发，认知法对短语动词教学贡献了"理论支撑"。Tyler（2008）认为认知语言学方法比传统语法教学方法能为学习者提供关于词汇的更为系统而精确的分析，仅靠输入对高水平英语学习者如何正确使用词汇是不够的，基于认知语言学的方法对词汇进行分析和教学对高水平英语学习者有非常积极的作用，这一研究所蕴含的认知图式原理同样适用于对短语动词的认知研究和教学应用。高佑梅和张允（2014）通过前测、即时后测和延时后测比较了传统方法与认知方法对词汇隐喻、短语动词结构、习语和谚语习得的影响，在对短语动词结构的测试中"两组即时后测中没有显著的统计差异"，"而在延时后测中，两组出现了统计上的显著差异"。

（2）对短语动词中介词或小品词的认知理解有助于对短语动词的整体认知和学习。Tyler和Evans（2004）分析了over一词各义项间联系的认知理据，向二语教师阐释了讲授over多个义项的具体方法，指出该方法能使教师帮助学习者更好地习得over的语义系统，从而有效地避免死记硬背其义项，不过他们没有通过实证研究验证该方法的有效性。Matula（2007）探索了在课堂教学中把认知呈现法用于英语介词on，in和at的语义的效果，向两个完整教学班的20名中级水平学习者进行了教学安排，一个班实施认知语言学呈现法，另一个班接受传统呈现法。认知教学法主要是介绍推动介词的空间义向引申义变化的理据，向学生强调介词的功能等。通过前测、后测、延时后测（多重任务）和内省数据来测得学习者的学习表现，既分析了全组的整体数据也分析了每个学生的个人数据。结果并未显示出认知呈现法的全局性益处，两组都没有在所有测量上明显胜出另一组。但结果展示认知呈现法具有积极效果，比如在各个语义判断和测试任务中对介词的正确使用的稳定增加，被试表现出了对认知呈现法的认可等，提示认知方法在启发思维和提升课堂教学效用等方面的价值，认知语言学理论在外语教育教学中可以有所作为。Requejo和Diaz（2008）将认知语言学的介词研究发现应用到专门用途英语如医学英语和计算机英语中的短语动词教学，运用意象图式的原理对每一个包含in和out的短语动词做了详细阐释，结果表明，依据认知语言学中的意象图式原理对短语动词中介词进行理解有助于对短语动词的整体认知。Alejo-González（2010）依据认知语言学的原理，运用语料库方法调查了三组非英语母语者对含有out的短语动词的使用情况，三组对象分别是瑞典语和荷兰语组、俄语和保加利亚语组以及西班牙语和意大利语组，结果显示，瑞典、荷兰、俄罗斯和保加利亚的英语学习者比西班牙和意大利的英语学习者更多地使用短语动词，也会使用更大量的精细加工路径来学习短语动词，证明了认知语言学强调基于用法（usage-based approaches）的理念有着积极的意义，认知语言学关于短语动词小品词和介词具有从字面义延伸而来的隐喻义的分析是正确的，关于短语动词中介词小品词意义理据的概念对于短语动词教学极有助益，认知语言学可以给二语习得研究以极大的启发，两者的交叉融合将具有良好前景并产出丰硕成果。Tyler等人（2011）用准实验方法检验了运用认知语言学方法教授用于构成大量英语短语动词的介词to，for和at的语义的有效性，对前测和后测进行的比较表明，两者之间的分数有显著性差异（$p > 0.003$），由14位高级学习者组成的实验组在接受了认知教学法后在对三个介词的语义理解方面表现出了极大改进和明显提高，验证了认知教学法教授介词的有效性。Yasuda（2010）验证了提高学习者对短语动词中小品词的源隐喻意识有助于日本英语学习者对短语动词的学习。对照组通过传统教学方法学习短语动词，实验组通过认知教学方法学习同样的短语动词，然后要求两组被试填写出短语动词中缺失的小品词。结果显示，实验组的成绩明显优于对照组，而且当目标短语未作为一个整体存储在学习者心理词汇中时，实验组中具有概念隐喻意识的被试也会通过隐喻思维来产出一个恰当的副词小品词。White（2012）在认知语言学和社会文化论框架下以实证研究探讨了英语短语动词的教学与学习。实验以鼓励激发学生自身创造力的方式让学生对短语动词进行概念化过程，让学生完成五类小任务：（1）以新的方式观察短语动词、（2）查找短语动词、（3）讨论短语动词的意思、（4）以绘画方式表达短语动词的意思、（5）分享这些绘画。研究发现，实验前后相比较，学生对短语动词的解释发生了变化，表明在短语动词教授过程中强调概念化尤其是对短语动词中的介词或副词小品词进行概念化有一定的价值。

综上所述，以下几点值得探讨：（1）应对不同英语水平的学习者短语动词的使用情况进行一定的分析，尤其是要分析不同英语水平学习者对短语动词的不同义项的学习；（2）概念隐喻教学法是否对不同英语水平学习者的短语动词的习得都能产生积极的作用且对其短时和长时记忆是否会产生相同的效果？以往的研究将认知理论应用于短语动词教学研究时只考察了短语动词的主要意义，忽视了英语短语动词的多义性及多个义项之间的认知理据，譬如，White（2012）的研究表明，将短语动词进行组织分类能在一定程度上减轻学生的记忆负担，但是对于如何教授这些多义义项的研究还远远不够；（3）课堂上的短语动词教学实验或准实验（如，Kurtyka，2001）可在一定程度上保证学生的参与度，但实验程序和变量控制稍欠严谨，掺杂着教师的主观性和随意性，教师可能为达到预期实验效果而刻意增加知识输入和精力投入，从而不能保证对被试相对平等的知识输入。

本章将短语动词的多个义项分为字面义和隐喻义（Garnier & Schmitt，2016），字面义有具体的所指，隐喻义是由字面义引申而来，即通过隐喻或转喻的方式派生而成。应用认知语言学的多义词研究的一个主要问题是学习者通常怎样习得、使用和理解具有多个义项的词或短语（Gibbs & Matlock，2001），束定芳、汤本庆（2002：6）指出，概念隐喻理论可以用来解释语言中各种不同形式的隐喻之间的系统性和相互关系，促进学生对含有多个义项的词及短语的学习。本章首先考察中国英语学习者对短语动词的多个义项的掌握情况，通过实验考察中国英语学习者学习和掌握英语短语动词特点和规律，运用E-prime实验程序分别对对照组和实验组实施传统方法和认知分析方法呈现英语短语动词，要求他们学习和识记，收集实验后的即时测试和延时后测中的准确率和反应时两项指标，对比分析不同教授方法对学习者的影响，着重讨论隐喻联想对英语学习者习得多义性短语动词的作用。

　　由于短语动词对于英语是第二语言的学习者而言是最具挑战性的语言结构，以英语为二语的中级和高级学习者倾向于避用英语短语动词，这是由短语动词本身的语义特点、学习者的英语水平、语言学习环境以及学习者所采取的学习策略等多种因素共同作用的结果。应用认知语言学者Boers（2000a，2000b），Kurtyka（2001），Beréndi等（2008）通过实证研究证明加强语言学习者的隐喻意识会促进短语动词的长期记忆。Dirven（2001）认为短语动词由动词和介词、副词或小品词组成且有一定程度的习语性，它的整体意义大于各组成部分之和，因为介词或副词小品词常常把动词的字面义延伸为比喻义。英语短语动词对外语学习者来说非常困难，在于它由一个主动词成分和介词或副词小词构成，并没有从动词的字面义延伸到比喻义（Condon，2002；Rudzka-Ostyn，2003：14）。认知语言学认为短语动词不是随意结合的，其组合是有一定理据的，也就是意象图式和概念隐喻的理据。沈育刚（2002）证实帮助学生分析隐喻概念，提高学生的隐喻意识，有利于促进中国学习者习得短语动词。大量的研究（龚玉苗，2006；刘艳、李金屏，2011；陈海燕、汪立荣，2013）证明通过隐喻意识的培养进行词汇教学有利于词汇的理解和记忆，学生的隐喻意识有助于对词汇的长期记忆。黎金琼（2008）运用认知语言学中的意象图式理论和隐喻理论阐释短语动词中小品词的基本义和引申义，从而达到学生对短语动词意义的深层次理解及灵活运用以及对新学短语动词意义的有效推测。魏梅和王立非（2012）采用定量与定性结合的方法考察了透明度与英语水平对大学生英语惯用短语学习的影响，表明透明度与英语水平对短语学习均有显著影响，但两因素各水平之间无交互效应。魏梅（2014）从认知语言学和社会文化理论视角考察了概念隐喻教学对大学生英语短语动词学习的影响，认为通过画图和讨论等方式更容易理解短语动词的概念，从而更容易学习短语动词。巫玮（2011）认为利用意象图式教短语动词能够使学习者了解与该短语动词相关的短语的内部结构及其各项隐喻意义与原型意义的关系，从而使学习者系统地掌握目标词汇，加深理解，提高词汇学习效率。杨茗茗和文卫霞（2012）对小品词out在短语动词中的语义进行认知分析，通过意象图式构建出out的四个基本义，通过空间隐喻推断其多种引申义，减轻了学生学习短语动词的认知负荷，提出短语动词的教学应该以小品词为中心。Lu和Sun（2017）采取2×2的被试间设计方案向120名英语水平不同的被试分别以传统词汇教学和认知隐喻教学呈现多义性英语短语动词词组，考察认知语言学方法是否有助于中国英语学习学习者对英语多义短语动词的习得。实验组接受认知呈现法，对照组接受传统呈现法，对两组被试进行及时测试检测他们的短语动词词组短时记忆，一周后的延时后测检测被试的多义性短语动词长时记忆。结果表明，以隐喻联想方法呈现多义短语动词比传统方法呈现多义短语动词更有利于词组的长时记忆，英语水平影响对学习材料的理解和保存；以方位隐喻为基础的呈现方法不能有效促进被试的短语动词短时记忆和长时记忆。研究证实认知语言学隐喻联想呈现法更适合于英语学习者学习多义性动词，采用新的教学方法时，有必要适当地给学生一定的母语输入。孟晓（2018）将73名一年级非英语专业本科生随机分为三组并分别对其施以传统教学法、认知演绎法和认知归纳法三种不同的教学方法，实施即时测试、三天延时后测和十天延时后测共三次词汇测验，数据分析结果显示，两种认知教学法优于传统教学法，直接向学生呈现小品词认知语义网络的演绎明示教学效果最好，相对于非原型义项，原型义项更易习得，与原型义项更接近的边缘义项更易习得。作者分析英语学习者难于学习短语动词的主要原因是此类词组的语义不透明性和多义性，英语教学应重视认知语言学关于小品词认知理据的重要意义，关注直接呈现小品词语义网络和通过发现学习法帮助学习者提升自身的概念建构能力以理解小品词语义网络之间的异同，进一步研究小品词不同种类的边缘义项的认知差异。

从语言本体的角度看，短语动词可以分为介词短语动词（prepositional phrasal verbs）、小品词短语动词（particle phrasal verbs）和小品词—介词短语

4. 隐喻与短语动词教学效用

动词（particle-prepositional phrasal verbs）三类，本章将这三类短语动词分别定义为类型I、类型II和类型III。

类型I即介词短语动词，由一个动词和一个介词组成，如：

  4.6 a. She *takes after* her mother.

   b. You should *stand by* your friend.

   c. I *ran into* an old friend.

   d. I *ran* unexpectedly *into* an old friend.

4.6a中的after是一个介词，后接名词短语her mother，4.6b中的by也是一个介词，后面跟着一个名词短语your friend，同样，4.6c中的into也是一个介词，介绍了短语into an old friend。那么，能否把副词嵌入到介词短语动词中？一般而言，不允许把副词嵌入到不及物短语动词的动词和小品词中间，但可以把副词嵌入到介词短语动词中（Cowan，2008：92），如上面的4.6d。

类型II为小品词短语动词，由一个动词和一个副词小品词构成，如：

  4.7 a. You should *think* it *over*.

   b. They *brought* that *up* twice.

   c. You should not *give in* so quickly.

4.7a，4.7b和4.7c中的over，up和in都是副词小品词但不是介词，不能在动词和小品词中嵌入方式副词（如：＊hand quickly the paper in），但有少数非方式副词（即back，right，straight，way and well）可用于修饰小品词（如jump well in）（Baldwin，2005）。

类型III是动词加小品词—介词短语动词，由一个动词、小品词和介词构成，比前两种更复杂，如：

  4.8 a. She is *looking forward to* a rest.

   b. Who can *put up with* that?

   c. The other tanks were *bearing down on* my panther.

4.8a中的forward是小品词，to是介词，同样，4.8b中的up是小品词，with是介词，4.8c中的down是小品词，on是介词。

　　以上三类短语动词的区别在于动词后面的成分的位置，后续成分是介词时，它是整个短语的核心，这个短语动词就是介词短语动词；后续成分是小品词时，它不可能是介词，不需要其他成分的补充；最后，许多短语动词既和介词又和副词相结合。这三类短语动词都被称作短语动词的原因在于它们的意义不是各个部分的简单相加，不可任意组合。

　　短语动词的实证研究得益于基于语料库研究方法。近年来，利用语料库进行的语言研究为短语动词研究打开了广阔的视野，为各种学习者语言对比研究提供了新的手段和方法。Hagglund（2001）运用瑞典学习者英语语料库（SWICLE）和英语本族语者作文语料库（LOCNESS）调查了高水平的瑞典英语学习者在英文写作中使用短语动词的情况。Edgar（2004）在国际英语语料库（ICE）上检索了小品词动词或"多词"动词，认为小品词动词可以在影响范围、使用频率、结构行为以及多产性范围等几个维度上发展出各种属性。Baldwin（2005）提出了用从原始文本语料中提取英语动词—小品词结构及其有效配价信息的一系列技巧。Waibel（2007）先对比了意大利学习者英语语料库（I-ICLE）和德国学习者英语语料库（G-ICLE），再将它们分别与英语本族语者作文语料库（LOCNESS）进行对比，结果发现，与英语本族语者相比，德国英语学习者大都在书面语中超用短语动词，而意大利学习者在书面语中少用短语动词，描绘了意大利英语学习者和德国英语学习者在英文写作中使用短语动词的具体情况。Trebits（2009）从词汇、词汇—语法和文本特征等方面检索了欧盟文本中英语短语动词的用法。刘丹（2006）利用中国学习者语料库（CLEC）对不同水平的非英语专业大学英语学习者对短语动词使用的失误进行检索，考察了不同水平的非英语专业大学英语学习者在短语动词使用上是否存在差异，分析了中国非英语专业大学英语学习者使用短语动词的现状，揭示了中国学生学习短语动词中存在的一些问题，寻找中国非英语专业大学英语学习者使用短语动词的内在规律，从而达到帮助英语学习者领会和掌握这一语言难题的目的，在此基础上进一步提出了教学建议。赵鹏芳（2011）通过对比中国学习者英语语料库（CLEC）和英语本族语者作文语料库（LOCNESS），发现中国英语学习者在写作过程中一定程度上超用语义透明的短语动词，而回避使用含有比喻义的短语动词。

小品词的语义对短语动词教学的重要性应该得到重视和强调（Side，1990），而认识到母语和二语的差异性和相似性会对短语动词教学有所助益（Neumann & Plag，1995），重视高频动词的语义对短语动词的教学更有裨益（Lennon，1996），应运用隐喻知识加强短语动词的教学（Kurtyka，2001）。Villavicencio（2005）研究了动词—小品词结构的特征和可用性，认为使用动词语义分类是一种获得多产性动词—小品词结构的有效方法并用万维网来验证这些结构。Boers（2000a），Beréndi等（2008）证明通过隐喻意识的培养进行词汇教学有利于词汇的长期记忆。Farsani等（2012）验证了启发式的看图任务能够揭示短语动词所蕴含的意象图式概念，促进学习者在从具体到抽象的感觉学习中获得参照。Boers（2013）利用眼动仪进行的实验证明更多的关注会导致更多的词汇习得，对输入的新语言要素的关注会产生长期记忆的初次表征。

综上所述，隐喻的认知理据对中国中高级英语学习者关于多义性短语动词隐喻义知识的促进作用有待研究，结合概念隐喻理论分析短语动词能对多义短语动词的理解和记忆产生积极影响吗？基于方位隐喻的认知教学法对多义性短语动词的短时和长时记忆的背诵和理解是否优于传统教学法？认知语言学指导下的短语动词教学在中国英语教学语境下的系统研究值得推广。

4.3 实验研究

研究问题与假设

（1）中国中高级英语学习者关于多义性短语动词隐喻义的知识是否会随着他们英语水平的提高而增加？

（2）与传统翻译教学法相比，结合概念隐喻理论分析短语动词能否对多义短语动词的理解和记忆产生积极影响？

（3）基于方位隐喻的认知教学法对多义性短语动词的短时和长时记忆的

背诵和理解是否优于传统教学法？

根据以上研究问题，本章的相应研究假设为：

（1）中国中高级英语学习者关于多义性短语动词隐喻义的知识不会随着他们英语水平的提高而增加。

（2）结合概念隐喻理论分析短语动词不能对多义短语动词的理解和记忆产生积极影响。

（3）基于方位隐喻的认知教学法对多义性短语动词的短时和长时记忆的背诵和理解并不优于传统教学法。

被试

108名英语专业本科生和研究生分为两个水平组，中级水平组（本科生组54人，英语专业四级考试合格以上，TEM4均分69.4，年龄20.5 ± 1.5岁）、高级水平组（研究生组54人，英语专业八级考试合格以上，TEM8均分64.7，年龄22.5 ± 1.5岁），从每个水平组随机抽取27人编为实验组，其余27人组成对照组。实验前基础问卷结果显示，所有被试母语均为汉语，裸眼或矫正视力正常，无语言或言语理解缺陷。

实验材料

20个含有up或out的短语动词及含有这些短语动词的语句选作实验材料。选词是依据短语动词的频率和意义两个维度教学的，主试从 Collins Cobuild Dictionary of Phrasal Verbs 中选取包含up或out并且包含有3个以上义项的短语动词（up和out是可以构成短语动词的48个小品词中频率最高的两个小品词），pull up, call up, come up, come out, lay out, break up, pick up, get out, bring out, give out。正式实验前，抽取与正式实验英语水平相当的20名同学（中级和高级两组每组各10名）对测试材料和短语动词的呈现时间和方式进行预实验来校准实验程序，预备实验的材料是rise up, look at, take off, bring back, break in, blow out, attend to, call off, answer for, turn on。

测试题均出自 Collins Cobuild Dictionary of Phrasal Verbs（Collins, 2002）和《最新英语短语动词词典》（常晨光, 1999）。自变量为呈现方法（传统教授法对认知教授法）和被试英语水平（中级水平对高级水平），因变量为被试反应的准确率和反应时，分别反映被试理解和回忆的精度和速度。目标词及测试题的呈现与测试均在30台联机安装了基于E-prime（2.0）程序的实验室电脑上运行，实验程序自动收集被试的判断准确率和反应时。

实验程序

实验1

旨在测试和考察被试对英语短语动词隐喻义的理解情况。20个问题逐一呈现于电脑屏幕上，屏幕中央先呈现一个红色的"+"注视点提示问题出现位置，500毫秒后题目呈现在电脑屏幕上，要求被试在一分钟内做出又快又准的选择来完成理解判断任务，超出一分钟，当前问题自动消失，出现提示符及下面的问题。本实验共测试对10个多义性短语动词即pull up，call up，come up，come out，lay out，break up，pick up，get out，bring out，give out的理解。在正式测试之前，有一个练习部分帮助被试熟悉电脑操作以减少因不当操作而造成的失误。如果被试已经熟悉了实验流程，则可以通过按键进入正式测试；否则，继续进行练习。实验程序只对正式实验的准确率和反应时进行记录。整个实验用时20分钟。

实验2

目的是比较传统教学法和认知教学法在短语动词教学上的作用并验证认知法的效用，用两种教学呈现方式分别向对照组和实验组呈现相同的学习材料，用同样的问题测试两组的识记效果。

对照组实施传统呈现法，即电脑向对照组被试呈现需学记的目标短语动词及其对应汉语释义，并呈现一个英语例句帮助学生理解和识记目标短语；每个目标短语及其释义例句的呈现时间为两分钟，时间用完时系统自动跳转至下一个目标短语动词。全部目标短语呈现结束后，实施及时测试，共包括二十个多项选择题，测试过程与实验1类似，被试的答题准确率和反应时由实验程序进行收集。

向实验组实施基于隐喻联想原则的认知教学呈现法，即所用教学呈现材料和呈现时间与对照组相同，而对目标短语的呈现方法不同。在呈现目标短语之前，告诉实验组被试"一个词具有多义性，在多数情况下是源于隐喻的结果，相似性是构成隐喻的基础。隐喻即通过另一个事物来理解和感受一个事物"。例如，根据认知语言学的隐喻理论对目标短语动词的多个义项进行了隐喻联想认知分析，在短语动词"go up"中，up的本义为movement to a higher place即义项1；在地理分布上，往高处走，可引申为"从小地方到大地方"即义项2；在学业上，大学学业意味着高级教育，引申为义项3；同时，在认知语言学的概念隐喻理论中有MORE IS UP的隐喻说法，所以go up隐喻延伸为"增加，提高"；VISIBLE IS UP，如果想看清某物，则要"走上前，走近"，即义项5。每个短语动词的认知呈现法都按照上例的方法进行呈现。实验要求实验组被试结合程序所给出的基于隐喻联想的认知分析来学习和记忆词组。对短语动词的解释会自动消失，测试问题界面逐一出现。在每个问题之后，被试做完选择时，在电脑屏幕中间出现一个"？"，是要求被试选择如何习得题中所测试的单词的意义的。例如，他们可从以下做出选择，即A）我之前知道此义项；B）我是通过猜测得出；C）我是通过死记硬背习得；D）我是通过隐喻联想习得。然后，按"P"键继续下一题。一周后进行延时后测，使用相同的实验材料验证不同呈现法对中国学习者长时记忆英语多义短语动词的效果，收集被试的准确率和反应时两项指标输入SPSS-20.0进行统计分析。

实验3

参考Yasuda（2010）的实验范式设计实验并选取了5个小品词up，down，into，out，off编入实验程序。对照组学生多义短语动词的展示是根据传统教学法，即20个短语动词是根据字母顺序排列并在电脑屏幕上展示其相应的汉语解释十分钟。呈现时间结束后，测试题界面会逐一自动呈现。被试需要在一分钟内从四个选项中选出最佳答案，电脑收集被试的准确率和反应时。在正式实验前也有一个练习部分。相反，实验组学生接受的是基于方位隐喻的认知教学法。本章参考Lakoff 和 Johnson（1980）筛选了以下方位隐喻和短语动词：MORE，VISIBLE /ACCESIBLE IS UP（open up，show up），COMPLETION IS UP（dry up，use up），LOWERING/DECREASING IS DOWN（break down，calm down），DEFEATING /SUPPRESSING IS DOWN（knock down，turn down），CHANGING IS INTO（burst into，turn into），INVOLVING/MEETING IS INTO（enter into，run into），OUT IS REMOVING/EXCLUDING （rule out，leave out），OUT IS SEARCHING/FINDING（figure out，make out），OFF IS DEPARTURE/SEPARATION（get off，take off），OFF IS STOPPING/CANCELLING（call off，pay off）。我们假设短语动词的小品词对整个短语动词的意义具有重要作用，因此实验组被试的短语动词是根据方位隐喻标题来组织的。即时后测一周后进行延时后测，使用相同的实验材料验证不同教学法对中国学习者长久记忆英语多义短语动词的效果。收集被试的准确率和反应时。

4.4 实验结果

实验1的结果

如表4.1所示，中级组（本科生）的平均准确率低于高级组（研究生）的准确率，但无显著性差异（$F=5.89$，$p>0.05$）。从反应时上看，中级组的平均反应时略低于高级组的反应时，但两者不存在显著性差异（$F=0.001$，$p>0.05$）。

表4.1 本科生与研究生的准确率与反应时独立样本t检验（$N=54$）

参数	组别	平均数M	标准差SD	t	p
准确率	中级	12.66	2.03	−1.474	0.137
	高级	13.34	2.85	−1.499	
反应时	中级	7.32	2.56	116	0.690
	高级	7.51	2.63	115.376	

注：反应时单位为秒。

为了考察不同水平组对英语短语动词多义项的掌握情况及整体趋势，统计分析了中级组和高级组的每道题的错误率，结果如表4.2所示，两个水平组即中级组和高级组对十个短语动词的意义A和意义B的判断的错误率存在差异，B的错误率高于A；除第四个come out外，在其余的九个短语动词中，第三个"come up"，第五个"lay out"，第六个"break up"和第九个"bring out"的A和B两个意义表现出较大的非平衡性。

表4.2 实验1中级组和高级组短语动词多义项判断测试的错误率

短语动词	意义	组别	No.	错误率
1 pull up #	A. 拉起	中级	15	27.78%
		高级	14	25.93%
	B. 拔除	中级	24	44.44%
		高级	21	38.89%
2 call up #	A. 给……打电话	中级	9	16.67%
		高级	16	29.63%
	B. 征召……入伍	中级	22	40.74%
		高级	17	31.48%
3 come up ##	A. 接近,走进	中级	8	14.81%
		高级	8	14.81%
	B. 从小地方到大地方,到北方	中级	35	64.81% *
		高级	27	50.00% *
4 come out	A. 出去	中级	11	20.37%
		高级	8	14.81%
	B. 出现	中级	13	24.07%
		高级	4	7.41%
5 lay out ##	A. 摊开,摆好	中级	10	18.52%
		高级	6	11.11%
	B. 设计,安排	中级	29	53.70% *
		高级	32	59.26% *
6 break up ##	A. 破裂	中级	2	3.70%
		高级	3	5.56%
	B. 纷纷离去	中级	25	46.30%
		高级	22	40.74%

续表

短语动词	意义	组别	No.	错误率
7 pick up #	A. 好转（经济）	中级	11	20.37%
		高级	16	29.63%
	B. 恢复（身体）	中级	15	27.78%
		高级	21	38.89%
8 get out #	A. 泄露	中级	27	50.00% *
		高级	23	42.59% *
	B. 拿出	中级	30	55.56% *
		高级	28	51.85% *
9 bring out ##	A. 使某人一面显露出来	中级	13	24.07%
		高级	6	11.11%
	B. 出版	中级	27	50.00% *
		高级	32	59.26% *
10 give out #	A. 用完	中级	16	29.63%
		高级	24	44.44%
	B. 出故障	中级	18	33.33%
		高级	19	35.19%

注：*=高错误率，#=短语动词义项掌握不平衡，##=短语动词义项掌握存在较大不平衡。

No.=做出错误判断的被试人数。

实验2的结果

表4.3显示，在即时后测和延时后测中，对照组的准确率均低于实验组的准确率；对照组的延时后测成绩低于即时后测成绩，实验组的延时后测成绩高于即时后测成绩。

表4.3　对照组和实验组在两次测试中的准确率平均值和标准差

测试	中级水平组				高级水平组			
	对照组 (N=26)		实验组 (N=26)		对照组 (N=26)		实验组 (N=26)	
	平均数 M	标准差 SD	平均数 M	标准差 SD	平均数 M	标准差 SD	平均数 M	标准差 SD
即时后测	12.19	1.77	12.58	1.86	13.12	1.80	14.19	2.26
延时后测	11.42	2.61	13.12	2.03	12.50	2.00	14.23	2.64

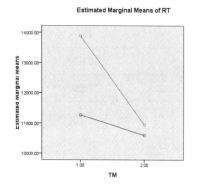

图4.1　即时后测反应时

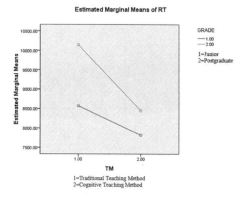

图4.2　延时后测反应时

　　图4.1和图4.2分别为中级组和高级组在即时后测和延时后测中的反应时（反映他们的判断速度），两次测试中的反应时曲线大致相同，中级组和高级组在接受传统呈现方法后的测试中的反应时均明显多于接受认知教授法后的测试中的反应时，接受传统呈现法的被试比接受认知呈现法的被试在每道题上花费更多的时间。但是在两次测试中，高水平组反应时均长于中级水平组。

表4.4 即时后测被试间方差分析

参数	变异源	均方	F	p
准确率	水平	41.885	11.227	0.001 *
	呈现方法	13.885	3.722	0.057
	水平×呈现方法	3.115	0.835	0.363
反应时	水平	57.238	4.406	0.038 *
	呈现方法	85.161	6.555	0.012 *
	水平×呈现方法	33.414	2.572	0.112

*$p<0.05$

表4.5 延时后测被试间方差分析

参数	变异源	均方	F	p
准确率	水平	31.240	5.700	0.019 *
	呈现方法	76.163	13.896	0.000 *
	水平×呈现方法	0.010	0.002	0.967
反应时	水平	31.552	4.076	0.046 *
	呈现方法	39.240	5.069	0.027 *
	水平×呈现方法	5.782	0.747	0.390

*$p<0.05$

表4.4为即时后测被试间方差分析，从准确率来看，水平的主效应显著（F（1，100）=11.23，$p<0.05$），呈现方法的主效应近于显著（F（1，100）=3.72，$p=0.057$）；水平和呈现方法的交互作用不显著（F（1，100）=0.835，$p=0.363$）。事后比较检验表明，高级组的准确率显著高于中级组的准确率（$p<0.05$），但呈现方法不显著（$p>0.05$）。从反应时来看，水平因素对被试具有显著性的影响（F（1，100）=4.41，$p<0.05$），采用相同的呈现方法时，被试的英语水平影响他们的反应时；呈现方法的主效应显著（F（1，100）=6.56，$p<0.05$），事后检验表明，高级组的反应时多于中级组（$p<0.05$），对照组反应时多于实验组的反应时（$p<0.05$）。

表4.5为延时后测的被试间方差分析,从准确率上看,呈现方法具有极为显著的差异($F(1, 100)=5.70$,$p<0.05$),水平因素也具有显著性差异($F(1, 100)=13.90$,$p<0.05$),呈现方法和水平的交互作用不显著($F(1, 100)=0.002$,$p>0.05$)。事后检验表明高级组的准确率高于中级组的准确率($p<0.05$),实验组高于对照组($p<0.05$)。从被试反应时上来看,水平的主效应显著($F(1, 100)=4.08$,$p<0.05$),呈现方法的主效应显著($F(1, 100)=5.07$,$p<0.05$)。事后检验表明高级组的平均反应时间多于中级组且差异显著($p<0.05$),对照组反应时高于实验组($p<0.05$)。

实验3的结果

即时后测结果

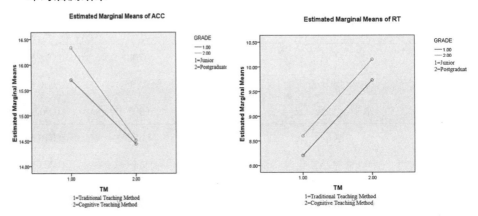

图4.3 不同教学方法下本科生和研究生的准确率　图4.4 不同教学方法下本科生和研究生的反应时

表4.6 被试准确率和反应时的描述性数据($N=27$)

参数	大三				研究生			
	对照组		实验组		对照组		实验组	
	平均数	标准差	平均数	标准差	平均数	标准差	平均数	标准差
准确率	15.70	2.61	14.44	2.29	16.33	1.80	14.52	2.38
反应时	8.20	2.20	9.73	2.50	8.60	2.54	10.15	2.59

如表4.6所示,本科生对照组的平均准确率(Mean=15.70,SD=2.61)高

于实验组（Mean=14.44，SD=2.29），研究生对照组准确率（Mean=16.33，SD=1.80）高于实验组（M=14.52，SD=2.38），这表明在即时后测中接受认知教学法的学生表现差于接受传统教学法的学生。本科生对照组被试的平均反应时间（Mean=8.20，SD=2.20）少于实验组（Mean=9.73，SD=2.50）。同样的，研究生对照组的平均反应时间（Mean=8.60，SD=2.54）也少于实验组（Mean=10.15，SD=2.59）。通过以上统计数据可以发现，在即时后测中接受传统教学法的学生每道题的加工时间少于接受认知教学法的学生。

表4.7 被试准确率和反应时方差分析

参数	变异源	平方和	自由度	均方	F	p	偏Eta方
准确率	年级	3.343	1	3.343	0.638	0.426	0.006
	教授方法	63.787	1	63.787	12.171	0.001*	0.105
	年级*教授方法	2.083	1	2.083	0.398	0.530	0.004
	误差	545.037	104	5.241			
反应时	年级	4.515	1	4.515	0.746	0.390	0.007
	教授方法	63.922	1	63.922	10.559	0.002*	0.092
	年级*教授方法	0.002	1	0.002	0.000	0.985	0.000
	误差	629.577	104	6.054			

*p<0.005

表4.7双因素方差分析显示，从准确率来看，年级的主效应不显著（$F(1,104)$=0.64，p>0.05），但是教学方法具有显著性差异（$F(1,104)$=12.17，p<0.05）。年级与教学方法的交互作用不具有统计上的显著差异性（F>1）。事后检验表明实验组平均准确率要低于对照组（p<0.05），表明不同教学方法的效果不受被试英语水平的影响，但是教学方法却影响被试在即时后测中英语多义短语动词的识记准确率。从反应时来看，年级的主效应不显著（$F(1,104)$=0.746，p>0.05），但是教学方法对学生每道题的加工时间却具有较大的影响（$F(1,104)$=10.56，p<0.05）。年级与教学方法的交互作

用不显著（$F(1, 104)=0.000$，$p>0.05$）。事后检验表明实验组平均反应时高于对照组（$p<0.05$）。

即时和延时后测对比

表4.8显示，在对照组当中，本科生即时后测的平均准确率（Mean=15.70，SD=2.61）高于延时后测中的平均准确率（Mean=13.41，SD=2.86）。而且，被试即时后测和延时后测的平均准确率存在显著性差异（$t=3.301$，$p<0.05$），说明接受传统教学法的学生会较容易地忘记英语短语动词。在实验组中，虽然即时后测中本科生的平均准确率（Mean=14.44，SD=2.29）低于对照组（Mean=15.70，SD=2.61），但是延时后测的准确率（Mean=14.00，SD=2.13）却高于对照组（Mean=13.41，SD=2.86）。而且实验组即时后测和延时后测不存在显著性差异（$t=1.030$，$p>0.05$），说明接受认知教学法的学生在长时间内保持良好的记忆。

表4.8 被试即时后测和延时后测配对样本t检验

年级	测试	对照组				实验组			
		平均数M	标准差SD	t	p	平均数M	标准SD	t	p
大三	即时	15.70	2.61	3.301	0.003*	14.44	2.29	1.030	0.312
	延时	13.41	2.86			14.00	2.13		
研究生	即时	16.33	1.80	3.582	0.001*	14.52	2.38	0.714	0.482
	延时	14.67	1.92			14.11	2.08		

*$p<0.05$

研究生对照组即时后测准确率（Mean=16.33，SD=1.80）高于延时后测（Mean=14.67，SD=1.92），并且两次测试存在显著性差异（$t=3.58$，$p<0.05$）。实验组中，研究生即时后测准确率（Mean=14.52，SD=2.38）高于延时后测（Mean=14.11，SD=2.08），并且两次测试不存在显著性差异（$t=0.71$，$p>0.05$）。根据以上数据可以得出结论，接受传统教学法的学生在即时后测中表现优于接受认知教学法的学生但却不利于长时记忆；实验组学生较对照组学生在即时后测中并未表现出优越性，他们却保持较好的长时记忆。

4.5 分析与讨论

实验1是为了回答第一个研究问题而测试和考察了我国英语专业学生对英语短语动词隐喻义的理解情况，实验程序收集了中级组和高级组两个水平组对10组英语短语动词隐喻义判断的准确率和判断所需的时间，统计结果表明，高级组的准确率略高于中级组，但两者之间并无显著性差异（$p>0.05$），两组判断每道题的时间也无显著性差异（$p>0.05$）。整体而言，我国英语学习者的英语短语动词多义项知识并没有伴随其英语水平的提高而提高，表明短语动词是我国英语学习者的难点所在。本实验的数据（详见表4.2）证实Liao & Fukuya（2004）汉语和英语的差异以及英语短语动词的语义难度是中国英语学习者难以很好掌握和使用英语短语动词的原因的论断。就短语动词本身来看，很难从动词加介词或副词小品词的组合中直接推导出其语义尤其是隐喻义（Dagut & Laufer，1985），尽管认知语言学认为短语动词中的小品词都是有认知理据的（Rudzka-Ostyn，2003：23，Condon，2008），但直接翻译法学习英语短语动词，较少分析短语动词的字面义和隐喻义的语义差异，不向学生讲述和阐释短语动词中介词或副词的认知理据（Matula，2007），中国英语学习者接受最多的恰恰就是只列出对应汉语释义的直接翻译呈现法，这是造成我国英语专业学生对英语短语动词隐喻义的理解和掌握不佳的主要原因，也提示我们应认识到改变目前那种只要求学生死记硬背地学习词汇的英语教学模式的迫切性。中级组和高级组对多义性短语动词的掌握表现出一致性，两者的短语动词的知识大致处在同一水平（见表4.3所示），而且未随英语水平的提高而改进；两组被试对多义性短语动词不同义项的掌握呈现多样性，对隐喻义的判断的错误率高于字面义的判断。短语动词的隐喻义不能通过短语动词的每个成分的意义而推测得出，短语动词的不同义项之间存在着较大的差距，而隐喻义相对字面义更加抽象，增加了认知难度，从而不利于未接触过认知教学法的学生的认知和联想，这可能是造成学习者在记忆每个短语动词义项时表现不同的原因。如除第四个come out外，在其余的九个短语动词中，come up，lay out，break up和bring out的字面义和隐喻义表现出更大的不平衡性，而这几个短语的隐喻义与其他短语相比在认知和联想上更难。观察每个短语动词的错误率，break up义项A的错误率较之其他短语动词最低，这是因为该义项在教科书和练习中出现的频率较高、被试在较早阶段就已习得，因此，它的错误率最低。短语动词义项的不可预测性显然是给英语学习者造成困难的原因，而更主要的原因是短语动词的多义性、数量多、使用面广、语境复杂、语言系统差异等（White，2012）。Martinez（2003：6）认为要正确地理解基本的隐喻性语言，学习者的语言水平必须达到阈值水平，而隐喻义的确是短语动词之难学的原因。实验1客观地测试了中国学生的英语短语动词理解情况，证明了短语动词是我国英语学习者的难点，传统的短语动词教学法是造成困难的主要因素。

实验2旨在回答本章的第二个问题，即与传统翻译教学法相比，结合概念隐喻理论分析短语动词能否对多义短语动词的短时理解和长时记忆产生积极影响？表4.3数据表明，无论是中级水平组还是高级水平组，接受认知呈现法的被试对短语动词多个义项的学习和记忆优于接受传统呈现法的被试且实验组在及时和延时后测中的成绩表现有上升趋势；整体来看，在相同呈现方法下，高级水平组的识记和回忆均优于中级水平组的。实验2的即时后测和延时后测的方差分析显示（表4.4、4.5），即时后测中，实验组准确率高于对照组，语言水平效应显著（$p<0.05$），呈现方法无显著效应，表明在其他条件相同的情况下，学习者的英语水平对多义短语动词的判断有影响，但是呈现方法的影响较小，说明认知方法对二语习得者的短期记忆的影响较小。值得注意的是，延时后测中，中级和高级水平者在实验组中的准确率都明显高于对照组（$p<0.05$），认知法对延时后测中的判断产生积极影响，实验组在延时后测中判断准确率因而较高，这表明认知呈现法有利于被试对短语动词的长时记忆。这一结果与Kövecses和Szabó（1996）的研究结果一致，即直接翻译教学法和概念隐喻教学法对学习短语动词的不同作用，接受概念隐喻教学法的实验组对英语短语动词进行回忆的正确率高于接受直接翻译法的对照组的英语短语动词回忆正确率；也和高佑梅和张允（2014：476）的研究一致，两组即时后测中

没有显著的统计差异，而在延时后测中，两组出现了统计上的显著差异。本实验的结果支持Kurtyka（2001）的观点，证明认知方法能够提供信息量大、形象直观、新颖有趣、启迪思维的短语动词教学设计和程序。实验2的结果也与Morimoto和Loewen（2007）及Matula（2007）的研究结果一致，Morimoto和Loewen（2007）发现意象图式教学法和翻译教学法对于可接受性判断测验和语言产出测验的分数趋于同样的效果，Matula（2007）的研究也获得了类似的结果，即认知呈现法并非压倒一切的优于传统教学法，实验组没有在所有测量上明显胜出另一组。被试在即时和延时后测中的反应时，实验组每道题所花费的时间要少于对照组，表明与传统教学法相比，认知教学法促进了学习者对短语动词的有意理解和整体记忆（Boers，et al.，2006；Boers，2010），加快了学生对短语动词的判断速度，因而缩短了完成判断任务所需的时间。需要指出的是，反应时这一反映学习者完成测试时的指标，在许多研究中并没有用到，而本章使用了这一认知科学研究中的经典参数，对于探索短语动词的识记和判断有着积极的意义。

　　实验结果可以从以下几个方面加以分析：第一，实验2中基于概念隐喻的认知教学法能给学习者提供一种新的方式将二语词汇以一种有意义的结构网络组织起来。隐喻联想能够使学习者理解多个义项之间的内在联系以及它们的认知理据，特别是隐喻义是如何通过字面意义引申而来的。正如Csábi（2004：236）所言，"如果语言学习者能够习得出现在多义词和习语中的意义的理据，那么他们便能够更加容易地学习、记忆和使用它们。"Lakoff（1987：67）认为，与那些特征具有任意性的事物相比，有理据的事物会更容易学习。

　　第二，概念隐喻会促使学习者为了理解多义词的原始基本义和习语义之间的潜在联系从而对目标词进行深加工，而接受传统教学法的学生却通过机械记忆习得相同目标词会需要较少的认知努力，显性学习过程中所付出的认知努力确实能够促进词汇学习（Ellis，1994：46）。Craik和Lockhart（1972）认为加工深度和记忆之间存在紧密联系。当学习者投入更多的认知努力时，可以产生一个强大的记忆痕迹，从而有助于长时记忆；相反，弱的记忆痕迹只能保持短时间的记忆。

第三，当接受相同的教学方法时，学习者的英语水平会影响平均准确率。事实上，英语水平和认知能力及隐喻能力有着紧密的联系，因此会对英语多义短语动词的理解产生一定的影响。认知能力和英语水平之间的相关性非常高。此外，对外语学习者来说，隐喻的理解不仅是认知能力的问题，而且是语言水平的问题，即语言水平发挥着重要作用。英语水平较高的学生往往具备相对较高的隐喻理解能力。Martinez（2003：6）指出，要正确的理解基本的隐喻性语言，学习者的语言水平必须达到阈值水平。

第四，研究生的平均反应时高于本科生，这可能是由于多义词的宽度知识引起的，当学生储存多义词的意义超过一个而又面临意义的选择来完成句子时，他们需要根据语境对多个意义做出判断以选择一个恰当的意义，就会需要更多的时间。

实验2的结果总结如下：（1）与传统教学法相比，在短期记忆中，认知教学法对英语多义短语动词的理解和记忆影响较小，但是对于长期记忆却有较大的积极影响；（2）学习者的英语水平会影响教学方法的效果；（3）实验组对每道题的平均加工时间要少于对照组的加工时间，表明认知教学法有助于被试对短语动词的理解，能够提升其认知速度、缩短加工时间。

实验3即时后测数据表明，就英语多义性短语动词的平均准确率来看，对照组要优于实验组。换句话说，基于方位隐喻的认知教学法较之基于英汉对等翻译的传统教学法并没有表现出优势。实验结果拒绝研究假设三。被试间对比检验表明教学方法具有统计上的显著差异，p值小于0.05，但是年级以及年级与教学方法之间的交互作用不显著。也就是说，基于方位隐喻的认知教学法，就准确率来看，在即时后测中不利于多义短语动词的理解和记忆。本科生和研究生对照组的平均反应时少于实验组的，这说明接受认知教学法的学生在每道题上需要更多的加工时间。教学方法的p值具有显著性差异（$p<0.05$），但年级和其两者的交互作用不显著。对即时后测和延时后测进行了配对样本t检验，本科生的平均准确率数据表明，对照组从即时后测到延时后测出现了相对较大的下滑且两次测试之间存在显著性差异（$p<0.05$）。然而本科生实验组在两次测试中成绩却相对稳定且两次测试之间不存在显著性差异。本科生对照

组和实验组延时后测中的平均反应时小于即时后测中的平均反应时。研究生平均准确率和反应时的研究结果与本科生一致。有趣的是，即时后测和延时后测中研究生的整体平均反应时间要高于本科生，这与实验2结果一致。

实验3结果如下：（1）教学方法影响学习者的准确率，具体来讲，基于方位隐喻的认知教学法较之传统的基于英汉对等翻译的教学法在即时后测中并未体现出优势；（2）与传统教学法相比，认知教学法有助于学生的长期记忆；（3）不论是在即时后测还是延时后测结果都表明，接受认知教学法的学生的加工时间长于接受传统教学法的学生的加工时间；而且在相同条件下，研究生比本科生要花费更多的时间；（4）学生的英语水平在即时后测和延时后测中没有影响其平均准确率和反应时。可能导致以上结果的原因如下。第一，实验组被试材料是用英文展示的，并没有用汉语来解释短语动词的意义，这可能增加了短语动词的理解难度；而且，被试第一次被介绍运用基于方位隐喻的认知教学法来学习多义短语动词，而这与传统教学方法非常不同，因此，实验组被试的平均准确率和反应时间差于对照组。Vasiljevic（2011）研究了概念隐喻对教授习语的有效性。她将被试分成了四组，即（1）根据概念隐喻划分习语并附带英语定义和例句；（2）根据概念隐喻划分习语并附带日语（母语）定义和例句；（3）语义不相关的习语并附带英语定义和例句；（4）语义不相关的例句并附带日语定义和例句。实验研究表明"当用学生的母语来展示语言现象背后的理据时，概念隐喻划分法要更加有效"。"在即时和延时后测中，最好的结果都是出现在当目标习语的相互联系的语义是以网状呈现且网状是日语时"（Vasiljevic，2011）。Kövecses和Szabó（1996）、Boers（2000）认为方位隐喻意识和短语动词的学习间存在显著性差异。但是这些研究中被试的一语背景有所不同。二语的习得受目标语与其他任何之前已经学过的语言之间的差异的影响（Odlin，1989：22）。第二，如上文所述，对于已经习惯了英汉对等翻译的传统教学方法的中国学生来说，借助方位隐喻来学习多义性短语动词，特别是当方位隐喻是用英语来解释时，可能会增加理解难度。因此，为了对这些短语动词有一个恰当的理解，他们会对目标词投入更多的认知努力，而这将会有利于长期记忆。第三，使用方位隐喻来理解短语动词，建立的基础是短语动词中副词或小品词比动词携带更多的意义，从而能够通过此种方法获得其整个意义。但是实验3中的实验材料却给学习者增加了理解难度，结果，学习者不能完全地意识到小品词的方位意义，进而影响了对整个短语动词的理解，这就是学习者的英语水平对其成绩影响较小的原因。第四，研究生整体的平均反应时在即时后测和延时后测中都要高于本科生，但根据实验3中的数据，研究生在即时后测中的平均准确率高于本科生，虽然两者不存在显著性差异。实验1的数据表明研究生比本科生要掌握更多义项，因此，我们认为当面临多项选择时，研究生需要更多的加工时间选择小品词的一个合适的意义来填写句子。但是这论断仍需要进一步的研究。

4.6 小结

本章分析了中国学习者对英语短语动词多个义项的掌握情况，并基于概念隐喻理论的认知呈现法教授多义短语动词的有效性，研究发现：

（1）我国英语学习者对多义性短语动词多个义项的掌握并没有随其英语水平的提高而改进，对短语动词不同义项的掌握具有多样性和不对称特点，对字面义的掌握好于对隐喻义的掌握，对短语动词的理解受词汇出现频率的影响。

（2）与传统教学法相比，认知教学法能够清晰地分析短语动词多个义项之间的认知理据，有利于学习者对短语动词多个义项的认知和理解，对学习者的短语动词的长期记忆有积极作用，对短语动词的短期记忆影响较小，教学方法和学习者的英语水平可对教学效果产生交互作用。

（3）基于方位隐喻的认知教学法较之传统教学法，本科生和研究生在即时后测的准确率和平均反应时上没有表现出优势。实验组的准确率与即时后测相比，在延时后测中呈现小的下滑，而对照组的准确率却出现了较大的下滑。原因可能是实验组短语动词虽然是按方位隐喻分组但是用英语呈现可能增加了对这些短语的理解难度，从而影响了教学效果。基于方位隐喻的认知教学法有助于长期记忆，但是不利于短时记忆。

本章对英语多义短语动词教学的启发意义：应该根据概念隐喻的理论阐

释多个义项之间的联系，说明短语动词字面义和隐喻义之间的转换机制和认知理据，使学生注意和理解短语动词多义项的系统性和关联性；使用认知教学方法的同时要培养学生的认知能力，改变他们认为多义词词义具有任意性的传统思维模式；合理安排短语动词在教材中的呈现顺序、加大输入频率，增强记忆强度。

以认知语言学原理为基础的教学呈现方法在启发思维和提升教学效用等方面有一定的价值，认知语言学理论可以成为二语习得与外语教学研究的理论基础，把认知语言学的原理运用于二语习得的研究有助于促进形成新的外语教学与二语习得的研究范式。

本章主要探讨了不同教学方法对英语多义短语动词教学的有效性。研究结果将会对外语教学具有一定的启发作用，同时减少学生对多义性短语动词的记忆负担。

首先，根据被试的准确率和加工时间，基于隐喻联想的认知教学法较之传统教学法有助于短时和长期的记忆和理解。因此，隐喻联想更利于多义性短语动词教学。教师应该基于概念隐喻理论教授学生多义义项之间的联系并向学生解释它们之间的相似性，从而使学生注意到短语动词多个义项所形成的系统性。

其次，基于方位隐喻的认知教学法与传统教学法相比，在即时后测中并未体现出优势。然而实验组比对照组保持较长的记忆，可能是英语的教授材料给被试增加了对多义性短语动词的理解难度。鉴于学生已经习惯了一语教学用语，因此在采用新的教学方法时应有适当的一语输入，只有这样基于方位隐喻的认知教学法才能达到理想效果。

再次，教师不仅要使用认知教学方法，而且要培养学生的认知能力。外语专业学生大脑中的概念隐喻意识在学习一门外语时尚不足以达到有效激活和使用（Kövecses & Szabó，1996），因此，培养学生的隐喻意识极有必要，改变他们传统的认为多义词具有任意性的思维模式，才能帮助他们更好地理解和记忆多义性的短语动词。

最后，本科生和研究生对短语动词的多个义项的掌握均不佳，而高频出现及较早出现在教科书中的意义，即使是隐喻义也能获得较好的掌握。短语动词的教授顺序影响英语学习者对它们的习得，词语出现得越早，越容易习得。出现频率越高，习得的越好，因此，应合理安排短语动词在教科书中出现的顺序。教师可以多次使用那些对于学生来说很难掌握的词语以增加输入，增强对它们的记忆强度。

5. 意象图式与动词隐喻义学习

认知语言学认为人的认知是具身性的，身体运动和意象图式在语言发展和学习中尤其是第一语言的习得过程中起着关键作用，在一定意义上，语言的本质是意象图式和具身认知。镜像神经元是具身认知的神经生理基础，镜像神经元的发现为大脑如何在没有身体实际参与的情况下模拟运动提供了证据。身心关系问题一直是哲学探讨的基本问题之一，哲学的身心二元论认为逻辑和数学思维过程超越了人类的生理和情感本质，认知语言学家和认知科学家致力于揭示从身体经验中获得的逻辑和数学意义。外语教学法中的全身反应教学法更是提倡和倡导运动和身体体验在语言学习中的重要性。认知语言学的隐喻研究对动词隐喻进行的研究相对较少，动词隐喻事实上比名词隐喻更为基本和普遍。认知科学认为文本和视觉材料（图解、图表、数字等）是通过不同模式表征的。

本章以利用多媒体呈现教学与学习材料为手段探究运动图式呈现方式对中国英语学习者理解动词隐喻性用法的影响，以运动方式类动词和非运动方式类动词为目标词，通过视频形式向实验组呈现动词的字面义（文本形式的动词字面义嵌入到相应视频中），以文本形式向对照组展示动词的字面义，探讨视频与字幕的结合能否帮助被试更好地理解材料和习得词汇。

5.1 具身认知与意象图式

语言的本质是意象图式和具身认知（Holme，2009：37）。从人类语言演化和个体语言习得过程来看,人体活动或运动是第一位的,人类在与外界的互动过程中逐渐发展出语言及语言能力,个体幼童的母语习得经历亦然如此。语言的产生源于人与世界的互动,客观世界提供了体验对象,人类的感觉系统(视觉、听觉、触觉、味觉和嗅觉)和运动系统通过接收外界的多种刺激而成为人类获取感知经验的特有通道(林正军,2022)。语言结晶了人从经验中获得意义的过程,这一过程可以追溯到婴儿时期,例如,婴儿蹒跚学步时会体验到成功而喜形于色,几秒钟后摔倒时便可能会感觉到疼痛和难受(Lakoff & Johnson, 1980: 54)。因此,"向上"的身体状态获得积极联想,而"向下"的身体状态产生消极联想。这些经历形成了帮助人对以后的快乐和悲伤等心理体验进行概念化的心理模式(Johnson, 1987: 11, 1989; Grady, 1997: 88),因此,身体"向上"形成垂直和平衡图式,帮助人们概念化其他各种心理状态如愉悦和幸福,直立时感到快乐的巧合体验意味着人们在认知上把幸福感映射到直立图式上,形成所谓的概念隐喻,用语言表达为"向上是有意识的"或"向上是幸福的"。因此,意义来源于身体经验并创造了意象图式,意象图式反过来又作用于塑造概念,从而形成和产生众多的抽象意义。

  语言发展和习得涉及复杂的知识起源问题。古希腊苏格拉底(Socrates)对美诺悖论(Meno's Paradox)的诘问和回答(Fine, 2014: 5-7),便是一个复杂的知识论问题,苏格拉底在与美诺的辩论中冥思苦想一直追问的一个问题是一个无知的牧童是如何操纵某些物体的,就仿佛他知道这些物体的几何特性。"美诺悖论"中"当我们还不知道的时候,我们是如何知道的?"是一个困惑了许多代哲学家的知识论问题。主观的"我"或"人"注视着外部世界,而客观的"它"在被注视,这是关于知识来源的哲学追问。客观的世界和主观的观察者实际上是分开并对立的,主观的具有思维能力的人不可能不把客观世界作为其思想的一部分,一旦世界成为人的思想的一部分,客观形式就带上了主观的色彩。因此,人永远无法真正了解外在的客观世界,因为所有意义都是思维或认知的产物。身心二元论者笛卡尔(Descartes, 1647/1982: 23)将身体看作是心灵的载体,心灵是身体的指挥中枢和控制机制,身体将人对现实的感官印象传给大脑,大脑将这些感官印象处理为抽象意义并用语言表示出来,大脑形成抽象意义的能力来自人的身体所处的物理环境。Merleau-Ponty（2005：115）对"美诺悖论"做出回应时认为主观思维（内部）—客观世界（外部）的关系中还有第三个元素即人体，人体是主观思维过程的延伸，对现实的体验是人体和世界之间的互动行为和过程。因此，人体既非主观的精神状态，也非客观的身体状态，而是介于主观性和客观性之间的第三种状态。人体拥抱世界，因此塑造了现实，是自身身份的延伸。认知不是某种独立的知觉工具，而是人体的延伸，充满了身体的意象。现代控制论和信息论更强调人体是高度复杂的自组织系统（Wiener，1950：103）。

认知和认知过程在一定程度上是围绕着思维所操纵的人体的意象而形成的，认知所体验的现实又反过来反映运动于现实中的身体的本质。外部世界不是独立客观的信息源，而是由信息采集者的身体形式所重塑并经由人体意象所构造而成的认知过程重塑。经验是由人的身体形态和形体运动构造起来的，认知是具身性的，它归根到底是由身体所组构的经验的聚合体，它不能从身体映现中分解出来，而身体映现使经验得以形成，亦使认知成型。笛卡尔认为逻辑推断和数学思维过程本质上是超越人的生理和情感的，而认知语言学家已证明逻辑和数学意义衍生自身体经验（Lakoff & Núñez，2000：52）。

18世纪的法国哲学家卢梭（Rousseau，1978：55）的自然教育观倡导教育与运动之间的自觉联系，主张婴儿不应被包裹于襁褓之中，而应伸展四肢，探索环境。Donald（1998）认为人类的语言发展中有一个重要阶段即模仿阶段，它是语言进化的先决条件，人利用身体形成意义的能力与从记忆中提取记忆条目的认知能力同等主要。在许多运动、舞蹈和专业技能训练中，模仿教员的肢体和形体动作是必不可少的学习技能。镜像神经元理论（Gallese, et al., 1996; Rizzolatti, et al., 1996）强调自动化的记忆提取、基本意义的生成和强化语言学习的复述程序都是源自人的身体运动。Holme（2009：41）提出一整套基于运动图式理念的技术利用意象促进对词的识别和记忆并将其进行人体的线性化例解，在运动、意象和回忆之间架起一座桥梁将三者联结起来，促进和推动语言学习，因为身体的节律运动与外语文本的记忆之间有着紧密的联系。

意象图式理论（Johnson，1987：26）认为意象图式是人们的行为、感知和概念中反复出现的模式、模型或规则，"这些模式主要作为有意义的结构而涌现，是在我们在空间中运动身体、对物体操纵和感知互动的层面上对我们有意义的模式"（Johnson，1987：29）。人从容器中取出或放入物件这样的活动便是一种意象图式，在形成这一图式的过程中可以获得跨模态体验，比如人到容器中抓取某个东西时要用视觉指挥和协调自己的手部触觉和动觉。意象图式是反复出现的动态的感知交互模式和动作，意象图式作为空间和时间的过滤器，是知识架构和感知世界的基础（Johnson，1987：32）。意象图式大致可以被定义为空间关系和空间运动的动态模拟表征，许多意象图式有拓扑特征，构建了空间，这些空间被分割成许多区域，却不指定实际的大小、形状或材料（Gibbs & Colston，1995）。意象图式是为了把空间结构映射到概念结构而对感知经验的浓缩化描述，意象图式扎根于人每天的身体经验中，能够通过各种物理经验而获得（Oakley，2004）。简言之，意象图式是一种来源于人类的身体与外界万物的互动中的抽象结构，是经验特征或无形事物的表征，这些事物我们看不见也摸不着，它却是用来组织和联系人类经验的。

Johnson（1987：126）列举了一些重要的意象图式，比如，容器、平衡、强制、堵塞、反力、消除、许可、吸引、计算、路径、联结、中心—边缘、循环、近—远、刻度、重叠、接触、过程、表面、客体、采集，不管意象图式有多少种，总有两种意象图式：（1）路径图式、（2）容器图式。

路径图示反映人类的日常经历，这些每天的经历似乎并不相关，但它们之间有共同点，即都有一个起点，沿着模型"射体—路径—界标"到达终点，如：

5.1 a. We came to school from home.

    b. The ball rolled from there into the hole.

容器图式也起源于人们的日常经历，不仅反映人们的空间经历，而且反映人们通过隐喻延伸的抽象经历。可以把人的身体看作一个容器，也可以把人们的处所看作一个容器，如房间、建筑和装东西的盒子，比如：

5.2 a. I put the wallet into the desk drawer.
   b. Blood was pouring from his broken head.

总之，意象图式从一个具体域延伸到一个抽象域，一个简单的图式可以表征许多意象图式，从而给人一种具体的感觉。因此，意象图式可以促进词汇的理解和记忆。体认语言观下的词汇习得不再是机械式的符号记忆和推演，而是延续的、承接的体认过程（林正军 & 张存，2021）。

5.2 动词隐喻及其认知理解

隐喻可分为名词隐喻和非名词隐喻两大类，后者包括动词隐喻、形容词隐喻、副词隐喻、介词隐喻和量词隐喻等（王文斌，2007：22）。但一直以来，隐喻研究几乎都集中在名词隐喻上，在很大程度上忽略了现实生活中使用更频繁的动词隐喻（苏远连，2017）。只关注名词隐喻会使隐喻研究误入歧途或难以持久，使得学界低估并忽视其他句法形式中隐喻的不同识解机制（Cameron，1999）。对很多类型的语篇的实证调查表明，动词隐喻比名词隐喻更为普遍，动词隐喻才是隐喻的最基本表达式（Cameron，1999；Torreano，et al.，2005；Utsumi & Sakamoto，2007，苏远连，2017）。Lakoff 和 Johnson（1980：7）所提出的普遍隐喻形式"A是B"导致人们以为名词隐喻是最基本的和普遍的隐喻而忽略了动词隐喻，许多隐喻论著对动词隐喻只是原则性地一笔带过。

事实上，每个动词都有其普遍认可的基本名词搭配，如eat与food的搭配，这种零语境的高频搭配关系是一种"常规语义匹配"。由于认知和表达的需要，人们在语言使用中会将没有常规语义搭配的动词和名词并置，两者因此产生语义冲突，人们会认为这种语义冲突是一种搭配上的怪异。而如果具体句子中的动词和名词虽然在语义上冲突，但在具体语用中受话人又认为这种冲突为发话人的故意行为而另有独到含义，则相关话语中可能存在隐喻。句子中的名词和动词都可能引发隐喻，产生名词隐喻和动词隐喻。这可以根据具体语境及常识中动词和名词搭配的指称真伪来作判定。在一个发生了动词隐喻性用法的句子中，动词和其逻辑主语或者逻辑宾语之间会存在矛盾（束定芳，2000b），当它们之间的语义选择被打破时，便发生动词的隐喻性用法，下面是涉及动词隐喻性用法的一些例子：

5.3 a. A chill of horror swept across Mary.

　　b. The pig is waiting for his check.

　　c. The rumor flew through the office.

　　d. His fame echoes throughout the world.

句5.3a中的horror与sweep不是常规语义搭配，因此有可能是一种隐喻性用法；如果句中主语参照实时语境指称为真，即Mary确有恐惧感，则动词被隐喻性地使用了。张建理和朱俊伟（2011）对动词隐喻的工作定义是"在一个句子中，当且仅当动词与名词没有常规语义匹配"，而5.3b句子又为具体语境中的语言使用者认为有某种意义关联而非胡扯，且5.3c名词在具体语境中有真实的本义指称或常规语义（但转喻除外），则动词被隐喻识解了。韩大伟（2007）对英汉运动类动词进行了系列研究，对比分析了英汉运动类动词隐喻的概念化模式，考察英汉动词隐喻框架下词汇化模式的异同等。殷瑜（2014）从多模态视角解释和分析了动词隐喻，找出了词汇的多模态习得对于学习者理解和运用动词隐喻产生的效果，从而证实多模态习得能够帮助学生加强对于隐喻动词的深层次理解，促使他们更准确地使用和理解动词隐喻。动词隐喻的研究呈现多学科多维度的态势（苏远连，2017）。

动词隐喻可具体细分为三类：（1）主语概念与动词概念冲突而产生的隐喻，（2）动词概念与宾语概念冲突而产生的隐喻，（3）前二者共现的隐喻。

对动词隐喻的实证研究日益推开。Utsumi和Sakamoto（2007）阐释了类似The rumor flew through the office这一句子中的动词隐喻的理解机制和过程，并提出动词隐喻是作为间接范畴化而得到理解的，在间接范畴化过程中，句中"fly"激发了一种引起这一动作或状态的隐喻范畴的中间物质，而这一动作或状态很快散发并消失，他们通过线下理解实验和在线启动实验验证了这一论点。英语动词隐喻理解具有以下特点：由于动词隐喻的自身属性和特点，具身模拟是最重要的理解策略，动词隐喻理解基本不借助字面意义，百科知识对动词隐喻理解具有积极的作用（苏远连、陈海燕，2020），"意象图式是动词隐喻的认知基础"（彭玉海，2010）。

普通编码是指语言和其他认知技能下的单一的和抽象的表征，词汇习得的标准的传统方法属于这一范畴。多重编码观认为心理表征是形式明确的和多模态的，双重编码理论基础上的词汇习得属于这个范畴（Paivio，2010）。普通编码理论认为人的思维和行为是由一种对"话语和事物"的普遍的抽象表征系统来调制的，这个观点源于哲学中的一元论，柏拉图、亚里士多德、康德等认为言语介质、命题、脚本、语义表征和计算等通过概念进行释义，这些概念高度抽象、形式中立，如果要代表大多数的特例，这样的释义是很有必要的（苏远连，2017；苏远连、陈海燕，2020）。

双重编码理论（Paivio，1971：11；Yates，1999：105）根据运行于一个形式独特的言语和非言语表征系统（Clark & Paivio，1991）的动态联合过程解释人类行为和经验，假设人的认知发生于两个相互独立但又互相联系的系统，即针对语言的言语系统和针对想象力的非言语系统（Sadoski，2005），人通过言语和非言语渠道对所输入的信息同时进行加工，双重编码理论（Paivio，1969）强调所有的认知都涉及两个功能相互独立但又相互联系的多模态系统的运作，其中一个是表征非言语物体和事件情境的内在表征感知特质的非言语系统，另一个是直接对语言刺激进行处理的言语系统（Paivio，2007：8），例如，当一个人看狗的图片的同时也加工"狗"这个词，此时便产生双重编码。经两个渠道同时进行加工的信息对记忆有叠加效果（Mayer & Anderson，1991；Paivio & Csapo，1973）。

双重编码理论的重要观点是通过视觉形式和言语形式进行加工的信息可以强化人的记忆，将知识以可视化图解的形式进行呈现可降低语言加工系统的认知负荷，加快思维的发生，对语言理解大有裨益。言语系统包括视觉的、听觉的、言语的和其他形式独特的言语系统（如"书""文本""老师""学习""策略""担忧"等），词语的编码是一些表示具体的事物和事件以及某些抽象概念的任意符号。非言语表征包括一些形式独特的意象，如形状（化学模型、生物标本）、环境声音（学校里的上课铃声）、动作（划线或者按键）、与情感有关的骨骼动作或者内脏感觉（如：紧握的手，砰砰跳动的心脏）和其他非语言的物体和事件（Clark & Paivio，1991）。Paivio（1972）以一个正交模型的结构展现感觉运动形式中不断变化的言语和非言语心理表征（表5.1），言语和非言语各自代表一个一维标准，相关的感觉运动形式是另一个一维标准。

表5.1　符号系统与感觉运动系统间的正交概念关系

感觉运动系统	符号系统	
	言语的	非言语的
视觉	视觉性词语	视觉性客体
听觉	听觉词语型	环境声音
触觉	书写模式	"客体"触感
味觉	—	味道记忆
嗅觉	—	嗅觉记忆
情绪		情感反应

（以每个子系统中所表征的模态信息类型为例）（转引自Paivio，1972）

　　双重编码理论（Paivio，1978）的言语和非言语表征分别称为词元和象元，词元是语言生成器，象元是意象生成器，它们之间的内在动态联系是双重编码结构和操作模型的典型特征（图5.1）。词元系根据词汇认知模型（Morton，1979：11）改编而成，词元为一个多模态概念，包括听觉和视觉的象元，也包括输入和输出词元。双重编码理论（Paivio，1986：17；Sadoski & Paivio，2001：22）把词元这个概念扩展到包括听觉的、视觉的、触觉的和动作词元以及一些针对多国语言者的不同语言的独立词元系统，所有形式的词元都可视为不断增加长度的分层序列结构，从音位（或字母）到音节、到惯用词、到固定短语、习语、句子和更长的语篇单位，即任何学到的和记住的整个序列的语言单位。象元是引起有意识的想象力的心理表征，在认知、记忆、语言和其他功能领域进行调制，和词元相类似，象元也来自视觉的、听觉的、触觉的和动觉的等不同的形式（Paivio，2010）。

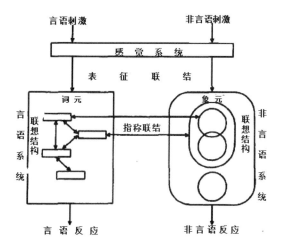

图5.1　双重编码理论的言语和非言语符号系统

[本图展示了表征单元和它们的指称联结（系统间）和联想联结（系统内）；引自Paivio（1986）《心理表征的双重编码研究》。]

　　双重编码理论是对人类行为和经验的心理过程的有效描述，通过专门针对语言信息的言语系统和专门针对想象力加工的非言语系统的交互作用解释了许多心理现象；双重编码理论的机制和有关的实证研究现象都与人类认知、情感、运动技能和其他的心理学领域相关，为教育的整体心理模型提供基础，能根据认知机制解释一些教育现象（Dillon & Sternberg，1986：67；Gagné，1985：101；Mayer，1987；Clark & Paivio，1991）。

　　Clark和Paivio（1991）相信双重编码理论能够根据感知运动图式的意象和相关的言语系统控制激发相互联系系统的联系和指称过程来概念化运动技巧，也就是说，运动技巧涉及解释其认知及影响的同样的基本机制，运动系统的非言语组成成分既包括运动意象也包括视觉意象。动觉想象力是指从自身出发的对动作的"感觉"，例如，输入某些字母和数字、把烧杯中的液体倒入试管中、弹奏一种乐器、发一个外语的音，是什么样的感觉；视觉想象力指的是从一个旁观者的角度来观看动作，例如，如果刚才那个动作是由自己做或者别人做是种什么样的体验。在想象力和运动技能之间一直存在许多联系。Paivio（1971：9）在转换生成想象力中突出了运动成分的作用，Bandura（1969）也提到了双重编码的想象力系统在其他关于运动理论的非言语成分中有其相对应的成分。运动图式是用来表征反应参数和运动的感知结果的，是以非言语的形式进行表征的，许多实证研究展示了动作、想象力和其他认知现象之间的关系。

当人们根据言语材料在脑海中形成意象时会形成更好的记忆，譬如，要人们记住The cat was eating fish这个句子，那么，一张展现猫正在吃鱼的图片会更有利于人们记忆这个句子。对此，双重编码理论对这种现象做出解释，一是因为言语和非言语编码各自起作用但又互相促进，记忆效果得到增强，二是具体词能形成合成的意象，对记忆的具体效果产生"概念检词"效应。具体而言，具体材料比抽象材料能更好地形成意象，所以对具体材料的记忆要更好；当具体词发挥"概念检词"的功能时会在联想型记忆任务中更为有效地促进记忆；图片和文本材料的双重编码可以促成加成性记忆效果；言语和非言语的双重编码可达成增效型记忆效果（Paivio & Desrochers，1980；Paivio & Lambert，1981）。

双重编码的主要应用研究领域是词汇习得研究，Bull和Wittrock（1971）将86名7年级学生分成3组，目标词是9个具体词，9个抽象词，第一组给出的是18个词的定义，第二组给出的是18个词的定义和解释，对第三组，除了给出定义和解释外，还要求被试在脑海中对每个词形成意象。最后，对每组被试进行后测。结果表明，第三组的被试成绩高于前两组，想象力可以促进词汇学习。

Arlin等（1979）验证了利用图片或图解的指示功能可以有效促进词汇学习。实验将幼儿园的幼童分为3组被试，第一组被试只给提供词汇，第二组被试提供词汇和对应的发音，第三组被试提供词汇和对应图解。实验结果表明第三组被试的成绩明显高于第一组和第二组被试的成绩，利用含有意象图式的图片能够更好地促进学生理解和记忆词汇。Smith等（1987）的实验程序要求教被试学习50个含各种词类的新词，实验程序不对单词的具体程度进行限制，

142名在校大学生分为3组被试，第一组被试只呈现单词定义，第二组被试呈现单词定义和例句，第三组被试呈现单词定义、例句加解释单词意义的图片，实验的即时后测表明第三组被试的成绩最好，但无明显差别，两周后的延时后测表明第二组被试的成绩比第一组要好，但是都不如第三组被试的成绩好，延时后测的结果表明第一组被试和第三组被试的测试成绩有明显差别，证明了将含有意象图式的图片应用于一语词汇教学中的有效性。Smith等（1994）用166名在校大学生被试延伸扩展了上一项研究。首先对被试实施一项思维测试判断被试倾向于用左脑还是右脑来确定被试的用脑倾向，然后将被试分为实验组和对照组，要求他们学一些概念比较复杂的新词，这些新词既有名词、也有形容词和动词，呈现给对照组的是单词的定义和例句，实验组在此基础上加上了图片解释。即时测试和延时测试的成绩表明实验组的成绩高于对照组的成绩，这与之前的实验是一致的；同时，实验还得出了与用脑倾向性相关的结论，由于平常喜欢用左脑的被试在思考问题时不太激发自己的想象力，所以他们在利用想象力协助记忆时，效果要明显好于喜欢用右脑进行思考的人，这为双重编码理论的观点提供了理据，也表明言语和想象力思维因人而异。Xin和Rieth（2001）探讨了用视频形式辅助词汇习得的效果，被试是4-6年级学习有障碍的孩童，在看完视频后，把印有指示技巧的纸质材料新单词展示给被试并给他们提供练习的机会，在写作任务期间多次播放这些视频短片，除了把这些新单词放入语境中，视频短片的使用为老师和学生提供了共享的经验，这些新单词放入视频中给老师和学生们提供了真实的参阅。相比那些接受纸笔指导的被试来说，视频辅助下的教学更有助于词汇习得。Sadoski（2005）对使用图片是否会促进词汇教学进行了评论并提出了一些解决方法，从双重编码理论和意象性视角解释了有意义的词汇习得和教学。Barcroft（2009）给被试展示新单词的同时也提供图片，要求被试尽可能多的记下单词。后测之后要求被试描述他们所用的单词记忆策略，结果表明，在未要求被试利用图片进行单词记忆时他们会自主调用图片策略来帮助记单词。Boers等（2007）以习语的词源意义为基础将想象力应用到某些习语的意义理解上，以多项选择题的形式要求被试猜出习语的渊源，随后展示正确答案，实验要求被试在脑海中针对习语形成一种想象以增加习语的具体性，更有助于被试习得习语。Silverman和Hines（2009）的研究表明，给小学生同时提供视频和纸质印刷材料会明显增加他们对词汇的理解和记忆，给被试提供文本材料和包含目标词的视频时，他们比那些观看课本中既有的图片进行词汇学习的被试在词汇习得上更加出色。Shen（2010）比较了单纯的言语编码与言语编码加想象力双重编码对汉语学习的作用，表明图片支持对词汇学习的积极影响。Farley等（2012）以母语为西班牙语的大学一年级学生为被试，目标词为12个具体名词和12个抽象名词，将实验组和对照组分别置于有图解和无图解的实验条件下，得出实验组的被试对抽象词汇的记忆与理解优于对照组被试对抽象词汇的记忆与理解的结果，而两组被试的实验结果表明有无图解对具体词汇的记忆与理解的效果并不明显。靳琰和张梅（2007）通过传统词汇教授方法对对照组的被试教授词汇，通过想象力的方式对实验组的被试教授词汇，前测和后测得出的结果数据表明在词汇教学中，想象力方法是有效的。严嘉（2008）用意象图式教学法进行单词教学，研究发现当实验材料以"图片形式＋教师的口头表达"进行呈现时英语课堂上的学习更为有效，从人类解剖学和认知心理学的视角对意象图式教学法进行了解释并阐释了意象图式教学法的普遍应用和功能。卢植和庞莉（2020）发现视觉想象力和隐喻想象力之间存在某种关系，相对于单纯的言语记忆和理解，想象力对促进语义记忆更为有效。记忆和理解句子时激发的运动意象促进了对动词隐喻的理解。张萍和王晓琳（2022）发现短语动词的语义透明与否并未显著影响对其字面义和隐喻义的加工速度，而与小品词语义一致的意象图式能够促进短语动词小品词的激活，小品词尤其是表示空间和方向的介词和副词具有自己的语义表达，将空间结构映射到概念结构的高度浓缩，是将对客观世界的感知和身体体验相结合并不断再现的动态认知结构，是意象图式。本研究结果支持了以往研究的图式解读，即小品词的意象图式以某种形式参与小品词的语义加工。小品词的意象图式在短语动词区表现出不受语义透明度和语义熟悉度影响的显著性主效应，学习者在提取短语动词语义的同时也激活了与小品词意义相关的意象图式，在意象图式与小品词意义一致时，语义的重叠促进了小品词的激活和提取，而当意象图式与小品词的语义产生冲突时，图式阻碍小品词语义的加工，引发意象图式效应。俞珏和张辉（2019）运用事件相关电位研究了中国英语学习者英语短语动词加工的神经认知机制，发现二语学习者短语动词加工的神经认知机制与母语者不完全相同，学习者在语言加工时需要依靠更多神经认知机制，相对于母语者来说，高水平中国英语学习者会对短语动词进行更为细致深入的加工，以便以后能从心理词典中顺利提取，更有利于其记忆存储，而母语者因短语动词已固化存储而无需此操作。低水平学习者受到英语熟练程度的影响，语境期待和语义整合能力较弱。

意象图式在词汇教学中普遍应用，也用于阅读教学研究。Steffensen等（1999）研究了意象图式和情绪在中国英语学习者阅读过程中的作用并用双重编码理论做了阐释和解释，即想象力是被试理解文本与生俱来的因素，一语和二语的阅读过程的编码是相似的。成晓光（2003）让12名英语专业在读研究生阅读专业以外的说明文时形成意象，体验使用意象对提高阅读理解的有效性，实验结果表明在阅读过程中头脑中形成意象的学生比那些没有形成意象的学生记住的内容更多。姜晖（2007）认为意象可以作为一种表征符号使抽象的概念具体化，如抽象概念"peace"可以用"dove"这个意象来表现。意象不是存储在人的记忆中的，但记忆确实参与了意象的形成过程，并且在形成意象的过程中又会产生与命题意义相关的语义信息，意象的形成是和具体情景分不开的，特定概念的意义和功能受特定的时间和情景所制约。在双重编码理论中，信息的编码、记忆和意义都是不确定的，因为我们时刻要考虑到语境的作用。意象具有这种整合作用，情节被编码成带有细节的完整图像。在情节记忆中，意象除了可以作为一种记忆术，还可以表征语篇的大意。意象可以用来比较或类推，也就是把头脑中的图式和接触的语篇信息对接匹配，意象还可以行使用组织工具的功能来编码和存储意义。

意象想象力能促进隐喻理解，增加信息储存的有效性和促进加工的灵活性（Lindstromberg & Boers，2005），对二语隐喻性表达的字面义进行基于意象图式的讲述和指导能够有效促进对二语隐喻性表达的理解（Kövecses & Szabó，1996；Boers，2000a）。Boers和Demecheleer（1998）发现向实验组被试给出beyond的空间字面义（强调界标和射体之间的空间距离），他们能很好地理解Her recent behavior is beyond me的句义。Boers（2000b）在实验中给被试一些像weaning off的字面义图解知识能有效地帮助被试理解有关经济的文本中weaning off这类表达的隐喻性用法，通过"词源加工"进行指导性的和独立的意象处理，即通过将二语隐喻性表达进行原意复原，可以有效地帮助被试理解并记忆二语的隐喻性表达（Boers，2001；Boers, et al., 2004；Wang，2020：98）。

还有一些研究是通过图片或者肢体语言的形式对目标词语字面义进行表达，通过观看这些图片或者肢体语言促进想象力的形成，进而理解目标词语的隐喻性用法。Lindstromberg和Boers（2005）发现通过表演与模仿的教学方法能够促进对目标动词隐喻性用法的理解，他们选用有明显隐喻义并且容易将其字面义进行表演与模仿的24个运动方式类动词，实验组被试通过人为肢体语言的形式习得目标动词的字面义，对照组被试通过口头传达的形式习得目标动词的字面义，实验结果表明接受肢体语言教授方法的实验组被试比接受口头传达形式习得字面义的被试能更好地理解动词的隐喻性用法。Boers等人（2009）用实验检验使用图片作为提示来理解隐喻性表达，实验通过电脑屏幕向18位大学生呈现一系列包含一个含有隐喻性用法的动词的句子，这些有隐喻性用法的动词都有一个以图片形式展示其字面义的相应链接，结果显示链接中的图片有助于学生想出动词隐喻性用法的合理释义（Boers, et al., 2009）。

大量的研究表明被试对意象的认知优于对词语和句子的认知，对意象或图片的记忆保存优于对文本材料的记忆保存（Shepard，1967；Ducharme & Fraisse，1965；Fraisse & Leveille，1975），产生这种优势的原因是文本材料只以命题形式储存在人的记忆系统中，而意象则通过命题和视觉两种形式进行储存（Paivio，1968）。"双重编码理论"（Dual Coding Theory，Paivio，1969）认为人类的记忆系统包含两种相对独立又互相联系的信息处理代码，相应地，记忆系统由两个相互独立又互相联系的信息加工系统构成。大脑认知和加工信息时有两个认知子系统，一个是专门加工语言信息的言语系统，另一个是专门加工意象信息的非言语系统，当这两个子系统同时加工信息时，大脑会在两种输入信息之间建立联系，加固和强化我们学习新知识的能力（Clark &

Paivio，1991）。利用双重编码理论进行的二语教学与习得研究多集中在阅读理解和词汇教学（Anderson & Kulnavy，1972；Pressley，1976；Gambrell，1982；Boers，et al.，2007；Arlin，et al.，1979；Barcroft，2009；Shen，2010；Farley，2012；成晓光，2003），也有很多学者利用双重编码理论进行隐喻研究（Paivio & Walsh，1993；Kövecses & Szabó，1996；Boers，2000a，2000b，2001；Boers et al.，2004；Lindstromberg & Boers，2005）。

    本章实验改进Lindstromberg和Boers（2005）实验范式，采用以视频短片的形式向被试呈现目标词的字面义，其中涉及人为表演模仿的视频都经过反复录制后请一位老师和五位学生评估，确保视频能将目标动词的字面义完整准确呈现出来。E-prime 2.0版确保每个视频短片的呈现时间一致。Lindstromberg和Boers（2005）只选择了运动方式类动词（manner-of-movement verbs）作为实验的目标动词，本章的研究则同时选用运动方式类动词和非运动方式类词（non-manner-of-movement verbs）作为实验的目标动词，在双重编码理论框架下探究双重编码方式对促进这两类动词的学习效果。

    方式动词既可由一个一般的动词进行释义，也可通过一个方式状语进行诠释，如tap可以解释为hit lightly（普通动词），也可以解释为especially with the tip of a finger or similarly shaped, fairly solid object（一种方式）。事实上，很难定义一个方式动词准确的字面义，词汇学家认为将词汇意义分解为几个单一的非意向图式的语义特征，还要有命题模式的表征与之契合，这是很难的（Jackendoff，1983：338）。但如果这些动词的语义表征含有部分运动感觉的意向图示，这一困难便迎刃而解，因此把这些方式动词的字面义以视频短片的形式进行呈现便值得思考和尝试，被试的母语是汉语，汉语里面没有与之相对应的方式动词，这就避免了被试会对方式动词有所了解这一情况。要找到展示这些目标动词字面义的视频很困难，所以本章的实验通过借助特定的人为表演或相关仪器的配合将字面义展现出来的方式录制了展示目标动词字面义的视频。

    Lindstromberg和Boers（2005）探讨了双重编码对运动方式类动词隐喻性用法理解的促进作用，本章的研究参照Lindstromberg和Boers（2005）的研究，通过多媒体教学方法探究双重编码方式对英语学生理解动词隐喻性用法的促进作用。所研究的两个问题是：（1）模仿表演的方法除了对运动方式类动词起作用以外是否也会对其他类型的动词起作用？（2）用录制视频的形式或动画形式展现字面义是否会比单纯的文本呈现更有价值？

研究选用10个运动方式类动词和10个非运动方式类动词作为目标词，将动词字面义用视频短片的形式进行呈现并在视频中嵌入文本形式的字面义来考察双重编码方式对动词隐喻性用法理解的促进作用。

5.3 动词隐喻实验

研究问题与假设

研究问题：（1）以视频短片的形式呈现目标词字面义是否促进英语学习者更好地理解和记忆目标动词的字面义？（2）以视频短片的形式呈现目标词字面义是否促进英语学习者更好地解释目标动词的隐喻性用法？

研究假设：

（1）以视频短片的形式呈现动词的字面义不能促进学习者更好地习得动词的字面义；

（2）以视频短片的形式呈现动词的字面义不能促进学习者更好地理解和解释动词的隐喻性用法。

被试

宁波大学英语专业的80名三年级本科生，通过了英语专业4级考试（MET-4），随机将80名被试分到实验组和对照组，每组40人。正式实验前进行前测，确保两组被试的英语水平相当。

实验材料——目标词

从 *Collins COBUILD Advanced Dictionary*（Cobuild，1989）选取10个运动方式类动词和10个非运动方式类动词作为实验用材的目标词（见表5.2所列），要求被试尽可能多地写出动词的字面意或比喻意。

表5.2 实验用材的目标词

类型1动词	汉语释义	类型2动词	汉语释义
sway	摇摆，摇晃	groan	呻吟，叹息
lash	猛击，狠打	reek	散发臭味
nudge	用肘轻触	bore	使厌烦，使讨厌
hobble	蹒跚；跛行	nibble	啃、轻咬
flit	掠过、轻快地飞	spotlight	使公众注意
dangle	悬荡、悬摆	flame	（感情）爆发、（因激动而）变红
teeter	摇晃，摇摇欲坠	drench	湿透
hurl	猛扔，猛摔	savor	品尝
stagger	摇摇晃晃地走，蹒跚	bubble	兴奋、激动、（情绪）涌动
veer	转向；顺时针转身	shout	叫嚷、大声说

实验设计

2（动词类型：运动方式类动词 v. 非运动方式类动词）×2（呈现方式：双编码多媒体方法 v. 单编码传统方法）混合实验设计，动词类型和教学方法是自变量，其中动词类型是组内变量，呈现方法为组间变量，目标词字面义和对目标词隐喻性用法理解的正确率为因变量。

实验步骤

实验包括前测和正式实验，正式实验又包括两部分：（1）检验不同编码方式下的教学方法对类型1动词的字面义记忆和隐喻性用法的理解的影响；（2）不同编码方式下的教学方法对类型2动词字面义和隐喻性用法的理解的影响。

前测是一个检测实验组和被试组的词汇量的纸笔测试，同时考察两组被试对两类目标词的熟悉程度是否相同。前测由任课老师和主试人员在教室实施。词汇量测试通过Vocabulary Levels Test（Nation，1983；1990：35）并参照Schmitt等（2001）加以改进，由原来的30组90道测题项增加到50组150道题项，其信度已由许多学者（Laufer，1992；Laufer & Paribakhat，1998）检验被证明是极高的，本实验未做信度分析，每题答对得1分，满分150分。

词汇量测试后，要求被试写出自己所知道的类型1目标词和类型2目标词的字面义和对两类词隐喻性用法的了解情况，写对每一个字面义得1分，写对一个隐喻义得1分，两类动词字面义和隐喻义满分各10分。纸笔测试全部结束后，被试交上答卷并要求他们在正式实验之前不能查阅出现在答卷上的生词。

实验

前测3天后在装有E-prime 2.0编制的实验程序的电脑上进行正式实验，实验在安静隔音光线柔和的实验室里进行，每位被试端坐在电脑前按照编好的指示语提示完成实验，电脑屏幕显示指示语"欢迎来参加我们的实验"提示实验正式开始。

实验第一部分的程序：（1）依次在电脑屏幕上向实验组被试呈现10个单项选择题检测被试在接受指导方法前对这些类型1动词的理解与记忆，被试按照实验指示相应地按键作题，左手食指和中指分别放在"V"和"F"键上，右手食指和中指分别放于"N"和"J"键上，其他按键由程序锁定。每个小题的呈现时间不限，当且仅当被试按键选择后，程序才从此界面自动滑到下一题的界面。（2）完成上面10个小题后，实验程序依次呈现预先录制好的10个解释类型1动词词义的视频短片，文本形式的字面义嵌入视频中同时播放。每个视频呈现15000毫秒后便自动呈现下一个视频。视频播放过程中被试无须进行任何操作。

图5.2　实验材料样例

观看完这10个展现字面义的视频后，10个单项选择题依次呈现在电脑屏幕上，检测被试在多媒体教学后对10个类型1动词字面义的理解与记忆；这一阶段每题的呈现时间为150000毫秒，被试要在规定时间内做出选择并按相应按键，如果被试未在规定时间内做出选择，一旦时间用完，当前界面会自动进入到下一题的界面。（3）10个含有这10个类型1动词的例句会依次呈现在电脑屏幕上，这些例句是类型1动词发生了隐喻性用法的句子，每个句子中发生了隐喻性用法的目标词都进行了斜体化并加粗。被试要对这些发生了隐喻性用法的加粗斜体的目标词用英语进行释义性解释。基于E-prime软件的实验程序在运行过程中不允许键入任何内容，所以被试要按照屏幕上例句呈现的顺序把每个发生隐喻性用法的目标词的释义性解释写在实验用纸上，屏幕上每呈现一个例句，被试要写下这个发生隐喻性用法的目标词的释义性解释，写完后按"P"键切换到下一个例句的界面，直至完成所有释义任务。（4）对于对照组，每个类型1目标词的字面义以文本形式依次呈现在电脑上，每个类型1目标词字面义的呈现时间，实验前和实验后用于检测字面义记忆程度的习题以及检测对类型1目标词隐喻性用法的习题都与实验组的完全一致。

在实验的第二部分，对实验组被试，10个单项选择题用于测被试对类型2目标词字面义的了解程度，随后依次呈现10个解释类型2目标词字面义的视频，视频展示结束后，10个相同于实验过程之前的单选题再次依次呈现用来检测被试在接受教授过程后对这10个类型2动词的记忆。紧接着，10个包含类型2目标词隐喻性用法的例句依次呈现，像实验的第一部分一样，被试要在纸上写下相应动词隐喻性用法的释义性解释。对于对照组被试，除了教授方法不一样外，其余的都一样，对照组接受的是依次呈现于电脑屏幕上的文本形式的类型2目标词的字面义。

实验组和对照组被试按照指示语完成所有的实验，程序显示"谢谢你的参与，实验到此结束"的界面后，被试方可离开实验室。

数据收集和分析

本章的研究所运用的前测实验是纸笔测试，由研究人员收集和汇总数据后运行SPSS 20.0进行分析。正式实验的数据由E-prime实验程序和研究者同时收集，正式实验收集到的数据包括被试接受实验前后对类型1和类型2两类目标词字面义记忆的正确率，接受教授过程后对两类目标词隐喻性用法理解的正确率。在每个数据收集阶段，平均值加减三个标准差得到一个可用数据范围，处在数据范围内的数据用于统计分析。

5.4 结果与讨论

独立样本t检验用来检验前测中实验组和对照组被试在词汇量以及对两类目标词的理解有无显著性差异。同时配对样本t检验用于分别检测实验组被试、对照组被试对类型1和类型2动词的先前了解有无显著性差异。正式实验中，独立样本t检验用来检验经过不同的呈现程序实验组和对照组对类型1字面义的理解、类型2字面义的理解、类型1动词的隐喻性用法以及类型2动词的隐喻性用法是否有显著性差异。接受不同的教学方法后，配对样本t检验用于检测实验组被试和对照组被试对类型1目标词和类型2目标词的字面义、对类型1目标词和类型2目标词的隐喻性用法的理解上有无显著性差异。重复测量方差分析用来检测组内变量（动词类型）是否受组间变量（呈现方式）的影响。

5.4.1 结果

前测的结果

整理分析实验前测数据后发现，被试很少了解目标动词的隐喻性用法，80个被试中只有1人写出了其中一个目标动词的隐喻性用法，由此，前测对这两种类型目标词熟悉度的检验仅限于被试对其字面义的熟悉度。这样，主要研究问题即双重编码理论下的多媒体教学法体现的双重编码方式是否更有助于被试理解动词的隐喻性用法便更有意义。

独立样本t检验实验组和对照组在词汇量、对类型1目标动词的熟悉度以及对类型2目标动词的熟悉度上是否有显著性差异，结果见表5.3。

表5.3 实验组和对照组在词汇量、对动词熟悉度上的独立样本t检验（N=40）

	组别	平均数	标准差	t	p
词汇量	实验组	113.7250	4.30258	0.256	0.258
	对照组	112.5250	5.08889		
动词1	实验组	2.7000	1.71270	0.994	0.316
	对照组	2.3250	1.60747		
动词2	实验组	4.8250	1.58337	1.477	0.325
	对照组	4.5000	1.33973		

如表5.3所示，独立样本t检验表明实验组和对照组的词汇量没有显著性差异（$p=0.258>0.05$），实验组对类型1目标动词的熟悉度稍好于对照组对类型1目标动词的熟悉度，但两组之间无显著性差异（$p=0.316>0.05$），实验组对类型2目标动词的熟悉度稍好于对照组熟悉度，但也没有显著性差异（$p=0.325>0.05$）。因此，实验组被试和对照组被试在词汇量和对两种类型目标词的熟悉度上均没有显著性差异。

配对样本t检验考察实验组和对照组在类型1目标词和类型2目标词的熟悉度上有无显著性差异（前面已经提到，熟悉度只针对字面义而言，对目标动词隐喻性用法的熟悉度不计入统计分析）。

表5.4 实验组和对照组对两类动词熟悉度的配对样本t检验（N=40）

组别	动词类型	平均数	标准差	t	p
实验组	动词1	2.70	1.71	−9.14	0.00
	动词2	4.83	1.58		
对照组	动词1	2.33	1.61	−7.37	0.00
	动词2	4.50	1.34		

表5.4显示，实验组和对照组对类型2目标词的熟悉度都好于类型1目标词的熟悉度，实验组被试对类型1动词的熟悉度和对类型2动词的熟悉度之间存在

显著性差异（p=0.000），对照组对这两种类型的目标词熟悉度之间也有显著性差异（p=0.000），说明实验组和对照组的被试对类型1动词的熟悉度都要明显好于类型2动词的熟悉度，但是这并不影响本研究的正式实验，后面详述我们的理由。

实验结果

本章的研究问题是与普通编码理论基础上的传统教学方法相比，双重编码理论指导下的多媒体教学方法是否会有助于被试更好地记忆动词并加强被试对动词隐喻性用法的理解。在接受不同的呈现方式之前，实验组和对照组对检测类型1目标动词字面义记忆的理解和对检测类型2目标动词字面义记忆理解结果的描述性数据见表5.5所示。

表5.5　实验前实验组和对照组对动词类型熟悉度的配对样本t检验（N=40）

组别	动词类型	平均数	标准差	t	p
实验组	动词1 动词2	2.70 4.45	1.68 1.60	−0.80	0.04
对照组	动词1 动词2	2.33 4.55	1.48 1.34	−10.57	0.05

如表5.5所示，接受实验前，实验组在对类型1动词字面义记忆理解的检测题中的正确率均值为2.70，对类型2动词字面义记忆理解的检测题中的正确率均值为4.45，对照组对类型1动词字面义记忆理解的检测题中的正确率均值是2.33，对于类型2动词字面义记忆理解的检测题中的正确率为4.55，配对样本t检验表明两者之间的差异边缘显著（p=0.04和0.05）。

接受不同的呈现方式后，实验组被试和对照组被试在做完对类型1和类型2动词字面义的检测题之后，用独立样本t检验分析实验组和对照组的被试对类型1动词和类型2动词字面义的理解与记忆。

5. 意象图式与动词隐喻义学习

表5.6 实验后实验组和对照组对动词字面义记忆的独立样本t检验

动词类型	组别	平均数	标准差	t	p
动词1	实验组	8.73	1.22	3.68	0.000
	对照组	7.33	2.07		
动词2	实验组	9.60	0.55	2.75	0.004
	对照组	9.05	1.04		

如表5.6所示，在接受不同的呈现方法后，实验组对类型1动词字面义的记忆优于对照组对类型1动词字面义的记忆，独立样本t检验说明实验组和对照组对类型1动词字面义的记忆之间存在显著性差异（p=0.000）。同样，独立样本t检验表明，实验组和对照组对类型2动词字面义的记忆存在边缘显著差异（p=0.004）。重复测量方差分析验证了组的主效应显著，如表5.7所示，F（1，78）=17.967，p=0.000。

表5.7 组间效应结果检测

	均方和	Df	均值	均方	F	p
截差	6020.45	1	6020.45	299.29	17.97	0.000
组	19.01	19.01	5689.48			
偏误	82.54	78		1.06		

在接受实验程序之后，被试对目标词隐喻性用法的理解的检测结果如表5.8所示，独立样本t检验用于检测实验组和对照组对类型1目标词隐喻性用法的理解上有无显著性差异；实验组和对照组对类型2目标词隐喻性用法的理解上有无显著性差异。

表5.8 实验后实验组和对照组对动词隐喻用法理解的独立样本t检验（N=40）

动词类型	组别	均值	标准差	t	p
动词1	实验组	7.83	1.24	4.33	0.000
	对照组	6.40	1.63		

续表

动词类型	组别	均值	标准差	t	p
动词2	实验组	7.28	1.11	2.37	0.004
	对照组	6.45	1.88		

表5.8显示，独立样本t检验表明实验组被试和对照组被试在类型1目标词隐喻性用法之间存在显著性差异（$p=0.00$），对于类型2目标词的隐喻性用法，实验组的表现好于对照组的表现，实验组和对照组对类型2目标词隐喻性用法理解的正确率存在显著性差异（$p=0.019$）。

在对目标动词隐喻性用法的理解上，实验组对类型1目标词隐喻性用法的理解和类型2目标词隐喻性用法的理解都明显优于对照组对这两类目标词隐喻性用法的理解（$p < 0.05$）。配对样本t检验用来检测实验组被试、对照组被试对类型1目标动词和类型2目标动词隐喻性用法的理解情况。

表5.9 实验后实验组和对照组对动词隐喻用法理解的配对样本t检验（$N=40$）

组别	动词类型	均值	标准差	t	p
实验组	1	7.83	1.24	2.43	0.02
	2	7.28	1.11		
对照组	1	6.40	1.63	−0.14	0.89
	2	6.45	1.88		

如表5.9所示，实验组被试对类型1目标词隐喻性用法的理解要好于对类型2目标词隐喻性用法的理解（$p=0.02$）；对照组对类型1目标词隐喻性用法理解的正确率的平均值为6.40，对类型2目标词隐喻性用法理解的正确率的平均值为6.45，$t=-0.14$，$p=0.89$，对照组被试对两类动词隐喻性用法的理解水平相近，两者之间无显著性差异。重复测量方差分析用来检测动词类型和组别是否分别对目标动词隐喻性用法的理解上有主效应，动词类型与组之间是否存在交互作用。

表5.10 实验组和对照组动词隐喻性用法的重复测量方差分析

	均方和	Df	均值	均方	F	p
动词类型	2.50	1	2.50	2.50	1.41	0.24
组别	25.31	78	25.31	0.32	18.68	0.00
类型 × 组别	3.60	1 78	3.60	0.05	2.04	0.16

如表5.10所示,动词类型对目标动词隐喻性用法的理解主效应不显著($F(1, 78)=1.41$,$p=0.24$),组的主效应显著($F(1, 78)=18.683$,$p=0.000$),动词类型和组之间的交互作用不明显($F(1, 78)=2.036$,$p=0.158$),呈现方式能影响被试对目标动词隐喻性用法的理解,但动词类型对动词隐喻性用法的理解几乎没有影响。

分析与讨论

本节分别是对前测结果、接受完不同的呈现方式后,被试对类型1和类型2动词字面义记忆、对类型1和类型2动词隐喻性用法的理解进行分析讨论。

独立样本t检验的结果表明,实验组被试和对照组被试在词汇量、对类型1动词的熟悉度、对类型2动词的熟悉度上均无显著性差异,实验组和对照组的英语水平大致相同。

在类型1动词和类型2动词的熟悉度的检测中,被试只能写出某几个目标动词的字面义,80个被试中只有一个被试写出了对"hurl"的隐喻性用法的理解,即"大骂",被试没能给出其他目标动词的隐喻性用法的释义,只能给出某几个目标动词的字面义,被试对这些目标词是比较陌生的,尤其是对这些动词的隐喻性用法的了解基本为零。

5.4.2 综合讨论

教授过程后被试对目标词字面义的记忆。针对类型1动词字面义的记忆,实验组的表现优于对照组的表现,两者间存在显著性差异($p=0.00$),表明双重编码理论指导下的多媒体教学方法展现的双重编码方式比普通编码理论下的传统教学法展现的普通编码方式更有利于被试对类型1目标词字面义的记忆。

同样，对类型2目标词字面义的记忆，实验组表现优于对照组，两组之间存在显著性差异（$p=0.004$），即视频呈现方式更有利于被试对类型2目标词字面义的记忆。

就教学方法而言，相对于普通编码理论下的传统教学方法，采用文字+视频组合呈现方式的多媒体教学更有利于被试对类型1和类型2动词字面义的记忆。重复测量方差分析表明，组的主效应显著，说明文字+视频组合方式更有利于被试对目标词字面义的记忆。

从表5.3中可以看到，不管是实验组还是对照组，他们在对类型2动词的先前了解都要好于对类型1动词的了解，对这两类动词的先前了解存在显著差异，所以在被试接受实验后，通过比较表5.3与表5.4，实验组被试在实验前后对类型1动词字面义记忆的正确率的平均值分别为2.70和8.73，在双重编码理论指导下的多媒体呈现方式的帮助下，被试对类型1动词字面义的记忆增加了223%，实验组被试在教授过程前后对类型2动词字面义记忆的正确率的平均值分别为4.45和9.60，对类型2动词字面义的记忆增加了115%。

对于对照组的被试来讲，被试在接受传统教学法前后对类型1动词字面义记忆的正确率的平均值分别为2.86和7.33，对类型1动词字面义的记忆提高了156%。被试在接受传统教学法前后对类型2动词字面义记忆的正确率的平均值分别为4.50和9.05，对类型2动词字面义的记忆提高了101%。因此，对于两种类型目标动词字面义的记忆，实验组对类型1字面义的记忆＞对类型2字面义的记忆；对照组对类型1的记忆＞对类型2字面义的记忆，这阐明了实验组和对照组对类型1动词字面义的记忆都要好于对类型2动词字面义的记忆。另外，实验组在对类型1动词字面义的记忆上明显好于对照组，双重编码理论指导下的多媒体呈现方式更有利于对类型1动词字面义的记忆。

将会对被试正确理解目标动词隐喻性用法的结果予以讨论。关于对类型1动词隐喻性用法的理解，从表5.6中我们可以看到实验组被试（$M=7.83$，$SD=1.24$）对类型1动词隐喻性用法的正确理解要明显好于对照组被试（$M=6.40$，$SD=1.63$），并且两组被试之间存在显著性差异$p=0.000$，这意味着双重编码理论下的多媒体教学法更有利于被试对类型1动词隐喻性用法的理解。

对于类型2动词隐喻性用法的理解，实验组被试的表现（M=7.28，SD=1.11）要好于对照组被试（M=6.45，SD=1.88），两者之间存在显著性差异$p=0.019$。说明文字+视频组合下的多媒体教学比普通编码下的传统教学法更有利于被试对类型2动词隐喻性用法的理解。前测的讨论中已经阐明了实验组被试和对照组被试对于类型1动词和类型2动词的隐喻性用法都及其不熟悉，可以计算为零，因此采用独立样本t检验来检验实验组被试、对照组被试对类型1动词隐喻性用法的正确理解和对类型2动词隐喻性用法的正确理解之间是否存在显著性差异；如表5.7所示，接受文字+视频组合多媒体教授过程的实验组被试在对类型1动词隐喻性用法的正确理解上要好于对类型2动词隐喻性用法的理解，并且存在显著性差异，显著水平为$p=0.02$（双尾）。然而对于接受传统教学法的对照组被试来说，他们对类型1动词隐喻性用法的正确理解和对类型2动词隐喻性用法的正确理解之间没有显著性差异，$p=0.89$，这说明普通编码下的传统教学法并不会对被试理解类型1动词隐喻性用法和理解类型2动词隐喻性用法产生影响。

从表5.8可见，对目标动词隐喻性用法的正确理解上组的主效应显著（$F(1, 78)=18.683$，$p=0.000$），而动词类型的主效应不显著（$F(1, 78)=1.41$，$p=0.238$），动词类型和组之间交互作用不显著（$F(1, 78)=2.036$，$p=0.158$），说明对动词隐喻性用法的正确理解不受动词类型的影响，但受不同呈现方法的影响。

多媒体教学展现的双重编码方式比传统教学法展现的普通编码方式能更好地有效促进被试对类型1动词和类型2动词隐喻性用法的理解，并且对于类型1和类型2动词，多媒体教学展现的双重编码方式能更好地促进被试对类型1动词隐喻性用法的正确理解。

整个实验的结果表明：（1）就传统教学法展现的普通编码方式而言，双重编码理论背景下的多媒体教学法展现的双重编码方式更能有效促进被试对目标动词字面义的记忆和对目标动词隐喻性用法的正确理解。（2）就两种目标动词类型而言，比起类型2目标动词，基于意象图式的多媒体教学更有助于被试对类型1目标动词的记忆和对类型1动词隐喻性用法的正确理解。

对上述结果的主要解释：首先，对于实验组的被试比对照组的被试能更好地对目标动词的字面义进行记忆并能更好地理解动词的隐喻性用法，这可以归功于以意象图式多媒体教学方式呈现的双重编码通过让被试学习同一个系统的两种表征，即本研究通过展示目标动词字面义的短片视频（nonverbal system）和嵌入其中以文本形式出现的字面义（verbal system）的结合达到了有意义的促学效果。传统教学法只提供了一种表征，即以文本形式呈现的目标动词的字面义。根据Clark和Paivio（1991），非言语系统的激发能促进理解人类行为，因为想象力系统具有独特的理论和实证特质，能把多个物体整合成一个整体的意象，这种整合能够反过来促进对教科书和其他学习资料的学习。对想象力效果的双重编码的解释是想象力和言语编码比纯粹的言语编码会呈现出附加的效果（Paivio，1972）。因此，文本形式的信息与视觉或听觉信息结合在一起时在不同因素之间提供了语义或语音联系，会促进学生更好地记忆。文本形式的信息和视觉信息整合在一起进行呈现时，学习者可能要进行额外加工从而促进记忆。因此，实验组被试能更好的记忆目标动词的字面义可以归功于意象图式双重编码的效果。

被试不熟悉的包含目标动词的潜在的隐喻性表达即目标动词的隐喻性用法，如hurl insults在英语本族语在看来是死隐喻，但是对于非英语本族语来说，如果掌握这些动词的普通字面义的话，这些表达就是新奇隐喻。

Boers等人（2008a）提到当以不同形式呈现字面义时所激发的想象力可以分为通过图示激发的"直接"想象力和通过言语解释来唤起图示的"间接"想象力，本章的研究以动画视频展现动词字面义的形式激发的"直接"想象力比通过文本形式展现字面义时激发的"间接"想象力更加有效。呈现意象图式的多媒体教学能够很大程度地帮助学生在理解动词隐喻性用法上拥有丰富的想象力。事实上，观看展示目标词字面义的视频时，被试会相应的产生运动想象力。在语言认知中起重要作用的运动想象力是一种认知能力，是动作的"心理模仿"或"心理表演"，事实上没有实际的运动动作参与（Grush，2004）。Klatsky等（1989）、Johnson（2000）和Jackendoff（2003）都一致同意和认可运动想象力这一概念，他们相信图示意象是言语概念内在表征的组成成分。

Kosslyn（1994：315）提出人的动力系统涉及想象力，"一个人在他做出一个动作时能预感到自己会看到什么"（Kosslyn，1994：315）。认知神经生理学的研究发现，仅是观看一个动作的表演就能激发纯粹运动的想象力。在一项用猿猴进行实验的研究中，研究者发现当猿猴表演某个动作或观看由实验者发出的相似动作的时，一组F5神经元（镜像神经元）变得异常活跃（Gallese，et al.，1996；Rizzolatti，et al.，1996）。表演动作或观看动作时激发的镜像神经元和镜像神经元系统，这就明确地表明对看到的运动视觉信息的分析与执行这个运动之间有交叉（Rizzolatti & Sinigaglia，2010）。有证据表明镜像神经系统通过运动压制在运动想象力上起重要作用（Kraskov，et al.，2009；Vigneswaran，et al.，2013）。

　　Fadiga等人（1995）指出猿猴大脑中的F5区对应于人类大脑的布洛卡区，对镜像神经元功能的一个解释是镜像神经元能够激发动作的内在表征，这对动作学习或对所观察动作意义的理解有补充性作用（Gallese，et al.，1996；Rizzolatti，et al.，1996）。学界的共识是视觉想象力和隐喻想象力之间存在某种关系，视觉想象力的生成比单纯的言语记忆策略对记忆更有效。在幼儿园年龄段孩子的认知上，运动想象力比视觉想象力更为基本。Saltz和Donnenwerth-Nolan（1981）认为句子记忆中激发运动意象取得的效果是由于与词汇相关的想象力的作用，这种想象力主要是运动性的。Kondo等人（2015）探索了在人机界面神经反馈训练中目标动作的静态视觉表征和动态视觉表征的效果（一张显示前臂的图片和一个用手抓的动作的一个短片视频），经过连续4天的训练后，观看短片视频时发挥了运动想象力的一组比观看静态图像的一组表现要好。这个结果表明被动地看目标动作时形成的运动想象力会增强相关的心理想象。所以意象图式的多媒体教学通过视频形式展现目标动词的字面义，会使镜像神经元系统变得活跃，激发运动想象力，镜像神经元系统通过运动施加在运动想象力上起作用，更好地帮助被试理解动词的隐喻性用法。实验组在理解目标动词隐喻性用法上会好于对照组被试，主要是因为发挥了运动想象力的作用。

　　运动想象力具有多重形式和通道，依赖于某项任务或策略与视觉的、听觉的、动觉的和前庭的感知之间虚拟感知的程度，激发程度不同的运动想象力呈梯度分布（Hanakawa，2016）。

　　类型1目标动词是运动方式类词，有许多运动内涵，类型2目标词是非运动方式类词，其运动内涵较少，因此，与展示类型2字面义的视频不同，展示类型1目标词字面义的视频涉及很多的动作和运动，通过观看展示类型1字面义的视频激发的运动想象力比观看展示类型2字面义的视频激发的运动想象力要多，即通过镜像神经元的作用所激发的运动想象力程度要大。因此，同样是展现目标词字面义的视频和文本形式目标词字面义相结合达到的双重编码，被试对类型1目标动词字面义的记忆和隐喻性用法的正确理解要好于类型2目标词。当然，这还需要进一步的深入研究。

5.5 小结

　　对隐喻的认知语言学的研究大都集中在名词隐喻而不是动词隐喻，事实上，动词隐喻比名词隐喻更加的普遍和基本，应该给予更多的关注。对于平时使用硬记方式了解隐喻性用法的中国学习者来说，很难自然而无意识地理解词语的隐喻性用法。本章选用动词为目标词，考察意象图式理念下双重编码呈现方式对中国英语学习者理解动词隐喻性用法的促进作用，研究发现：

　　（1）意象图式理念下多媒体双重编码呈现方式比传统的普通编码呈现方式能使被试更好地记忆目标动词（包括运动方式类动词和非运动方式类动词）的字面义。

　　（2）意象图式理念下多媒体双重编码呈现方式比传统的普通编码呈现方式能使被试更好地理解目标动词（包括运动方式类动词和非运动方式类动词）的隐喻性用法。

　　（3）意象图式理念下双重编码理论下的多媒体教学法更有助于类型1目标动词字面义的记忆和对类型1目标动词隐喻性用法的理解，利用多媒体方式学习类型1动词的过程中比在学习类型2动词的过程中，更大程度地激发的运动想象力在起作用。

6. 位移事件类型框架与动态位移事件的学习

人类的空间认知是认知语言学者重点关注的问题之一，不同的语言如何通过位移事件表达空间关系，既体现语言体系本身的特点和特质，也反映普遍的人类认知结构和认知过程，揭示语言与思维的关系。位移事件的框架类型表现为语言使用者的用语倾向性的差异，类型框架理论是本领域的重要理论基础，语言间的差异主要体现在语义成分与表层表达之间的系统联系上。位移事件研究的第一个理论基础是位移事件结构及其词汇化模式理论，位移事件表达研究的另一个理论基础是语言与思维关系的假说。某种语言的类型框架属性会影响该语言使用者在句子和篇章层面选择、表达和构建空间信息的方式，这又促使学者们进一步设想语言的类型特性或许能够从更深层的认知角度来帮助人们理解人类对空间的概念化表征。

本章以位移事件类型框架和语言与思维关系假说为理论基础，分别就自主性和致使性位移事件来探讨中国英语学习者的动态位移事件习得情况，探究母语思维对二语习得的影响。通过实验检测中国英语学习者在二语位移事件表达习得中所体现的习得情况，揭示现代汉语位移事件的类型归属，加深对汉语位移事件的研究。汉语在自主性位移事件的表述上呈现比较复杂的语言框架类型特征，处于卫星框架语和动词框架语两种语言框架类型之间的同等框架语。

6.1 位移事件类型

位移事件是"一个包括运动和状态的持续的场景"（Talmy，2000b：23），其中，运动又可进一步分为位移运动（translational motion）和自足运动（self-contained motion），前者指物体的空间位置发生了变化，后者指物体的空间位置保持不变。位移事件研究的第一个理论基础是Talmy首倡的位移事件结构及其词汇化模式理论（同上，33），位移事件如：

6.1 The pencil rolled off the table.（位移运动）
6.2 The pencil lays on the table.（状态的持续）

空间位置的位移运动是本章的实验研究的内容，而空间位置保持不变的自足运动不在本章的研究考虑之内。位移事件在通过语言加以表达时大致涉及六个语义信息成分，分别是方式（manner，如climbing，crawling等）、路径（path，如up，cross等）、背景（ground，指一个参照物，运动主体相对于它而发生运动）、图形（figure，运动的主体）、原因（cause，如pushing，kicking等）、运动（motion），其中，路径在一个位移事件中起核心图式和构架的作用，是框架中最重要的信息成分，其他几个信息成分之间的联系要通过路径才能实现（Talmy，1985）。语言间的差异主要体现在语义成分与表层表达之间的系统联系上。Talmy（2000b：222）根据"路径"成分在形态—句法上的实现手段将世界上的语言分为卫星框架语（Satellite-language）和动词框架语（Verb-language）两大类。卫星框架语包括除罗曼语族以外的印欧语系的语言如英语等，其典型特征是路径通过小品词或词缀等卫星（satellite）成分来表达，而运动方式则通过合并方式由词根动词表达；动词框架语包括罗曼语如法语等，其典型特征是路径由词根动词表达，运动的方式如有表达需要就要通过从句等形式来表达。

空间表征的研究表明，英语是一种典型的卫星框架语，从典型性上看，英语常将运动和方式/原因合并在词根动词中，而路径这一语义成分则通过卫星手段如小品词形式出现在边缘成分中（Talmy，1983；Hayward & Tarr，

6. 位移事件类型框架与动态位移事件的学习

1995）。而对汉语的位移事件框架的属性定位，学界则岐见纷纷（Chen，2005：36；Chen & Guo，2009；Ji, et al., 2011c；Slobin，2004；Talmy，2000b：11，2009）。典型的汉语位移事件表达形式动结式一般含三个成分，第一个成分表运动方式，第二个成分表运动路径，第三个成分表相对于说话者而言的方向性指示，如"来""去"。Talmy（1985，1991，2000b：222）认为汉语是较强的卫星框架语，不同于英语中的小品词，汉语动结式表达中的第二个成分被认为是卫星，这一观点得到学界普遍支持（Li，1993：45，1997；沈家煊，2003；Matsumoto，2003；Peyraube，2006；冯胜利，2005；史文磊，2010；宋文辉，2004；袁毓林，2004），但也引发了激烈争议，譬如，Slobin（2004）、Zlatev和Yangklang（2004）便认为汉语的类型框架更为复杂和更加灵活。Slobin（2004）认为应该把汉语动结式的第二个成分看作是动词，理由是该成分可以作动词单独使用（如：他跑上了楼；他上了楼），他因此提出第三种类型框架即"同等框架语（equivalently-framed language）"，也就是说，表示运动事件的方式和路径在汉语的典型位移事件表达中是由地位同等的语法成分进行编码（Chen，2005：67，2007：44；Chen & Guo，2009；阚哲华，2010）。Strömqvist和Verhoeven（2004）也发现绝对二分的类型框架不尽合理，因此支持第三种类型即同等框架语的构想（Slobin，2004），属于这一类型的语言在编码路径和方式时是给予它们以同等地位的；他们还提出类型框架也还可以是连续体形式，因为即使是同属于同一类框架的语言在表达语义成分——路径和方式时也存在信息粗细度的问题，这一问题表现为类型内部或类型间的差异。

　　类型框架的区分和分类多是根据语言结构作出判断来进行的，关于汉语的位移事件类型框架归属问题，不同的学者持不同意见，也属正常。人对整个位移事件的认知处理还包括其他概念要素及其共现模式和表层语法类别及其结构模式。一方面，其他概念要素和表层形式在不同类型的语言中的表现有何差异，还有待拓展研究；另一方面，就某个场景的语言表达来说，语言使用者择取哪些概念要素并用哪些显性语言结构表达出来，并不一定遵循一成不变的法则，而只是一种倾向性偏好（Levelt，1996）。如此看来，位移事件的框架类型的差异就表现为语言使用者的用语倾向的差异，意识到这一点，就必然要将探讨的范围拓宽到其他概念要素的表达及其组合模式的系统性偏好即语用倾向上。

位移事件表达研究的另一个理论基础是语言与思维关系的假说（thinking-for-speaking hypothesis, Slobin, 1996b），空间表征的语言研究（Allen, et al., 2007; Berman & Slobin, 1994: 43; Hohenstain, et al., 2004, 2006; Ji, et al., 2011a, 2011b; Naigles & Terrazas, 1998）表明某种语言的类型框架属性会影响该语言使用者在句子和篇章层面选择、表达和构建空间信息的方式，因此，语言的类型特性或许能够从更深层的认知角度来帮助人们理解人类对空间的概念化表征（Bowerman & Choi, 2001; Hohenstein, 2005; Levinson, 2003: 22; Lucy, 1992a: 45）。语言与思维假说是依据Talmy的位移事件类型框架理论进行一系列的语言类型研究后而提出的，被认为是语言相对论（参见本书第3章）的温和版本。语言与思维假说认为语言必然与思维（指在线思维）相关联，而思维与人类语言表达具有同时性，帮助人们判断某个语言在事件概念化时进行编码并表达事件的特征。因此，人在学习一门语言时也在同时学习这门语言表达思想的方式，人所学得的语言会引导他去关注这一语言重点关注的内容，当学习者使用该语言时，所关注的那些重点也是语言使用者表达时所关注的重点并且会相对固定地体现在语言形式上，而一旦形成了这样的词汇化模式，它会有相当的拒变特性，学习者的二语表达中便会存在明显的母语特征。关于这一点，本书第3章亦有类似表述和阐释，可以互为参考。

有些对动态位移事件的研究发现母语特征对用第二语言描述动态位移事件的影响并不明显（Sharpen, 2016; Aktan-Erciyes, et al., 2023），有些研究却发现母语思维方式对二语的语言使用具有明显影响（Akhavan, et al., 2017）。那么，中国英语学习者如何用英语描述动态位移事件？汉语的思维方式对英语语言习得尤其是英语表达具有哪些具体影响？汉语的思维方式对中国英语学习者的英语表达会有哪些具体影响？

人类的空间认识具有一定的普遍性，但对同一空间事件的外在语言表征存在着语言类型上的差异，从跨语言角度出发对空间与语言关系的研究（Bloom, et al., 1996: 11; Choi & Bowerman, 1991; Hickmann & Robert,

2006；Lokoff，1987；Slobin，1996b，2004；Talmy，1985，2000b：101；Wu，et al.，2008）表明语言的差异使得语言使用者对空间的概念化表征表现出独特性和特异性。大量研究得出不同语言在编码位移事件时对语义成分的选择有所不同的结论（Berman & Slobin，1994：45；Cadierno，2004，2008a；Cardini，2008；Hendriks & Hickmann，2011；Hickmann，2003：11；Ozcaliskan & Slobin，1999，2003；Slobin，1996a，1996b，2000，2003，2004，2006；Ströqvist & Verhoeven，2004）。Berman和Slobin（1994）发现不同母语背景的儿童在表达位移事件时所提供的信息量及信息种类存在差异。Slobin（1996b）认为每门语言都会提供特定的选项"训练"本族语者关注事件的特定细节或指引他们对同一事件的某个方面做不同程度的细节描述，因此，语言使用者在理解和表达信息的过程中所进行的在线思维受母语的影响。儿童在一岁半左右就习得了母语的位移事件表达习惯（Choi & Bowerman，1991），而且习得后很难重构（Slobin，1996a），因此，二语学习就意味着"重新训练"学习者注意二语输入中的特定细节并学习如何用二语正确地表达一个事件，这就给二语习得带来了挑战和困难。此外，二语学习者不仅仅是孤立地习得单个表示运动的动词，还要学会如何构建二语位移事件的完整语义域即位移事件的概念成分与表层特征的特定匹配关系（Cadierno，2008a），那么，二语学习者如何使用二语来表达位移事件就很值得关注。

不同语言在编码空间特征和空间关系时存在明显的差异，这对母语习得自然不成问题，但语言之间表层形式和内在语言概念化的差异构成了二语学习者的一个习得难点。一方面，二语学习者要习得目标语的形式–意义映射，另一方面，学习者需能够选择特定的语言表达信息成分并重组语言结构使之在形态–句法上符合本族语的习惯。从母语习得角度探究位移事件的研究较多（Slobin，2000；Hohenstein，et al.，2004），而二语习得视角下的位移事件的系统性研究仍未得到充分关注（Cadierno，2004），而且所得出的结论并不一致（Cardierno & Ruiz，2006；Hendriks，et al.，2008），即对于母语思维是否影响二语习得没有得出肯定的答案，即若母语思维对二语习得中的位移事件的表达有影响，其影响有多大也尚未达成共识。相关研究多是选择典型的二分类型的卫星框架语和动词框架语作为一语或二语展开(Engemann, et al., 2012; Luk, 2012; Marotta & Meini, 2012),在框架属性上颇具争议的汉语无论是作为一语还是二语则很少有人问津。

　　一语和二语的类型框架模式差异性是否导致二语学习者遭遇习得困难?一语和二语的类型框架模式相似性是否会促进二语习得?汉语作为同等框架语,既有卫星框架语属性又有动词框架语特征,那么一语汉语和二语英语之间的类型相似性与差异性是如何在二语习得中体现的?

6.2 位移事件习得研究

　　不同类型框架语言使用者在描述运动路径和方式时的惯常语义成分关注点因语言所特有的框架属性而有所不同(Talmy, 1985),语言类型属性使得语言使用者倾向于或者习惯于特定的事件概念化模式,学习一种语言实际上就是学习另一类不同于母语的特定的即时思维模式(Slobin, 2004)。大批从认知类型出发的位移事件习得研究在上述观念的启发下得以实施。主流性的研究方向是探究不同的语言类型模式是否会影响本族语者关于位移事件的表达。有关空间表达的跨语言认知表征的研究大都肯定特定语言的框架类型特征会极大地影响语言使用者对于空间语义信息的择取、分配及表达(Allen, et al., 2007; Berman & Slobin, 1994; Hohenstain, et al., 2004, 2006; Ji, et al., 2011a, 2011b; Naigles & Terrazas, 1998)。Berman & Slobin(1994)采取无字故事书《青蛙,你在哪里?》(Mayer, 1969)提取被试的口头叙述进行分析,结果显示语言使用者从3岁开始就出现了语言类型框架特征的差异,在解析位移事件上存在迥异的惯性表征行为,而这正是因为语言中典型的词汇化模式使然。Slobin(1996a, 2000, 2003)发现不同框架类型的语言在修辞风格、惯性词汇化模式及句法结构诸方面都呈现显著差异。具体表现为:(1)卫星框架语说话者比动词框架语说话者更多地使用方式动词;(2)卫星框架语说话者在路径描述上更倾向于详尽化,因为卫星框架语允许单个方式动词后面带多个路径卫星成分；（3）卫星框架语说话者更关注动态路径信息；（4）卫星框架语说话者对运动方式的描述更细节化，因为这类语言具有丰富的方式动词，尤其是二级词汇包含丰富的语义信息。Hickmann（2006）和Hickmann等（2009）表明在表述自主性位移事件时，英国儿童比法国儿童更倾向于语义信息丰富化，因为英语在表达事件时常采用动词+卫星的词汇化模式。这类语言框架类型差异可进一步从Slobin的即时思维假说得到解释，即母语者学习语言其实就是学习特定的即时思维。Choi & Bowerman（1991）探究了英语和韩语在表达位移事件时的典型性语言类型特征，结果显示幼童早期关于空间的描述是具有语言特异性的，这表明儿童几乎是从一开始就受到母语特有的语义建构形式的影响。概而言之，一语语言的输入在建构关于空间的概念结构时极为重要。Naigles等人（1998）比较了英语母语者和西班牙语母语者关于位移事件的表达，结果显示属于卫星框架语言的英语倾向于使用大量的方式动词，而属于动词框架语言的西班牙语则较多地使用路径动词。类似的跨语言表征差异还可见于Hickmann & Hendriks（2006，2010），Ochsenbauer和Hickmann（2010）及Ji等人（2011a，2011b）的研究中，英语母语者更多地依赖于事件合并，倾向于将多个语义成分集中在单个子句中表达出来（将方式和原因编码在主要动词中，路径在卫星位置），而法语母语者则更多地呈现连动结构，多类语义信息分布在不同子句中，即特定的语言会指引语言使用者选择特定的语义信息成分并最终形成词汇化表达模式。位移事件的书面语产出的研究（Slobin，1996a，2000）也为不同类型框架语言的词汇化差异提供了实证依据，比如说，Slobin（1996a）发现从卫星框架语到动词框架语的译者倾向于省略方式信息，反之，从动词框架语到卫星框架语的译者则倾向于增添方式信息。分析The Hobbit的两类语言译本（Slobin，1996a）便可发现，卫星框架语的译本中存在更多种方式动词且表述该项语义成分的词汇手段更多。对口语和书面语的分析都清楚地表明卫星框架语在路径和方式的表达上更为丰富，因为它为语言使用者提供了丰富的卫星来描述路径，也就使得词根动词可"自由"与方式进行合并编码。Hickmannn（2006）、Hickmann和Hendriks（2010）选取法语和英语本族语者为研究对象，考察分属对立面的动词框架语和卫星框架语的两种认知类型框架的语言使用者如何描述自发性位移事件，结果发现类型框架的差异会影响语言使用者表达时的语义密度，英语本族语者比法语本族语者产出的语义信息密度更高且与年龄无关，这是因为英语中普遍存在动词+卫星的结构。还有研究（Cienki，2016）从伴随手势语出发比较了英语母语者、西班牙语母语者和汉语母语者关于位移事件的表达，发现了明显的跨语言差异，不同框架语言在语言使用者说话时会提供不同的视觉空间表征模式。总之，上述研究都表明，卫星框架语比动词框架语在路径和方式描述上更丰富，这是由特定语言的类型模式所决定的。

聚焦于汉语本族语者对位移事件的习得的研究主要是确定汉语的认知框架类型（Chen，2005，2007；Ji，2009；Ji，et al.，2011a，2011b，2011c；Hendriks，et al.，2009）。Chen（2005，2007），Guo和Chen（2009）以儿童和成人作为被试，探究他们在语篇层次上的汉语位移事件的习得和表达情况，旨在证实Slobin对汉语的类型划分（同等框架语）。研究从句子结构和语篇角度考察了语言使用者就动态位移事件主要是自主性位移事件的习惯性表达特征，结果发现被试呈现的描述特征既有卫星框架语的特征又有动词框架语的特征。一方面，汉语本族语者与西班牙本族语者不同但跟英语本族语者有相似之处，使用了大量的方式动词且倾向于把复杂的位移事件拆分成多个成份，呈现出连动结构；另一方面，汉语本族语者则又跟西班牙本族语者有相似之处，即附加背景信息来细节性地描述物理情景。这种混杂的习惯表述模式验证了汉语属于同等框架语。鉴于汉语没有形态标记实现主动词的标记，Ji（2009）从另一个角度即考察语篇中构建句子时空间信息的选取及其句法分布而不考虑某个语言成分的词性，进而对汉语的类型展开讨论和阐释。研究表明，在自主性位移事件上，由于动结式结构中第二语义成分是作为卫星来编码的，所以汉语实际上是表现为一种典型的卫星框架语，而在致使性位移事件上，汉语又明显区别于英语，将第二语义成分编码成动词或卫星，其整体上的类型模式又接近于像法语这样的动词框架语。也就是说，基于不同的位移事件类型，汉语既具有卫星框架语特征又具备动词框架语特征。Ji（2009）认为最好的办法就是把汉语的类型框架看成是框架类型连续统的中间类型，即同等框架语。Hendriks等

（2009）把汉语跟英语、法语作对比，根据被试表达致使性位移事件时所体现出的语言特征，发现从类型框架的角度看，汉语不能完全跟英语和法语重合。Ji等（2011b）研究汉语和英语对致使性位移事件的表达，发现虽然英语和汉语在表达事件时语义成分的选择大致相同，但从语义信息位置和分配来看，汉语还是有别于英语，表明汉语共享卫星框架语和动词框架语的属性。

还有一些则是探究汉语位移事件习得过程中的普遍认知特征和语言独特性因素（Ji, 2009；Ji, et al., 2011a, 2011c）。不论语言的框架类型是什么，儿童比成年人在语义密度上略逊一筹，反映出早期语言发展的普遍性认知局限。跨语言差异也存在于语言密度上，中国儿童在语义信息密度上比同龄的英语国家儿童要高得多，凸显了语言独特性因素对位移事件表达习得的影响（Ji, 2009；Ji, et al., 2011a, 2011c）。

二语学习者如何习得位移事件表达仍然是一个"备受忽视的领域"（Cadierno, 2004），与从母语角度探讨一语位移事件表达的习得和使用的文献相比，二语习得领域对这一问题的实证研究"相当不足"（Cadierno, 2008b）。孩童时期习得的语言表述模式一般会抗拒自身在二语习得过程中进行模式的重构（Slobin, 1996a），如此看来，二语习得过程中可能存在母语思维的迁移。

Talmy（1985）的类型框架理论以位移事件为基础揭示了语言中语义和其外在表层表述之间的系统关系。基于该理论的二语习得研究主要是通过调查二语学习者在二语学习过程中适应目标语表述事件认知时的在线思维的程度。如果语言间存在不同的在线思维模式的话，那么，以汉语和英语为例，由于两种语言在建构同一事件的表述结构时择取的语义成分及其在话语中的位置分配不同，汉语本族语者要习得英语就必需锻炼并习得目标语的在线思维模式才能在表达上更接近本族语水平。显然，这给中国英语学习者造成了一定的障碍，一方面，他们首先要学习描述事件时英语惯常表达所需的语言符号体系，另一方面，他们还要进一步转换在线思维，习得英语的思维模式。

Navarro & Nicoladis（2005）聚焦高水平西班牙语学习者对二语位移事件的习得，被试的母语为英语，通过对比西班牙语本族语者，试图说明二语学习者是否最终能习得目标语中表达位移事件时的典型性词汇化模式。实验数据来源于两个动画的口头叙述，结果表明实验组和对照组在路径动词的使用上没有明显差别，因此得出结论认为学习者明显是趋于完全习得目标语且几乎是成功习得西班牙语关于位移事件的表达模式。虽然这一结论看起来在某种程度上"有点言过其实"（Cadierno，2008b），但是基于其研究的实验数据分析以及英语在二语表达中的痕迹，该研究的结论实实在在肯定了之前许多的研究发现，表明对高水平的二语学习者而言，母语思维在二语习得中所起的负作用不大或者说几乎不存在。Cadierno（2004），Cadierno和Ruiz（2006）等的研究也获得了相似的研究结果，前者的研究以中级和高级二语水平的荷兰语本族语者为被试，研究他们在学习第二语言西班牙语时是如何进行事件的语言表征的，实验结果显示二语学习者在表征位移事件时，错误产出"卫星化"事件结构且出现细节性描述运动路径的情况，验证了母语在二语习得过程中的负迁移阻碍学习者正确习得本族语者的表达模式；不同的是，该研究的另一部分实验结果却得出了不一样的结论，在事件合并结构上，二语学习者和本族语者没有显著差异，表明母语在二语习得中没有造成负向影响。与之相反，Hendriks等（2008）对母语在二语习得中的影响提供了肯定的回答，他们研究调查中高级二语水平的学习者如何描述致使性位移事件，结果显示二语学习者比本族语者在表达的语义密度上更小，并且学习者在用法语表述位移事件时基本上依赖于他们的母语英语关于事件语义成分在句子中的建构形式，导致在二语产出中表现出异质性，即使是在高水平组亦是如此，表明母语的类型模式在二语习得中的负迁移极为明显。Larranaga等（2012）的研究也发现了明显的母语负迁移，为母语在二语习得过程中所起的作用提供了另一个证据。该研究的被试是68名以英语为母语、西班牙语为第二语言的学生，分成三个语言水平组，要求他们根据故事书进行口头表达。结果显示，不同语言水平的实验组在路径和方式上没有明显区别，所有学习者都使用路径动词，但是不同水平的三组被试却没有表现出语言的发展现象，很多学习者甚至没有意识到西班牙语中路径是必须编码在词根动词上的，也没有发现其中关于跨界表达的限制，这给二语学习者甚至是高水平语言组都带来了极大的困难。因此，研究表明母语迁移不仅仅出现在二语习得的初级阶段，在高级阶段也仍有较大影响，该结论得到了Treffers-Daller和Tidball（2015）的支持。Cadierno（2008a）的研究涉及的语言包括母语荷兰语和二语西班牙语，他认为二语学习者在初级和中级阶段都表现出较强的母语迁移，但是当语言水平达到高级阶段后，学习者就可以产出类似于目标语的表达。Ibarretxe等（2016）聚焦于位移事件中的力量动态和意图性，选取丹麦和西班牙本族语者以及两组中级水平二语学习者（丹麦西班牙语学习者和西班牙丹麦语学习者）为被试，考察了上述两类语义信息在事件表述中的行为特征。研究结果表明，两组学习者都表现出二语学习的困难，准确地说，学习者在学习二语的过程中容易将母语即时思维映射到二语的表层句子结构中；同时，类似习得困难不只出现在学习者学习更为复杂的二语语言系统的过程中，还存在于从复杂到简单的语言学习过程以及类似复杂的学习过程中。该结论却与Gullberg（2009，2011）、Ji和Hohenstein（2014）的研究结论相悖，后者认为二语学习的困难只存在于从简单到复杂的语言系统转换之中，反之则会促进二语学习。

上述学者就母语特有类型模式在二语习得中的影响的看法不尽一致，而问题的焦点是他们主要考虑语言类型框架的差异性对二语习得的影响，那么语言类型框架的相似性是否会必然促进二语习得呢？Cadierno和Ruiz（2006）发现意大利西班牙语学习者与丹麦西班牙语学习者对方式细节的描述在程度上没有很大的区别，也就是说，一语与二语的类型相似性对二语习得没有促进作用，反之，语言类型框架上的相似性会最终促进二语的习得（Cadierno，2010）。对书面语母语即时思维假说的作用的研究显示母语即时思维假说的作用非常有限（Cadierno，2004；Ortega，2007），而对语言及其伴随手势语母语即时思维假说的作用的研究却得出与之相反的结论，即母语即时思维假说还是有相当大的影响（Stam，2006；Negueruela，et al.，2004；Choi & Lantolf，2008），该结论在一定程度上与上述基于口头表述的研究结论一致。总之，学界就母语类型模式在二语习得中的影响问题尚未达成共识。

上述研究既涉及卫星框架语也涉及动词框架语，主要是探讨类型框架上绝对相异的两种语言间的跨语言影响（Engemann，et al.，2012；Luk，2012；

Marrotta & Meini, 2012; Vidakovic, 2012)。中国英语学习者如何表达二语位移事件的研究值得关注(Yu, 1996; 曾永红, 2011; 李恒 & 曹宇, 2013; 许子艳, 2013; Ji & Hohenstein, 2014)。Yu(1996)探讨了语言类型框架上的相似性是否能促进二语位移事件的习得, 结果发现, 中国英语学习者比日本英语学习者在实验任务上表现得更好, 语言间的类型框架相似性能够促进目标语的词汇习得。相对而言, 中国英语学习者在方式动词的产出上更多样化且能像本族语者一样趋于生成方式复合动词, 证明母语迁移确实在二语习得过程中起到了一定的作用。然而, 如果该研究不把汉语视为卫星框架语, 而是其他框架体系如同等框架语的话(Slobin, 2004), 那么, 上述结论就稍显不合理了。曾永红(2011)采用诱发性口头叙述的方法结合自主性位移事件和致使性位移事件综合考察中国英语学习者的事件表达习得情况, 被试为三组不同语言水平的英语学习者, 利用"青蛙故事"和相关动画片段分别进行语料对比分析。研究表明, 在方式和致使运动动词的数量方面, 中国英语学习者不如本族语者, 所产出的运动动词随语言水平的提高呈上升趋势, 中国学生与本族语者产生了同样数量的背景信息, 但不同语言水平之间的变化呈非线性关系, 中国英语学习者倾向于使用事件的动态表达方式, 对事件合并方式的习得随语言水平的提高呈上升趋势。在物理场景描述方面, 中国英语学习者更关注位移事件发生的静态物理场景, 这与英语本族语者有很大的差异。李恒和曹宇(2013)考察了中国高水平英语学习者如何利用言语和手势表征运动事件, 分析发现被试的汉语和英语言语表达都呈现出卫星框架语言的特点, 但汉语表达也具有一定的同等框架语言特征, 被试的伴语手势大多只表达"路径"信息, 编码"方式"信息的手势使用受语义表达、运动学以及认知经济性原则的制约和限制, 言语表达对伴语手势有调控作用, 而伴随性手势也会对言语表达产生一定的强化作用。许子艳(2013)从词汇方面入手研究了中国英语学习者对运动方式动词的使用, 结果表明, 母语的迁移在高水平英语学习者中同样存在, 尽管高水平英语学习者在运动方式动词和运动路径动词的掌握上好于中级英语水平学习者, 但仍不能很好地掌握英语中丰富而精微的运动方式动词。不同的是, 许子艳(2013)突出的是汉语作为与英语所属不同语言类型框架而带来的差异，表明两种语言在方式动词方面的差异会导致二语学习者的习得困难，即母语的负迁移。Ji和Hohenstein（2014）研究了成年中国英语学习者对致使性位移事件的表达习得，数据显示，三组学习者之间在路径和方式的语义详述上都没有表现出组间的显著差异，学习者组基本上习得了目标语的类型模式，在位移事件表达所需的语义成分择取以及语义成分在句中的建构模式上都接近于本族语者，因此得出结论认为一语汉语和二语英语之间的类型框架相似性促进了二语的习得。Ji 和 Hohenstein（2014）突出地描述了汉语作为同等框架语言与英语的类型框架之间的相似性，但是对其中被试关于二语习得中表现出的与目标语的不一致现象则语焉不详，这就使得母语在二语习得过程中有影响的论断缺乏一定的说服力，并且没有准确说明造成学习者表达的语料差异是基于同一类型框架内部的差异还是类型框架间的差异，即没有对汉语的类型框架属性做出说明。曾永红（2011）和许子艳（2013）一致表示二语位移事件表述的习得与二语水平有关，二语水平越高，产出的语言模式就越接近本族语；曾永红和白解红（2013）研究发现英语学习者一方面已大致习得了目标语位移事件的典型表述方式，倾向于使用大量方式动词及包含背景信息的句子，另一方面在连接手段上仍受母语思维的影响，反映出母语迁移的效应。而Ji和Hohenstein（2014）却得出三组被试间没有呈现明显的语言发展倾向差异的结论。

更多的二语习得研究关注二语学习者如何习得类型框架相对立的第二语言，探讨二语学习者是否能习得目标语的在线思维模式，但结论似乎见仁见智。有些研究（Cadierno，2004；Cadierno & Ruiz，2006；Navarro & Nicholaldis，2005）没有发现母语思维模式在二语习得中的影响，而有些研究（Larranaga et al.，2012）则得出了与之对立的结论。有关研究几乎都聚焦于Talmy提出的二分法类型框架语言之间的比较（如Cadierno，2004，2008；Wu，2011），也有实证研究涉及汉语这样的属于第三种框架的语言（Ji & Hohenstein，2014；李恒 & 曹宇，2013；许子艳，2013；曾永红，2011；Yu，1996）。Yu（1996）和许子艳（2013）从词汇角度考察二语习得情况，前者验证母语与第二语言在类型框架上的相似性会促进二语习得，后者则证明一语和母语关于类型框架的差异性使得母语对二语习得起着一定的阻碍作用即负迁移。曾永红（2011）、Ji和Hohenstein（2014）从语篇角度出发考察二语习得情况，但在研究发现上却不一致，所不同的是，Ji和Hohenstein（2014）是从微观和宏观角度综合描述语料，既考察位移事件表达中的语义信息类型和语义密度，又从更大范围的宏观角度调查语义句法接口即语义成分在句中进行编码和构建的过程及机理。

"路径"是运动事件中最核心的成分（Talmy，2000），本章所设计的动画视频中"方式"和"路径"是同等凸显的，但理论上，鉴于"路径"的核心地位，其在运动事件表达中出现的频率应高于"方式"。此外，语言特性在表达过程中也会有一定的影响，特别是属于卫星框架语言的英语含有丰富的方式动词，卫星框架语言中的"方式"具有很高的可编码性，大多是通过从句形式来表达，而动词框架语言倾向于将"路径"编码在动词中（Slobin，2004）。换言之，在动词框架语言中，"方式"的选择性表征意味着要增加语言的加工负荷，这正是这类框架语言较少关注运动方式的根本原因所在。

综合地考虑自主性位移事件和致使性位移事件这两类位移事件，才能更系统更全面地阐释汉语本族语者在表达位移事件时的典型特征。因此，本章旨在系统探讨中国英语学习者如何习得二语位移事件表达并探究母语即时思维在二语习得过程中的影响。我们假设，如果汉语是"动词框架语言"，"路径"作为运动事件最核心的成分，而"方式"的高加工负荷表征导致其相对而言存在表征困难，那么"路径"出现的频率理应高于"方式"；反之，若汉语是"卫星框架语言"，"路径"虽居于核心地位，但"方式"在这类语言框架中具有较高的可编码性，那么，"方式"的出现频率应该与"路径"的相持平。

6.3 实验研究

研究问题与假设

本章的研究问题如下：

（1）不同二语水平的中国英语学习者在习得二语自主性位移事件和致使性位移事件表达上有无差异？

（2）汉语本族语与英语本族语者在描述自主性位移事件和致使性位移事件表述上有无差异？如果有，语言行为差异体现在什么方面以及这种差异程度有多大？

（3）母语即时思维是否会影响中国英语学习者关于位移事件的表达？如果有，影响程度有多大？

对问题的研究假设：

（1）不同二语水平的中国英语学习者在习得二语自主性位移事件和致使性位移事件表达上无差异。

（2）汉语本族语与英语本族语者在描述自主性位移事件和致使性位移事件表述上无差异。

（3）母语即时思维不会影响中国英语学习者关于位移事件的表达。

针对以上研究问题，本文针对两类位移事件从以下几个方面展开调查：（1）表述信息成分类型（方式、致使原因、路径）；（2）方式/原因动词的类符、形符以及形符比；（3）路径密度。

被试

80位综合大学的本科生，平均分成四组，汉语本族语者20人（10男10女）、英语本族语者20人（10男10女）、低语言水平英语学习者20人（10男10女）、高语言水平英语学习者20人（10男10女）。汉语本族语者是汉语专业本科一年级学生，英语本族语者是宁波大学以英语为母语的国际留学生，低水平英语学习者为英语专升本的三年级学生，高水平英语学习者包括英语专业一年级研究生，二语学习者的水平分组先根据学生自然学习段分类，再进行完形填空纸笔测试（Brown，1980修订版），考察被试在英语形态句法、词汇、语篇等方面的语言能力；完形填空测试共20题，被试在10分钟内完成，以最大限度地保证被试的第一反应结果；评分标准除参考已有答案外，另请两位资深英语外教对被试给出的答案进行可接受性判定，根据得分情况最终划定低水平组和高水平组，独立样本t检验结果$p<0.05$，两组水平差异显著。该完形填空纸笔测验自1970年代以来一直被用作检测二语者英语水平的工具，具有可靠信度和良好效度（Bachman，1985）。

实验材料

两组以动画形式呈现自主性位移事件（VM）和致使性位移事件（CM）的剪辑来自于国内外著名动漫的视频片段。实验材料涵盖丰富的路径信息，设计分属于4类范畴的8种运动路径情境，即垂直类路径（up，down）；跨界类路径（into，across）；指示类路径（towards，away from）、平行类路径（along，around）。自主性位移事件和致使性位移事件两类事件均含16个动画，每种路径情境各2个，每个动画时长10s。自主性位移事件呈现的是视频主角的自发性运动，其中的事件元素——运动方式（Manner）和路径（Path）同等凸显，致使性位移事件则是视频主角对别的人或物实施某个行为进而导致受力者发生位移，其中的致使性因素（Cause）出现于每个视频中。实验材料样例如下：

Man and His Progress

Man is the only living creature that can make and use tools. He is the most teachable of living beings, earning a name of Homo sapiens. (1)_____, ever restless brain has used the knowledge and the wisdom of his ancestors to improve his way of life. Since man is able to walk and run on his feet, his hands ways of life.

图6.1　实验材料样例

实验过程

预实验：用心理语言学实验编程软件E-prime 2.0版本单机版编写实验程序后，请6位被试进行预实验检验和评估实验设计的合理性和运行可靠性，找出设计的缺陷和不足，调整完善实验设计、优化运行模式，为正式实验奠定基

6. 位移事件类型框架与动态位移事件的学习

础。预实验时需录制被试的口语表述，因此在一间密闭隔音的实验室中进行单次单个被试的个别实验。

实验练习：被试进入实验室后坐到电脑前，戴上耳机，拿起话筒，做好准备，开始实验。电脑屏幕呈现一段简略介绍实验组成及步骤的文字，被试阅读完毕没有问题后开始进行实验练习。提前训练被试熟悉完整的实验流程并知晓如何去表述一个位移事件，懂得什么信息是需要的（不同的方式/原因或路径信息）。被试可多次练习直至完全理解实验流程和要求为止。比如，对自主性位移事件的口语描述要同等而显性地突出事件的方式和路径，The little boy slides down the ice tunnel是对一个自主性位移事件的理想表述，位移事件中的方式（slide）和路径（down）都被描述了出来。实验练习时，主试扮演指引者的角色，若被试未能完整地表述事件本身，会有如下指导发生（师——老师即主试，生——学生即被试）：

6.3 师：What happened in the last video?

生：A child is playing.

师：How does this child play or what can we call this activity?

生：He is sliding.

师：Ok, great! Let's think it over again. At the beginning, the child is here and later he is there, so what happened in between?（此时，主试用手势协助解释运动事件中主体的不同位置以引导被试产出完整的描述，因为被试只有一次机会观看视频）

生：He goes down.

对致使性位移事件的描述训练也是为了让被试能完整地表述相关信息（指引他们关注运动路径、受事及原因）如：

6.4 师：What happened in the last video?

生：Because of her sister, Anna falls down the bed.

师：So why does Anna fall down? What happened with her sister?

生：She pushed Anna.

实验练习结束，经主试确认被试完全理解实验程序和要求后直接进入正式实验。

正式实验：电脑屏幕呈现红色"+"符号表示实验马上开始，提示被试集中注意力完成实验任务，接着播放一段10秒的动画视频，被试要尽可能完整地记下所观看视频的内容，10秒后屏幕变为白屏并出现"What happened?"的字样，要求被试尽可能完整准确地口述动画内容，为避免被试过度思考及述后修正以便尽可能得到被试的第一反应，被试要在30秒内完成口语表述，时间一到，程序自动跳到下一段动画视频给被试观看。根据实验目的，被试需要完成自主性位移事件描述和致使性位移事件描述两部分实验任务，两部分之间允许休息片刻，以免精神过度紧张，两部分实验程序整体上一致。正式实验时，主试原则上不做任何提示，除非被试在描述位移事件时完全忽略运动本身或在致使性位移事件描述中未提及受事，主试才会给予适当提示，但不会直接显性地提示某一具体的语义信息。

转写与编码

实验结束后，由主试和助手共同对所录制的语音材料进行文字转写。转写时出现的问题，两人在仔细研究文献后探讨商定。数据编码参考Ji和Hohenstein（2014）的编码体系，不是仅仅选取一个"目标句（target clause）"，而是将整个言语（utterance）纳入分析（Hickmann, et al., 2009），因为汉语说话者表达同一个动画时在内容上趋于复杂，形式上趋于分散（Ji, et al., 2011a, 2011b, 2011c），单一的目标句分析显然不够全面。本章研究不仅要考察运动事件的语义要素，还要探究语义信息的丰富度，只选一个目标句而不统计分析其他句子，研究结果难免片面而欠完整。

转写与编码时主要分析位移事件中的运动方式和路径信息，运动方式是指包含具体语义信息的方式动词，像"go, let, make, carry"之类的不包含明确的方式信息的一般词汇，排除于分析范围之列，同理，诸如"in the forest"这样的不涉及显性的运动路径的广义位置信息也不纳入考虑范围，作零路径处理。

6.4 数据分析与讨论

6.4.1 语义成分表达

分析四组被试关于自主性动态位移事件表达所选择的语义成分的数据，自主性动态位移事件的完整表述要包含"方式"和"路径"这两类信息。图6.2展示的是各组被试在表述过程中表征"方式"和"路径"的基本数据。

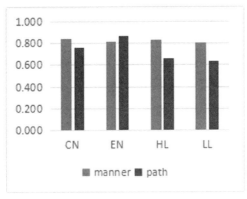

图6.2　自主性位移事件任务中"方式"和"路径"表征的平均比例

（注：CN-汉语本族语者、EN-英语本族语者、HL-高语言水平组、LL-低语言水平组）

如图6.2所示，汉语本族语者和英语本族语者在表达自主性运动事件时选择"方式"语义要素的差别不大，而选择"路径"语义要素的差别较大；四组被试在"方式"语义要素的选择上没有较大的起伏，而不同组的被试对"路径"语义成分的选择表现出比较明显的差异，二语学习者（高语言水平和低语言水平的二语学习者）及汉语本族语者和英语本族语者之间的差别更为明显。汉语本族语者在表述过程中出现"方式"的频率高于出现"路径"的频率，英语本族语者"路径"的出现频率高于"方式"的出现频率，两组不同语言水平的学习者的表现模式则更倾向于汉语本族语者的表现模式。

单因素方差分析发现，四组被试间在"方式"的选择表征上无显著差异（$p=0.442>0.05$），而四组间对"路径"的语义成分表征上有显著性差异（$p=0.000$），具体表现为高语言水平二语学习者与低语言水平二语学习者之间无显著性差异（$p=0.997$），其他两两之间均表现出差异的显著性。对各被试组分别进行"方式"和"路径"的配对样本t检验发现，汉语本族语者在表述自主性动态位移事件时明显地更注重"方式"这个语义要素的表征（$p=0.003$），英语本族语者在表述过程中在"方式"和"路径"的数量上存在显著差异（$p=0.004$），高语言水平二语学习者组和低语言水平二语学习者组同样在"方式"和"路径"表征上存在显著差异（分别为$p=0.000$，$p=0.001$）。

  对上述数据结果讨论如下，作为典型的卫星框架语言的英语在描述位移事件时的最典型和最口语化的表达结构是方式动词＋路径，即"方式"由主要动词表达，而"路径"信息处在卫星位置。按照研究假设，英语在表述位移事件时选择性地表征"方式"和"路径"的频率理应相差无几，但图6.2的数据显示的是"路径"大于"方式"，且两者之间有显著性差异，这一结果与Ji等人（2011c）的研究结果有出入，后者的研究发现"方式"和"路径"几乎是同时得到表征的，即两种语义要素出现的频率大体一致。究其根由，我们定性地分析英语本族语者表述自主性动态位移事件时的具体口头描述转写文本，发现英语本族语者在描述过程中对"方式"的选择性表征频率之所以低于对"路径"的选择性表征频率，主因在于"CROSS"事件类型表达方式上，英语本族语者在这类事件上惯常选择表述的方式是路径信息由主要动词来呈现，如The bunny is crossing the road（40例CROSS事件情境中仅有16条表述包含运动方式信息），这虽不符合英语这样的卫星框架语言表述事件的特征，但值得注意的是，Talmy基于位移事件的语言框架类型划分并未否定特例，只是以话者的惯性表达及其口语化程度来加以区别。因此，撇开"CROSS"这类特殊的事件类型，英语本族语者在描述自主性位移事件时仍然契合其框架属性，大多采取方式"动词＋路径"的结构进行表述。另外，英语中存在一些来自于拉丁语的路径动词如cross，enter等，这类路径动词多用于跨界位移事件的表达，在表述过程中会存在一些标记性边缘选择，而这种选择性表达往往都侧重于事件的结果状态，这可以解释被试在描述位移事件时的语义信息替换选择，因为英语说话者在语用上有强调事件结果的倾向。同时也存在少数诸如The princess is going up the snowy mountain这样的描述，可较好地诠释"路径"

的核心地位（Hickmann等，2009）。

从图6.2中可见，汉语本族语者在描述自主性动态位移事件时对"方式"的使用多于对"路径"的使用。结合所转写的语料分析发现，汉语本族语者在描述自主性动态位移事件时多选择同时表征"方式"和"路径"，而当两者取其一时，除"CROSS"事件类型的描述外，汉语本族语者多倾向于选择对"方式"加以描述，说明在自主性动态位移事件描述过程中，汉语"方式"类动词具有较高的可编码性。另外，还可能是因为汉语本族语者倾向于用分句表述的方式，而"路径"往往可通过语境推断出来，因此，便没有提供显性的路径信息，这与曾永红（2011）的论断一致。同时，数据显示的结果跟"路径"本身的核心语义成分地位有所出入，进一步分析转写文本，发现汉语本族语者在描述动态位移事件时大多倾向于只提供大概位置信息，如"老鼠在木板上跑"，这类表述没有显性地说明动态位移，不能凸显位置的改变，所以并不在本章的考量范围之内，这也正是实际数据跟预想有所不同的根本原因所在。定性研究发现，针对CROSS情境的事件，汉语本族语者不同于英语本族语者在于前者在表述时同时编码"方式"和"路径"信息。Slobin和Hoiting（1994）认为动词框架语中存在语义限制即跨界表述限制，也就是说，动词框架语在表述跨界位移事件时一般不表征运动方式，除非该位移事件本身尚处在未完成的状态（Cadierno & Ruiz，2006；Larranaga, et al.，2012；Treffers-Daller & Tidball，2015）。依据上述论点，汉语似乎有别于动词框架语，不存在跨界表述限制，但同时在语义信息选择上也不同于英语，本文认为，汉语更应被视为处在卫星框架语和动词框架语这两种语言类型之间。

高语言水平和低语言水平的二语学习者这两组被试在"方式"及"路径"的选择性表征上呈现出近乎无异的语言表现，说明高低语言水平的两组被试在自主性动态位移事件的表述中无显著性差异，语言水平在该类事件的描述中没有起到决定性作用。但高语言水平二语学习者和低语言水平二语学习者在各自组内对"方式"和"路径"的选择性表征有较明显的差异，"方式"的表征频率远高于"路径"的表征频率，这跟汉语本族语者的选择性表述模式类似。从两组学习者描述事件的具体话语中发现，"路径"信息广义化是两组被试的共同特点，反映了较强的母语影响，对学习者而言，"方式"比"路径"具有更高的可编码性，这从被试者在两者择其一时选择着重描述"方式"的动词这一行为上反映了出来。

6.4.2 方式动词的类符与形符分析

英语二语学习者在表达位移事件时与汉语本族语者和英语本族语者之间是否存在差异？这里分析四组被试的方式动词产出行为并比较它们的类符、形符及形符比。表6.1所列为各组被试表征方式动词的类型，汉语本族语者共表征了25个表方式的动词，英语本族语者和高低语言水平二语学习者共同表征了16个方式动词，英语本族语还提供了11个其他方式类动词，高语言水平二语学习者提供了4个、低语言水平二语学习者提供了5个方式动词。

表6.1　自主性位移事件中各组被试表征方式动词的类型

CN	奔跑、蹦跳、踩、冲、登、掉、踱步、逼近、跌、翻滚、躲、飞奔、钻、飞、滑、溜、滑冰、落、爬、徘徊、骑、转、做圆圈运动、摔、走	
EN	circle, climb, drop, escape, fall, fly, skate, jump, ride, roll, run, slide, slip, sneak, step, walk	bump, charge, dash, dive, glide, hide, hop, back off, take a great leap, tiptoe, tumble
HL		flood, head, leave, rush
LL		head, hide, leap, rush, wander

（注：CN-汉语本族语者、EN-英语本族语者、HL-高二语水平组、LL-低二语水平组）

表6.2所示为四组被试者产出方式动词类符、形符及形符比的均值。

表6.2　自主性位移事件中各组被试表征方式动词的类符、形符以及形符比的平均值（N=20）

	CN	EN	HL	LL
类符	8.85	9.20	8.35	8.20
形符	14.30	13.95	14.20	13.75
类符/形符比	0.62	0.66	0.59	0.60

（注：CN-汉语本族语者、EN-英语本族语者、HL-高二语水平组、LL-低二语水平组）

单因素方差分析检验各被试组产出方式动词的类符、形符及形符比间是否存在显著差异，结果表明，无论是方式动词的类符、形符还是形符比的平均值，被试组间都不存在显著差异（分别表现为$p=0.137$，$p=0.196$，$p=0.134$），虽然在方式动词的表征类型上，本族语者在数量上稍高于二语学习者组。

汉语本族语者和英语本族语者在表述自主性位移事件时都能提供丰富的方式动词（曾永红，2011），而两二语学习者组由于自身语言水平的限制，在方式动词上的表征表现上有异于两本族语者组，但是组间的差异却不明显。一方面，二语学习者语言水平并不能提供如英语本族语者同样多的方式动词；另一方面，无论是方式动词的类符、形符还是形符比，英语本族语者组都没有显著区别于两组二语学习者，这或许是因为自主性位移事件本身所须被表述的内容较为简单而无须提供过于复杂的词汇，而二语学习者大体上已成功习得基本的方式动词。值得一提的是，两组二语学习者在方式动词的表述上过度使用一级词汇即一般意义的方式动词，相对较少出现二级词汇即语义丰富的方式动词，而二级语义丰富的方式动词的使用在英语本族语者中是较为常见的语言行为（曾永红，2011；Cadierno & Lund，2004），这也反映了二语学习者共同的习得障碍，即二语输入中缺少复杂词汇。正因为学习者存在这样的二语习得困难，中国英语学习者在表述过程中往往会采取策略来弥补这种不足，即只用简单正确的语言来表述位移事件，除非他们非常肯定自己的语言水平可媲美本族语者（曾永红，2011），这与Ji和Hohenstein（2014）所提出的成本效益手段（cost-effective means）的观点相吻合。Dornyei和Kormos（1998）认为在口语表达过程中，如果二语学习者在词汇方面存在表述困难，那么他们会倾向于采用替换措施，也就是用一般词汇代替复杂词汇。本章的结果也与本书第2章的实验结果互为验证。

汉语和英语都有大量的方式动词，作为分析性语言的汉语在事件描述过程中可采取动词+副词修饰语的搭配行为，英语是一种综合性语言，它在描述位移事件时侧重于精简，选择的动词往往附加了其他详细的语义信息如方式等。另外，汉语和英语在词汇上并非绝对一一对等，如英语carry就涵括了汉语中"搬、拿、扛"等语义，从这一角度来看，汉语在描述事件时词汇的丰富度更高。

6.4.3 自主性动态位移事件的路径密度

本章将路径信息进行粒子级的划分（Ji & Hohenstein，2014），即区别不同类别的路径信息而非笼统地以一个整体加以考察，除了轨迹本身（如up，down，across）外，还进行了细化补充，如表示运动始终点的信息（如from...to）、运动指示（如towards，away from）、方向（如forward，backward）等。根据位移事件表达的多方面路径信息，将路径信息划分成四类，即路径要素（path elements）PE-0，PE-1，PE-2，PE-3，详见例6.5：

6.5 a. The princess rides a horse on the snow.（PE-0，未涉及路径要素）

b. The animals jump across the river.（PE-1，涉及1个路径要素）

c. The egg slides from the top of mountain to the bottom.

（PE-2，涉及2个路径要素）

d. The animal is dropping down from one place to another place.（PE-3，涉及3个路径要素）

以6.5a为例，若被试表达位移事件时只提供了广义位置而未显性地表明位移，则将此类广义定位排除在"路径"语义要素之外不作分析。

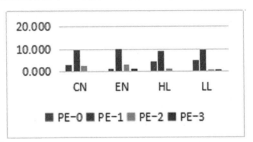

图6.3 自主性位移事件中各组被试表征路径密度平均值

（注：CN-汉语本族语者、EN-英语本族语者、HL-高二语水平组、LL-低二语水平组）

图6.3展示各组被试表达自主性动态位移事件时四类路径语义密度的平均频次，就路径密度而言，四组被试在表达自主性动态位移事件时主要倾向于产出PE-1表达形式，不涉及路径信息（PE-0）的自主性动态位移事件表达形式在学习者组中占第二大比例，显然，两组二语学习者对该表达形式的使用

频率高于汉语本族语者组和英语本族语者组；PE-2这样的路径密度信息多见于两本族语者组，略高于其在学习者组出现的频次；本章所涉及的最大路径信息语义密度（PE-3）表征形式占总比例是最少的，尤其在低语言水平二语学习者组中表现明显。为了做进一步的分析，以CN，EN，HL，LL为被试间因素，PE-0，PE-1，PE-2，PE-3为被试内因素，进行双因素混合方差分析，结果表明PE与被试组别之间存在显著的交互效应（$p=0.000$），PE的主效应显著（$p=0.000$），说明不同密度的路径信息之间存在显著差异，而被试组别的主效应不显著（$p=0.272$），详见表6.3和表6.4。

表6.3 自主性位移事件中路径密度的被试内效应检验（$N=20$）

来源	均方和	自由度	均方	F	p
PE	3602.275	3	1200.758	388.772	0.000
PE ×组别	293.525	9	32.614	10.559	0.000
Error	704.200	228	3.089		

鉴于因素主效应跟交互效应之间存在一定的关联性，不能仅做简单的表面判断，因此再进行4次单因素方差分析，分别以PE-0，PE-1，PE-2，PE-3为因变量，探究被试组别的主效应是否真的不显著。就PE-0水平而言，组与组之间存在显著差别（$p=0.000$），事后多重比较检验表明除了高、低水平二语学习者组之间没有显著差异（$p=0.997$），其他两两之间都有显著性的差异（CN：EN，$p=0.000$；CN：HL，$p=0.011$；CN：LL，$p=0.010$；EN：HL，$p=0.000$；EN：LL，$p=0.000$）。同样，数据分析表明，PE-1水平上不存在组间的显著性差异（$p=0.476$），PE-2水平上有组间显著差异（$p=0.000$），两本族语者组在该水平上明显产出能力比学习者组更强且差异显著（CN：HL，$p=0.003$；CN：LL，$p=0.000$；EN：HL，$p=0.000$；EN：LL，$p=0.000$），但两本族语者组之间和高、低学习者组之间都不存在显著性差异（CN：EN，$p=0.678$；HL：LL，$p=0.752$），PE-3水平上存在组间显著差异（$p=0.001$），具体表现为英语本族语者和低水平二语学习者组之间有显著性差异（$p=0.004$），其他组间未发现显著性差异。

表6.4 自主性位移事件的被试间效应检验

来源	均方和	自由度	均方	F	p
截差	5120.000	1	5120.000	4587540.000	0.000
组	4.441E-015	3	1.480E-015	1.326	0.272
误差	8.482E-014	76	1.116E-015		

这里以定性与定量相结合的手段针对上述统计数据结果进行分析和阐释。图6.3显示，四组被试表达自主性动态位移事件时在路径描述的详细程度上主要以PE-1为主，这也部分符合英语本族语者的运动事件表达习惯，即惯于系统性地使用卫星小品词来表征运动轨迹。定性分析所有PE-1中所表征的路径信息，我们发现绝大多数英语本族语者是借助V＋表运动轨迹的小品词组合形式来描述的，这是英语本族语者的一个惯性思维或语言行为，他们在很小的时候就已经意识到其母语的惯常表达方式，这一发现验证了Slobin的假说（1985，2000）；但也有小部分表述将路径信息编码在主动词中，而这种情况多出现在跨界情境的位移事件即CROSS和INTO事件类型中。值得一提的是，英语中确实存在一些路径动词如cross，enter等，而且，英语作为一种综合性语言，在表述的过程中力求简明扼要，其在位移事件的表征上倾向于关注事件的结果状态，因此英语本族语者在描述跨界位移事件时很可能采用路径动词而不是方式动词＋路径卫星模式来表达事件，最终也就确定了英语本族语者描述事件时在PE-1的使用上遥遥领先。

关于PE-2水平，两本族语者组比学习者组表现出明显性的优势，可推理如下：作为分析型语言的汉语在描述动态位移事件时很可能会细节性地描述运动的轨迹（Ji & Hohenstein，2014），而英语这样的框架语言则更关注路径的具体细节（Slobin，1996a，1996b）；换句话说，英语的语言框架属性决定了其话语者在描述位移事件时更倾向于对路径的详细表征。高、低语言水平的两组二语学习者明显在PE-2的路径密度上的表达频率远远少于英语本族语者的频率，很大程度上是因为二语学习者组的语言水平上的限制导致他们在语义信息丰富程度上受到阻碍。

对比英语本族语者和低水平二语学习者在PE-3表征上的语义密度，发现两者在这一路径语义密度上具有显性差异，低水平二语学习者在PE-3的路径密度上由于语言水平不高导致其在描述位移事件时出现详细表述事件的困难，而高水平的二语学习者在该路径密度的总体表现上比低水平二语学习者有一定优势。这在一定程度上反映出二语学习者的语言水平对其口头描述事件有影响。结合图6.3的数据展示和转写出的实例进行分析，汉语本族语者在PE-0水平上所做的运动事件描述占了较大的比例，他们在描述时内容比较分散，导致可起连接语句作用的小品词无用武之地，而与路径相关的信息多是通过语境隐形推导出来（Ji & Hohenstein，2014）；也有相当大的一部分原因是被试在表述时对运动路径语义成分的选取上偏向于提供广义位置信息如on the snow，而一般位置信息并未准确地传递位置变换的信号，这不在本章的考虑范围内，故不做分析和讨论。学习者在路径密度表述上与英语本族语者有着显著差异，原因可作如下分析：（1）以英语为二语的学习者其自身的语言水平还没有达到本族语者的程度，因而在描述事件时缺乏细致周详地做出描述的语言能力；（2）作为其母语的汉语在位移事件描述上相比英语对路径的关注度不足，汉语在描述过程中常出现靠语境来推测位移轨迹的现象，由于二语学习者在一定程度上受母语影响，所以对路径的关注度不够，便出现零路径信息或前述的广义路径信息的情况。

6.4.4 致使性动态位移事件的数据分析和讨论

致使性动态位移事件因包含着"原因（Cause）"这样一个语义要素，其表达更趋复杂化，完整的描述致使性动态位移事件的表述应涵括Cause（原因）、Manner（方式）、Path（路径）三类语义成分，这就给被试在描述这类事件时的话语内容和句子结构提出了更为复杂和繁重的任务要求。理论上讲，对致使性动态位移事件的描述以"原因"和"路径"为核心成分；同样，从语言事实出发，语言的特定框架类型属性也会使得话语者在描述致使性动态位移事件的过程中呈现出一定的语言行为特性。前文提及，动词框架语在描述自主性位移事件时往往通过其他从句形式来编码位移方式，进而使得"路径"的表征频率大于"方式"的表征频率，所不同的是，致使性动态位移事件以"原因"和"路径"为构筑整个事件的核心，往往把"原因"和"运动"放在一起进行编码，而这种情况下，"方式"一般就由表"原因"的动词联合呈现，如The chipmunk pushed the tree trunk down the slope 中 push 就包含了"原因＋方式"两个语义成分。而卫星框架语则会将原因和方式编码在主要动词中，将路径编码在卫星位置上。可以假定，理想状况下，无论是动词框架语还是卫星框架语，两者在原因和路径的表征频数上无差别，即原因＝方式＝路径，详见图6.4。

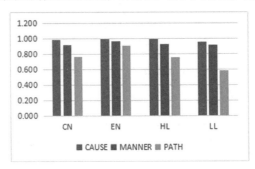

图6.4 致使性动态位移事件任务中"原因""方式"及"路径"表征的平均比例

图6.4显示，四组被试在表述致使性动态位移事件时，"原因"的表述倾向最大，其次是"方式"，最后是"路径"。四组被试在"原因"和"方式"的表述上差别不大，相对而言，组间在"路径"的语义选择表达上呈现较大的差异。关于组内各语义要素的表达情况，除了英语本族语者组差异较小，其他三组组内关于事件表达的语义要素选择性表达呈现较大的差异。进一步对"原因""方式"及"路径"进行单因素方差分析，结果显示，以"原因"为因变量，组间差异的显著性只存在于英语本族语者组和低语言水平二语学习者组之间（$p=0.024$），其他组间差异不明显；以"方式"为因变量，英语本族语者组和低水平二语学习者组之间存在边缘显著差异（$p=0.056$）；以"路径"为因变量，除了汉语本族语者组和高水平二语学习者组之间差异不明显（$p=1.000$），其他组两两之间都存在显著性差异（CN：EN，$p=0.000$；CN：LL，$p=0.003$；EN：HL，$p=0.000$；EN：LL，$p=0.000$；HL：LL，$p=0.004$）。

从图6.4的数据分布可见，实际数据结果与预设有所出入。理想情况下，"方式""路径"及"原因"在描述事件过程中应呈现相似甚至相等的频次，但实际上，四组被试均一致呈现"原因">"方式">"路径"的情况。具体的文本分析发现，无论是本族语者组还是二语学习者组，对于致使性动态位移事件中"原因"的事件要素具有较高的识别度及表征度，这可以从四组被试关于"原因"的表征平均比例看出。至于"方式"的平均表征频率，仅次于"原因"的出现频率，主要原因在于"移动"这样的普通动词只涉及了原因却没有明确具体的致使方式，而路径作为事件描述的核心，最终数据显示出现频次最少。定性分析发现，相较于四组被试在自主性位移事件中的语言行为，他们在致使性动态位移事件表达词汇中出现更多广义上的位置信息甚至对路径语义成分的省略，这可能是因为事件类型本身的缘故；换句话说，与前半部分的自主性位移事件表述实验相比，后半部分的致使性动态位移事件更为突出其中的"原因"事件要素，这在某种程度上使得被试更为关注事件中包含的致使关系，导致他们忽略运动的路径信息，对于低水平二语学习者而言，在有限时间内涉及多种语义信息反而会增加认知加工负荷，相似的结论也出现在Hendriks等（2008）的研究报告中。在汉语本族语者的致使性动态位移事件描述中还发现一些连动结构，其中并没有显性地突出路径信息，但可从语境中推演出来，这说明汉语在这方面的语言行为类似于动词框架语的语言行为。

二语学习者组与英语本族语者之间的比较情况是，英语本族语者在"原因""方式"方面与高水平二语学习者之间没有显著性差异，而与低水平二语学习者组之间有显著性差异。具体分析发现，低水平二语学习者在描述致使性动态位移事件时，除了选取一般原因动词外，还出现多例致使性到自主性位移事件转变的描述，如The animal climbed the tree with his cone 中用主动行为替代被动行为，忽略了施力与受力之间的关系，进而简化了原有致使性动态位移事件的运动行为，这可解释为低水平的二语学习者因其本身的语言条件限制在口头描述复杂的致使性动态位移事件时存在表达困难，这时候介于详细描述和地道表达的选择上，低水平二语学习者会采用最经济有效的策略来尽可能完整描述事件本身（曾永红，2011；Ji & Hohenstein，2014），因此，他们倾向于地道的表述而放弃额外的认知加工负荷去完整描述事件。相对而言，高水平的二语学习者在这方面表现更好。另一方面，低水平二语学习者在致使性动态位移事件中较少表达方式信息，主要是因为他们常使用make，let，carry这样的一般性致使动词，其中只涉及位移发生的原因，却没有突出运动的方式。这种语言行为可在汉语本族语者中找到证据，他们在表述致使性动态位移事件时惯常运用"把字句"结构来描述事件中的致使性关系，如"两个壮汉把一个男孩从屋顶放下去"，反映出低水平二语学习者受到母语即时思维的影响将母语的思维迁移到目标语的表层句子结构中。高水平二语学习者虽然比低水平二语学习者较少使用这样的一般性原因动词，但同样也有类似的语言行为。这也验证了Hendriks等人（2008）的观点，即使学习者的二语语言在发展，但是他们仍然不能摆脱母语影响，只不过这种二语习得过程中的负迁移对高水平二语学习者的影响没那么大（Navarro & Nicoladis，2005）。汉语是一个比较复杂的具有多种可能性的语言系统，在致使性动态位移事件上有多种可选表述，与之相对，英语作为较简单的语言系统，一般只有单一的典型性表达，因此，对中国英语学习者而言，英语习得较为简单（Ji & Hohenstein，2014）。但是，本章却有不同的发现，即中国的英语学习者，无论水平高低，在致使性事件表达中都受到他们母语的影响，这跟Ibarretxe-Antunano和Cadierno（2016）的研究发现一致，即习得困难不只存在于从简单到复杂的二语学习过程中，还存在于相反的语言学习中。路径信息方面，两个学习者组都与英语本族语者组之间显示出差异的显著性，两个学习者组之间也存在显著性差异，说明学习者间存在语言的发展现象。

6.4.5 原因动词的类符与形符分析

在致使性动态位移事件中，"原因"跟"路径"都是核心语义要素，话语者在描述事件时惯于将"原因"和"运动"融合，用一个动词同时涵盖这两个语义成分。此处分析原因动词在各被试组中的类符、形符以及形符比，探究汉语本族语者和英语本族语者之间的异同以及高低语言水平二语学习者的语言发展情况。四组被试选择表征的原因动词类型见表6.5。汉语本族语者在表述过程中共提供了26个原因动词，英语本族语者以及两组二语学习者产出14个原因动词，总数上，英语本族语者共提供了21个原因动词，高水平二语学习者多出4个，而低语言水平二语学习者同样也是21个。

表6.5　致使性位移事件中各组被试表征原因动词的类型（N=20）

CN	拔、打、带、吊、顶、丢、放、飞、赶、滚、挥、击、驾、降、揪、拉、抛、扔、甩、运、推、拖、移、载、拽、撞	
EN	bump, carry, drag, hit, knock, lower, move, pull, punch, push, put, roll, throw, let	chuck, collide, drop, fling, toss, tow, tumble
HL		beat, cast, drive, drop, hang, hold, send, slash, take, get, make
LL		beat, drive, hang, send, take, get, make

表6.6　致使性位移事件中被试表征原因动词的类符、形符以及形符比的平均值（N=20）

	CN	EN	HL	LL
类符	9.000	7.100	7.250	6.950
形符	15.850	16.000	15.900	15.300
类符/形符比	0.568	0.438	0.456	0.454

由表6.6可知，各组在原因动词的类符上存在差别，尤其是汉语本族语者跟其他组相比，在原因动词类型数量上占显著优势。而论及原因动词形符，汉语本族语者、英语本族语者以及高水平二语学习者相差不大，但低水平二语学习者与前三组有较大的差别。单因素方差分析结果显示，在原因动词的类符上，汉语本族语者与其他三组都存在显著性差异（CN：EN，$p=0.000$；CN：HL，$p=0.000$；CN：LL，$p=0.000$），而英语本族语者跟二语学习者之间虽有差异但不明显；在原因动词形符上，除了低水平二语学习者跟其他被试组有着显著性差异以外（CN：LL，$p=0.015$；EN：LL，$p=0.001$；HL：LL，$p=0.006$），其余组与组之间没有发现显著性差异；在原因动词的形符比上，跟其类符单因素方差分析一样，显著性差别只出现在汉语本族语者跟其他三组之间。

前述的表6.1显示，汉语本族语者提供的原因动词类型最多，明显不同于其他三组被试所提供的动词类型。而在原因动词方面，英语本族语者和两学习者组之间虽有差异但不明显，说明二语学习者同样储备着丰富的原因动词。但值得注意的是，定性考察学习者口语转录文本，发现其中有很大一部分属于一级词汇，较少涉及二级词汇；换句话说，虽然二语学习者在数量上有着可媲美英语本族语者的原因动词类型，但是他们倾向于过度使用一级词汇，较少使用二级词汇（曾永红，2011；Cadierno & Lund，2004），这归因于他们缺乏系统的二语词汇学习以及有限的二语语言能力。另外，二语学习者尤其是低水平二语学习者大量提供诸如"let，make，get"这样的含有原因语义的动词。这种语言行为来自母语的负迁移，因为汉语本族语者常采用"把"字句来描述致使性位移事件并强调其中的致使关系（"把"字句主要是明确指明某实体是如何被改变位置的，而类似功能的"使"字句和"将"字句在本章中同归为"把"字句，这主要为了方便讨论）。刘洁琳（2014）也验证了这种论断，发现学习者之所以关注致使性位移事件中的受事，是因为受母语即时思维的影响，换言之，当学习者要描述复杂的致使性位移事件时，他们很可能会求助于母语的思维习惯，最终产出不符合二语语言习惯的表述。至于原因动词的形符，数据分析结果显示显著性差异只存在于低水平二语学习者跟其他三组被试之间，其中的理由已在本章前文阐述，即低水平二语学习者的二语能力有限，时有不能胜任复杂致使性位移事件的表述工作的情况发生，这时他们常会采取经济效益手段，尽可能保证语言地道，但会缺失其他一些关键语义信息。

6.4.6 致使性动态位移事件的路径密度

上文提到四组被试表达自主性动态位移事件时在路径描述的详细程度上主要以PE-1为主，英语本族语者和汉语本族语者在PE-2上有显著优势，而PE-3上存在组别间差异，即英语本族语者和低水平二语学习者之间有显著性差异。汉语本族语者在PE-0水平上进行的运动事件描述占了较大的比例。那么他们在致使性动态位移事件中又有什么样的表现？图6.5是各组被试表征路径密度的平均值。

6. 位移事件类型框架与动态位移事件的学习

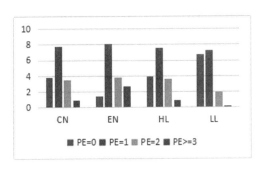

图6.5　致使性位移事件中各组被试表征路径密度平均值

图6.5显示，PE-1也是各组被试在致使性动态位移事件中的主要表达模式。PE-0的路径密度上，低水平二语学习者表现最突出，占了相当大的比例，而之后路径密度越高，低水平二语学习者描述的可能性就越小。相对地，两本族语者和高水平二语学习者还是有较多的PE-2这样的路径密度描述话语。而PE-3上，明显可看出英语本族语者遥遥领先于其他三组，高水平二语学习者和汉语本族语者之间相差不大。为了做进一步分析，以PE的四个密度等级为被试内变量，被试组别为被试间变量进行重复测量方差分析，结果表明，PE与被试组别之间存在显著的交互效应（p=0.000），且PE的主效应和被试组别的主效应显著（分别为p=0.000，p=0.008），如表6.7和表6.8所示。

表6.7　致使性位移事件中路径密度的被试内效应检验

来源	平方和	自由度	均方	F	p
PE	1762.225	3	587.408	147.857	0.000
PE × 组别	405.975	9	45.108	11.354	0.000
偏误	905.800	228	3.973		

表6.8　致使性位移事件中被试组别的被试间效应检验

来源	平方和	自由度	均方	F	p
截差	5120.000	1	5120.000	116055.000	0.000
组	5.551E-015	3	1.850E-015	4.194	0.008
偏误	3.353E-014	76	4.412E-016		

为了探究各组的路径各密度值的差异情况，分别以PE-0，PE-1，PE-2，PE-3为因变量进行单因素方差分析，数据结果显示，就PE-0而言，汉语本族语者与高水平二语者之间没有显著性差异，其他两两之间都体现差异的显著性（CN：EN，$p=0.000$；CN：LL，$p=0.003$；EN：HL，$p=0.000$；EN：LL，$p=0.000$；LL：HL，$p=0.004$）；PE-1上，各组数据之间没有显著性差异，PE-2的单因素方差分析表明存在组间差异（$p=0.001$），具体表现为LL跟其他三组之间的差异具有显著性（分别为LL：HL，$p=0.007$；LL：EN，$p=0.001$；LL：CN，$p=0.010$）；PE-3方面，组间的差别主要体现在CN：EN，（$p=0.000$）、CN：LL（$p=0.010$）、EN：HL（$p=0.000$）、EN：LL（$p=0.000$）、LL：HL（$p=0.013$）等上面。

根据上述数据统计分析结果，四组被试表达致使性动态位移事件时在路径描述的详细程度上主要以PE-1为主，英语本族语者惯于借由卫星小品词来表征运动轨迹。定性考察所有PE-1中所表征的路径信息，发现绝大多数是借助V+表运动轨迹的小品词组合形式来描述的，完全契合其作为卫星框架语的特性，这也是本族语者的一个惯性思维或语言行为，因为他们很早就已经意识到其母语的惯常表达方式。值得注意的是，致使性动态位移事件不同于自主性动态位移事件，前者无论是什么类型事件，包括CROSS这样的跨境情境，被试尤其是英语本族语者也是采取原因动词+路径卫星这样的结构来描述。之所以出现这样的情况，我们认为是因为致使性位移事件比自主性位移事件更为突显其中的原因语义要素，指引被试更加关注事件中的致使性关系，因此"原因动词+路径卫星"在该类事件中成为了最佳选项，也进一步表明英语在表述事件时有自己独特的语言行为习惯，语言的在线即时思维会引导本族语者特别关注事件的某一方面并提供给他们一系列关于语义成分的选择（Cadierno，2008；Jarvis，2011）。PE-0方面，汉语本族语者和高水平二语学习者之间有细微差异，低水平二语学习者在该密度上的描述倾向只稍低于PE-1，而英语本族语者所占的数量比例是最少的。究其原因，主要可作如下分析：英语是卫星框架语，正如Slobin（2006a，2006b）所言，英语的这种特性使其母语话语者比较习惯性地关注路径的细节，所以如数据结果图6.5所示，PE-0这样的路径信息不明确或不表述的情况是少之又少。而汉语本族语者在致使性动态位移事件表述的过程中提供了大量的光杆原因动词,不涉及任何运动的路径信息,就这一点来看,汉语似乎跟卫星框架语类似,运动方式/原因如有必要可单独被表征(曾永红,2011)。另外,高水平二语学习者和低水平二语学习者在该路径密度上的表述量也不低,具体分析转录文本后发现两组学习者在描述过程中还存在大量表述没有指示路径轨迹,这里既有母语思维影响的影子,但也存在二语学习者的语言能力问题,尤其是低水平二语学习者,相对高水平二语学习者而言,在二语的习得过程中更加受制于母语,从而在该密度水平上可发现显著的语言发展现象,同时也验证了母语影响也存在于高水平二语学习者中(Larranaga, et al., 2012; Treffers-Daller & Tidball, 2015),也就是说,即使学习者间有二语语言发展变化,但始终不能摆脱来自母语的负迁移(Hendriks et al., 2008)。另一种可能的解释是"最小化任务表述反应(minimal response to task)"(Hendriks & Hickmann, 2011),当需要描述相对较复杂的事件时,二语学习者由于二语水平不高倾向于选择性地表征最为重要的语义信息成分,也就是致使性动态位移事件中的原因。低水平二语学习者在口述事件上存在较大的困难,路径密度需求越高,他们就越难以完成表述任务。低水平二语学习者在PE-2的表现更是其二语语言水平不足的另一方面体现,而高水平二语学习者跟两组本族语者都不存在显著性差异,这可能是由于实验设计的关系,实验要求被试尽可能全面准确描述动画内容,高水平二语学习者也试图努力地做出可能详尽描述,所以其在PE-2上也具有一定的比例。PE ≥ 3的路径密度最高的表述中,英语本族语者仍居于首位,这符合其母语的语言特性,他们尽可能详尽地描述运动的轨迹路线(Hickmann, 2006; Hickmann, et al., 2009; Berman & Slobin, 1994),相对地,汉语本族语者明显不同于英语本族语者,并没有表现出细节性地描述路径信息的倾向,因此就更接近于动词框架语的特征(Chen & Guo, 2009)。而低水平二语学习者在该密度上的描述几乎为零,高水平二语学习者尚能在其语言水平内达到实验的要求,这说明语言水平确实会影响他们描述致使性动态位移事件的行为。

6.5 小结

英语本族语者对自主性动态位移事件的描述整体上符合卫星框架语言的特征,汉语本族语者在表述时与英语本族语者一样,大部分选择同时表征"方式"和"路径"。

汉语本族语者倾向于表征"方式","方式"可编码性较高。汉语中核心"路径"的语义缺失是因为说话者在描述自主性位移事件过程中常出现连动结构,这一点跟动词框架语的语言行为模式类似。

汉语在自主性位移事件的表述上呈现比较复杂的语言框架类型特征,一方面类似于动词框架语,在运动路径描述中存在大量省略信息或者信息广义化现象,另一方面又跟卫星框架语类似,能够细节性地描述运动轨迹,因此,汉语处于卫星框架语和动词框架语两种语言框架类型之间。

二语学习者表现出"方式"表征频次远高于"路径"表征频次,且后者表达数量上与两本族语者组形成鲜明对比,其中关键因素在于二语学习者在"路径"描述上较多地选择提供广义位置信息,这点跟汉语表述习惯类似,二语学习者将这种母语思维直接迁移到二语自主性位移事件表达上,导致两组学习者被试跟英语母语者被试组差距明显,学习者受到母语影响较大。

二语学习者过度使用表"方式"的一级词汇,较少使用二级词汇,这基本上是二语学习者的习得难点,因此没有表现出明显的语言发展现象。

在致使性动态位移事件的描述上,英语和汉语本族语者在语义选择上呈现原因>方式>路径这样的阶梯表现形式。汉语在致使性位移事件描述中同样也呈现出非单一清晰的语言框架类型,更适合被划为处于卫星框架语和动词框架语之间的连续统。

低水平二语学习者由于自身语言能力限制,不能完全胜任复杂的致使性动态位移事件表述任务,遇到表述困难时,他们会选择最具有经济效益的手段,常出现致使性事件到自主性位移事件的转换描述,这种语言行为主要是受母语思维的影响,因为汉语常采用"把"字句来描述致使性动态位移事件。两组二语学习者无论语言水平高低,都受到母语负迁移的影响。

7. 构式与英语被动构式的理解

　　一个事件的参与者在语言形式中的表达规则和所处位置是语言学理论要阐释的重要议题之一。同一个词出现于句子的不同位置，这个句子所表达的意义也有所不同。由于人类的认知共性，英语和汉语在某些句式上也表现出一些共性。被动构式是英语和汉语中存在的普遍语言现象。认知语言学构式语法理论从构式角度出发分析被动范畴的构式义，对比不同语言被动构式的句法语义特征，分析其语法成分及语义限制问题。从原型范畴和理想化认知模型来看英汉被动构式的理想化认知模式及其原型效应、连续体及不完全对应性，发掘被动构式的形成原因和深层机制；运用实验方法分析中国英语学习者对英语被动构式的理解，分析语法理论对英汉被动构式教学的指导意义。根据构式语法，构式是形式和意义的结合体，即便是在具体词语缺席的情况下，它也具有与形式相对应的意义和功能。构式是语言的基本单位，是语言表达式的本质所在，被动结构应该算是一个构式，它是一个抽象的概念，但这样的抽象概念在语言使用者中具有心理现实性。

　　本章探究英语学习者对英语被动构式的理解，这一理解涉及句法运算、试错和探索、个人喜好、世界知识等。被动构式作为中国英语学习者的重点和难点，英语教师应注重向学生教授被动构式的完整图式和认知理据，随学生英语水平的提高而扩大对于被动构式的输入。

7.1 构式与构式语法

"构式（construction）"在语言学中源远流长，有时类似于传统语言学中的"结构（structure）"，有时等同于具体的语言表达式如习惯用语。Bloomfield（1933：169）最先提出构式的定义，当同时说出两个及两个以上类似于复杂形式中成分的形式时，构式便是它们的组合所构成的语法结构。构式研究因认知语言学的兴盛而流行。Fillmore（1988：36）认为构式是指任何分配给一个或多个约定性语言功能的句法模式，这样的句法模式和规约性语言形式一道作用于含有该句法模式的结构的意义和用法，构式可从四个角度作阐释，（1）构式是一种规定性句法，包含任何句法模式；（2）构式是熟语性的；（3）构式是词汇项；（4）构式像是一个由亲子构成的核心家庭谱系。构式是一种基本的特征性的语言单位，根据心理连续性由语言用法抽象而来；通常而言，构式是音位和意义的混合结构，包含了音位和语用所指的纯粹模式（张韧，2007）。

在最为知名而被广泛运用的"构式"（Goldberg，1995：4）中，C是构式，如果C是形式—意义对<Fi，Si>，则（Fi）的某些方面或（Si）的某些方面就不可能从C的构成成分或其他已成型的构式上加以预测。扩展版构式理论（Goldberg，2006：8）认为构式是列存的形式与功能对的构成，包含语素、单词、习语、词汇填充，是完全通用的语言模式。表7.1是一些大小和复杂度有所不同的"构式"（Goldberg，2003），其中意义不透明的则对其形式与功能加以说明。构式是形式与语义的配对，其范围可从语素到句子甚至语篇，并根据构式的大小、复杂性、形式与意义对构式做出分类（Goldberg，1995：7）。

表7.1 构式的例子

语素	例：anti-, pre-, -ing
单词	例：avocado, anaconda, and
组合词	例：daredevil, shoo-in
习语（完整的）	例：going great guns

续表

习语（部分的）	例：jog（someone's）memory	
共变性条件构式	形式：The Xer the Yer （例：The more you think about it, the less you understand it.）	意义：连接的自变量和因变量
双宾语构式	形式：Subj-V-Obj1-Obj2 （例：He gave her a Coke; He baked her a muffin.）	意义：转移（意向的或者实际的）
被动构式	形式：Subj aux VPpp（PP by） （例：The armadillo was hit by a car.）	语篇功能：把逻辑宾语突显为主题或者把行为人置为非主题

（备注：本表编译自Goldberg，2003：220）

如表7.1所示，构式是形式与意义的配对，其范围可小至语素大到句子，可根据大小、复杂性、形式和意义加以分类（Goldberg，2003），就大小而言，构式可从语素延伸至话语；就复杂性而言，构式可从语素扩展至不同的句法形式；就形式而言，构式可被表征为程式性表达，如双宾构式可被表征为[Subj – V-Obj1-Obj2]；最后，不同的构式可从不同语境转移句法或语义。

构式语法是一种语法研究方法，具有非模块、生成、非派生、单层性、一致性等特征（Kay，1995）。构式语法的基本原则和原理是研究传统构式即形式与意义的配对，认为构式是基本的语言单位（Fillmore & Kay，1993；Fillmore, et al., 1988；Lakoff，1987：54；Brugman，1988：72；Lambrecht，1994：33）。构式语法是关于说话人的语言知识本质的语言学理论，是非模块的和非派生性的语法方式，目标是全面研究语言的客观存在及语言内外的概括力（Goldberg，1997）。构式语法的特性分述如下。

非模块性。构式语法强调形式与意义是每一个具体构式或语法规则的有机部分，而不是不同的语言模块，构式语法类似于管辖论却又不同于管辖论，是所有非模块性语法中最具代表性的语法理论。构式语法特别强调任何种类的语法信息都以适当的方式与特定的语言形式相联系，因此，语用信息和语言形式共同构建起语法规则或曰构式（Kay，1995），比如：

7.1 a. Stand up!

b. Him be a lawyer?!

7.1a的形式为祈使句，7.1b的形式是问句叠加感叹，显示出说话人的不信任或是疑惑，正是语言形式本身才具有7.1b的表达所引致的语用效果，而不是由会话过程的推理所引起的效果，因此就变成了这些句法构式的有机部分（Kay，1995），换言之，构式是语法、语义和语用的有机整体，具有非模块性。

非派生和单层性。构式语法是单层的，没有任何形式转换。Kay（1995）认为一个句子只有在某种语言中有一系列的构式或规则时才能得到语法的验证，这些构式或规则才能产生该句子的表层形式和语义特征，一般而言，一个具体的句子是受到若干构式同时影响的结果，以7.2为例，它是由SV构式、双宾构式、不定式构式、过去时语素构式和五个对应于五个词的语素共同构成的。

7.2 Bill faxed Mary a letter.

由于构式是形式与意义的配对，因此句子结构在构式语法中就没有形式和意义的转换，主动构式和被动构式是相等的，都有存在的理由并展示不同的意义。

全覆盖性。构式语法认为语法理论应该且必须解释所有的语言事实，语言学家不能假设某些语言事实是核心的和首要的而另一些语言事实是边缘的甚至可以是从理论语言学的注意范围中移除的，理由如下：一、语言学家对一般语法的理解是不够充分的，他们不能决定哪些语言数据应该以哪种理由被移除掉；二、对带强标记的构式的研究可以使语言学家较好地理解构建一个语法系统的方式或途径。语言学家不能仅研究那些居于理论的优先位置的中心或核心语言现象，相反，越是标记较少或较弱的构式，越要更多地给予关注，要相信特殊构式可以解释一般问题并揭示普遍规则（纪云霞、林书武，2002）。实际的语言数据不能使我们在习语和能产性规则之间画出一条清晰的线条，语法应该是一个构式连续体，其一端是高度能产的构式（如SV构式），另一端是相对固定的构式（如What's X doing Y? 所标记的构式），而且没有一条自然线段可以从中间把核心语言现象和边缘语言现象割裂开来（Kay，1995）。从相对微观的角度看，一个句子常包括上述两种构式，关注有标记的构式将会对这类句子做出统一而完整的解释。

概括性。构式语法不是杂乱无章的而是高度统合的构式系统，构式之间存在着紧密关系，构式间的共性点构成构式语法的概括力，而概括性本身又是一个构式，它的性质和特性通过构式的内在关系传递给更为具体而详细的构式。比如说，一个抽象的左孤立构式（Left Isolate Construction—LI）可以通过内在层次把它的特性传递给不同的构式（Kay，1995；Goldberg，1997）：

7.3　a. The woman who she met yesterday.（限制性定语从句）
　　　b. Abby，who she met yesterday.（非限制性定语从句）
　　　c. Bagels，I like.（主题句）
　　　d. What do you think she did？（特殊问句）

7.3的几个句子都有自己的特殊构式，它们的形式和功用虽有所不同，但都具有左孤立构式的特征，即每个构式由两个姐妹结点构成，左边的结点需要满足右边结点的谓语的要求条件，而右边是一个含有主要目的或非目的的短语动词。

构式语法不是一个单一的语法理论，而是有不同的模式。构式语法的重要模式之一的认知语法可回溯至早期的"空间语法（space grammar）"（Langacker，1976，1982），认知语法的理念和原则在《认知语法基础》（Langacker，1987：11，1991a：55）的两卷本中得到系统阐述和阐释，语法是规约性语言单位的结构化清单，是包含有形式与意义的符号单位的集成（Langacker，1987：57）。认知语法认为构式是以特定语言为基础的，一种语言的形式与意义的构式极少会与另一种语言的构式相对应，简言之，一种语言的构式不会总是对等于其他语言的构式。

构式语法的另一个重要模式是格语法（Kay & Fillmore，1999），这一语法理论具有形式主义语法理论尤其是以符号为基础的句首驱动型短语结构语法理论的某些特征（Pollard & Sag，1994：15），而它最显著的特征是其对于构式内部结构的严谨精细的描写。在对模块理论和普遍语法理论进行批判性反思的基础上，Fillmore等（1988）提出习语不能通过句法与语义次级模块及联系规则加以预测，所有语法知识都可以通过构式从心理上加以解释，进而描写和建构了句法关系及句法—语义之间的内在承继关系。

构式语法的第三个重要模式是Lakoff和Goldberg的构式句法。Lakoff（1987：34）分析了英语的There-构式的复杂的非经典建构，重点研究的是There-构式句子的原型性和辐射状范畴建构，强调There-构式的构式关系；Lakoff的学生Goldberg（1995：3）在他的基础上分析了论元结构构式。Goldberg和Lakoff对构式语法的解释上最为主要的区别性特征是两者在分析构式之间的关系时对非经典范畴化的运用有所不同，Goldberg的分析既包括句法的和词汇的条件，也包括原型及放射型范畴化理论视角下的音位条件（见表7.2）。

表7.2 英语论元结构构式

构式	意义	形式	例子
双宾	X引致Y接受Z	Subj V Obj Obj2	Pat faxed Bill the letter.
致使位移	X引致Y移动Z	Subj V Obj Obl	Pat sneezed the napkin off the table.
结果	X引致Y变为Z	Subj V Obj X complement	She kissed him unconscious.
不及物位移	X移动Y	Subj V Obj Obl	The fly buzzed into the room.
增强型	主语动作于宾语1at	X DIRECTS ACTION at Y	Sam kicked at Bill.

（改自Goldberg，1995：3-4）

构式语法的第四个模式是激进构式语法。激进构式语法（Radical Construction Grammar，RCG）模型由Croft（2001）在探索语言类型学对句法理论的潜在价值时提出。语言类型学从跨语言角度考察语言的结构特性进而描述不同语言的异同，大规模跨语比较和统计分析是推进类型学进步的基础，这样的研究在理论上是中立的，以数据为准绳做描写，构式语法试图将类型学的见解与基于意义的语言结构模型相结合发展出一种新型构式理论。

Croft的激进构式语法与Langacker的认知语法在许多方面相兼容，譬如说，Croft提出从特定图式意义到结构清单的心理语法之间是一个词汇—语法连续体，他也采用了类似于Langacker的基于用法的方法和认知固化的理念，但在Croft的构式语法模型中，从语素到句子的每一个单位都是一个构式，因此，Croft的构式定义既不同于Langacker的构式定义也不同于Goldberg的构式定义。表7.3所示为Croft的构式分类（改变自Croft 2001：17）。

表7.3 激进构式语法的构式分类

构式类型	传统命名	语例
复杂且图式化	句法	[NP be-时态 动词-en by NP]
复杂且具体	习语	[pull-时态 动词's leg]
复杂但有界	形态学	[动词-s]，[动词-时态]
微小且图示化	词类	[动词]，[动词]
微小且具体	词汇项	[the]，[jumper]

语法多样性是Croft的激进构式模型的建模起点，该模型充分考虑了语言类型的变化模式而不是语法的普遍性，Croft构式方法能够连接任意性和独特性，而形式语言学方法强调概括性。激进构式语法的五个特征：

（1）基本单位。激进构式语法假设构式是语法中唯一的原始单位，因此在结构上可能是单一的或复杂的，在意义上可能是具体的或图示的。激进构式语法模型中的语法范畴（如名词和动词之类的词类或主语和宾语之类的语法功能概念）没有独立地位，而是根据它们所出现的构式来定义，这可以解释为什么表7.3中的相关行被遮蔽了。在激进构式语法中，词类不作为原始范畴而存在，这意味着单词不能被归类为具有任何独立实相的词类而只是单个构式的一部分。在激进构式语法中，构式是原语（primitive），词类从构式中产生，是附带现象。从这个角度来看，从一种语言和另一种语言中所观察到的词类类型可能会有很大的不同，由于没有假设的普遍词类，这种跨语言的变异不仅没有问题，而且是可以预测的。因此，激进构式语法反对普遍原语和任何给定语言中独立存在的词类，相反，支持特定于语言的构式和特定于构式的元素（语法部分）和组件（语义部分）。

（2）句法关系和成分结构。激进构式语法模型中唯一认可的句法关系是作为一个整体的构式和构式所含的句法元素之间的部分—整体关系。换言之，激进构式语法不承认主语和宾语等语法功能在单个结构之外具有任何独立的现实性。在激进构式语法模型中，构成成分是根据分类来表达的，语法单元是根据邻近性和韵律统一性来识别，中心词是作为首要的信息承载单元承接语义特征的描写。

（3）符号关系。激进构式语法中构式的形式和意义通过符号关系联系在一起，每个构式是一个形—义配对的整体，就像在传统词汇观中，一个词汇项就是一个形—义配对。

（4）功能原型。类型归纳和变异都以范畴化和功能的语言编码方式为特征，跨语言的相似性和差异性是根据功能类型学原型来描述的，即指称表达与宾语相关，定语表达与属性相关，谓词构式与动作相关。本质上，宾语、属性和动作是语义或概念范畴，这些原型构成了世界语言中词类的基础。

（5）解释语言共性。激进构式语法不是通过假设一组普遍的语法原语来解释语言普遍性，而是通过假设一个普遍的概念空间来解释语言普遍性（Croft的术语是"语言概括"）。就此而言，激进构式语法反映了认知语法的核心假设之一，语法结构的跨语言模式是意义驱动的，而意义来自于概念结构。语义映射是基于语言特异性的类型学模式的基础，而这种模式是建立在普遍概念空间的基础之上。"概念空间表征人类进行交流所运用的概念知识的普遍结构"（Croft，2001：105）。激进构式语法认为，人类语言构式中的范畴会因语言而异，但被映射到一个共同的概念空间，这种映射代表普遍的认知禀赋，即人类思维的结构。

激进构式语法之所以被认为是激进的，在于这种方法质疑并挑战了语言学学科史定义理论语言学和描写语言学的基本假设，譬如说，它质疑和挑战了词类和语法功能的存在。在激进构式语法看来，多数语言学家所认为的语言组成部分如语法单元都是附带现象，它用概念系统取代了这些跨语言共性的概念，强调概念系统的普遍性。

具身构式语法是构式语法的一种最新理论模式（Bergen & Chang，2005），重点关注语言加工特别是语言理解。此前所讨论的方法都是侧重于语言知识而非语言的在线处理加工的建模，而具身构式语法认为构式是语言知识的基础并聚焦于探索构式的在线加工或动态的语言理解过程。具身构式语法还关注描述语言理解过程中特定语言的构式如何与具身知识相关联，因此，具身构式语法集中于开发一种形式化的"语言"来描写语言构式，这种形式化的语言还要能描述这些构式在动态语言理解中产生的具身概念。

具身构式语法声称当听者听到一个话语时要执行两个任务：第一个任务是句法分析，听者将输入的话语映射到他的语法中的结构化构式清单上并识别哪些构式是由话语实例化的；第二个任务是模拟，听者激活构成话语解释基础的概念表征并"重新定制"这些概念表征，正是这个模拟过程和语境因素共同引起听者的反应。根据具身构式语法，语言理解过程中所通达和模拟的概念表征是具身图式，如"始源—路径—目标"图式。换言之，正是具身体验产生了概念表征，并且在语言加工过程中，构式被指定用来促进产生于具身体验的概念表征。这就是这种方法被称为"具身构式语法"的缘由。譬如，听者会如何处理以下话语：

7.4 Lily passed me a dead frog.

在分析阶段，每种语音形式都映射到一个构式（形—义配对）上，这个构式存在于听者在语素、词、短语和句子层面的构式清单里面。听者识别出含有转移语义的双及物结构，把构式中的参与者角色投射到构式中的论元角色，这一投射过程有助于对话语的解释，而话语的语境使得me这一表达的所指能够被识别（作为说话人）。在模拟阶段，对这样的双及物话语的解释激活了三个具身图式：施力、因果和接受，其中的每一个激活都与图式事件和图式角色有关，如能量源和能量槽ENERGY SOURCE and ENERGY SINK（Langacker，1987：23），正是从构式到这些图式事件和角色的映射产生了模拟过程。例如，7.4的句子中，Lily实例化的构式是能量源，me实例化的构式是能量槽。

这个模拟过程产生了有序的推论组合，其中一些在7.5中表示，其中大写表示参与者和事件模式（Bergen & Chang，2005）：

  7.5 a. SPEAKER does not have FROG
    b. LILY exerts force via PASS
    c. FROG in hand of LILY
    d. LILY moves FROG towards SPEAKER
    e. FROG not in hand of LILY
    f. LILY causes SPEAKER to receive FROG
    g. SPEAKER has received FROG

  这些推论在解构话语意义方面似乎有效，但一个语言加工模型的重要使命是要解释这些推论是如何在话语理解中产生的，具身构式语法认为正是听者自己的具身体验导致了该体验在具身图式方面的概念表征，通过模拟过程产生推论，据此，听者在心理上再现话语所指定的事件。

  这里对具身构式语法不再赘述，只简要概述如何扩展构式语法来解释语言知识和动态的语言加工，思考具身知识及心理模拟在语言理解中的作用。

  流变构造语法（Fluid Construction Grammar，FCG，Steels，2011：3-4）主要用于计算语言学家编写词汇构式和语法构式的形式清单，将其用于对话语进行句法分析或话语产出，也用于进行语言学习和语言进化方面的实验。流变构式语法受认知语言学和构式语法的启发，认为语言的形式计算要以对语言的特定视角的分析为基础。流变构式语法合理地吸收已有的构式语法理论的观点，但又认为传统构式理论流于非形式化的语言描述而不考虑语言的加工问题，因此，流变构式语法旨在成为一个开放工具供构式语法学家以精确的方式表达自己的直觉和数据，也可供其他学者用于语言句法分析和生成。句法分析（parsing）是流变构式语法的高频用词，表示将形式映射到意义并将意义映射到形式，并认为语言的产出不同于生成语法中的生成，因为后者不受语义约束。

  流变构式语法认为被动构式规定句子中成分的特定顺序（主语—动词—

直接宾语—by+间接宾语），譬如This book was given to me by a famous linguist. 有助动词"be"和过去分词两个动词成分，在与这一被动句相对应的主动句中作主语的成分通常被充当语法虚词的介词by作为介词短语引入。这种构式的语义极不仅指定了分词在主动词引入的事件中扮演的角色，而且还通过使其成为主语来突出参与者。

流变构式语法认为语言处理的关键问题是处理语言的流动或开放的本质，事实上，话语中的言语流可能会由于犹豫或失误以及言语识别的不可靠性而不合语法。现实的言语流通常只是断断续续的句子片段，会有漏词、难以完整识别的词、病句等。解决这些问题的方法之一便是语言处理的概率方法，这意味着所有构式或构式的各个方面都有与之相关的概率，因此句法分析就变成了一个计算概率的问题，而不是确定句子应该如何解析的问题。即使是一个某种程度上不合语法的病句，尽管可能会分析的不够理想，但也仍可加以分析。这就是这一流派的构式语法之所以称为流变构式语法的缘故。

概而言之，构式语法理论认为有些构式在具体词语缺席的情况下也具有与形式相应合的意义和语用功能。构式语法的生成能力在于描述常规语法研究中所允许或不允许的大量语言表征，强调构式的不可预测性。构式语法认为作为一个整体的构式大于其各构成成分之和且具有独立于其组成成分的句法或语义特征，构式的意义不能从已有的其他构式或其自己的构成成分推断出来，动词和构式义相互作用，一个具体表达式的意义来自于动词和构式的整合。

构式语法指导下的语言习得研究大多聚焦于揭示构式对母语者语言习得的作用，这类研究既有探讨成人语言使用的，也有考察儿童语言习得的。二语习得研究者收集和提供了构式在外语学习者语言系统中的作用的证据（Liang, 2002：41；Waara, 2004；Gries & Wulff, 2005），不仅为支持构式的心理现实的论点提供了更坚实的基础，也为构式概念的潜在教学贡献开辟了有益途径。如果构式能在外语学习中发挥作用，将对第二语言习得和语言教育学产生明确的启示。外语学习的许多方面如输入频率的作用以及如何进行错误分析，现在都可以根据构式语法关于用法和基于范例的语法系统的新概念重新评估。

二十多年来，构式概念在语言习得和语言使用理论中发挥着越来越重要的作用。20世纪80年代，Fillmore等（1988）是第一批对构式方法感兴趣的语言学家；Goldberg（1995：2，2006：7）最终为这种与众不同的语法观铺平了道路。至今，构式语法已经成为一种在大量科学论著中广受欢迎的语法描述和处理模式（Deknop & Gilquin，2016：3）。构式语法主要在第一语言习得和母语者语言使用的研究中成果丰硕，二语习得研究方面的成果则相对较少。直到最近，语言学家才开始探讨第二语言学习者的语言能力是否也依赖于构式。构式语法在第一语言习得领域已被广泛接受和运用，那么也有必要将这一概念转移到第二语言习得和教学中以便创新教材和教法。

7.2 被动构式与构式语法

7.2.1 被动构式本体研究

被动句是一种有别于主动句的非典型句子，如The man was bitten by the dog。人们普遍认为在一个句子中主语通常是某个动作的施事，而同一个句子中的宾语是受事，所以，被动句和人们的普遍认识是相反的。

英语的语态体系由主动语态和被动语态组成。语态这种语法范畴可使我们通过两种方式来看待一个句子所表达的动作，而方式的转换不会改变句子所描述的事实，并可使人们将主动动词短语（如ate）和被动动词短语（如was eaten）区别开来（Quirk, et al., 1985：159）。主动语态和被动语态将不同功能赋予句子中表达动作的角色，通常情况下，主动语态中的主语扮演施事的角色，被动构式中的主语则扮演受事的角色，如例7.6所示（Quirk, et al., 1985：159）：

  7.6 a. The butler murders the detective. [主动句]
    b. The detective was murdered by the butler. [被动句]

在这个例子中，句子7.6a的主语（The butler）是施事，而句子7.6b的主语（The detective）则是受事。不同语态是以不同方式表述同一个概念或命题的，

7. 构式与英语被动构式的理解

如Tom beats John和John was beaten by Tom其实说的是同一件事情（Jesperson，1933：83）。英语被动式由助动词（通常为be动词，也可以是get或become）和第二个分词短语组成，不同语态表达同样的意思，但其实侧重点是不同的，如Tom beats John强调的是Tom，而John was beaten by Tom强调的是John。

需要使用被动构式的情况（Jesperson，1933：85）：（1）施动者（也就是主动句中的主语）未知或不能明确表述；（2）施动者根据上下文可以不言自明；（3）书面语中因特殊原因（如微妙的情绪）而不能说明动作由谁发出，常避免提及第一人称；（4）读者对被动句的主语比对主动句的主语的兴趣更强；（5）被动句更有利于句子间的连接。

Siewierska（1984：2-3）总结的被动句的代表性特征与上述定义和解释相符：（1）被动句的主语是相应的主动句中的直接宾语，（2）主动句中的主语在被动句中变成一个表示施动者的补充成分或者可以省略，（3）动词使用被动形式。根据Siewierska的观点，被动结构是主动结构的对立，是句法常态的一种变体，因此，被动结构常与主动结构进行对比分析。Quirk等（1985：160）指出，主动结构与被动结构的关系包含短语动词和从句的双重语法层面，在短语动词层面上，主动词前必须有一个助动词形成to be/get/become V-ed的结构，而在从句层面，如要将主动句改为被动句，需重新安排两个句子的成分并加入一个by短语，因此，需要注意（1）主动句的主语变成被动句的施事，（2）主动句的宾语变成被动句的主语，（3）施事前用介词by。

被动构式的主语有时并不一定局限于相应主动句中的受事者，也就是说，被动构式的主语也可以是目标、方位、来源或其他的名词短语。例如：

7.7　a. John was hit by a car.（John是目标）
　　b. The street was lined by trees.（street是方位）

传统上，被动句分为施事的被动句、准被动句和非施事的被动句三类（Quirk，et al.，1985：160）。施事的被动句式有非常明确的by短语，也可以省略施事，如This violin was made by my father和This difficulty can be avoided in several ways。准被动句中的动词过去分词可以被看作是形容词，所以be动词可由其他词（如feel或seem）替代，如John was interested in linguistics，准被动句中，by短语几乎不出现。非施事的被动句不能变成相应的主动句，也不能加入施事，因为无法判断出到底谁是施事，如The modern world becomes more highly industrialized and mechanized（becomes可由is，gets或grows替代）。

被动构式的认知语法研究就是从上述原理展开的，被动句和主动句"代表着某个侧显事件的替代性识解"（Langacker，1991a：13），被动结构强调的是一件及物事件的受事或凸显该事件的前景而同时淡化施事或把施事推入事件的背景（Shibitani，1985；Dixon，1991：89）。在被动构式中，受事更为突显，在叙事过程中维持平稳流畅的话语流以一致地保持话语主题的主要特征（Berman & Slobin，1994：71）。但语言中也有大量的替代结构来代替被动构式所表达的语义及语篇功能，从受事的角度看，被动构式是描述某个事件的原型结构，却不是描述该事件的唯一手段。事实上，英语中的被动构式包含一系列互相关联的构式，包括完全被动构式（如：The dog was chased by the bees.）、缩略式被动构式（如：The dog was chased away.）及get-被动构式（如：The dog got chased by the bees.）。从受事的角度描写一个事件并不能给说话人一个被动识解，说话人也可能会合理地使用主动句去描写事件而依然保持受事的视角，譬如，他可能会选择像下面例子所示的句子说出某件事：

7.8　a. The dog runs away because the bees are chasing him.

b. The dog runs away while the bees are chasing after him.

c. The dog runs howling by with this swarm of bees chasing him.

认知语言学认为事物一般有中心成员和边缘成员之分（参见本书第2章），构式语法认为这一现象同样存在于构式之中，构式也有典型效应。在共同的人类认知基础上产生的英汉被动构式在总体上表现出一些共性，但在子系统和具体词汇的对等上表现出差异，因此，英汉被动构式可视为两个范畴，各自有着不同的特点。被动范畴是人类思维中被动观念体现在语言表达层面的一种基本语法范畴。作为两个整体构架的英汉被动构式具有相同的构式意义，表示"受事论元遭受到影响，这个影响是由动词所表示的动作造成的"，同时又具有各自独特的特点。根据构式语法，英汉被动构式可根据被动的语义指向分为四种次构式：（1）指向受事的被动构式（Patient-oriented passive construction）、（2）指向施事的被动构式（Agent-oriented passive construction）、（3）指向动词所带宾语的被动构式（Object-oriented passive construction，仅适用于汉语）、（4）指向动词补语的被动构式（Complement-oriented passive construction，仅适用于汉语）。作为形式和意义的结合体的英汉被动构式，不是被动构式的句法和语义成分的机械相加，也不能通过其他的句法形式推导出来，而是具有自己的整体意义并限制进入该构式的动词。

熊学亮和王志军（2002）认为英汉被动句的认知语义结构原型都产生于表状态的事件的理想化认知模式（Idealized Cognitive Model of Events，EICM）。句型上，两者都可划分为受事+状态两部分；但两者在表现被动概念方法上有所不同，英语采用的语法化手段有变换语序、动词形态变化及使用半独立虚词，汉语主要是变化语序或使用虚词；英语有形态变化（包括格的变化等），不需要区分受事是有生命还是无生命、受事与动作之间的关系是有标关联还是无标关联，汉语动词无形态变化，必须用"被"字进行标记。熊学亮和王志军（2003）进一步对比分析了英汉被动句的局部非对译性、宏观被动性、主语的间接受事性以及汉语特殊"被"字句的非转换性。英汉被动句之间存在视角差异，英语从受事的视角来观察被动概念和关系，而汉语则采取非施事的视角即从语用者的角度来考察二者的关系。

王初明（2015）依据构式语法的基本原理提出构式语境的概念用以阐释二语习得现象。构式形成于语言的使用体验，体验促使构式义发展变化，构式义对构式的生成和使用具有制约作用而产生语境效应。习得一种语言必须习得其构式，构式只能在语言结构与语境互动体验中获得，语言结构与各类恰当语境相伴而学是其学过能用的基本前提。

陆俭明和吴海波（2018）认为构式必须是一个结构体，语素是最小的音义结合体，其音和义之间只有象征关系，没有内在的结构性组成关系，所以不能视为构式，把语素也看作构式将会使构式的形式"不同质"，"构式主义"更符合实际的语言生活，构式语法理论引导人们关注构式的整体性，关注语句结构背后的认知机制，这很有理论意义和实用价值，但构式理论尚未表现出明显的方法论价值，需要进一步探究如何提升构式语法理论的方法论价值，从而进一步完善这一理论。

施春宏（2021）认为构式语法在分析构式的形义特征时特别强调构式概括中的所见即所得，无须假设表层结构中不存在的东西，基于表层概括的用法观，进一步的推论是，不同构式之间，无所谓基础结构和派生结构之分、核心现象和边缘现象之分，它们都是特定的形义配对体，具有同等的知识价值；语言习得的过程是一个不断进行表层概括、构例和构式互相成就的过程。

段丹和田臻（2022）借助CiteSpace技术，以WOS核心数据库和CNKI数据库为文献数据来源，追踪了2001—2020年间构式语法研究的热点变化以及最新动态。分析显示，学界对构式本质的探索发生了深刻的变化，进一步推动了构式在创新性、交际性和社会性等方面的纵深发展。构式语法理论的内涵和外延不断丰富，其应用领域正从语言习得和教学扩展到自然语言处理和构式库的开发，其研究范围正从语言内部扩展到交际和社会中的语言。

俞琳和杨朝军（2022）认为当前构式语法研究的焦点问题和最新动态表现为构式语法的本土化，汉语构式语法理论的构建与重构在与时俱进，构式研究体现出新的时空视野，构式语法研究的方法多样性日趋明显。

7.2.2 被动构式的认知理解

语言理解指人感知到口头的或书面的甚至符号的刺激并运用心理词汇中检索到的信息得出意义，广义的语言理解既包括构造解释也包括通过利用解释来运用和输出语言（Clark & Clark，1977：44）。如果一个人能够口头或者行为上对某个句子做出相应的回应，那么就可以认为他已经理解了这个句子，而这也意味着对语言结构和知识的运用（桂诗春，1991）。

句子理解的第一步是语法分析，就是将句子表层结构的元素分配到语言范畴中（Carroll，2000：130），在理解句子的时候，人们首先处理临时排列的可辨认词汇元素，然后分析各种元素之间的关系，这是句子理解过程的一个必不可少的部分（Garman，2002：181）。语法分析遵循即时原则（Just &

Carpenter, 1980）和观望原则（Carroll, 2000: 132），即时原则意指人遇到句子中的一个单词时马上就进行加工，若等到弄清楚句子的走向时才来处理句子而不立刻对句子或短语做出加工，就是观望原则。即时原则较常被人们用于语言理解过程中，这是因为语言的理解过程中需要做的决定很多，哪怕是简单句的理解也需要人们调用各种认知资源，所以即使可能会出现理解上的错误，人们也会优先使用即时原则，否则认知加工系统将不堪重负。

语法分析策略包括Bever的策略理论、Kimball的七条原则（1973）、Frazier和Fodor（1978）的最小附加原则和后封闭原则。Bever（1970）系提出人们使用某些认知策略来进行语法分析进而理解句子的第一人，这一句法认知策略理论认为符合标准图式的字符串更容易获得加工处理，而不符合标准图式的字符串更难以被认知处理，因为句子处理系统不得不依赖处于系统中更远位置的标准图式对不符合标准图式的字符串进行加工处理。因此，标准图式体系就像一个金字塔一样是分等级的。这种理论描述了听者处理话语的难易程度的特征，而这些特征独立于说话者可能产生的话语。

语法分析策略七原则论（Kimball, 1973）认为人的语言理解系统处理表层结构遵循的原则是：（1）自上而下原则，语法分析是按自上而下的路径和方式进行的；（2）向右联结原则：语法分析总是将语法成分附加在最低级的非终端的节点；（3）新的节点原则：充当语法成分的单词代表着新的语法节点的产生；（4）两句分析原则：语法分析一次能分析的句子不超过两个，因此当我们理解内嵌句时，我们会感觉到困难；（5）封闭原则：如果没有其他节点作为直接成分，一个节点就会尽早关闭；（6）固定句子原则：一旦短语被关闭，就会增加回顾、辨认成分的感知复杂程度；（7）加工处理原则：当语法分析器关闭后，语法分析就会转移到一个句法或者意义的处理阶段并从短期记忆中移除。简言之，Kimball认为语法分析使用了语法规则，因此具有通过语法来解释所有句子的潜力，而是否能够分析句子，依赖于所使用的规则。Kimball模型的意义在于它强调了心理语言学家必须解释表层结构是如何在句子理解中进行运算的。

最小附加原则（Frazier & Fodor, 1978）认为人们倾向于根据语言规则使

用最少的语法节点将新内容附加到短语标记中,如:

  7.9 Ernie kissed Marcie and her sister.

  在7.9中,既可把连词and连接的名词短语看作是kissed这一动作的接收者,也可把her sister看成是另一个名词短语,而最小附加原则认为人们倾向于作前一种理解。Frazier和Fodor(1978)提出的另一个原则是后封闭原则,它认为人们倾向于将新成分纳入到最新识别的句法框架中以减轻句法分析过程中工作记忆的负担(Frazier & Fodor, 1978; Kimball, 1973),如:

  7.10 Tom said that Bill had taken the cleaning out yesterday.

  在7.10中,副词yesterday既可纳入主句Tom said … ,也可纳入到从句Bill had taken的框架中,根据后封闭原则,人在理解这句话时通常会选择第二种连接,把副词yesterday纳入从句Bill had taken的框架中。

  语法分析模型可概括为模块模型和互动模型两种(Carroll, 2000:47)。模块模型认为句子理解是一系列独立模块作用的结果,每个模块作用于总体的句子理解的某个方面。根据模块模型,语法分析首先通过独立于语境或世界知识所影响的句法模块来执行,随后才受到词汇、语篇和语境等因素的影响。互动模型认为在句子理解过程中句法和语义是相互作用的(Britt, et al., 1992; Taraban & McClelland, 1988; Tyler & Marslen-Wilson, 1977),人对词汇、语法、语境和世界知识等信息作出回应后进行理解,不同的处理模块互相作用和交互影响(MacDonald, et al, 1994; McClelland, 1987)。

  模块模型和互动模型都假设单词聚集为有级差的组织成分,再合成式地进行句子理解(Ferreira, 2003)。也有启发式处理的论点认为句子的处理并非总是合成式的,句子处理过程通常是浅层的、不完整的,人有时候是在有限的时间、知识和算力的情况下做出对句子结构和成分的推断,这种情况下作句子的运算处理是不现实的,而只能作启发式处理,也就是仅利用可用信息中的一小部分信息对句子做出整体处理,因此是快速而省时的(Mahadevan & Cornell, 1992; Kaelbing, et al., 1998; Ferreira, et al., 2002; Ferreira,

2003；Dąbrowska & Street，2006）。启发式处理过程是如何运转的呢？合理性策略的模型（Ferreira，et al.，2002）认为人们一般依赖于对每个实词的理解并以此为基础得出对整句语句最合理的理解，因此，世界知识中的图式或长期记忆在句子理解过程中发挥着非常关键的作用。正常词序策略模型（Townsend & Bever，2001：37）则提出人们通常认为动词前的名词短语是动词的主语，而动词后的名词短语是动词的宾语。与正常词序策略模型一脉相承的后句法指派理论（Townsend & Bever，2001：172）认为人们在处理句子时一般会有两次处理过程：第一次启发式分析是伪分析，人们通过启发式分析可以快速得出一个以语义联系和句法定式为基础的可能不太正确的理解，这种理解并非逻辑性的句法分析；第二次的算法分析才是真分析，这一更加耗时的分析是从复杂的运算中得出对句子的正确理解；人们有时会将句子进行浅层处理，一旦认为得到正确的句法分析就终止处理，而这可能是造成误解的原因。

上述观点和模型都是针对词序正常且典型的句子的理解而提出和设计的，而被动句句法结构的非典型词序有异于常态型句子中的词序，这就给人的语言处理系统造成了相当大的认知负担，在很大程度上造成了理解被动句的困难。学界从不同的角度对被动构式的理解进行了研究（Herriot，1969；Olson & Filby，1972；Maratsos & Anbramovitch，1975；Gordon & Chafetz，1990；Van der Lely，1996；Ferreira，2003；Dąbrowska & Street，2006；Marshall，et al.，2007）。英语被动句的语法解析的研究分为三类：（1）儿童对被动构式的理解。Maratsos和Anbramovitch（1975）测试了儿童对完整被动构式和缩略被动构式的理解，提出被动构式的句法结构细节和儿童的标记语功能的知识在很大程度上影响儿童对被动句的理解。Gordon和Chafetz（1990）通过检验儿童对于行动的被动构式和非行动的被动构式的理解研究了行动效应并解释了行动效应的机制，这些儿童每周分别接受两次测试，而每次测试对于句子的对错判断都一样。

（2）不同被动构式理解的认知加工策略。Olson和Filby（1972）通过五个实验测试了被试处理主动构式和被动构式时的难易程度，提出解释被试需要额外处理时间理解被动构式的二元处理模型来解释被试达到对被动构式的正确理解所需要的时间差。Ferreira（2003）将句子的合理性纳入实验设计，通过三个实验测试被试对非典型句子构式的理解，要求被试完成对合理的主动构式、不合理的主动构式、合理的被动构式和不合理的被动构式共四种构式句子的理解，实验表明，被试对结构合理的构式的理解更快更准，而语言处理过程通常是以浅层的启发式处理而不是句法运算为基础的。Dąbrowska和Street（2006）复制Ferreira（2003）的实验测试了英语母语者、非英语母语者、受过初等教育者和未受过教育者对合理的和不合理的被动构式的理解，实验能够衡量实验用语句的句子结构的语义表征和稳定性，实验发现对不合理的被动构式的加工处理在一定程度上依赖于被试的元语言能力，而元语言能力可通过明确的第二语言教学得到强化。

（3）被动构式理解的发展性特征。Slobin（1966）研究了儿童和成人对英语被动构式的理解，发现构式的不可逆转性可促进对被动构式的理解。Herriot（1969）向48位被试展示可逆转的主动和被动构式，要求被试找出句子中的逻辑主语和逻辑宾语，实验结果显示，语法期待是影响句子理解的重要因素。Sudhalter和Braine（1985）对被动构式理解的研究表明，4岁至10岁的儿童的理解能力是稳定增长的，每年增长约5%。Brooks和Tomasello（1999）教授儿童主动和被动构式中的动词后测试儿童对这些构式的理解和记忆，发现3岁前的儿童已经可以理解被动构式和主动构式中的及物结构。Dąbrowska和Street（2006）指出，随着所接触的被动构式的数量的增加，学习者对被动构式的表征逐渐得到巩固，他们可以更轻易地习得这些构式并在理解和输出任务中表现得日臻完善。Bencini和Valian（2008）使用句法启动实验测试3岁儿童对抽象句子的表征，表明儿童完全可以理解带有生命的参与者的可逆被动构式。上述研究表明，英语被动构式的理解并非全或无的过程，而是以逐级推进的形式渐进式地发展。

用于解释被动构式理解困难的模型主要有原型施事和受事模型（Dowty；1991）及临近句法分配论（Townsend & Bever，2001）两个理论模型。原型施事和受事模型（Dowty；1991）认为被动构式中有一个论元是施事，另一个论元是受事，施事的典型特征表现为决断力、感知力及造成事件产生或某物移动的能力，受事则与状体改变或者受到影响有关，因此，带有最多典型施事特征和最少典型受事特征的论元就是施事，如在例7.11中，无论his story是句子的主语还是宾语，它都是施事，即使它没有施事的典型特征，也不具有受事的任何特征，但都不影响它是句中的施事成分这一事实。

7.11 Everyone is touched by his story.

临近句法分配理论（Late Assignment of Syntax Theory，LAST，Townsend & Bever，2001）对被动构式的处理机制作出解释，譬如要理解7.12：

7.12 Athens was attacked by Sparta.

第一个步骤是将各个短语分成不同的成分即[Athens]_{名词短语}[BE]_{连系动词}[[attacked]_{形容词}[by]_{介词}[Sparta]_{名词短语}]_{er修饰语}，其中形容词是第一个名词短语的修饰语即[[attacked][by Sparta]]：Athens。这种分析在概念上是正确的，但未体现出被动构式的概念内涵，因此，attacked不应被理解为形容词，Athens不是施事，而是受事，即：

名词短语	=施事
attacked by Sparta	=谓语
Athens	=受事

因为有一个缺位，因此默认的策略是用另外一个名词短语来填充这个缺失的位置，也就是：

by Sparta	=施事
attacked	=谓语
Athens	=受事

因此，将概念信息、词序信息和结构映射结合起来形成这样的分析：

7.13 NP attacked Athens；by Sparta

最终的分析正好符合原先的被动构式。一方面，正确的分析过程印证了LAST模型的正确性，另一方面，被动构式的理解依赖于词汇形态，比如例句中的attacked其实是被赋予了一个被动的概念状态，因此，理解者是否能感知被动的概念对于正确解读这个句子非常重要，这是正确分配主位角色的基础；同时，在理解被动构式时，人们常倾向于使用NVN策略，也就是说，人们总是认为一个句子的主语就是某个动作的施事而宾语则是受事。

7.3 构式与外语学习

"教授被动语态的含义、用法和功能代表了第二语言语法教学中最棘手的问题之一……许多学习者即使在高级阶段也常常不能正确地使用和产出被动结构并在适当的语境中使用被动语态。"（Hinkel，2002b：233-234），比如，英语二语学习者常常对被动构式中的谓语限制条件感到困惑，因而产出类似这样不合语法的句子（句子前面的*表示这个句子是不合语法的病句）：

  7.14 * I square danced yesterday ... First we were decided partner and corner.

句中动词decide的被动形式是产生不合语法的句子的根由（Watabe, et al., 1991：126）。

尽管二语学习者知道被动构式的普遍作用是凸显及物事件的受事（Langacker，1982），但他们也常常难以判断被动构式何时比主动构式更合适。Seliger（1989）要求6名英语本族语者（本科生和文秘人员）和6名参加正规课程和外国学生高级作文课程且托福成绩500分及以上的希伯来语英语双语大学生口头回答四个旨在作为引出英语被动构式的线索的主题（如7.15所见）：

  7.15 a. Describe how an omelet is made.

  b. Describe how a baby is diapered.

  c. Describe how oranges are picked and sent to market.

  d. Describe how mail is sent and delivered.

研究结果表明英语母语者比希伯来语英语二语者产生的被动构式要多得多；此外，与前两个主题相比，英语母语者在后两个主题中产生的被动构式更多。这表明英语被动构式中可能存在"主题依赖"模式，而希伯来语英语双语者的回答中未表现出主题偏好。尽管二语者在某些孤立的情况下似乎熟知第二语言的词汇和语法，但他们往往难以在话语中恰当地使用第二语言的词汇和语法。

以韩国英语学习者为被试的研究证实了上述结论（Jung, 1996），研究对象是韩国两所大学的200名选学英语为专修或辅修专业的二年级和三年级本科生，实验所选课程为他们的选修课，研究旨在探讨韩国人作为外语学习者撰写的议论文中英语被动语态的语用错误模式，分析他们对被动语态的使用是否存在语篇功能错误（如未突出角色）或情感功能错误。韩语和英语的被动句在语篇功能上较为相似但在情感功能上差异显著，也就是使用被动句反映说话人对所描述事件的态度时，两种语言的差异很大，英语和韩语的被动句都可以表达情感或主观感受。以英语为例，用John got promoted暗示一种良好的情感，而John was promoted则是一种中性的表达，与之相似，使用John got killed暗示了一种敌对含义（见7.16所示）。

7.16 a. John got promoted.（暗示一种良好的情感）
　　　b. John was promoted.（一种中性的表达）
　　　c. John got killed.（暗示了一种敌对含义）

英语中的情感功能仅限于get-被动句中，而韩语中的情感功能则体现在所有类型的被动句中。结果表明，韩国英语学习者产生的情感功能错误多于语篇功能错误。明显的对比性差异归因于语用负迁移的影响，即韩语被动语态的情感功能泛用导致韩国人将英语被动语态的使用扩展到有利和不利的语境中（Jung, 1996）；此外，尽管韩语被动构式和英语被动构式的语篇功能相似，韩国英语学习者还是犯了大量的语篇功能错误。

日本英语学习者和英国日语学习者使用被动构式时同样表现出了母语干扰现象，两组被试产出的被动构式要么语法形式有错，要么上下文用词不当

（Watabe，et al.，1991）。尽管日本英语学习者平均已经学习英语10年，有的被试甚至还在美国学习了两年半的英语，但他们仍然有"将母语被动形式的功能迁移到目标语被动形式"的明显倾向（Watabe，et al.，1991：132），英国的日语学习者平均学习日语4年，在日本生活一年半到两年，但也表现出同样的倾向。

第二语言学习者难于学得和掌握被动构式的困难来源不止母语负迁移一个。首先，不同语言因描写事件序列的视角不同而有所区别（Fillmore，1977），如Slobin（1994）在对儿童叙事中的被动构式及其替代构式项所做的跨语研究中观察到，英语的get+分词构式、土耳其语的无主事被动构式、英语和德语的表始被动态或表误被动态的不及物构式以及西班牙语的反身中介被动构式与事件的识解手段具有类似的功能。其次，每种母语都对说话者的识解选项有所限制，这在一定程度上决定了认知意义在事件序列中的分配方式，也决定了表达注意的语言成分的选择方式。这种选择限制形成的条件发生在童年期，因此对成人第二语言习得中的重构具有异乎寻强的抵抗力（Slobin，1996）。再次，作为现代外语教学基础的教学语法通常显性或隐性地假定被动构式是变异自主动句（Odlin，1994），因此，"二语教学中与被动语态有关的教学大都含有从主动语态派生的被动结构"（Hinkel，2002b：233）。对被动语态的讨论通常限于语态和话题化的概念，而未考虑到产生一整套视角摄取手段的优先程度。教材呈现给老师和学生的循序渐进式的教学指导就是将主动句转换为被动句（Master，1996；Steer & Carlisi，1998）。关于成套规则的概念是教学语法的基础知识（Odlin，1994），但"教学语法规则往往过于简单，无法解释学习者在现实生活中遇到的大量案例或实例"（Hinkel，2002a：196），通常，外语教材未能恰如其分地以可理解的方式向学习者呈现关联性语篇中积极使用主动或被动语态的系统性重要因素，二语学习者难以熟练掌握和灵活使用目标语言中的被动结构以及其他各种视角摄取手段。

二语习得中对目标语言构式的理解包含推论并构建构式的意义以及使用可用信息加深对构式的理解。就英语学习而言，英语学习者正是在处理和分析英语被动构式的过程中学习并习得英语的被动构式。学界对此进行了富有成效的探究。蔡金亭（2009）通过考察语料库、问卷调查、翻译测试三类数据发现汉—英过渡语中的假被动构式主要是母语中主题—述题结构迁移的结果，有时也与被字句的负迁移有关，假被动构式的句首NP本质上是主题但有时带有主语的特征。王志军和杨小茜（2002）认为被动态的原型产生于把过程化的事件表达成状态化的事件，它表达的是受事受外力影响而形成的状态。根据事件理想化认知模型（EICM），这种状态应该概念化成一种自足的属性，因而施事是不能在被动结构中出现的。无施事出现的被动态是被动构式的原型，被动语态的特殊语义结构由"（施事）＋受事＋状态"构成，用来强调造成受事状态的施事。陈万霞（2002）通过中国学习者英语语料库研究他们对被动语态的习得，发现在该语言项目的习得上，各层次的学习者难点相似，"非受格动词假设"有一定的心理现实性，被动构式使用不足是学习者最容易犯的错误，产生错误的原因是对动词用法掌握不牢和母语负迁移。

二语习得中各种语言形式及意义的推理及构建中，二语水平是一个无法绕过的调节变量或中介因素，二语水平通常用来测试和衡量学习者的二语能力或二语知识程度。Ellis（1986：302）认为二语水平（proficiency）涵盖学习者对于目标语言的知识，是能力（competence）的同义词。Stern（1999）将水平定义为学习者的实际表现，它包含对语言形式的直观掌握，对语言形式表达的语言、认知、情感和社会文化涵义的直观掌握，最大程度地关注交际而最小程度地关注形式以使用语言的能力，对语言的创造性使用。语言水平实际上可作两种理解，即语言等级和语言等级成分。语言等级指的是对于第二语言的不同掌握程度，或者说，是从零基础到接近母语者的发展等级，这是等级量表假设、语言测试和中介语（或错误分析）等实证研究的对象。语言等级成分则是比较概括或抽象的术语，要以更为具体的方式来拆解表达。对不同语言等级成分模型作梳理总结，具体表现为，一级概念层只涉及和包含语法层，二级概念层涉及语言形式和交流能力，三级概念层涉及语言、社会文化和语言策略能力，四级概念层涉及语言形式的掌握、语义的掌握、交流能力和创造力，五级概念层涉及词汇的语音或正字、与听力相关的语法、口语、阅读和写作。考虑到语言的复杂性，二语水平实际上是多层面的，这才是符合逻辑的认识（Stern，1999）。

7.4 被动构式判断实验

研究问题与假设

研究问题：

（1）高水平的中国英语学习者和低水平的中国英语学习者在理解英语被动构式时有无差异？

（2）英语被动构式的理解与中国英语学习者的第二语言水平之间有无相关关系？

本研究的假设：

（1）高水平的中国英语学习者和低水平的中国英语学习者对于英语被动构式的理解无差异。

（2）英语被动构式的理解和中国英语学习者的第二语言水平之间无相关关系。

被试

80名高水平的中国英语学习者和低水平的中国英语学习者。低水平学习者为40名广州市某省级重点中学的高中三年级学生，均已学习英语六年。高水平学习者为40名至少接受了十年的正式英语教育的英语专业研究生，全部通过英语专业八级考试并持有TEM-8合格证书。

实验材料

80个改编自Dąbrowska和Street（2006）实验的描述简单及物性事件的英语句子，其中，20个合理的主动句（如：The dog bit the man.）、20个不合理的主动句（如：The man bit the dog.）、20个合理的被动句（如：The man was bitten by the dog.）、20个不合理的被动句（如：The dog was bitten by the man.）。每个包括相同参与者的动作有四个版本，每个版本包括20个句子，每位被试只听其中一个版本。每个被试都听到相同数量的主动句和被动句以及相同数量的合理句和不合理句，也就是说，每组材料包括五个合理主动句、五个不合理主动句、五个合理被动句和五个不合理被动句（例示见表7.4）。这些句子随机呈现给被试进行实验任务。

表7.4　实验材料样例

实验句类型	句例
合理主动句	The player hit the ball.
不合理主动句	The patient treated the doctor.
合理被动句	The customer was served by the waitress.
不合理被动句	The teacher was tested by the student.

实验设计

2×2的被试间设计，自变量是句子的构式类型和句义类型以及被试的二语水平（高水平和低水平），因变量是被试对句子判断的正确率。

实验步骤

每个被试进行个体实验，主试告知被试将听到20个句子，听完之后要大声说出动作的发出者也就是句子的施事。实验开始前主试向被试展示例句The dog chased the cat并解释说dog是施事——动作的发出者，对被试进行3分钟实验程序培训确保被试理解和完全明白实验规程，确认培训内容已由被试完全掌握无误后进入正式实验。主试将实验句子顺次将事先由来自英国的英语外教录制的实验录音MP3格式文件在笔记本电脑上播放给被试者听，被试每次听完句子后大声说出动作的发出者，电脑Win11-QVE录音软件自动录下被试反应。为了减缓和消除被试紧张心理并确保实验质量，直到被试回答完哪个是动作发出者之后主试才播放下一个句子以便每位被试都有充分的时间做出判断。单次实验用时10分钟，高水平被试平均在7分钟之内完成实验，低水平被试需要9分钟左右完成实验。

7.5 实验结果和讨论

分别计算高水平组被试和低水平组被试对四种句子进行判断作回答的正确率（见表7.5所示）。

表7.5　两组被试的正确率的描述统计（N=40）

句子类型	低水平被试			高水平被试		
	最小值	最大值	均值	最小值	最大值	均值
合理主动构式	80	100	98	100	100	100
不合理主动构式	40	100	76	100	100	100
合理被动构式	20	100	75	100	100	100
不合理被动构式	0	100	50	60	100	97

表7.5显示，高水平组被试和低水平组被试的表现都接近最高值，对实验数据进行非参数检验，用Mann-Whitney U检验进行被试组间对比分析，用威氏符号秩次检验进行被试组内分析。非参数检验时，低水平被试的二语水平设置为1，高水平被试的二语水平设置为2。

二语水平与被动构式理解

被试组间分析比较高水平组和低水平组被试对句式做出判断的测试分数。Mann-Whitney U检验的结果显示无论是对单个句子的判断还是整体的判断表现，高水平被试的平均分数都高于低水平被试的平均分数（$z=-11.119$，$p=0.000$）（如表7.6所示）。

表7.6　Mann-Whitney U检验：低水平被试和高水平被试的整体表现

	组别	数量	秩		检验统计量（a）	
			平均秩	秩和	Mann-Whitney U	5163.500
表现	1.00	160	112.77	18043.50	Wilcoxon W	18043.500
	2.00	160	208.23	33316.50	z	−11.119
	总和	320			p（双尾）	0.000

a 分组变量：组别

Mann-Whitney U检验对比高水平组和低水平组被试的表现，两组被试在合理主动构成的判断上的差异无显著的统计学意义（$z=-2.039$，$p=0.041$）；两组被试对不合理主动构式（$z=-6.041$，$p=0.00$）、合理被动构式

（$z=-6.702$，$p=0.000$）和不合理被动构式（$z=-7.610$，$p=0.000$）的理解呈显著差异结果（如表7.7所示）。

本研究的零假设1是高水平中间学习者和低水平中间学习者对于英语被动构式的理解无差异，而实验结果部分地拒绝零假设，即两组被试在被动构式的理解上存在差异。这一结果与Dąbrowska和Street（2006）的实验结果一致，他们用母语为英语的大学毕业生、母语为英语的非大学毕业生、母语非英语的大学毕业生和母语非英语的非大学毕业生共四组作被试并将受教育程度作为衡量语言水平的指标，实验显示母语为英语的大学毕业生的表现好于母语为英语的非大学毕业生（99% vs. 74%），而母语非英语的大学毕业生的表现高于母语非英语的非大学毕业生（99% vs. 94%）。无论母语是英语还是非英语，语言使用者对英语被动构式的理解都受到语言水平的影响（Dąbrowska & Street, 2006）。

表7.7　Mann-Whitney U检验：两组被试在不同句子上的表现秩

	组别	数量	平均秩	秩和
合理主动构式	1.00	40	38.50	1540.00
	2.00	40	42.50	1700.00
	总和	80		
不合理主动构式	1.00	40	27.50	1100.00
	2.00	40	53.50	2140.00
	总和	80		
合理被动构式	1.00	40	25.50	1020.00
	2.00	40	55.50	2220.00
	总和	80		
不合理被动构式	1.00	40	21.79	871.50
	2.00	40	59.21	2368.50
	总和	80		

检验统计量（a）

	合理主动构式	不合理主动构式	合理被动构式	不合理被动构式
Mann-Whitney U	720.000	280.000	200.000	51.500
Wilcoxon W	1540.000	1100.000	1020.000	871.500
z	−2.039	−6.041	−6.702	−7.610
p	0.041	0.000	0.000	0.000

a 分组变量：组别

Dąbrowska和Street（2006）将自己的实验结果与Ferreira（2003）的研究进行了对比，Ferreira用英语为母语的心理学本科生作被试，这些大学生对实验研究的概念、流程和步骤已有所了解。对比分析显示经验丰富的心理学本科生被试比英语为母语的非大学毕业生表现得更好（89% vs. 74%），但比自己实验中英语为母语的大学毕业生的表现更差（89% vs. 99%）。二语水平不同的被试对英语被动构式的理解存在着明显的差异，高水平英语学习者对英语被动构式的理解优于低水平英语学习者对英语被动构式的理解。

二语水平与整体理解的相关分析。用Spearman相关系数检验二语水平与被试对英语被动构式的理解之间的关系。

表7.8　第二语言水平与理解表现的斯皮尔曼秩相关系数（N=320）

	语言水平	理解表现
语言水平	1.000	0.623（**）
理解表现	0.623（**）	1.000

** 在0.01水平上显著相关（双尾）

检验结果表明（表7.8）被试的英语水平和理解能力之间呈正相关（r=0.623，p=0.000），而被试的理解水平和他们的二语水平之间存在一个连续统一体。

二语水平和不同句子的理解之间的关系。二语水平与不同构式的理解之间的关系如表7.9所示。

表7.9 二语水平与主动构式和被动构式的理解表现的斯皮尔曼秩相关系数（N=160）

	第二语言水平	主动构式	被动构式
二语水平	1.000	0.478（**）	0.783（**）
	.	0.000	0.000
主动构式	0.478（**）	1.000	0.545（**）
	0.000	.	0.000
被动构式	0.783（**）	0.545（**）	1.000
	0.000	0.000	.

** 在0.01水平上显著相关（双尾）

主动构式和被动构式的理解均与二语水平呈正相关，二语水平与主动构式的理解之间的相关为r=0.478（p=0.000），二语水平与被动构式的理解之间的相关为r=0.783（p=0.000）。

二语水平与不同构式合理性的理解之间的关系如表7.10所示。

表7.10 语言水平与合理性的理解的斯皮尔曼秩相关系数（N=160）

	二语水平	合理性	非合理性
二语水平	1.000	0.516（**）	0.751（**）
	.	0.000	0.000
合理性	0.516（**）	1.000	0.654（**）
	0.000	.	0.000
非合理性	0.751（**）	0.654（**）	1.000
	0.000	0.000	.

** 在0.01水平下显著相关（双尾）

合理性构式和非合理性构式的理解都与二语水平呈正相关，二语水平与合理性构式的理解之间的相关系数r=0.516（p=0.000），二语水平与非合理性构式的理解之间的相关系数r=0.751（p=0.000）。

被试的二语水平和四种不同的英语句子的理解的关系通过Spearman相关系数检验进行了检验。如表7.11所示，被试的二语水平与不合理的被动构式的理解之间呈最显著的正相关（$r=0.856$，$p=0.000$），而与不合理的主动构式相比（$r=0.680$，$p=0.000$），二语水平与合理的被动构式的理解更相关（$r=0.754$，$p=0.000$）。

表7.11　第二语言水平与四种不同句子的理解的斯皮尔曼秩相关系数（$N=80$）

	二语水平	合理被动构式	不合理被动构式	合理主动构式	不合理主动构式
二语水平	1.000	0.754（**）	0.856（**）	0.229（*）	0.680（**）
		0.000	0.000	0.041	0.000
合理被动构式	0.754（**）	1.000	0.726（**）	0.125	0.584（**）
	0.000	.	0.000	0.268	0.000
不合理被动构式	0.856（**）	0.726（**）	1.000	0.268（*）	0.652（**）
	0.000	0.000		0.016	0.000
合理主动构式	0.229（*）	0.125	0.268（*）	1.000	0.375（**）
	0.041	0.268	0.016	.	0.001
不合理主动构式	0.680（**）	0.584（**）	0.652（**）	0.375（**）	1.000
	0.000	0.000	0.000	0.001	.

** 在0.01水平下显著相关（双尾），* 在0.5水平下显著相关（双尾）

但第二语言能力与合理主动句之间呈弱相关（$r=0.229$，$p=0.041$），因此，二语相关水平与合理的主动构式的理解之间有相关，但两者之间的相关并不显著。

本章的问题2是英语被动构式的理解和二语水平的等级之间是否存在关系？实验数据显示二语水平与英语被动构式的理解之间呈正相关，在语言能力和被动构式理解之间存在一个连续体（Dąbrowska & Street，2006：609），本章实验发现，二语水平与非典型句子（被动构式、不合理的句子）之间呈较强相关。

被动语态是从受事角度描述某个事件的原型结构或构式，却不是描述事件原型结构唯一的构式。事实上，英语被动结构包括一系列相关的构式，如完全被动构式（如：The dog was chased by the bees.）、截断式被动构式（如：The dog was chased away.）和get-被动构式（如：The dog got chased by the bees.）。从受事的角度描述事件不会使说话人做出被动识解，说话人可以合法地使用主动句描述一个事件并且仍然维持受事的视角，例如，说话者可能会选择这样说出如下的句子：

  7.17 a. The dog runs away because the bees are chasing him.

    b. The dog runs away while the bees are chasing after him.

    c. The dog runs howling by with this swarm of bees chasing him.

  学习一门语言需要掌握一个开放的和动态的有完整意义的语言构式的详细条目。被动构式只是许许多多动态构式中的一类，语言学习还包括学习如何使用这些构式来操纵视角并构建衔接连贯的语篇（Slobin，1994），对叙事文本和说明文本中被动语态及其对等构式的习得的研究为洞察第一语言习得过程提供了有益的启发（Berman，1993；Slobin，1994；Jisa & Kern，1995；Akinci，2001；Jisa，et al.，2002；van Hell，et al.，2005）。让学生了解主动构式和被动构式之间往往存在着释义关系，应该会有助于他们在学习第二语言的过程中使用被动结构，但还应该让学习者了解在何种特定场合选择何种恰当和合适的方式表达被动意义。要洞悉第二语言学习者如何使用被动语态，不仅要考察二语学习者能否产出语法良好的被动句，还要考察他们如何在语篇语境中建立概念内容的动态过程中使用主动和被动结构。Slobin（1994：341）认为"显然，当人们从孤立的句子转向连贯的话语时，被动构式具有信息集成和信息流动的良好功能，并作为由特定语言所提供的选项集合的替代品而存在"。我们认为这一论点是有意义的，当然，没有被动构式的语言无法向语言使用者提供此种动态选择。

  如前所述，二语学习者常常难以判断在何种情况下被动结构比主动结构更合适，尽管他们可能了解被动语态侧显及物事件的受事的普遍作用（Langacker，1982），尽管他们在某些孤立的情况下知道这些词汇和语法，第二语言学习者往往难以在话语中恰当地使用第二语言的词汇和语法（Seliger，1989；Watabe，et al.，1991：132；Jung，1996；Fillmore，1977；Slobin，1994）。作为现代外语教学基础的教学语法通常（显式或隐式）假定被动构式来自主动句（Odlin，1994）。因此，"与被动语态相关的大部分二语教学包括从主动语态派生被动结构"（Hinkel，2002b：233）。

句子类型对理解的作用。表7.12显示高水平被试对主动构式的理解完全正确，而对不合理的被动构式的理解差于对合理的被动构式的理解（最低值60%，最高值100%）但无显著的统计学意义，因此，我们再用威氏符号秩次检验对低水平被试的句子理解进行组内对比。

主动构式理解和被动构式理解的对比分析显示，低水平被试对主动构式的理解比对被动构式的理解更为准确（87%与62.5%），无论是合理的构式形式还是非合理的构式形式，他们对主动构式的理解都明显优于对被动构式的理解（威氏符号秩次检验：$z=-6.034$，$p<0.001$），而对合理主动构式的理解（$z=-4.546$，$p<0.001$）优于对不合理主动构式和不合理被动构式的理解（$z=-4.307$，$p<0.001$）。本研究的结果与Dąbrowska和Street（2006）的实验结果一致，他们的实验中英语为母语的非大学毕业生对主动构式的理解优于对被动构式的理解（81%与67%）。

表7.12 主动句和被动构式的理解对比秩

		数量	平均秩	秩和
被动构式—主动构式	负秩数	56（a）	35.37	1980.50
	正秩数	9（b）	18.28	164.50
	结	15（c）		
	总数	80		

a 被动构式<主动句，b 被动构式>主动句，c 被动构式=主动句

检验统计量（b）

	被动构式—主动构式
z	−6.034（a）
p	0.000

a 以正秩数为基础，b 威氏符号秩次检验

7. 构式与英语被动构式的理解

表7.13 合理主动句与合理被动构式的理解对比秩

		数量	平均秩	秩和
合理的被动构式—合理的主动构式	负秩数	27（a）	14.70	397.00
	正秩数	1（b）	9.00	9.00
	结	12（c）		
	总数	40		

a 合理的被动构式<合理的主动句，b 合理的被动构式>合理的主动句，c 合理的被动构式=合理的主动句

检验统计量（b）

	合理的被动构式—合理的主动句
z	–4.546（a）
p（2-tailed）	0.000

a 以正秩数为基础，b 威氏符号秩次检验

表7.14 不合理主动句和不合理被动构式的理解对比秩

		N	平均秩	秩和
不合理主动句—不合理被动构式	负秩数	29（a）	21.81	632.50
	正秩数	8（b）	8.81	70.50
	结	3（c）		
	总数	40		

a 不合理被动构式<不合理主动句，b 不合理被动构式>不合理主动句，c 不合理被动构式=不合理主动句

检验统计量（b）

	不合理被动构式—不合理主动句
z	–4.307（a）
p 双尾	0.000

a 以正秩数为基础，b 威氏符号秩次检验

合理性的被动构式理解。低水平被试对合理被动构式的理解（86.5%）好于对不合理构式的理解（63%），威氏符号秩次检验结果为$z=-6.081$，$p<0.001$；而对合理的主动构式的理解优于对不合理的主动构式的理解（$z=-4.552$，$p<0.001$），对合理的被动构式的理解优于对不合理的被动构式的理解（$z=-4.125$，$p<0.001$）（见表7.13、7.14和7.15所示）。因此，语句的合理性在低水平被试对英语句子的理解中起到非常重要的作用，合理性对被动构式的影响大于对主动构式的影响。本实验的结果与Dąbrowska和Street（2006）的实验结果一致，他们的研究结果是英语为母语的非大学毕业生对不合理的主动句的理解明显优于其对不合理的被动构式的理解（98% vs. 50%）。

表7.15 合理构式和非合理构式的理解对比秩

		数量	平均秩	秩和
非合理句—合理句	负秩数	54（a）	31.06	1677.50
	正秩数	5（b）	18.50	92.50
	结	21（c）		
	总数	80		

a 非合理句<合理句，b 非合理句>合理句，c 非合理句=合理句

检验统计量（b）

	非合理构式—合理构式
z	–6.081（a）
p	0.000

a 以正秩数为基础，b 威氏符号秩次检验

表7.16　合理主动构式和非合理主动构式的理解对比秩

		数量	平均秩	秩和
非合理主动构式—合理主动构式	负秩数	26（a）	13.50	351.00
	正秩数	0（b）	0.00	0.00
	结	14（c）		
	总数	40		

a 非合理主动句<合理主动句，b 非合理主动句>合理主动句，c 非合理主动句=合理主动句

检验统计量（b）

	非合理主动构式—合理主动构式
z	–4.552（a）
p	0.000

a 以正秩数为基础，b 威氏符号秩次检验

表7.17　合理被动构式和非合理被动构式的理解对比秩

		数量	平均秩	秩和
非合理被动构式—合理被动构式	负秩数	28（a）	18.13	507.50
	正秩数	5（b）	10.70	53.50
	结	7（c）		
	总数	40		

a 非合理被动构式<合理被动构式，b 非合理被动构式>合理被动构式，c 非合理被动构式=合理被动构式

检验统计量（b）

	非合理被动构式—合理被动构式
z	–4.125（a）
p	0.000

a 以正秩数为基础，b 威氏符号秩次检验

综合讨论

上节的数据分析表明，对被动构式的理解差于对主动构式的理解，这也就意味着如果一个句子的意思不合理，对它的理解会大打折扣。与合理主动构式相比，不合理构式和被动构式更难理解。本实验的低水平被试和高水平被试对合理的主动构式的理解几乎没有差异即印证了这一观点。低水平被试对不合理被动构式的理解很差，平均正确率只有50%。对于以英语为第二语言的中国学生来说，不合理被动构式最难理解。

这种现象可以从语言的心理表征和认知加工的语法分析系统来解释。模块论认为，人们接收到语言输入时，语言加工系统首先分析句法结构，而忽略直接话语、视觉语境、世界知识甚至词汇和韵律约束等非句法信息（Ferreira，2003）。被动构式之所以难以理解，是因为其词汇顺序与正常的主位角色分配相悖。不合理构式之所以难以理解，是因为其语义含义与句法结构不匹配。因此，如果时间允许，人们不得不仔细思考句义与句法的匹配问题，以达到正确的理解。符合典型图式的字符串比非典型字符串更容易处理，因为对后者的处理需要参考更多的典型图式（Garman，2002：218）。互动模式论认为，当人们听到句子时，句法和语义同时相互作用。被动构式和非合理句子难以理解，是因为人们发现这些句子的语义含义与句法信息相冲突，句子意思也不符合人们的图式知识，这无疑为工作记忆施加了更多的负担并要求语法分析机制付出更多的认知努力。因此，句法的复杂度在很大程度上影响人对句子的理解并且可能导致错误理解。句法复杂度增加了误解一个句子的可能性，理解不合理被动构式之所以困难，是因为最终的理解结果与图式知识不符时继续进行以算法为基础的主位角色分配是极其困难的（Ferreira，2003）。因此，人们需要付出更多认知努力才能理解不合理被动构式，而这要求同时对句法结构和语义含义进行更深层次的挖掘。

关于被试在测试中可能采用到的处理策略。本章的实验中主试没有给被试任何时间压力，但低水平被试仍习惯性地表现出考试焦虑，希望尽快完成实验任务，因此采取了更快捷更经济的启发式处理策略，而他们的有限的处理经历和加工资源导致了以世界知识和语言习惯为基础的快速但错误的理解。这些被试并没有进行更耗时的第二次语法分析，而是仅仅通过自己的图式知识就选择了相反的主位角色分配，将不合理的句子合理化，这种策略叫做合理化策略。例如，当听到The cook was ruined by the food时，他们想到的第一件事就是the food不可能毁掉the cook，因此应该是the cook毁掉了the food，因为cook是生命体，只有生命体才能做出毁掉某物的动作。迫于想象中的时间压力，他们决定cook是施事，将答案合理化，以尽快完成测试任务。

基于同样的原因，低水平被试采用了NVN策略。本章第二节提到，人们倾向于认为句子的主语是施事而句子的宾语是受事（Ferreira，2003），这是当被试遇到生词时常用的策略。例如，一些被试听到The hooligan was caught by the policeman时会重复hooligan这个词，这表明他们不知道hooligan的意思，也就不大理解整句话的意思，但大多数被试仍会说hooligan是句子中的施事，由此可见伪语法分析在句子处理过程中的作用之强大（Townsend & Bever，2001：172）。

不合理被动构式难以理解，而接触被动构式较少的低水平被试常常采用简单的启发式处理方式来处理不合理被动构式，然而，如果有足够的时间并且放松心态深挖这些不合理被动式的句法结构，即对被动构式进行句法运算，低水平被试也可能会获得对它们的正确理解。而句法运算通常会得出对句子的正确理解，因此，对句子的加工处理并得到其正确理解实际上是复杂的句法运算和简单的启发处理的整合体。

本章实验中的不同组被试在被动构式的理解上表现出了明显差异，在某些被动构式的理解中出错，这就有必要深思到底什么叫做完全掌握或理解被动结构。Dąbrowska和Street（2006）也提出了同样的发问，他们认为儿童在早期发展起来的是非常具体的动词图式而非抽象表征，儿童所掌握的被动结构在很大程度上是以具体词汇为基础的。例如，英语儿童常依赖NP1 BE broken by NP2 或 NP1 BE eaten by NP2这样的具体图式而不是NP1 BE V-en by NP2这种概括性的图式习得被动构式，而有限的词汇使得儿童仅能输出和理解有限的英语被动构式，但随着时间的推移和年龄的增长，英语儿童对英语被动构式的掌握得以逐渐发展，能够最终掌握更多的抽象表征。因此，英语母语者的英语被动构式的知识积累和能力发展是一个持续不断的循序渐进过程，而不是一个全有或全无的现象。在本章实验中，两组被试的英语语言水平不同，他们并没显示出对英语被动构式的完全不理解或完全理解。实际上，被动构式的理解和知识掌握仅是一个程度问题，随着对英语被动构式的知识增加，学习者会逐渐发展出对被动构式的深层次表征，从而能够更快速、更轻易地处理各种被动构式。

本章的实验证明单一的语法处理系统观不足以解释人们对句子的理解（Ferreira，2003）。在实际生活中，简单的启发式处理或足够好的浅层表征是非常普遍的，它们在句子处理中起着非常重要的作用，而人的世界知识、语言习惯和元语言能力也是影响句子处理速度和精度的重要因素。因此，句法运算和启发策略两种方法与世界知识、语言习惯及元语言能力一起对处理句子和达到正确理解产生影响。

本实验与Dąbrowska和Street（2006）的实验结果一致，英语语言水平不同的学习者对四种不同类型的英语句子的理解是否有明显的差异？这些差异的程度如何？第二语言水平与理解之间是否存在相关性？实验发现是：

（1）以英语为第二语言的中国学生，因为第二语言水平不同，对英语句子的理解、尤其是英语被动构式的理解也不同。

（2）第二语言水平不同的学生对不合理主动构式、合理被动构式和不合理被动构式的理解存在显著差异，但是对合理主动构式的理解表现出来的差异较小。

（3）中国学生的第二语言水平与其对英语被动句的理解呈显著的正相关，第二语言水平与非典型句子的理解比典型句子的理解更为相关。

两组被试对不同类型的句子的理解所表现出来的差异，初步分析有以下原因：

（1）被试对实验设计的熟悉度。本实验的低水平学习者没有任何正式的语言实验经历，因为经验有限，低水平学习者需要花更长的时候才能弄清楚在实验中他们需要做什么，因此不得不花更多的精力去关注实验任务本身。当实验者开始向他们解释实验任务时，大部分学生表现出疑惑不解，因此实验者不得不向他们展示更多的例子以促进理解。在实验过程中，低水平被试需要更多的时间说出每一个句子的答案,需要更多的时间来做决定。经验的缺乏或多或少增加了低水平被试的实验焦虑。虽然一些高水平被试也没有正式语言学实验的经验,但是他们的专业是语言学或外国文学,因此对于正式的实验测试及其程度和原理或多或少有所了解。在进行英语句子理解测试时,他们比低水平被试展示出了更多的自信并迅速掌握了实验原理。实验者并不需要解释什么叫做施事,因为这些高水平被试之前已经学习过了相关概念,在实验过程中有时实验者还没播放完句子他们已经大声指出了句子的施事,对实验表现出了浓厚的兴趣,实验过程中感觉非常轻松,没有表现出焦虑或者紧张。

(2)语言经验。语言习得理论认为,儿童在很小的年龄就已经有了不同语态(即主动语态和被动构式)的概念,大概在五岁或六岁时就已经习得了被动结构。Brooks和Tomasello(1999)甚至认为实际上儿童在五岁之前就已经有了被动结构的初步概念,在三岁之前就能够理解主动和被动的及物结构。Bencini和Valian(2008)也认为三岁的儿童能够理解可逆性的、有生命体的被动构式。这些研究是以母语为英语者的被试为基础的,而本研究以母语为非英语、英语为第二语言的被试为研究对象。有必要提出的是,汉语中也存在被动构式。Saville-Troke(2006:13)指出,任何语言的儿童都能在五六岁时掌握母语的基本语音和语法结构,也就是说,无论第一语言是哪种语言,儿童对被动构式的掌握是普遍性的。但本实验结果表示,二语水平不同的学生在句子理解方面存在差异,这可能是因为他们的语言经验差异所致。本章实验研究中的高水平被试是英语专业的学生,有更多的教育经历,而且和低水平被试相比,接触了更多的英语被动构式,不仅接受了更多的英语和语言学教育,也在学习过程中阅读了大量英语母语者写作的书籍和期刊文章,有的甚至有出国旅游或者交换学习的经历,这些都无疑增加了他们英语表达的自动化程度。正是因为对英语词汇和语法的掌握、丰富的背景知识和良好的英语语感,这些高水平被试非常轻松就可以提取和回忆起日积月累的心理库存中的相关信息,因此他们能够更加轻易地理解测试中的句子。也就是说,高水平被试不需要大量的处理能力就可以处理英语句子,甚至他们自己可能都没有意识到在处理什么,而这已经是长期学习、重复和练习之后的自动反应习惯。而本研究中的低水平被试主要在课堂上使用英语,并没有达到在日常生活中自动理解或使用英语的自动化程度,尽管有个别被试曾经有过出国的经历。在实验过程中,一些低水平被试报告在测试句子中存在生词,例如hooligan和mosquito,而这些词在理解过程中起到关键性作用。这种情况是出于实验者意料的。词汇的贫乏可能导致焦虑和困惑,因此阻碍了他们对测试句的理解,和高水平被试相比,这些因素都可能影响他们在测试中的表现。

本研究对比了Dąbrowska和Street(2006)实验中的英语为母语的非大学毕业生的表现,他们的总体表现(74%)和本实验中低水平被试的总体表现非常相似(74.875%),但他们对不合理被动构式的理解明显低于本实验中的低水平被试(36% vs. 50%),形成了非常鲜明的对比,因为Dąbrowska和Street实验被试的母语是英语,而本实验中被试的母语是汉语。Dąbrowska和Street在自己的实验中发现了同样的现象:母语非英语的被试表现得比母语为英语的被试更好(96.5% vs. 74%)。这些英语为母语的非大学毕业生虽然英语说得很好,却几乎没有脱离语境的语言经验,而这些语言经验对于增加元语言能力非常重要(Dąbrowska & Street, 2006),这也许是导致上述现象的原因之一。而本实验中的被试经历了多年的英语语法显性教学,因此掌握了更多的元语言能力。此外,英语被动式一直是中国英语教学中非常重要的知识点,在教学过程中老师会不断强调和强化学生的被动语态意识,长期的重复和巩固强化了中国学生的元语言意识。因此,正如Dąbrowska和Street(2006:610)所说,说话者语言经验中被动构式的数量并不是唯一的相关因素,语言经验的类型同样很重要。Dąbrowska和Street的实验对象是没有大学教育背景的被试,被试的母语不是英语,这些母语为非英语的非大学生被试和本实验中低水平被试都有显性的英语学习经历和元语言意识。Dąbrowska和Street实验中的母语为非英语的被试对英语句子的理解比本实验中的低水平被试表现得更好(96.5% vs. 74.875%),尤其是对被动构式的理解。两组被试之前的唯一区别是Dąbrowska和Street实验中母语为非英语的被试居住在美国,需要每天使用英语来进行日常的交流,本实验中的低水平被试主要在课堂上使用英语,而不是用于日常交流。因此,英语的使用频率对英语被动构式的理解有一定的影响。

无论母语是什么，儿童都在五岁或六岁时就掌握了基本的语音和语法结构（Saville-Troke，2006：13）。然而，本实验表明，被试对英语被动构式的理解出现显著的差异，本实验中被试的母语是汉语而不是英语，但汉语中同样存在与英语非常相似的被动结构，其句法结构是非常典型的SVO结构。尽管在某些方面第一语言与第二语言存在显著差异，第二语言习得的理论大都认为，第二语言学习者能够发展出相关语言知识的底层知识结构，这种结构并非通过学习而得到，也不能从听到的任何话语中直接推断出来（Saville-Troke，2006：23）。

（3）不同的句子构式类型。第二语言水平不同的被试在理解合理的主动句时几乎没有差别，第二语言水平与合理的主动句之间的相关性最弱。这个现象非常值得分析和解释。首先，中国学生在学校学习英语被动构式的过程和情况是先学习主动语态的句子构式，然后学习如何根据语法规则将主动构式变为被动构式，因此，学生对主动构式的掌握好于对被动构式的掌握，在表达意思的时候倾向于用主动构式。此外，无论第二语言水平高低，合理句子显然更容易理解，因为这样的句子符合人们的世界知识和典型图式，需要更少的心理资源或者记忆负荷来进行认知加工和处理；也就是说，无论是第一语言还是第二语言，其与主动句和合理句的理解与语言水平的关系不大，人们自然而然能够正确理解这两种句子。

四种不同的英语句子中，合理主动构式最容易理解。在学习英语的过程中，主动构式非常的清晰明了，其主语是施事，宾语是受事，符合人类的一般认知。同时，与不合理构式相比，合理构式也更有意义，例如，The worm ate the bird比The bird ate the worm更难以理解，因为前者有悖于常识和常理，显得很怪异。因此，两组被试对合理主动构式的理解表现出极小的差异，第二语言水平与合理主动构式理解的相关性最弱。

（4）启发式语法分析。在本实验中，低水平被试常常忽略被动构式中by这样的句法线索，而这样的句法线索非常明确地指出了by之后的名词短语就是动作的施事。低水平被试根据自己的世界知识将这些句子正常化，即使处理主动句时也一样。相比之下，高水平被试几乎不用停顿就可以立刻辨认出句子的施事，甚至在实验者读完整句之前就可以给出答案，尽管有的高水平被试在听到不合理句子时会窃笑。这就表明，尽管高水平被试认为不合理句子的意思比较滑稽，他们仍然充分利用了句法线索by并使用句法运算辨认出施事。这样的结果与Dąbrowska和Street的实验结果（2006）一致。在Dąbrowska和Street的实验中，受教育程度较低的被试更倾向于忽略句法结构。Dąbrowska和Street指出，这也许是来自于语言经验的差异，因为完整的被动构式常出现在正式的书面文本中而非口语中。本实验中的高水平被试接触了更多的完整被动构式，因此对完整被动构式有更好的心理表征。

本实验还发现低水平被试有时在处理句子的过程中使用到了简单的启发式处理。尽管主试播放实验语句的音量很大，给予被试以充分的时间去思考和回答问题，大部分被试仍在判断句子施事时做出错判，对被动构式和不合理语句的判断尤甚，直接使用了NVN策略。无论是主动构式还是被动构式，低水平被试都倾向于认为第一个名词短语是施事，第二个名词短语是受事，这也许是因为句子的第一个名词短语在工作记忆享有优先地位。低水平被试并没有尽可能地去计算句法结构，而是进行了浅层次的简易处理以得到自己满意的心理表征来完成测试任务。Dąbrowska和Street（2006）及Ferreira（2003）的实验也发现被试将第一个名词短语视为施事，而并不在意句子的意思，这与本实验的结果一致。Ferreira（2003）指出，人们通常选择启发式理解，因为这种理解方式更简单快速，人们也使用世界知识来传达合理的句子成分。

7.6 小结

本章在构式理论框架下探讨了第二语言水平与英语被动构式的理解之间的关系。实验使用了四种不同的句子即合理主动构式、不合理主动构式、合理被动构式和不合理被动构式。两组被试共80人参与了实验，被要求实验者读出句子后判断出句子的施事。研究者记录并计算了不同被试对不同类型的句子的理解正确率。数据和分析表明，对英语被动构式的理解是一个连续的发展过程，并非一个全有或全无的现象。随着年龄的增长和教育程度的增加，人们对英语被动构式的理解日臻完善。实验数据使用了非参数分析即Mann-Whitney U检验、Spearman相关系数检验和威氏符号秩次检验。研究发现：

（1）英语水平不同的中国学生对英语被动构式的理解存在明显的差异。高水平被试的总体理解水平高于低水平被试。二语水平在对被动构式的理解过程中起着重要作用。

（2）中国学生的第二语言水平与英语被动构式的理解呈正相关。二语水平越高，对英语被动构式的理解越好。高水平被试至少有十年的英语学习经历，已经达到了对英语被动构式的自动化处理程度。

（3）第二语言水平不同的中国学生对英语句子（包括被动构式）的理解存在差异。语言经历和相关句型的使用频率在理解中也起到作用。

（4）语态与意义的合理性对理解有影响。大致来说，被动构式和非合理句比主动句和合理句更难理解，因为前者是非典型句子，人们遇到的频率明显低于后者。

（5）根据实际情况、时间限制和个人偏好，英语被动构式的处理过程既包括句法运算，也包括简单的启发处理。通常来说，迫于时间压力，被试通常采用省力原则，倾向于选择简单的启发处理来进行语法分析，尽管有时这样的语法分析是错误的。

（6）NVN策略与合理性策略使人们普遍使用了启发式策略。

首先，在中国语境中英语被动构式的教学问题。英语被动结构是非常重要的语法点，老师会不厌其烦地解释其语法结构、主动构式与被动构式的转换机制以及by短语可以省略。然而，在日常口语或者一些阅读材料中by短语虽可以省略，学生不应该忽略或忘记被动结构的完整图式。老师需要将完整的被动结构传授给学生，并且应该在教学中强调被省略的短语在句子中的成分和角色。

其次，接触更多英语被动构式的被试能更好地完成理解任务。因此，有必要考虑语言经验在理解中所起到的作用，老师可以考虑如何以自然的方式增加学生接出被动构式的几率，使学生自然地对被动结构进行内化和掌握。

最后，由于第二语言水平与被动构式的理解呈正相关，建议老师思考如何以适当、但又不伤害学生或者超越学生本身能力的方式来提高学生的英语能力。英语能力越高，学生的理解越好。对于英语被动结构，学生不仅需要理解方面的锻炼，也需要加强输出以达到自动内化语言结构的效果，最终在有限的资源和努力的条件下尽快运用认知资源。

8. 英语双宾语构式习得

认知语言学认为构式是一种普遍存在的形象，从语素到词、习语以及图式性抽象组合等等，人类的所有语言信息都是以构式形式存在的。从某种意义上说，构式语法就是从双宾构式的论元结构的研究开启其学术历程的。第7章对构式语法的总体概览中提到构式语法观有分为若干不同的模式或模型，其实，大多数构式方法都采用基于用法的语法观来解释构式信息是如何获得和表征的。在这种语法观指引下，语法被视作是语言经验的认知组织，即通过不同语言结构的反复出现和使用，构式从语言使用者的使用中产生出来。这一立场不仅对我们应该如何概念化结构信息的获取，而且对其他问题如它们的心理表征和本体地位，都有重要影响。

第7章在讨论构式的本质时提及构式可从语素扩展至不同的句法形式，就形式而言，构式可被表征为程式性表达，如双宾构式可表征为[Subj-V-Obj1-Obj2]。本章从构式语法视角研究探讨中国学习者对英语双宾语构式的习得，探究英语双宾语构式的理解产出与不同二语水平的中国英语学习者的双宾构式的理解与产出及双宾构式动词对习得的影响，分析双宾构式的形式还是意义对中国英语学习者习得双宾构式时的影响更大。

8.1 双宾构式

英语的双宾构式是由双宾语构成的具有独特性的论元结构，它可表征为

[Subj-V-Obj1-Obj2]或"NP1-V-NP2-NP3"（NP1：主语或施事，NP2：间接宾语，NP3：直接宾语），其语义为NP1（施事）通过行为引致NP2（间接宾语）达到NP3（直接宾语）。双宾构式作为一种较为特殊的构式程式，受到众多语言学派的重视。不同学派对双宾构式的视角、认识和观点有所不同，同一个理论流派中的不同学者也因观点不同而互相有所区别。由此看来，一定程度上，双宾构式这一看似简单的构式其实并不简单。

传统语法理论（Quirk, et al., 2008：1171）根据双宾构式中动词的句法类型将此类构式分为六类，分别是双宾构式、与格构式、作直接宾语的that从句、作直接宾语的what从句、作直接宾语的wh-不定句、作直接宾语的to-不定句。

结构主义语言学认为双宾构式（V-N1-N2）和与格构式（V-N2 – Prep-N1）传递同样的意义，譬如，美国结构主义语言学家之一的Fries（1952：185）以8.1的例子例解了结构主义语言学的这一观点：

8.1 a. Tom offered Lily a book.
b. Tom offered a book to Lily.

8.1b中的短语"to Lily"和8.1a中的间接宾语"Lily"共享同样的意义，描述同样的事件时，8.1a和8.1b可彼此互换。

转换生成语言学对英语双宾构式的讨论主要聚焦于双宾构式和与格构式的生成与转换，即英语双宾构式的生成，一是认为双宾构式和与格构式是生成性的（Chomsky, 1975：79），二是认为双宾构式和与格构式是由彼此派生而来的（Larson, 1988, 1990）。

认知语言学（Langacker, 1987：39）则认为例8.1的两个表达式传递的是不同的语义，8.1a意味着Lily最终从Tom处得到了book，强调的是状态性的结果，8.1b所表达的是行动的过程和方向。

心理语言学家Gropen等（1989）认为，双宾构式中的动词是规定和描写事件或情境的最主要因素，包含有辖域与格规则的动词的主要小类的不同选择（如表8.1所示）。

表8.1　Gropen的双宾动词分类（1989）

	意思	例词
1	本来就指称给予行为的动词	give, feed, pass, sell, pay, lend, loan, serve, hand
2	瞬时引发弹道位移运动的动词	throw, flip, kick, poke, fling, shoot
3	在具体指向性方向中持续引发伴随性位移的动词	bring, take
4	发送动词	send, mail, ship
5	将来拥有的动词（承诺某人将在稍后时间点拥有某物）	offer, promise, bequeath, leave, refer, forward, allocate
6	传信动词	show, ask, pose, write, quote
7	通讯工具动词	radio, telegraph, telephone, fax
8	创意动词	bake, make, cook, sew, knit
9	获得动词	get, buy, find, steal, win, earn

（注：采编自Gropen, et al., 1989：203-257）

构式语法（Goldberg，1995：32）把双宾构式作为最主要的论元结构构式加以分析和讨论，认为英语双宾构式的典型特征便是施事论元（主语）行为以引致一个客体（直接宾语）转移至一个受事（间接宾语）。Goldberg（1995：5）不仅讨论了论元结构构式具有独立意义而不仅仅是词汇意义的论据，而且讨论了构式与动词之间的关系、构式与构式以及形—义之间的关系。在构式语法看来，典型的英语双宾构式是施事论元（主语）行动引致一个客体（直接宾语）向一个受事（间接宾语）的转移（Goldberg，1995：32），图8.1例示了三个元素之间的语义—句法关系。

如图8.1所示，双宾构式所表达的语义是"原因—接受"关系，谓词是一个可以被某个特定动词所填充的变量，这个特定动词可以被整合到构式之中，关系则规定把动词整合进构式中的方式。

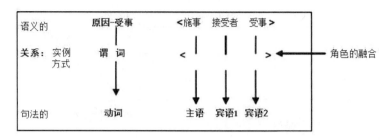

图8.1 英语双宾构式（Goldberg，1995：5）

第7章对构式语法的总体讨论中提到构式是形—义配对，构式范围包括从语素到句子的语言单位，可以根据构式的大小、复杂性、形式和意义对其进行分类；就大小而言，构式可从语素延伸至话语，就复杂性而言，构式可从语素扩展至不同的句法形式，就形式而言，构式可以被表征为程式性的表达，如双宾构式可被表征为[Subj-V-Obj1-Obj2]，最后，不同的构式可以从不同语境转移句法或语义（Goldberg，2003：220）。

Goldberg（1995：142）将双宾构式看作是一种主要的论元结构构式并且提出了6种英语双宾构式的意思作为构式多义性的例子，分别是：A）施事成功地导致接受者接受施事（核心意思），B）隐含和暗示施事引致接受者接受受事的满意条件，C）施事导致接受者不接受施事，D）施事行为以引致接受者在将来某个时间点接受受事，E）施事使得接受者接受受事，F）施事意欲导致接受者接受受事。上述中的每一种意思有一个动词，这个动词来自于一个独立的不同的语义类组，如：核心义组合表示"给"的动词（give，hand，pass …），瞬时义组合表示"弹道运动的瞬时因果"的动词（throw，toss …），携带义组合表示"以指示上有具体方向的连续因果关系"的动词（bring，take …），非核心义的每一个意思都是以核心义为基础的并通过一个明显的多义联结和核心义关联起来，也就是捕获"一个构式的特定意义与该意义的延伸义之间的语义关系的本质"（Goldberg，1995：75）。

Kay（2001）运用单一构式方法分析了Goldberg（1995：33）用非单一构式方法所分析过的双宾构式的六个意义，揭示了英语双宾构式的新特征，为后来的大量英语双宾构式研究铺设了理论路径。

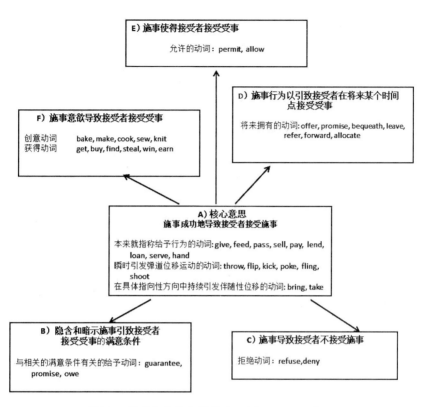

图8.2 双宾构式的关联义（Goldberg，1995）

Croft（2001：2）根据功能将双宾构式动词划分为give，send，throw三类。give是用于双宾构式的一类动词，throw是用于与格构式的一类动词，send是可用于上述两类条件的一类动词。

徐盛桓（2001）指出，VNN的构式义不一定直接与句子中的动词相一致，能够进入VNN构式的动词在词汇语义上是具有多样化性质的，根据这一观念，可以划分出三种双宾语构式动词。

8.2 a. Explicit-giving verbs. The verb itself has the meaning of "giving".
　　b. Implicit-giving verbs. The verb itself has no obvious meaning of "giving", but it functions as "giving" when refering to an action involved with a person and an object.

c. Bare-giving verbs. The verb itself has no meaning of "giving" at all, but it obtains the meaning of "giving" when positioned in the Double Object Construction.

徐盛桓（2001）的分类是根据动词的意思与"giving"的结合来划分动词的，这一分类比其他分类更为精确和清晰，徐盛桓（2007）进一步根据"giving"的意义（V+还是V-）及方式的区分（M+还是M-）划分了动词。

8.3 a. Explicit-giving verbs.（can be marked as：V++/ M-）

b. "Giving" actions with obvious "giving" manners.（marked as：V+/M+）

c. Bare-giving verbs with the generated "giving" manners in certain methods.（marked as：V--/ M+）

本章采用Goldberg（1995：4）的构式模型为理论框架，该构式定义更为宽泛，涵盖语素、单词、习语、部分的词汇填充语言模式以及完全的普遍语言模式，换言之，Goldberg对构式的划分在规模大小、复杂性、形式以及功能上具有变化性和多样性，因此，那些依靠分析其成分不能预测其形式或功能的语言模式可以被处理为构式，而且，Goldberg（1995：110）把英语论元结构划分为及物结构、双宾致使论元结构和原因位移论元结构，每一类论元结构在形式和意义上是独一无二的，以双宾构式为例，英语双宾构式中包括有三个必要成分，即施事（主语）、接受者（直接宾语）和施事（间接宾语），双宾构式可以用公式的形式表征为Subject Verb Object1 Object 2，同时，它传递的是X causes Y to receive Z的意义（Goldberg 1995：32）。

根据Goldberg（1995：32）对英语双宾构式的描述，该构式表示施事执行行为把一个客体转移给一个受事，英语双宾构式含有三个论元，分别是施事、接受者和施事，可以由两类结构来表征，即核心结构NP1+V+NP2+NP3和介词与格结构NP1+V+NP3+for/to-NP2，具体而言，核心双宾构式包含着一个客体成功转移给接受者这样的语义，而介词与格构式却未必会是这样的，而且，把介词与格构式中的NP2与双宾构式的核心形式中的NP2区别开来的是NP2所起的语法作用,这被称之为介词与格构式中的命题客体。因此,本章以Goldberg(1995:32)对英语双宾构式的定义和阐释选作研究的理论基础,核心结构NP1+V+NP 2+NP3就是本研究所说的双宾构式,其他类型则不在研究之列。本研究采用Goldberg(1995:32)对双宾构式动词的分类和划分(表8.2所示)。

表8.2 英语双宾构式动词的意义(Goldberg,1995:32)

意义	次级意义	例词
核心义	A.施事成功地导致接受者接受施事	give, pass, hand, feed; throw, kick, fling, shoot
边缘义	B.隐含和暗示施事引致接受者接受受事的满意条件	guarantee, promise, owe
	C.施事导致接受者不接受施事	refuse, deny
	D.施事行为以引致接受者在将来某个时间点接受受事	leave, bequeath, allocate, reserve, grant
	E.施事使得接受者接受受事	permit, allow
	F.施事意欲导致接受者接受受事	bake, make, build, cook, get, win, earn

Bencini和Goldberg(2000)的句子分拣实验验证了英语母语者的构式心理表征,这项首个对构式语法的实证研究选取了17位被试,将印制有构式的卡片呈现给被试对句子进行分拣分组并计算和统计分组结果,其中7位被试完全根据构式进行了句子分组,10位被试进行了混合式分类,但没有被试完全按动词对句子作出分类。衡量"混合式"分类的方法是计算一堆卡片中应被更换的卡片数,这样就可以算出被试的句子分拣分组是完全按构式进行(Cdev表示构式误差数)还是完全依据动词进行的(Vdev代表动词误差量),统计结果显示Vdev=0,即没有纯粹基于动词的分类(以动词为主的卡片堆中没有卡片更换),而Cdev=12(因为每堆由四张牌组成的牌堆中有三张牌需要更换),纯粹通过构式完成的分拣为0个Cdev和12个Vdev。实验中,仅由动词进行分类所需的平均变化次数(Vdev=9.8)明显高于完全基于构式类型进行分类所需的平均变化次数(Cdev=3.2)。当然,上述结果可能受以下事实的影响,被试第一

眼看到的两个含有相同数量单词的句子的实际含义可能极为不同（如kick the bucket 对 kick the dog，前者是一个约定俗成的习语，而后者是一个可从字面上理解的常见句子）。为了消除这种影响，作者在未提供任何例子的情况下重复进行了实验，在第二轮测试中，差异得以最小化，基于动词的分拣和基于构式的分拣之间的对比无显著的统计差异（Vdev 5.5和Cdev 5.7）。

上述研究被改编并复制于第二语言学习者的构式习得研究，如中国英语学习者的构式习得行为（Liang，2002）和德国英语学习者的构式习得行为（Gries & Wulff，2005）。这类研究的实验范式基本相同，向被试呈现16个含有四个动词（throw，slice，get，take）和四种不同类型的论元结构构式（及物式，如Pat threw the hammer、双及物式如Chris threw Linda the pencil、致动式如John threw the key onto the roof和动结式如Lyn threw the box apart）的句子，实验指示语要求二语学习者被试根据"句子的整体意义"将16个句子分成四组，这样意义高度相似的句子就可以放在同一组，研究目的是要考查到底是动词还是构式是句义的主要贡献者，因此可将包含同一动词的所有句子组合在一起或者根据动词出现的构式类型使用隐形策略对句子进行分类。

如上所述，Liang（2002）以中国英语学习者为被试复制了Bencini和Goldberg（2000）的研究。三组不同语言水平的被试（只受了两年英语教学的初学者、通过国家高考入学考试的中级学习者、通过非英语专业中国国家考试的高级学习者）接受了句子分拣实验的测试，结果发现了被试的英语水平和基于构式的分类之间的相关显著，初学者（N=46）完全基于动词（Vdev）进行分类的平均误差为5.8，完全基于构式（Cdev）进行分类的平均偏差为6.2，中级学习者（N=31）的平均Vdev为6.2，平均Cdev为5.3，高级学习者（N=33）的平均Vdev为8.2，Cdev为4.9。上述结果表明，英语水平越高的被试所产生的基于构式的分类越多。

Gries和Wulff（2005）用德国英语学习者作为被试复制了Bencini和Goldberg（2000）的第二个实验（即没有向被试提供任何示例），实验使用与原先实验相同的同一组动词，但其中有一个词slice换成了cut，意思相似，但不太常见，而且可能更为外国人所知。有意思的是，实验结果更接近Bencini

和Goldberg的第一项实验的结果，外语学习者主要关注基于构式的分类（Vdev 8.50对Cdev 3.45）。Gries 和 Wulff 进一步进行分析并确定了每个句子对构式分类的影响值，用层次聚类分析确定出每个句子与其他实验句分为同一组的频率，聚类分析显示尽管cut表现出与其他动词不同的行为，但没有明显将任何一个动词组合在一起的倾向，它的平均共现频率比其他动词高出40%以上。

Manzanares和López（2008）以西班牙英语学习者为被试复制了Gries和Wulff（2005）的实验，进一步为此前的研究提供了支持性证据，而且调查了四种论元结构中的三种不存在于西班牙语的情况，西班牙语里有及物构式，但没有双及物构式、动结式构式和致动构式，而Gries和Wulff（2005）实验中的被试可能在分类时就已经从母语中迁移了这些结构。

中国英语学习者的英语双宾构式习得类似于英语母语者儿童的习得情况，但中国英语学习者使用双宾构式动词的范围要小于英语母语者（董燕萍、梁君英，2004；黄洁，2008）；而且，中国学生的双宾构式使用中所犯的错误来自于第一语言汉语的负迁移（胡学文，2007）；中国学生对直接宾语的使用与英语母语者的使用有着相同的范围，但中国学生更倾向于使用基本的或者一般的动词且其用词更为单调而无变化，其错误主要是来自于语内推理（卢慧霞，2012）。因此，英语双宾构式的研究不应仅聚焦于对英语双宾构式的构式语法理论探讨，而应将构式语法的理论应用于英语双宾构试的二语习得的研究。研究中国英语学习者的英语双宾构式的习得，有助于更加深入地理解英语双宾构式习得与语言水平之间的关系，揭示汉语双宾构式动词的不同意义是否会影响中国英语学习者对英语双宾构式的习得。

张伯江（1999）运用构式语法理论研究汉语双宾构式时指出汉语双宾构式的核心意义是原因–接收–给予。张建理（2006）对比汉语和英语的双宾构式时认为两者在运作机制和机理上不同因而传递着不同的意义，英语双宾构式的核心意义是"给予"，而汉语双宾构式的核心意义包含了"给"和"得"两个类型，对汉语和英语双宾构式的进一步调查证实了上面的结论（张建理，2010）。

如果语言水平与双宾构式的习得成正向关系，则语言水平越高，在双宾构式的输入和输出任务中就都会取得越好的分数，否则，就可能表现为一个负向或反向关系。那么，在三种不同语言水平的被试中，语言水平与双宾构式的输入或输出之间存在怎样的关系？Lakoff（1987：467）把构式定义为"形—义配对"，那么，不同水平的被试习得构式时对哪一个因素更常忽视？而对哪个因素更重视？依据英语双宾构式的六个意思的观点（Goldberg，1995：142），在测验中把双宾构式句子划分为六类来分析每个意思的影响程度，探究英语双宾构式的六个意思对双宾构式的理解和使用的影响有无差别，这是本章研究的逻辑。

如前所述，Liang（2002）参照Bencini和Goldberg（2000）的句子分类实验对中国英语学习者第二语言使用中的构式的研究，结果在Gries和Wulff（2005，2009）对德国高阶英语学习者的分类实验中得到证实。这表明构式在外语学习过程中的极端重要性，因而格外引人注目。Gries和Wulff（2009）还发现和证明被试对双及物和介词与格论元结构的句法启动与母语者被试一样敏感。Baicchi（2016）对一组意大利英语学习者进行句法启动效应测试，被试也可以很好地产生启动，表明"语法和语义间的映射也发生在意大利英语学习者的头脑中"（Baicchi，2016）。这个结果的引人入胜之处在于实验所用的两种结构不属于意大利语构式，这就消除了跨语迁移的可能性，意味着被试对二语构式的感知完全基于他们对该语言的构式知识习得。Jiang和Nekrasova（2007）对英语学习者和英语母语者进行的在线语法判断实验的对比结果表明，两组被试对程式化短语的反应比对非程式化短语的反应更快更准。Conklin和Schmitt（2008）测量母语者和非母语者的程式化和非程式化短语的阅读时间，也得出类似结果，根据构式语法理论，两组被试都能更快地阅读程式化的句子。Manzanares和López（2008）也复制Bencini和Goldberg（2000）的实验对西班牙英语学习者进行句子可接受性判断实验，将实验结果与本土语料库和学习者语料库的语料分析相结合，再次证实外语学习者获得了第二语言的构式的心理表征。因此，第一语言和第二语言学习者对构式的出现频率和存储都很敏感，通过隐性学习的方式掌握构式。综合这些结果，我们可以假设语法和词汇知识在读者的头脑中形成了一个连续体，这种连续体的构式包含"根深蒂固且常规化的公式化单元以及连接松散但协作良好的元素"（Ellis & Wulff，2015）。

当然，将第二语言构式学习与第一语言构式学习放在同一水平上考量未免过于简单，两者是有关但又独立的事项（Ellis & Wulff，2015）。与第一语言习得不同，第二语言习得包括构式学习及构式重构过程（Ellis，2013），而这些过程受迁移或整合等效应的强烈影响。在许多实验中观察到的迁移现象说明了母语元素在第二语言习得和使用中的存在。外语学习者在学习第二语言的过程中常常有自己的构式（Knop & Gilquin，2016），这对第二语言习得过程既有积极作用又有消极影响，这在谱系关系密切的语言对中尤为明显。Della Putta（2016）测试了一组说西班牙语的意大利语学习者的第一语言迁移效果，这两种语言的构式在句法上相似，但在语义上不同，测试结果如预期所言，即学习者为了分析第二语言中正式而非功能对等元素的语义内容，参考了第一语言结构，这种由迁移产生的错解和误用通常是高度僵化且难以纠正的（Della Putta，2016）。二语学习者为了获得更多的第二语言能力，需要重构所谓的熟悉构式。当然，迁移并非总是坏事，它也可能有用。在形式和功能相似的结构中，迁移效应会支持和促进学习进程。二语习得中需要考虑的另一个影响是整合，即心理空间中两个输入的组合产生第三个心理空间（Waara，2004），本书第9章将讨论二语习得中的整合过程及其机制。例如，Waara在分析挪威英语学习者话语中的get时，发现了这样一种合成结构*Can I get a dance? 被试似乎是混合了Can I get a coffee？和May I have this dance?这两种约定性的构式，这种构式、迁移、合成和重构之间的相互作用导致产生了一种中介语，它以学习者构式为显著特征，这个构式是一个"以稍微非常规的方式使用的构式，虽不致于导致参与者间的沟通中断，但会在某种程度上有所偏离"（Waara，2004）。通过迁移和合成，学习者利用他们已经掌握的知识来提高自己的二语熟练程度。这种构式，虽言之有理、也算讲得通，但听起来很奇怪，在二语习得中是独特的，必须被视为潜在的错误来源，但也可以作为有用的指标借以洞察学习者的概念化过程，从而了解他们的语言系统状态。

这些研究的结果表明，一语构式、二语构式和学习者构式都存在于外语学习者的头脑中，这就要求在第二语言习得中特别重视构式教学，这反过来又需要修订学校的语法教学原则；语言学习者头脑中构式的心理现实要求重新定义具体的学习目标，二语准确性应被视为"对特定目标语变体和体裁中构式优选语境中构式（Goldberg的术语义）的选择"（Wulff & Gries, 2011），这应该是每个二语学习者的目标。

Sung和Yang（2016）在93名韩国英语学习者中检验了以构式为中心的教学的效率，所讨论的构式是"韩国人学习英语最困难的构式之一"（Sung & Yang, 2016）的及物动结式构式。被试分为两组，第一组接受以构式为中心的教学，教学重点是及物动结式的构式特性，第二组采用以形式为中心的教学，强调构式的句法构成。每种形式的教学含两节时长分别为25分钟的课堂教学，两组被试都在教学前后接受了任务相似的韩—英和英—韩双语翻译测试，前测显示两组被试对所讨论的构式的掌握都很有限；经过教学后，两组被试的翻译技能都有所提高，但接受以构式为中心教学法教学的被试组在及物动结式构式方面的语言水平表现出了更为显著的提高，同时，这种及物动结式构式的明示教学对其他构式如不及物运动、致使运动和双及物构式的翻译水平具有积极影响，两位作者认为这是构式的网络结构效应作用的结果。综观论元结构的层次网络（图8.2）表明，这三种构式比及物动结式构式更基本、更接近原型。这导致了这样一种假设，即在同一层级网络中，对标记较多的构式进行显性教学可以改善对标记较少的构式的认知处理。标记较多的构式和标记较少的构式直接相互关联时，就像及物动结式和致使动构式一样，这种效应更强（Sung & Yang, 2016）。

8.2 英语双宾构式理解与产出实验

问题与假设

向代表低、中、高三种不同英语水平的三组被试实施英语双宾构式判断和翻译实验，要求被试在规定时间内完成一组英语双宾构式的测验。实验希望回答的问题是：

（1）语言水平是否与双宾构式的习得呈现正向关系？

（2）动词的不同意思会影响对双宾构式的理解和使用吗？

（3）语言水平是否与不同的语言任务具有正向的关系？

根据以上分析，提出如下研究假设：

（1）语言水平与双宾构式的习得无正向关系。

（2）动词的不同意思不影响对双宾构式的理解和使用。

（3）语言水平与不同的语言任务无关系。

被试

90名中国英语学习者分为3组，每组30名。第一组为低水平英语学习者，年龄为15-17岁（平均年龄15.3岁），来自广州市二中高中一年级一个班级，问卷调查显示本组被试都已正规地学习英语达9年，本班共有学生43名，根据期末考试成绩选择其中30名参加本实验，平均分98（最高分116，最低分82）。第二组为中等水平的英语学习者，年龄为20-24岁（平均年龄23.7岁），来自暨南大学非英语专业本科二年级，均已通过大学英语四级考试（CET-4），其中8人通过了大学英语六级考试（CET-6）。第三组为高水平英语学习者组，年龄为25-29岁（平均年龄27.4岁），为暨南大学英语专业研究生，全部通过英语专业八级考试（TEM-8）。

实验设计

2个英语双宾构式纸笔测验，实验1为语法对错判断测验，实验2为汉—英翻译测验。

预制的纸笔测验卷的最顶端介绍双宾构式的信息和例证，如：

8.4 双宾语构式（Double Object Construction）

例子：Pat faxed Bill the letter.

形式：主 谓 宾 宾 （S. V. Obj. Obj.）

句义：X使Y接受Z （X cause Y to receive Z）

实验1要求被试在与样例具有同样构式的句子后面写下"T"，在与样例没有同样构式的句子后面写出"F"，回答正确得1分，回答错误不得分，共18道测题，总分是18分，如：

8.5 a. Did you give some serious thought to your goals? （　　　）

b. Would you please bring me your chairs?　　　（　　）

c. Country road takes me home.　　　　　　　　（　　）

d. Joy promised Bob a car.　　　　　　　　　　（　　）

实验1所用的18个英语句子选自英国国家语料库（British National Corpus，BNC），分布于具有构式多义性的英语双宾构式的6类意义的范畴中（Goldberg，1995；见表8.2所示），每一类含3个类似于样例的句子，但这些句子中有10个句子不带英语双宾构式，其中5个句子为底层意义不同但结构类似的动结式构式句子，其他5个句子的意义相同而结构不同。

实验2汉语句子选自北京大学汉语语言学中心语料库（Center for Chinese Linguistics PKU，CCL），要求被试用英语的双宾构式把6个汉语句子译为英语句子，这6个句子同样符合上述的双宾构式的六个范畴（Goldberg，1995）。用恰当的构式正确地翻译1个句子得2分，译文正确但未用双宾构式则不得分，某个句子的翻译版本中出现微小错误（如拼写错误或时态误用等）但正确使用了双宾构式则仍计2分。例如：

8.6 a. 她是个给我带来好运的女人。

b. 我们还欠（owe）房东800元租金。

c. 每个月他都给家里写一封信。

d. 他给我弄了一张门票。

测试主要关注中国英语学习者对英语双宾构式的产出，因此实验语句均为反映真实生活情境的简单句，句中单词是所有被试都熟悉和认识的，主试在必要时向被试提供词义以保证实验免受生词或句子复杂性的影响，例如：

8.7 a. Pat denied Christ a Popsicle（冰棒）.

b. 我们还欠（owe）房东800元租金。

实验程序

三组被试分别在预先印制好的纸笔测验卷上完成实验。第一组被试由班级英语教师在正式的英语课堂教学上课前30分钟内要求被试完成实验测试；第二组被试由本实验的主试在大学英语课堂上发放试卷实施,用时30分钟;第三组为英语系研究生上课时下课前30分钟内由主试完成测试。实验测试卷在三组被试中采用非正式的随意方式分发给被试,避免被试有意准备和预习测试,测试不间断,所有被试独立完成测试任务而不能参考任何资料或互相讨论。

8.3 结果与讨论

数据分析

数据收集后筛选剔除不合格的数据,有效测试卷为68份,第一组23人,第二组21人,第三组24人(表8.3)。

表8.3 实验1三组的测试分数的描写统计

水平分组	最低值	最高值	平均分	标准差
低(23)	12.00	26.00	18.91	4.185
中(21)	16.50	29.00	22.29	3.945
高(24)	20.00	27.00	24.96	1.938

表8.3为三组被试测试分数的描写统计,高水平组的平均分为24.96,低水平组的平均分为18.91,介于两者之间的中等水平组的平均分为22.29。

表8.4 三组被试在语法正误测试中六个意义上的分数

水平		意义					
		A	B	C	D	E	F
低	均值	1.96	2.65	1.91	1.83	1.26	2.04
	标准差	0.77	0.48	0.99	1.11	0.69	0.47
中	均值	2.14	2.67	2.43	2.19	1.24	2.19
	标准差	0.73	0.58	1.03	1.17	0.70	0.51
高	均值	2.29	2.71	2.50	2.46	1.30	2.12
	标准差	0.62	0.55	0.725	0.88	0.86	0.45

表8.4所示为实验1测试的平均数。低水平组的分数低于中级水平组的分数,中等水平组的分数低于高水平组的分数。但在某些小的部分也有反例,比如,在范畴F中,中等水平组的平均分数略高于高水平组的分数(2.19>2.12),而在范畴E中低水平组的平均分又略高于中等水平组的平均分(1.26>1.24)。每组中的六个范畴之间的分数有差异但仍然在某些范畴表现出共同点,比如范畴B的分数在所有组中最高,而范畴E是同测试中最低的。

实验2 汉英翻译测试中的平均分见表8.5所示,高水平组的分数高于中等水平组的分数,而中等水平组的分数又略高于低水平组的分数;它们同时又有某些相似性,范畴C的分数为最低,紧随其后的是范畴E,三组的情况均是如此,其他四个范畴的分数接近。

表8.5　三组在翻译测试中六个意思上的分数

水平		意义					
		A	B	C	D	E	F
低	均值	1.13	1.69	0.61	1.39	0.85	1.59
	标准差	0.91	0.59	0.84	0.89	0.99	0.62
中	均值	1.86	1.81	0.93	1.81	1.33	1.69
	标准差	0.28	0.49	0.84	0.51	0.97	0.33
高	均值	2.00	2.00	1.75	2.00	1.83	2.00
	标准差	0	0	0.59	0	0.56	0

表8.6所示为语法和翻译两个部分的平均分,从测试的总分来看,没有违例,六个范畴中,范畴B保持着最高的分数而E的分数仍然是最低的。

表8.6　每组在语法正误和翻译六个意思范畴的平均分

水平	意义					
	A	B	C	D	E	F
低	3.09	4.34	2.52	3.22	2.11	3.63
中	4.00	4.48	3.36	4.00	2.57	3.88
高	4.29	4.71	4.25	4.46	3.13	4.12

表8.7所示为每组在六个意思的双宾构式的输入和输出的平均分，三组之间有着强烈而明显的对比，随着语言水平的发展，双宾构式的输入和输出都会增加，纵向看，每组的每个范畴的输入和输出之间无直接关系。

表8.7 每组在语法和翻译测试中输入和产出的平均分

		低	中	高
A	输入	1.96	2.14	2.29
	产出	1.13	1.86	2.00
B	输入	2.65	2.67	2.71
	产出	1.69	1.81	2.00
C	理解	1.91	2.43	2.50
	产出	0.61	0.93	1.75
D	理解	1.83	2.19	2.46
	产出	1.39	1.81	2.00
E	理解	1.26	1.24	1.30
	产出	0.85	1.33	1.83
F	理解	2.04	2.19	2.12
	产出	1.59	1.69	2.00

表8.8所示为三组的理解与产出的平均数和百分比，高水平组在双宾构式测试中的理解和产出中均得分最高，低水平组的得分最低。这里统计的是每组被试的理解和产出，理解的总分是18，产出的总分是12，理解和产出的百分比也考虑在内（见图8.3）。

表8.8 语法和翻译测试中的三组的输入和产出的均数和百分比

	理解	%	产出	%
低	11.65	64.7	7.26	60.5
中	12.86	71.4	9.43	78.6
高	13.38	74.3	11.58	96.5

如图8.3所示，双宾构式的理解和产出均随着语言水平的提高而增加，相对而言，理解仅随语言水平的发展而有极小的增加，而产出表现出极大的改进。在每一组被试内部，双宾构式的理解和产出是区别和分化的，低水平组被试对双宾构式的理解好于对它的使用，中等水平组的双宾构式产出略高于双宾构式理解，高水平组的这一趋势表现更为明显，被试能够更有技巧地使用双宾构式，但在某种程度上，在识别双宾构式的过程中会产生误解。

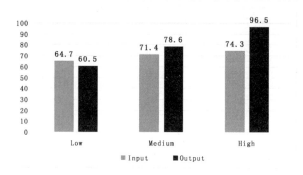

图8.3 每组的理解和产出的百分比

这个结果与Goldberg等（2004）的构式学习与二语习得的理论是吻合的，较高水平的学习者在所有根据意思所划分的动词的6个意思范畴类别上得分都较高。本研究的结果也与董燕萍和梁君英（2004）的实验结果一致，低水平学习者在句子理解中更多地依赖于动词，即动词为中心的句子理解。而高水平学习者则倾向于从构式而不仅仅从单个动词去理解句子。学习者水平越高在双宾构式的理解和产出两个任务中均能获得越高的分数，随着语言水平的发展，被试能更好地使用熟悉的构式而不仅仅是从不同的类型中识别这些构式。尽管Goldberg（1995：74）将构式语法定义为"形式与意义的配对"，但是似乎所有的被试都可以很容易地根据形式而不是意义来识别出构式，这意味着他们考虑构式的形式先于考虑构式的意义。

结果讨论

一般而言，学习者学得的英语越多，他们在任何测试中会取得越好的成绩，但这一论断并非是完全正确的！罗思明等（2011）对结果构式的研究意在证明语言水平有一个与结果构式的正向关系，但结果却在某种程度上非所期望。在他们的结果构式的测试中,中等水平组的分数在三个范畴的测试中均低于低水平组的分数,但高水平组依然获得了最高的分数,那么,这是如何发生呢?为什么不同的构式带来了不同的结果?

在根据意思而把动词分成6类的分类中,水平越高的被试得分越高,这意味着低水平学习者在句子理解过程中更多地受动词的影响,而高水平学习者对来自构式的信息比来自动词的信息更为敏感。Goldberg等(2004)探讨儿童的构式习得的探索性实验研究了与儿童语言系统(CHILDES,MacWhinney,1995)相关的语料库(Bates,et al.,1988:97),结果发现,儿童对构式的习得要经历若干阶段,在早期阶段,儿童仅在具体动词或论元空位的层次上概括句子的意义,这是因为动词通常是用作整个句子的最佳预测成分,同时,儿童最常用的动词如put,go,do,make,give等几个词的意义在某种程度上是与构式的意义一致的,比如,put与X Causes Y To Move Z这一表示路径的典型的致使构式有着相同的意思。因此,Goldberg等(2004)得出结论认为儿童先是从最常用的动词来学习构式的,然后才在范畴化过程中学习构式,随着学习的深入,儿童会从具体动词到抽象构式来概括句子的意义,这是因为他们在预测与单个动词相比较而言的句子的意义时发现了构式中的相似线索乃至范畴的有效性。在较晚阶段,儿童会对句子构式比对具体动词更为敏感,但仍会受动词的影响。

这就是为什么在本研究中,高水平组在句子的所有6个类别中得到了较高的分数,但在类别E中和其他两组一样获得了最低分数,而在属于六个意思之中的核心意思的类别A和B获得了较高分。因此,这一结果与董燕萍和梁君英(2002)关于语言水平发展不同则有不同的句子理解方式的实验研究结论相一致,这一实验基于Bencini & Goldberg(2000)的研究,4个动词和4类构式组成16个句子给被试用自己的标准进行范畴化分类,在进行测试之前依据语言水平把被试分成了3组,结论是低水平的学习者更多地受动词的影响,这被称作动词中心化(verb-centered),而中等水平学习者和高水平学习者则一般对于构式信息更为敏感,甚至不太注意到动词的重复出现,显示构式在句义理解中起着更为重要的作用。

语言水平还有一个与不同的语言任务的正向关系，因为高水平学习者在双宾构式的理解和产出中均获得了高分，这一结果与罗思明等（2011）对结果构式的研究结果有所不同，在他们所做的结果构式的实验研究中，三组被试都在结果构式的理解中得分较高，而在产出中得分较低，这意味着，他们在理解结果构式上要比将它们翻译成英文上做得更好，这是二语习得中的对比分析和迁移的结果。然而，双宾构式与结果构式毕竟极不相同，双宾构式更为被试所熟悉且其句子结构更类似于汉语中的双宾构式的句子结构，这也是迁移的结果，然而，两类迁移被卷入迁移过程，一是正迁移，它发生于当两种语言共享相同结构时，另一是负迁移，它发生于一语结构不能适当地用于二语时，如：

8.8 a. 我们还欠（owe）房东800元租金。

b. We owed the landlord 800 yuan for rent.

在这个句子中，当进行汉译英时自然会发生正迁移，因为它们有着相同的形式、意思和词汇分布，因此，对大多数被试而言都是极其简单的，而有些低水平的被试错置了直接宾语和间接宾语甚或漏掉了一些信息因而获得分较低，但是所有三组被试都在六组的意思中的基本组范畴上获得了最高分数。

8.9 a. 每个月他都给家里写一封信。

b. He wrote his family a letter every month.

这是一个正确的句子，看起来包含着双宾构式，句中"家里"通常直接翻译为home作状语而不是间接宾语，这看起来似乎是一个带有双宾构式的正确的句子，但是home在这里应该是to home的意思，隐藏了"to"的意思，实际上不是一个真正的双宾构式，因此，应该替换为family，被试在此处出错的概率很大。在这个句子中，其结构和意思均有微妙的差异，在翻译任务中表现为负迁移，句中的汉语"家里"常常被直译成英语的"home"，起着状语的作用而不是间接宾语的作用，如He wrote a letter home every month。Goldberg（1995：4）的构式定义"形式与意义的配对"中的"意义"指的是某种类型的认知意义而不是Chomsky生成语法中的"句法"或"语义",构式语法中的"意义"包涵"逻辑意义"和"结构意义"两层涵义。正如Goldberg(1995:4)对构式语法定义为"形式与意义的一个配对",我们的研究发现,所有的被试都可以很容易地根据一个句子的形式而非意思来识别出这个句子是双宾构式句子,这也就是说,他们对构式的形式的识别是先于对其意思的识别的,然而,随着语言学习的深入推进,他们表现出的一个趋势就是把聚焦点从形式转向意思。

在第二语言习得中,关于构式习得的研究主要集中于程式语和习语的习得,大量的证据显示和证明二语程式语和习语的习得类似于一语习得的情况,也是始于程式的习得,然后是词汇组块(lexical chunks)的习得,把更多的复杂构式引入课堂教学时,二语学习者就会达到抽象和能产构式的阶段。因此,二语习得和一语习得遵循着程式—模式—构式的相同路径(Ellis,2003)。

语言是由构式所构成的系统,二语习得其实是构式的习得,大量的一语习得研究以构式语法作为理论基础,儿童的语言习得要经历几个阶段,始自狭域构式(诸如具体动词或者名词),然后是联想和记忆,之后获得具体的句子结构,随着量的积累,最后进入到拥有更复杂句子结构甚至更抽象和能产的构式阶段(Croft & Cruse 2004:325);构式的习得必须遵循的特定路线或路径是程式语—习语—构式。

8.4 小结

(1)语言水平较高的学习者更能够理解和使用英语的双宾构式,语言水平较低的学习者则在这两方面都处于弱势。

(2)用在英语双宾构式中的动词在某种程度上会影响对该构式的学习,所有三组都在范畴A和B上得分较高,它们是六类意思中的核心意思或者是近核心的意思,而在范畴E上的得分均为最低,该范畴相对而言远离核心意思。中国英语学习者在某些特定类型(核心意思动词或近核心意思的动词)英语双宾构式上都比较富有技巧,而不是所有类型上都熟练而技巧熟练的。

（3）英语双宾构式的理解和产出之间的关系随着语言水平的提升而有所变化，在低语言水平组，学习者可以比较好地理解英语双宾构式，而在使用方面则会稍逊一些；中等语言水平组，英语双宾构式的产出略高于其理解，然而，两者之间的距离并非很大而是非常靠近；高水平组，在使用英语双宾构式比之理解该构式的所有类型上都做得更好。

尽管在二语习得和一语习得之间存在着很多的相似性，但仍然还有许多不同，这些不同会影响二语习得中的构式习得，这些差异主要存在于认知发展领域、语言理解及语言迁移等领域，二语习得更多地是依赖于课堂教学，它和真实世界中的交流是相当不同的，二语习得中的语言迁移也是必然的和不可避免的，学习者会把一语中的规则、句法、语义甚或是抽象范畴运用到二语学习的进程之中，自然会导致中介语的产生和使用。

中国英语学习者的双宾构式的习得会随着他们的语言水平的提升而改进，然而，每个层次上的理解与产出之间的关系揭示了中国英语学习者的某些特殊之处，在初级阶段，大多数学习者可以掌握不同形式和语义的双宾构式的构成和身份，但是，到了写作的时候，他们会忽视汉语和英语之间的双宾构式的差异，这就导致了预期之外的更多的错误。经过几年的学习，他们逐渐忘记了汉语的双宾构式并保持着两者的均衡，此时，中介语开始形成。在这个层次上，双宾构式的输入和产出都得到了极大的改进，但是产出进步和成长得更快。到了高级语言水平的阶段，他们更好地掌握了规则，更多地了解了文化差异，因此输入和产出都较之上个阶段有了更大的跨越，然而，比之于从其他类似的构式中识别出双宾构式，他们更为熟练运用某些特定形式来使用它，这提示他们对双宾构式的形式而不是意义更为敏感。从大量的实验结果来看，根据构式语法调整二语教学法，实属必要。二语构式构成学习者心理的真实而基本的实体，在二语习得过程中发挥着重要作用，将构式语法融入外语教学法既有合理性又有必然性。构式模型及其关于第一语言的习得和使用的新见解，在学界得到广泛认可，第二语言教学也必须重视吸收上述研究结果和结论，因为实验表明构式为中心的语法教学方法前景广阔。

9. 概念合成理论视角下的二语写作

认知语言学认为概念是最主要的认知过程和认知成果，概念化即概念的形成是人类认识世界阐释世界的心理过程，这一过程既是有意识的也是无意识的。心理空间是概念得以形成、演化、应用的重要平台和机制，概念的合成是在心理空间中运行的。

写作是二语学习过程中的一种高水平的复杂动态的学习形式，需要二语学习者综合调用二语体系的各种知识产出体现思想观点和展示二语水平的成文作品，具有不同于其他二语技能的特征和特性。作文过程是概念运用和联结的过程，立意构思、谋篇布局、遣词造句、前后照应、作品生成等写作环节无不体现概念合成或整合的认知运行机制。概念整合与类比、递归、心理建模、概念范畴及构架一样，是一种普遍而通用的认知操作，服务于各种各样的认知目的，在人思维时处于动态、灵活、主动的状态。这一论断启发学界从概念整合角度审视和考察二语写作或作文过程，分析第二语言学习者的作文过程。

本章运用概念合成理论阐释二语写作的生成模式，运用有声思维法研究揭示二语学习者在英语作文写作过程中的一语影响，阐释二语学习者在用二语写作时将一语思维和写作模式整合到二语写作过程之中的认知机制并分析二语语言能力、写作水平及作文长度之间的关系。

9.1 概念整合理论

"概念（concept）"是一个逻辑学术语，也是哲学的核心术语之一，是人类在认识外界事物的过程中把感性认识上升为理性认识，把所感知的事物的共同的本质的特点抽象出来加以概括而形成概念式思维，用高度抽象的词语赋予事物本质以标签。简言之，概念作为最基本的构筑单位建构人的认知系统和思维体系。

心理学认为概念是人脑用词所标示和记载的心理表征对客观事物本质的反映，是人类思维活动的产物，同时又是人进行思维活动的基本单元。凡是概念都有内涵和外延，也就是其涵义和适用范围。本质上，"概念"是对事物特征进行独特组合而形成的知识单元，是通过使用抽象化的认知方式从一群事物中提取出来的反映其共同特性的思维单位。认知语言学认为，概念合成或整合所产生的产品在概念结构和语法中根深蒂固，常作为输入对业已定型的产品进行新的工作。概念合成过程在一些大的壮观情景下很容易被检测到，但大多数情况下，它是一种常规而平淡的无法检测到的现象，只有对它作精微的技术分析才可检测得到。概念合成过程并非为特殊目的而预置，也不易耗费认知心理资源和能量。

用于分析概念合成过程的认知语言学理论是概念整合理论（Conceptual Integrative Theory，CIT）或曰概念合成理论（Conceptual Blending Theory，CBT），是在概念隐喻理论和心理空间理论的基础上发展而来的（Fauconnier，1994，1997）。概念隐喻理论认为概念隐喻的主要运作机制是从源域到标域的跨域映射（Lakoff & Johnson，1980：23），如图9.1所示，两个圆圈表示两个概念域，左侧为源域，右侧为标域，实线表示从源域到标域的映射。

输入心理空间的结构在合成过程中被选择性地投射到一个单独的"合成"空间，通过"完成"和"细化"合成建立起输入空间未能提供的结构，而合成所产生的推论、论点和想法会对人的认知产生影响，导致人修改初始输入并改变人对相应情况的看法。合成根据一套统一的结构和动力原理遵守最优原则进行运作。

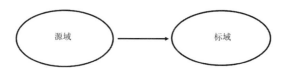

图9.1　双域映射

实质上，图9.1中的"双域映射"模式只是表征了概念映射的冰山一角（Fauconnier，1994：17），而"幕后认知域"心理空间会在人思考和言语时被持续不断地得到建立（Fauconnier，1985：41），心理空间之间的映射形成概念。"对相关语言组织机制的了解启发人们研究人谈话或倾听时所建立的认知域，而这种研究是以元素、角色、策略和关系而建构的"（Fauconnier，1985：1）。心理空间理论旨在揭示自然语言意义在线建构的奥秘，探究当人考虑概念的多重含义时认知结构是如何反映在心理空间中的，而认知结构反映在心理空间中的过程无意识地自然而然地涉及不同心理空间的建立、同一心理空间内相关元素间的关系及不同心理空间之间的关系。心理空间的概念被认为是阐释和理解语言意义的有利工具，但心理空间理论的局限性在于它无法界定意义建构原则之间的内在关系，因为概念并不全是绝对的隐喻义，心理空间理论因此也就无法解释人们日常生活和现实世界中的所有概念（Turner，1996：7）。

心理空间理论便被更为成熟的概念整合理论所取代（Fauconnier，1998）。概念整合是人类的认知过程之一，是一个由四个心理空间所构成的心理空间网络，这四个心理空间具体是指两个输入空间、一个类属空间和一个合成空间。两个输入空间（"源域"和"标域"）是中介空间，类属空间是适用于两个输入空间的骨架结构，合成空间包含两个输入空间之间无法投射的结构（Tuner & Fauconnier，1995）。概念整合在在线、动态和无意识的认知操作中发挥显著作用，是"大多数情境中所运行的基本认知操作"（Fauconnier & Turner，1998a）。概念整合有以下几个关键理念。

心理空间。心理空间是"人们交谈和思考时为了达到局部理解与行动目的而建构的概念子集"，亦即包含元素、框架和认知模型的"分部集合"，常用于思维和谈话时的动态映射（Fauconnier，1994：184；Fauconnier，1997：55；Fauconnier & Sweetser，1996：71）。换言之，为了理解话语，人们在思维中建立起心理空间，将语言信息与背景知识结合起来，如：

9.1 a. My brother, Mark, has been to Canada. （过去事件空间）
b. Maybe Lily is a student. （可能空间）

通达原则。通达原则意指一个心理空间中的元素可用于提取另一个心理空间中的对应物（Fauconnier, 1997: 41），这一原则可总结为以下公式：

如果a和b两个元素通过连接词F（b=F（a））连接，那么可通过指称、描述或指向其对应元素a来识别元素b。（Fauconnier, 1997: 41）

映射。"映射是人产生、迁移和处理意义的独特认知能力的核心"（Fauconnier, 1997: 1），如同心理空间之间构建和连接的桥梁。映射有以下四种：

（1）投射映射，也称为隐喻映射，指将一个心理空间的部分结构投射到另一个心理空间，即人类利用源域结构和同源词来思考和谈论标域结构（Lakoff & Johnson, 1980: 33; Turner, 1991: 97; Lakoff & Turner, 1989: 33; Sweetser, 1990: 56）。Fauconnier（1997: 65）以Christmas is approaching（圣诞节即将到来；即以"空间"和"动作"建构"时间"）为例说明几乎每个人都会在日常生活中使用投射映射。

（2）功能映射，也称为语用功能映射，意指"可在本地建立的两个相关域通常对应以语用功能相互映射的两类物体"（Fauconnier, 1997: 11），它通过基础背景知识中的对照物在解释新词意义方面起关键作用。典型的语用功能映射是转喻（metonymy），譬如说，在"201房间想要更换床单"这句话里，"201房间"代表住在某个宾馆的201房间的房客。

（3）图式映射，是语境中的情景通过通用图式、框架、模式构造进行概念整合时所产生的映射，比如，语法结构和词项形成意义图式（Langacker, 1987, 1991）。

（4）心理空间映射，是"连接在语篇中建立的心理空间并解释各类现象的逻辑困惑如反事实、假设、量化、时间、叙事时态和指示、间接和直接引语"的一种整合机制（Fauconnier，1997：12）。心理空间映射是概念整合理论的核心部分。

框架与图式。"框架"是用于解释概念整合的处理机制的又一核心术语，包含用于阐释语言的在线处理和意义构建的多种元素和各种背景知识。Minsky（1975）在讨论"人工智能"时首次提出"框架"这一概念并将其用于解释概念问题。图式是与框架在概念整合理论中几乎同义和等价的概念整合机制。

人们在日常的思考和交谈过程中，在进行在线意义建构时系统地对概念加以整合并因之用到概念整合网络，有些整合是全新的，有些整合是常规的。这种在在线意义建构过程中系统性地使用概念整合网络的现象普遍存在于人的语言行为之中，因此人们就很少意识到它的发生和存在。概念整合网络基本上由四个心理空间构成，它们分别是两个输入空间、一个类属空间和一个合成空间（如图9.2所示，Fauconnier & Turner，2002：46）。其中，两个输入空间之间建立起一个跨空间的映射，而跨空间映射会创建比输入空间更为常见的图式结构并将其投射到类属空间。四个心理空间构造而成的概念整合网络"以各种方式建立层创结构并将该结构投射到网络的其余部分"（Fauconnier，1998）。

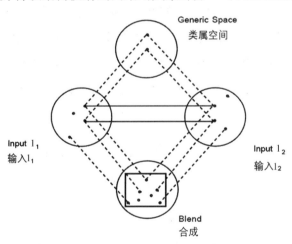

图9.2　概念整合网络的基本流程表征图

输入空间与跨空间投射。两个输入空间之间的典型的概念投射如图9.3所示（Fauconnier，1997：150），两个圆圈表示两个心理空间，圆圈中的黑点表示心理空间所含的相关元素，其中的一些黑点在整合中得到激活，其他的一些黑点则未被激活。两个空间中被激活的元素之间存在一个有力、动态和可变的投射。图中实线表示概念整合中的对应连接。

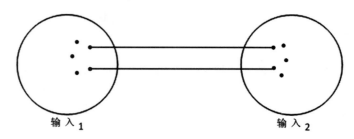

图9.3　输入空间和跨空间投射

类属空间。类属空间把相关元素映射到每个输入空间并包含来自输入空间的通用元素，通过对输入空间中的配对对照物的投射和映射，类属空间被建构为"反映两个输入空间共享的常见的或更为抽象的结构和组织，定义它们之间的核心跨空间映射"（Fauconnier，1997：149）。类属空间的投射及映射过程与一系列重要的概念关系（如，变化、身份、时间、空间、因果、部分整体、代表性、作用、类比、分离、属性、相似性、范畴、意图性和唯一性）配合运作或协同操作。类属空间以骨架信息形成并在始源空间和目标空间中被共享和提取。在表征类属空间的图9.4（Fauconnier，1997：150）中，类属空间与两个输入空间之间的虚线表示映射关系，两个输入空间之间的实线表示它们之间的连接。

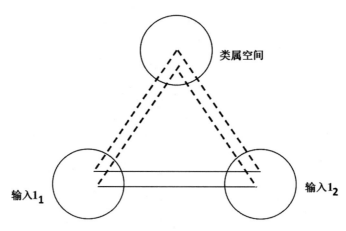

图9.4　类属空间

9. 概念合成理论视角下的二语写作

合成空间。合成空间从两个输入空间中承接常见的部分结构而生成自己的层创结构。如图9.5所示，合成空间包含从输入空间投射出的部分结构，还可以分别映射每个输入空间的结构或者生成独立于输入空间的元素。同理，图9.5中两个输入空间之间的实线表示连接关系，而虚线代表合成空间与两个输入空间之间的映射关系。

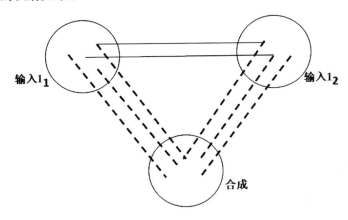

图9.5　合成空间（Fauconnier，1997：150）

层创结构。"合成空间生成位于两个输入空间之外的层创结构"（Fauconnier & Turner，2002：42），一旦合成空间生成层创结构，那么，该结构即含有两个输入空间所不包含的结构或元素，从而人类可以整体上解释各种事件。层创结构的生成涉及复杂的认知–心理过程，以三种相互关联的方式即组合、完善和精制进行操作（Fauconnier，1997：150）。

（1）组合：通过组合来自两个输入空间的投射使合成空间产生两个输入空间以前均不存在的新关系。

（2）完善：通过添加附加结构来完善合成空间，在这一完善合成空间的操作过程中，大量的背景性概念结构和知识被无意识地纳入合成空间。"通过背景框架知识、认知和文化模式，复合结构从输入空间投射到合成空间，而这被视为合成空间中更大自我约束结构的一部分"（Fauconnier，1997：150）。

（3）精制：对合成空间进行运演，整合过程根据自身的层创逻辑在合成空间中进行认知运作（Fauconnier，1997：151）。精制是概念整合行为中的精细加工和细化运算。

Fauconnier（1997：152）断言人类先祖在演化过程中获得了很有优势的想象力来发展艺术、科学、文化及语言，随着人类心理能力的进化，概念整合成为人类天然的心理能力，始终随着人类的进化而发展。概念整合论阐明了在线建构语篇意义的复杂过程，在对人类的日常思考和话语生活的分析和讨论中发挥关键性作用。概念整合论的重点在于分析心理空间的建构和映射，以模式化方式阐述和论证语言解释过程中的整合机制的在线认知操作。首先，概念整合论聚焦于语言意义的在线动态建构，而不是语言模式的统计研究。

其次，概念整合论进一步挖掘了概念的在线认知机制，认为概念是思想内容、认知方式从源域到标域的映射。概念是两个或多个心理空间的整合，层创结构又生成于合成空间中；用于阐释语言的普遍规则是心理空间的合成，而合成是涉及众多概念意义的隐形而又无意识的网络。

再次，"人类认知能力理论不仅要解释人类创新的丰富性和多样性，还要体现出如何引导创新"（Fauconnier & Turner，2002：310）。概念整合理论揭示了语言导向过程的创造力和多样性，可对人类思维语言认知能力做出有力解释，其组构性原则和管制性原则有助于探讨如何使用概念整合来创造多种多样的概念世界。

概念整合论作为语言阐释的重要解释工具已被广泛应用于众多学术领域甚至用于分析人们日常生活的方方面面。在二语写作教学与研究中，第一语言的语法和词汇如何转化到二语写作过程之中，第一语言在第二语言写作过程中究竟扮演什么样的角色，这些议题都值得运用概念整合论加以深究。概念整合理论对写作的间接解释是一个值得探究的话题。

9.2 作文过程与概念整合

本质上，无论作文使用的语言是母语还是外语，作文都可被看作是一个意义建构和概念整合的复杂高级思维过程，写作者需要综合地调用多种内部语言资源和认知加工机制才能完成作文过程产出作文成品。而在一定程度上，对写作的过程分析和研究比仅仅考察作文成品更有价值。"……如果我们希望影响写作的结果，我们必须要设法理解写作期间所发生的事情，调查无形的过程而不是评估有形的作品"（Hairston，1982）。对二语写作的讨论不能忽视一语对处于起始阶段的二语学习者的影响和作用，随着越来越多的探究一语对二语写作影响的研究得以实施和展开，对一语在二语写作是发挥积极作用还是消极作用的讨论渐增。二语写作研究应聚焦于研究一语对二语写作的影响，厘清一语与二语写作是否相似的问题，强调一语对二语学习的积极作用和正向影响（文秋芳、郭纯洁，1998）。关于一语对二语写作的影响的研究发现大多基于实验研究而缺乏理论支持，将认知语言学中的概念合成理论用于探索和解释二语写作过程中的一语作用、二语水平与一语词汇使用之间的关系是一个值得探索的尝试。

考察一语写作过程与二语写作过程是否相似的研究多将不同母语背景的英语学习者进行离散的分组，如高级二语写作者（Zamel，1982，1983）、中级二语写作者（Lay，1982）、研究生二语写作者（Jones & Tetroe，1987）等。譬如，Lay（1982）摄录了4名中国英语学习者二语写作时的有声思维过程并对他们的二语写作背景和态度进行了访谈，结果发现较多地使用一语思维模式的学生一般会在二语作文的内容构思、结构布局和行文细节诸方面表现得较好。Kobayashi和Rinnert（1992）比较了48名日本学生在接受直接写作方法指导和间接（翻译过的）写作方法指导后的作文，发现语言熟练水平低的学生比语言熟练水平较高的学生更多地从一语的使用中受益。郭纯洁和刘芳（1997）运用有声思维法研究不同语言水平的学生看图作文的过程并考察一语对二语写作的影响，提出了一语在二语写作中的三个作用——内容的逻辑推理、语言模式的分析与判断、有关词语和短语及句子的检索提取。上述研究未对一语影响二语作文过程的机理做理论阐释，未能揭示一语在二语作文中的具体角色和作用，缺乏关注构成中国英语学习者主体的中国大学英语学习者的二语写作过程。

二语写作是一个以问题为驱动的研究领域（徐昉，2021）。应用语言学家将注意力转向一语对二语写作的影响后，二语写作研究便以错误分析、语言迁移和对比分析等假设为理论指导和范式遵循展开和推进，从作文成品和作文过程两个层面和维度上探讨一语在二语写作中的作用。迄今，对于一语在二语写作中是发挥积极作用还是消极作用仍充满争议。

关于一语在二语作文中的作用的研究可分为二语写作的产品导向研究和过程导向研究。一语对二语写作影响的产品导向研究始于20世纪50年代，一直将写作成品作为研究焦点。20世纪50年代到60年代，对比修辞曾是应用语言学家研究二语学习者写作产品的重点领域，学界多采用对比修辞的方法分析一语修辞模式向二语写作的迁移，如英语作为二语的学生的作文段落组织（Kaplan，1966，1983），一语和二语在语言层面上的异同，如语篇模式、衔接手段的使用或具体的遣词造句等（Reid，1992；Kubota，1998）。但是，仅对写作成品本身进行分析，会导致学者忽视写作者的作文整体概念、内容来源、形成和发展、各阶段的写作内容等（Zamel，1982），很难揭示一语在二语写作过程的作用以及一语在何种条件下会促进或是干扰二语作文过程。

20世纪80年代以来，二语写作研究的重点从写作成品转向写作过程本身。随着二语写作研究的范围扩大和边界拓展，学界逐渐通过实证研究更为综合地解释和阐释二语学习者的写作过程。Emig（1971）首次以实验观察在校学生的作文过程，Hayes和Flower（1980）根据Emig（1971）的研究提出"明晰"的二语写作过程成分模型，此后，众多的写作过程模型纷纷涌现（Bereiter & Scardamalia，1987：26；Hayes，1996；Kellogg，1996；Field，2004；Eysenack & Keane，2005：417）。Hayes和Flower（1980）的模型启发和推动了大量对于二语写作过程的研究（Graham & Harris，2000；Alamargot & Chanquoy，2001：34；Shaw & Weir，2007：98）。

研究一语对二语写作影响时最普遍运用的研究方法是有声思维法（thinking aloud protocol，TAP），即"被试被要求在解决问题的同时大声说出想法，并在必要时在此解决问题过程中重复这一要求，以此鼓励被试说出他或她正在想什么"（Someren，et al.，1994：10）。但有声思维法受到了质疑和商榷，"有声思维法要求作者同时做两件事情——他们必须写，而且必须在停顿时试图说出他们头脑中的想法。许多作者发现，在写作时同时口头分析他们正在做什么，干扰了他们正常的写作过程，打断了他们的思路。"（Faigley & Witte，1981）。但许多研究（Lay，1988；Jones & Tetroe，1987；Raimes，1985）发现，二语学生对写作时进行有声思维反映良好，"没有证据表明有声思维法改变了正在研究的任务的过程或结构"（Hayes & Flower，1980），而且"作为一种方法，有声思维法原则上是不会对思维过程产生过多干扰的"（Someren，et al.，1994：52）。Raimes（1985）提出应该尽可能多地让被试接受训练直到适应有声思维法的程序要求，如被试有需要，可进行更多的训练。被试经过培训后应对有声思维法持积极态度并相信他们写作时有声思维法基本反映了自己的思维模式。文秋芳和郭纯洁（1998）发现被试在培训过程中的沉默时间少于整个写作时间的20%，因此提出有声思维法应慎用。大量研究运用有声思维法证实了二语写作者的一语和二语作文在写作行为和谋篇策略上的相似性，揭示了一语的写作知识、谋篇技巧、推敲润色及修改策略会迁移到二语写作中，一语写作所用到的作文知识确实在二语写作中发挥重要作用（Hall，1990），使用母语可以提高二语写作成绩（DiCamilla & Anton，2012；Wang & Wen，2002；Zhang，2018；Gao & Min，2021）。Thoms等（2005年）和Masaeed（2016年）认为在二语情境中正确使用学习者的母语可以推进二语语言任务（如拼图或角色扮演任务）、促进二语学习。Gánem-Gutiérrez和Roehr-Brackin（2011）提出，第一语言是完成以形式为中心的教学任务时解决问题的重要工具。Li等（2020年）的研究也证实了这一论点。Wei（2020）发现中国英语学习者在二语议论文写作中的一语到二语修辞迁移与他们对二语写作困难的认知呈正相关，母语修辞知识是二语作者解决问题的一种资产，可以缓解他们的写作焦虑，促进作文的连贯性。Zhang（2018）发现合作讨论中使用母语有助于提高二语作文中的句法复杂度（以从句的平均长度衡量）并有可能减少语言错误，母语可作为元语言工具促进以形式为中心的协商学习并更易用二语产出结构复杂的句子。

本章尝试用概念整合论阐释在二语学习者二语写作过程中可能出现的间接写作与直接写作两种模式并解释其转换过程，具体分析出一语在二语写作过程的作用。所用例子为简单的中英"主谓"（"S-P"）结构的语句。

9.2 a. 中文：婴儿在哭。
b. 英文：The baby is crying.

通过概念整合将"S-P"结构提取到类属空间和合成空间中对于二语学习者而言往往极为容易，但要处理更复杂的情况比如涉及两种语言的差异特征如时态或被动语态则是一个更为复杂的概念整合过程，即使二语学习者能从两个输入空间中选择配对对照物将其投射到"存储"具体经验的类属空间中，他们仍难以将两种不熟悉的结构合成到正确的层创结构中，因此，二语学习者也就难免在用二语作文时出错。由此看来，一语的作用便显得至关重要，因为它可能会帮助二语学习者熟悉两种语言的差异以减少甚或避免在用二语作文时犯错。一般认为，用一语可能更易写作，因为一语的语法和词汇扎根于写作者的心理空间。学理上，可以设想和推测二语学习者尤其是初阶的二语学习者可能倾向于先用一语构思内容和谋篇布局，甚至先以一语写作后借助于二语知识（词汇、句法、搭配）将一语写就的作文翻译为二语的作文。故"婴儿在哭"的二语写作的认知整合过程可做如图9.6所示的分析，一语文本"婴儿在哭"在写作启动时首先进入作者思维，作者将一语所指转换为二语所指。输入空间1（IS_1）表示一语所指，包括一语语法框架、词汇和结构（"S-P"），输入空间2（IS_2）表示二语的语法框架。其后，类似的"S-P"框架被压缩到类属空间（GS），两个输入空间的部分结构被选择性地投射到合成空间1（BS_1），而后者生成了二语语法框架中的"S-P"结构。基于IS_1和IS_2的第一次整合，BS_1被当作第二次整合的输入即输入空间3（IS_3），与之平行对应的IS_4则代表二语词汇。在第二次合成中，BS_1/IS_3的部分结构被投射到BS_2生成二语的所指和实际文本。图中的两个方框则是二语作文中的合成过程的辅助性思维过程的合成。

间接写作虽然有助于二语学习者结合一语知识进行写作，但它并非二语学习者用二语作文时的通用模式，高水平的二语学生往往以直接写作模式作文以完全避免或尽量减少母语负迁移。

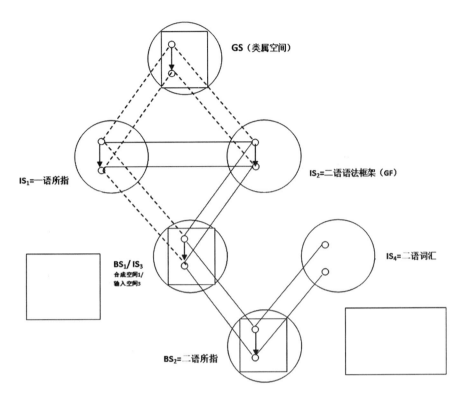

图9.6 "婴儿在哭"写作的概念整合过程

直接写作过程包括了两个整合过程，两个输入空间IS_1和IS_2分别表示一语句法结构（一语语法框架和词汇）和二语语法和词汇，二语的相似框架被压缩到类属空间（如图9.7所示）；同时，两个输入空间的部分结构被选择性地投射到合成空间BS_1中，在BS_1中生成二语的语法框架和词汇作为第三输入空间IS_3输入到合成空间BS_2。随着一语所指在二语作者思维中的BS_1/IS_3形成以及二语语法框架和词汇在IS_4生成，第二次整合操作，其中二语所指在BS_2中生成并合成到IS_4。

直接写作模式大体上包括两个整合过程：第一个过程是将一语和二语的语法框架和词汇从两个输入空间投射到合成空间，其中生成了二语的语法框架和词汇；第二个过程是来自第一个合成空间的二语语法框架和词汇投射以及来自另一个输入空间的相关语法框架和意义的一语所指投射，其中生成了二语所指（图9.7）。高水平的第二语言的写作者被认为倾向于使用直接写作模式。

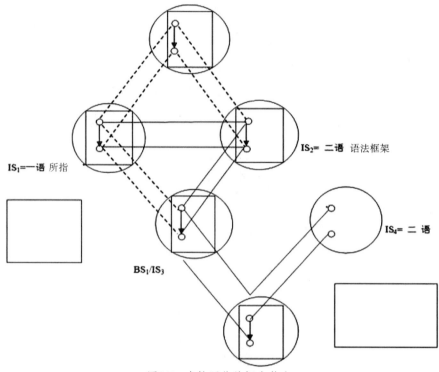

图9.7 直接写作的概念整合

不论是间接写作模式还是直接写作模式，一语在二语写作过程中始终发挥着不可忽视的作用，如帮助作者生成内容、遣词造句、验证结构框架等（郭嘉等，2022）。譬如，母语在英语作文中的五大功能是转换中介、内容生成中介、形式检索中介、内容验证中介和程序管理中介（文秋芳、郭纯洁，1998）。一语或母语在二语写作中发挥作用的机理能否在概念合成视角下加以阐释？本章结合概念整合理论对于二语写作过程的阐释，试图阐明一语在整合过程中的功能在于帮助作者在思维过程中进行整合，确保其引导二语生成过程（程序管理中介），生成语法正确、词汇适宜的可理解二语（转换中介/形式检索中介），检查生成文字是否恰当（内容验证中介），以及对作文的质疑、推理或判断（内容生成中介/形式检索中介）。基于概念合成理论对二语写作过程的阐释，更大规模的一语或二语存储可能会使二语学习者更容易在包含有一语和二语知识的合成空间中生成"层创结构"。二语作者作文时在两个输入空间中一定程度地使用一语以帮助二语语法框架或所指在任意一种写作模式中生成。

先前的研究大多通过二语语言水平考察二语写作成绩或过程，但对语言水平是否就是二语写作成绩的决定性因素则存有争议（Jones & Tetroe, 1987）。大量研究得出的基本共识是二语水平对二语写作的作用和影响存在着不同的情形，二语水平较低的二语者作文时的形态句法构造较差，而二语水平较高的二语者的作文中的形态句法构造较好（Dussias & Piñar, 2010; Sagarra & Herschensohn, 2010; Serafini & Sanz, 2016），低水平的二语作者在用二语作文时一般会使用更多的认知策略，在二语写作中做整合操作时，一语和二语均有助于二语写作（Uzawa & Cumming, 1989）。

语言阈值假说（Linguistic Threshold Hypothesis, LTH, Cummins, 2000: 177）认为二语学习者的二语熟练程度达到临界水平时，其二语习得过程中会出现语言技能正迁移，亦即低于这个临界水平的二语熟练程度有可能会对二语习得产生不利影响，而语言相互依赖假设（Linguistic Interdependent Hypothesis, LIH, Cummins, 1989）认为只有学习者有足量的第二语言接触和较强的学习动机时语言技能才会从第一语言迁移到第二语言。Marzban和Jalali（2016）研究高水平和低水平的伊朗英语学习者的第一语言和第二语言写作技能之间的关系，发现较低的二语水平会阻碍写作技能从一语向二语的正迁移，二语水平较高者能在两种语言之间积极地迁移技能，母语知识会作用于或影响二语习得，探究二语熟练程度对母语和二语写作的作用以及语言间写作技能的迁移非常重要。具体研究结果表明，在高水平组的一语（波斯语）写作技能与二语（英语）写作技能之间存在显著正相关，而在中低水平组中未发现一语和二语间的显著相关，这表明学生用第二语言（英语）写作时会利用母语（波斯语）促进二语写作过程，学习者将自己的母语写作技能迁移到了二语写作中，这些写作技能在两种语言间获得了正迁移，但二语水平会影响母语写作技能的成功迁移，低水平的学习者在进行二语作文时无法轻松地迁移一语的写作技能。因此，高水平学习者似乎比中级以下水平的学习者在用英语写作时能更好地利用和使用波斯语的写作技能。研究结果还显示，较高语言水平的学生的一语写作技能对他们的二语写作能力有更为显著的预测作用。事实上，以英语为二语的写作者将好的或差的写作技巧从波斯语迁移到了英语，而差的写作者不能用英语写出一篇好的作文是因为他们本就不能很好地用波斯语写作，也就是说，在母语中从未获得的技能不能转移到第二语言中。此外，在英语水平较低的情况下，学生的第二语言水平比第一语言波斯语写作能更准确地预测他们的第二语言即英语的写作。因此，低水平二语学习者的写作困难是由于他们缺乏足够的语言知识，英语水平有限，因此需要更多的二语练习和二语接触。换句话说，较低的二语熟练程度阻碍二语学习者将技能从一语迁移到二语；即使语言学习者是完美的母语作者，有能力用波斯语写出一篇构思巧妙、观点新颖、衔接连贯、结构良好的作文，他们也无法轻松地将这些技能转化到英语写作上。只有达到二语熟练程度的阈值，学习者达到一定的二语熟练程度后，才有可能发生语言迁移（Cummins，1981）。实验表明第二语言水平是提高整体写作质量的重要因素（Cumming，1989），英语学习者的二语水平在很大程度上影响第二语言语义处理的自动化水平（Kotz & Elston-Güttler，2004），二语写作者对写作目的的理解、对写作策略的运用和写作时间的长短在很大程度上影响日本女大学生的写作表现（Ikeda & Takeuchi，2006），探讨学习策略、语言水平、年龄、自我效能信念之间关系的研究发现学习者的第二语言水平和学习策略的使用之间存在着动态的互动关系（Magogwe & Oliver，2007）。

9.3 研究方法

问题与假设

依据前面的分析，本章的研究问题是：

（1）高语言水平组被试比低语言水平组被试对一语的依赖程度是否更低？

（2）高语言水平组被试在二语作文的指标上是否优于低语言水平组被试？

研究假设是：

（1）二语语言水平高、低两组的作者写作成绩无差别，二者的句子结构在输入空间中生成的作文内容无差异。

（2）高语言水平组被试与低语言水平组被试在二语作文的指标上无差异。

被试

8名大学二年级非英语专业学生，平均年龄19.6岁，初中一年级开始学习英语，均已学习英语8年，CET-4成绩平均分76分，均无英语国家留学或短期学习英语的经历。在暨南大学二年级非英语专业学生发出问卷100份，收回89份，经仔细挑选，选出英语学习背景相似者8名（4男、4女）为本实验的被试。

设计与程序

问卷：由两部分构成，第一部分是被试背景问卷（姓名、年龄、性别、专业、CET-4分数、英语学习年限、实验前是否有英语国家学习英语经历等），第二部分是被试二语写作态度问卷，旨在测查被试对英语写作过程的观点以及对一语对二语写作影响的态度。问题1考察被试在二语写作过程中运用一语或二语的情况，涉及一语或二语的思维、谋篇和写作模式，问题2考察被试在构思作文或写作前提炼大纲时使用了汉语还是英语，问题3考察被试的思维方式以及一语或二语在写作时是否处于第一语言的潜意识水平，问题4考察被试对一语是帮助还是干扰其英文写作的看法并进而调查其在二语写作时对于一语的依赖程度，问题5调查如果时间允许的话被试在写作时使用语言的偏好倾向。

有声思维法：让被试说出自己头脑中的想法，以便主试了解或至少部分了解被试思维过程。实验在实际录音前对被试进行短训，主试先向被试详细介绍有声思维法，确保所有被试对其全面了解，然后以一首中文古诗向所有被试进行有声思维示范，主试一边朗读古诗，一边大声说出自己的理解过程，同时解释陈述方法确保被试清楚如何在有声思维中表达自己的想法。接着，进行前测，要求被试分别阅读一篇古汉语短文和欣赏一幅图画。实验前训练旨在确保被试在写作实验过程中有效运用有声思维法以最大限度地减少有声思维陈述对其写作行为的影响。

作文主题。实验话题是"你是否赞同以下观点？父母是最好的老师"，举出具体原因和例子支撑你的回答（Do you agree or disagree with the following statements? Parents are the best teachers. Use specific reasons and examples to support your answer.）。写作任务的话题体裁为选择性议论文，使被试在写作过程中保持一致的思维模式，确保作文体裁对写作成绩的最小化影响。

指导语。"本次写作应遵循议论文写作模式，字词数至少为200个单词，无时间限制，不能使用字典或任何电子设备（This composition should follow an argumentative writing pattern, and you should write at least 200 words. There is NO time limitation. No dictionary or any electric devices are allowed.）"。

被试互相之间间隔4米坐在一间40人标准的大教室里进行写作，确保被试在写作过程中进行有声思维时不会彼此干扰。主试在场保持安静不干扰实验过程。每位被试有一张用于写作的预制答卷纸和草稿纸和一台贴有被试编号标签的录音笔，被试边写作边进行有声思维报告。主试介绍写作任务和议论文写作程序后，被试开始英文写作并用录音笔全程录下自己的任何想法的口头陈述，不必解释或分析录音笔所记录下的自述行为。被试进行写作任务期间，主试一直在场回答被试实验中遇到的任何问题。最后，随机收回作文答卷和录音笔用以作文评分和数据分析。

作文评估

由两位经验丰富的英语教师作为评分员对收集后编码的八篇作文打分评估。采用五点评分量表（Kobayashi & Rinnert，1992）评估作文整体质量和三个具体部分的质量（包括十一个用以分析的子指标），评分员对作文整体质量和特定细节方面从5（优）到1（差）进行打分，具体指标是，（1）总体质量——作文的整体质量评价，（2）内容——语句言之有物、行文思路流畅、整体清晰度高、论点吸引力强，（3）组织——起承转合自然、行文逻辑有序、前后照应得当、篇章整体性好，（4）文体——词汇使用恰当、句形变化复杂。写作过程时的有声思维报告录音由主试和另一位英语教师进行转写编码。

9.4 数据分析与讨论

9.4.1 两组被试四项作文指标的描述统计

八篇作文随机由两位评分员根据五点评分量表进行打分，作文得分按总体质量、内容、语言组织和文体等四个标准对同一作文评价打分,两位评分员对同一作文给出的两个分数的平均分计为被试作文的终评分数,由此将被试分成高水平组和低水平组,两位评分员的信度系数为0.73;表9.1所示为两名评分员的评分和被试在每项评估标准上的平均分。

表9.1 两组8名被试四项作文指标的平均分

被试		总体质量			内容			语言组织			文体		
		R1	R2	M	R1	R2	M	R1	R2	M	R1	R2	M
高水平组	郭	4.00	3.50	3.75	3.50	4.00	3.75	4.00	3.00	3.50	3.00	3.50	3.25
	任	3.50	3.50	3.50	3.00	3.00	3.00	4.00	3.50	3.75	4.00	3.50	3.75
	叶	3.00	3.00	3.00	2.00	3.00	2.50	3.00	2.50	2.75	3.00	3.00	3.00
	齐	3.00	3.00	3.00	3.00	2.00	2.50	3.00	3.00	3.00	3.00	2.50	2.75
	总均分	3.38	3.25	3.31	2.88	3.00	2.94	3.50	3.00	3.25	3.25	3.13	3.19
低水平组	苗	4.00	3.00	3.50	4.00	3.00	3.50	3.50	4.00	3.75	3.00	4.00	3.50
	陈	3.00	3.50	3.25	3.00	3.50	3.25	3.00	3.00	3.00	4.00	3.00	3.50
	史	2.50	3.00	2.75	3.00	2.00	2.50	3.00	2.50	2.75	3.00	3.00	3.00
	高	3.00	3.50	3.25	3.50	3.00	3.25	2.00	3.00	2.50	3.00	3.50	3.25
	总均分	3.13	3.25	3.19	3.38	2.88	3.13	2.88	3.13	3.00	3.25	3.38	3.31

(注解:R1:评分员1、R2:评分员2、M:评分员1和评分员2所打分数的平均分)

高水平组被试在文章总体质量和语言组织两项指标的得分高于低水平组被试的文章总体质量和语言组织的得分,高水平组的总体质量得分(3.31)高于低水平组的总体质量得分(3.19),高水平组的语言组织得分(3.25)高于低水平组的总体质量得分(3.00)。

在作文内容和文体指标上,低水平组被试比高水平组被试表现更好,具体数据是,低水平组的内容得分(3.13)高于高水平组的内容得分(2.94),低水平组的文体得分(3.31)高于高水平组的文体得分(3.19)。图9.8是两位评分员给出的被试在四个标准上的分数的直观比较。

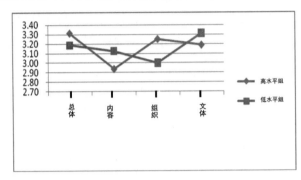

图9.8 两组被试作文四项指标的比较

9.4.2 两组被试的二语作文中的一语使用率

被试的有声思维录音由两位评分员转写、编码、赋值。对录音中出现的中文字词数、英文词数、用于不同功能的中文字或词进行统计，根据一语中的字词的功能将转写文本中的中文词分为5组，总词数的统计将重复出现的字词计入其中。参照《新华字典》第11版（2011：5）的规范标准确定中文词，如"父母是孩子最好的老师"有"父母""是""孩子""最好的"和"老师"五个词。作文长度是衡量写作成绩的指标之一，录音中出现的总词数计算为作文的长度值。如表9.2所示，高水平组和低水平组被试在二语作文中的一语字词的使用率分别是32%和49%，低水平组在二语写作中对一语的使用更多。

表9.2 两组被试二语作文中一语单词的使用率

被试		语言水平	总词数	一语总词数	二语总词数	%*
高水平组	郭	604	294	167	512	25
	任	576	229	231	590	28
	叶	548	312	176	359	33
	齐	525	307	444	641	41
	总计	563.25	285.5	254.5	525.5	32

续表

被试		语言水平	总词数	一语总词数	二语总词数	%*
低水平组	苗	456	356	374	517	42
	陈	478	398	437	473	48
	史	446	412	818	786	51
	高	426	422	1169	996	54
	总计	451.5	397	699.5	693	49

*百分比（%）=一语总词数/（一语总词数+二语总词数）×100

图9.9所示为两组被试在二语写作时使用一语中文比率的对比，竖轴上的数值表示一语字词使用的百分比（%）。

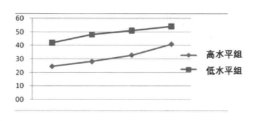

图9.9 两组被试一语词汇使用的比较

表9.3所示为发挥不同功能的一语词数所占比例和二语写作过程中一语总词数的比例，计算方式是，比例（%）=（用作每个特定功能的一语词数/一语总词数）×100。

表9.3显示，高水平组被试使用一语作为转换中介和内容验证中介多于低水平组被试。然而，两组被试使用一语作为形式检索中介和程序管理中介的比例相当，但百分比相对较低。在所有使用的中文词汇中，高水平组被试并未比低水平组被试使用更多一语作为二语形式检索中介（19.1%<21.3%）。本研究结果证明语言水平较低者可能会质疑自己所写的内容，经常会在写作过程中对下一步该做什么感到困惑不定、犹豫不决（文秋芳、郭纯洁，1998）。

从概念整合的视角看，高水平组的被试应在含有二语知识的输入空间中拥有更多的句子结构，所以其写作整体质量更佳。部分证实了一语能帮助二语者在二语写作时生成较多更为细节的内容而使作文更为清晰。二语语言水平较

表9.3 两组被试每个功能中一语词汇使用的比较

组别	被试	组1 郭(167) 编号	比率	任(231) 编号	比率	叶(176) 编号	比率	齐(444) 编号	比率	合计(1018)	比率	组2 苗(374) 编号	比率	陈(437) 编号	比率	史(818) 编号	比率	高(1169) 编号	比率	合计(2798)	比率
观点生成	转换	73	0.44	85	0.37	61	0.35	153	0.34	372	0.37	142	0.38	216	0.49	249	0.30	274	0.23	881	0.31
	确认	27	0.16	59	0.26	28	0.16	95	0.21	209	0.21	43	0.11	74	0.17	119	0.15	280	0.24	516	0.18
	总体	30	0.18	38	0.175	44	0.25	111	0.25	223	0.22	122	0.33	76	0.17	263	0.32	285	0.24	746	0.27
	判断	18	0.11	14	0.06	29	0.16	58	0.13	119	0.12	46	0.12	23	0.05	114	0.14	143	0.12	326	0.12
	推理	5	0.03	7	0.03	4	0.02	22	0.05	38	0.04	32	0.09	20	0.05	96	0.12	101	0.09	249	0.09
	选择	0	0.00	0	0.00	0	0.00	0	0.00	0	0.00	17	0.05	9	0.02	19	0.02	17	0.01	62	0.02
	联想	3	0.02	9	0.04	6	0.03	18	0.04	36	0.04	12	0.03	11	0.03	13	0.02	13	0.01	49	0.02
	监控	2	0.01	6	0.03	5	0.03	11	0.02	24	0.02	10	0.03	7	0.02	13	0.02	7	0.01	37	0.01
	疑问	2	0.01	2	0.01	0	0.00	2	0.00	6	0.01	5	0.01	6	0.01	8	0.01	4	0.00	23	0.01
二语形式检索	总体	27	0.16	49	0.21	42	0.24	85	0.19	203	0.20	58	0.16	61	0.14	174	0.21	304	0.26	597	0.21
	判断	11	0.07	17	0.07	16	0.09	42	0.09	86	0.08	29	0.08	33	0.08	88	0.11	137	0.12	287	0.10
	选择	8	0.05	21	0.09	13	0.07	34	0.08	76	0.07	16	0.04	13	0.03	41	0.05	95	0.08	165	0.06
	推理	3	0.02	3	0.01	8	0.05	7	0.02	21	0.02	3	0.01	3	0.01	13	0.02	13	0.01	32	0.01
	评估	1	0.01	1	0.00	0	0.00	0	0.00	2	0.00	2	0.01	1	0.00	10	0.01	29	0.02	42	0.02
	联想	0	0.00	0	0.00	0	0.00	0	0.00	0	0.00	1	0.00	1	0.00	6	0.01	4	0.00	12	0.00
	监控	2	0.01	5	0.02	3	0.02	1	0.00	11	0.01	1	0.00	0	0.00	4	0.00	2	0.00	7	0.00
	疑问	2	0.01	2	0.01	2	0.01	1	0.00	7	0.01	6	0.02	10	0.02	12	0.01	24	0.02	52	0.02
程序控制		10	0.06	0	0.00	1	0.01	0	0.00	11	0.01	9	0.02	10	0.02	13	0.02	26	0.02	58	0.02

低者采用直接写作模式时一语首先帮助作者生成二语的语法框架从而可能形成二语作文中更为详细流利的表达；而在第二个整合过程中，一语通过翻译帮助作者生成二语所指，二语写作者可能会由于缺少二语的知识"储存"而出现某些错误。在文章组织方面，高语言水平组被试得分明显高于低语言水平组被试得分，其原因是高语言水平组被试的二语语言知识更丰富，能直接根据正确的二语句子结构和逻辑顺序组织作文产出过程。在文章结构和风格方面，低语言水平组被试表现明显好于高语言水平组被试，这似乎是由于语言水平更高的被试可以更好地发挥他们的二语语言知识技能，在二语系统中更好地组织句法结构和文章结构。语言水平更高的被试更能够掌握二语词汇变化，而事实上，他们可能从一语中获益更多，因为他们的词汇系统相对更加完善全面，能够从其一语"存储"记忆中选择更合适的词汇。基于以上分析，本章研究尚无法证明二语语言水平和二语写作成绩之间存在明显的相关关系。

因为"学生在一语和二语文化和教育下的受教育情况及经历之间的关系显然会影响学生的写作能力，这种影响错综复杂"（Raimes，1985），学生的较高二语水平可能并不直接导致其具有更好的写作能力。这与基于对二语写作过程阐释的概念整合理论假设相符，即一语知识、二语知识及作者的背景知识信息都对写作生成产生作用。然而，基于概念合成理论的解释，二语语言知识并不是影响二语写作成绩的唯一因素。

一语词汇使用与二语写作成绩相关分析。首先进行独立样本 t 检验，$p=0.008<0.05$（见表9.4），然后进行相关关系检验，结果表明一语词数所占总词数的比例与二语作文成绩之间没有相关关系。

二语语言水平与一语词汇使用。表9.3和图9.9所示，低水平组被试在二语写作时倾向于使用更多的中文（49%>32%），该结果与先前的研究一致（Lay，1988；Cummings，1989；Friedlander，1990）。从概念整合理论的原理来看，在作文的整合过程中，含有更多历史背景和有用信息的输入更容易使写作者生成从心理空间投射出的普遍结构，二语作者可能需要更多的一语帮助生成二语作文，特别是二语水平较低者进行间接写作时更需要一语的帮助。

二语水平、一语词汇的总产出量和比例。两组被试所写作文的总词数中，高水平组和低水平组的平均值分别为285.5和397，标准差是38.4和29.1。低水平组的作文长度短于高水平组的作文长度。独立样本t检验表明，p值等于0.04（<0.05），有显著差异性。

运用皮尔逊相关系数对语言水平、总词数和总比率三个指标进行相关性检验，在间接写作模式中，语言水平较低的作者在用二语写作时更喜欢先用中文进行思考或谋篇，甚至会先写出中文，因为在写作任务没有时间限制的情况下，使用一语更为轻松和方便，所以会写出篇幅更长的文章。换言之，他们可能会更多地使用一语思想作为整合一语表达和二语知识的有力工具，毕竟他们不具备足够的二语知识存储。

表9.4 语言水平、文章总词数和一语词汇使用情况相关性分析（N=8）

		语言水平	总词数	总比率
语言水平	r	1	−0.888**	−0.957**
	p		0.003	0.000
总字数	r	−0.888**	1	0.913**
	p	0.003		0.002
总比率	r	−0.957**	0.913**	
	p	0.000	0.002	

（注：** 在0.01水平（双侧）上显著相关，r：皮尔逊相关系数）

一语词汇使用的静态分析。这里采用一语功能的分类（文秋芳、郭纯洁，1998）来探析一语在二语写作过程的作用。转换中介，指与英文作文内容有直接联系的中文单词，是作者将思想转换成外语语言形式的依据。一语转换中介的标准只有一个，即中文和与之相对应的英文单词有直接联系，没有被其他与之没有联系的中英文所阻隔。从被试录音中选出了一些使用一语作为转换中介的例子，展示如下：

9.3 a. 我要写的题目是，父母是孩子最好的老师，Parents are best teachers of child, children, parents are the best teachers of children。（史）

b. 自从我们出生，after we are born，since we are born，since we are born。（史）

内容生成中介。根据一语内容生成中介的定义，该中介与转换中介之间存在两点不同。第一，用于内容推理、监控、联想、选择和提问的一语不应该与要写的二语作文有直接联系；第二，用于判断内容的一语中虽然有一部分与英文作文内容有直接联系，但相关英文内容不应该紧跟在一语后面，而被其他中英文的思维活动所阻隔。以下是从录音中挑选出的一些例子：

9.4 a. "子不教，父之过"，我想这里要翻译成英文的话，应该，应该怎么说，一个小孩如果没有人教导他的话，还不如不出生，所以我写成（content reasoning）the child is better unborn than untaught。（苗）

b. 这里的话要用对比地来突出父母是最好的老师，因为生活中会有很多老师，teachers，同学，同事，嗯，还有老板，bosses，老板也是，但是父母是最好的，嗯。（content association，苗）

二语形式检索中介。一语用于表述在英语形式检索过程中所产生的各种思维活动，包括对语言形式的判断、选择、监控、评估、提问和联想。比如：

9.5 a. 是最好的老师，best teachers，老是用best可能不太好，所以写the most important teachers（pattern choosing）。（任）

b. And the fact that parents are responsible for children's education. 这句话是以前看到过的，（pattern associating），就是说父母在孩子教育中扮演的角色。（叶）

内容验证中介。根据有声思维报告录音，发现有的作者有时在写成一个英语语言单位后又把它倒译成中文，有时是全译，有时是只译出其中一部分。文秋芳和郭纯洁（1998）认为这种倒译是为了在写作过程中检验生成的英语语言单位是否符合自己想要表达的思想，他们将一语的这种功能命名为内容验证中介。比如：

9.6 a. In our lifetimes 在我们一生的时光中，在我们的一生中……（陈）
　　b. 还要加个of吧，make use of，加个better？就make better use of?（郭）

程序管理中介。一语的程序管理中介用于决定写作的程序，如作者决定是先修改已经写好的内容，还是决定先往下写一段，或首先对要写的文章进行整体谋篇，还是先写出引言作为文章的第一段，等等。在这种情况下，一语与英文作文内容没有联系。比如：

9.7 a. 是用child还是children啊？哎呀，先不管了，先写后面的……（齐）
　　b. 先写完这个conclusion再来改吧，In a conclusion...（高）

基于有声思维报告的本次实验研究结果证实了一语在二语作文整合过程中的五大功能，这些功能在二语写作中起着至关重要的作用。

如图9.9的阐释分析指出，在英语学习中，能够在间接写作模式中提取根植于中文存储的概念和知识的学习者会比那些倾向于利用直接写作模式将一语隐藏于写作过程的学习者更为轻松。从概念合成角度看，一语在间接写作模式中充当翻译媒介将有助于二语学习，尤其对语言水平较低者可能更有助益，因为一语有助于二语语法框架和词汇的习得。基于概念整合理论对写作模式的阐释，伴随更多的一语介入，二语作者在间接写作模式中可能会产生比使用直接写作模式更有逻辑和更为清晰的作文，他们应该也会写出词汇和句法结构更为复杂的作文。因此，采用直接写作模式的学生，因为具有更高的语言水平，写作时更加高效，在较短时间内写出的作文字数更多，内容更为流畅通顺、意义更为明晰、论证更为周密和充分。

我们假定被试已具备相对完整的认知整合能力，而他们超过20年的一语语言知识存储能够使得他们理解语言及语言生成，因为学习者对于外语的理解主要是基于对一语的知识、经验、智力和能力等要素的运用。

先前研究（Kaplan，1996）表明，作者在二语写作时，如果作文话题具有

"文化独特性或不熟悉",则更倾向于使用一语。本实验写作任务选取话题的原则是话题为文化中立的并且是被试在日常生活中所熟悉的内容,本实验鼓励被试根据自己的需要尽可能用足够多的时间完成写作任务,被试"在正常情境下写作",这是"基于认识到大部分过程研究的控制条件,例如要求学生在规定时间内就规定话题进行写作,可能导致该写作行为不具有真正的代表性"(Friedlander,1990)。作文字数要求至少200词,与CET-4写作要求相同,确保被试不会对该写作模式感到陌生。

本文中运用关于一语在二语看图写作过程中的动态功能的论断(文秋芳、郭纯洁,1998)来描述话题的二语写作过程。关于二语写作中一语的功能,得出了开始二语写作任务时存在的三种写作模式:(1)一语所指—二语;(2)一语所指—转化中介;(3)一语所指—内容生成中介。

数据显示,无论二语作者选择直接作文还是间接作文两种模式中的哪一种写作模式,一语似乎不可避免地发挥了功能。由于一语功能在本实验中得到了证实,本章研究试图进一步探究一语功能在不同语言水平的二语写作者之间的差异。根据被试有声思维报告录音中的中文词所发挥的不同功能,将这些中文词分成几组,然后分析这些数据并将其列于表9.3用以进一步分析。

本次实验选择的被试都是具有至少8年英语学习经验的大学生,他们的英语学习背景几乎相似,而且大多数人已习得了基本的、相对完整的英语知识作为概念整合的知识储备。

基于以上分析,可以得出一些初步结论。首先,高水平组被试相对于低水平组被试更倾向于使用更多的中文单词作为转换中介和内容验证中介,原因在于使用一语作为转换中介和内容验证中介更加接近二语写作,并且一语的这两项功能可能对二语写作起积极作用。而低水平组被试更倾向于使用更多中文作为形式检索中介。于是便带来了一个问题:为什么低水平组被试要努力地进行形式检索?可能是因为低水平组被试一语、二语的理解能力较弱,必须花更多时间思考和决定如何以正确的方式写作。

对调查问卷的分析显示,二语学习者已阐述和认同了一语在二语写作中的作用,大多数被试认为他们写作时受益于一语,仅有少数被试认为一语干扰二语写作。

对被试作文的定性评分证实了语言学习者的语言水平与其写作成绩之间没有直接关系。Raimes（1985）的研究只发现一个例子体现了语言水平测试成绩与其作文成绩排名之间有直接关系，本章的结果验证了这一发现。

本章实验证实大学生在话题写作过程中存在一语的五大功能的整合性作用（文秋芳、郭纯洁，1998）。相对于语言水平较低的学生，语言水平更高的学生对一语的依赖程度更低，更倾向于使用更多一语作为二语写作过程中的转换中介和内容验证中介；而语言水平较低的学生更多地使用一语作为内容生成中介、形式检索中介和程序管理中介，并且在一语的每个功能中，相对语言水平更高者，他们会使用更多的单词，这可能是因为他们的一语、二语语言知识和理解能力较弱。教学方面，需重视体裁知识与二语习得知识的同步发展（徐昉，2022）。

9.5 小结

（1）没有明显证据表明二语语言水平与二语高水平组写作成绩之间存在关系，尽管实验结果确实表明，高水平组被试整体上生成了更佳的作文；然而，当探究这些作文的细节时，低水平组被试也具有更好的表现；

（2）一语在写作过程中的使用量不能直接影响二语写作成绩；更多的一语可以帮助生成更长、更复杂的作文，一语可从包含存储较多一语知识的输入空间协助整合过程；

（3）二语语言水平较高的被试写作时较少使用一语词汇，并生成相对较短的作文；

（4）一语在二语主题作文过程中作用突出；本文还对大学生二语话题写作过程中一语的五个功能进行了验证（转换中介、内容生成中介、二语形式检索中介、内容验证中介、程序管理中介）。

10. 结　语

认知语言学与应用语言学结合形成的"应用认知语言学"还是一个处于幼年期和成长期的新兴领域，对它的意义和价值的探索还有待细化和深化，在认知语言学启发下进行的有些外语教学研究发现能为现有的语言教学方法提供极好的样例和支持，而有些研究发现则只能给出引人深思的饶有趣味的教学建议和启示。认知语言学可以为外语的"教"与"学"提供某些有益见识和合理解释，但要形成完备的"应用认知语言学"的框架或学科系统，尚需时日。

本章从一般的学科逻辑出发结合本书的核心章节的研究发现，以"结语"的形式回顾和总结全书的研究，归纳认知语言学应用于外语"教"与"学"的某些思考，最后展望和建议未来的"应用认知语言学"研究可能需要考虑的一些问题。

10.1 总结与回顾

应用认知语言学对外语教学和二语习得领域的贡献可以从理论和实践两个层面进行讨论。

理论上，认知语言学自发端起便倡导的基于用法的思想与应用语言学及二语习得研究各个分支的最新发展是相容和兼容的，"为那些将给该领域的未来带来巨大希望的研究提供了一个型态"（Ortega，2015：353）。基于用法的语言习得理论反过来又引领着二语习得和应用语言学将认知语言学与其他语言模型相结合。从理论上对二语使用尤其是自然发生的二语话语进行深入的实证分析，需要纵向考察和横向对比以进一步深入研究二语习得的基于使用的性质。

实践上，认知语言学的基本原则及各种核心概念催生了一系列充满活力的应用认知语言学研究，为语言教育教学提供了趣味盎然的启示和启发。认知语言学对语言教育的最大用处在于认知语言学表明语言是有理据的并在不同层次上解释了语言理据性存在于形式—形式、形式—意义、意义—意义的关系之中，譬如，英语中多重形容词修饰的序列就有一定的理据性支持依据，如依赖距离象似性。但在强调语言的理据性的同时，务必不能忽视甚至无视语言的任意性，语言在音系和形态平面上其实是基本遵循了任意性原则（熊学亮，2002）。因此，语言理据的呈现方式是应用认知语言学须首要解决的问题（Tyler，2008：485），如何以合理的符合科学规律的方式呈现语言的理据就必须加以认真思考和周密设计。未来研究既要充分挖掘语言的理据性又要兼顾语言的任意性；寻求具体易懂的方式呈现语言理据，让学习者看到探索语言理据的实效（魏晓敏等，2018）。

本书的实证研究发现被试的心理词汇中基本词和核心词有更好的储存优势，隐喻指向性教学可以唤起学生的形象思维，适当地培训和训练学生的隐喻思维可以把他们的注意力吸引到探索新词本身上来（第2章）。语言相对论及其语言整体观对于现代语言教学法的发展具有极为重要的意义，习得和学习一门与母语截然不同的语言可以改变学习者的思维模式，教师有必要鼓励学生的创造性学习，思考如何以更高效的方式去改进和提高学生的英语水平（第3章）。认知隐喻理论与短语动词教学效用的实验研究表明认知呈现法能够清晰地分析阐释短语动词多个义项之间的认知理据，有利于学习者对短语动词多个义项之间关系的认知理解，对学习者短语动词的长时记忆有较大作用，而对短语动词的短时记忆影响较小，学习者的英语水平与呈现方法对教学效果具有交互作用，以认知语言学隐喻理论为基础的教学呈现方法在启发思维和提升教学效用等方面有一定的价值（第4章）。汉语在自主性位移事件的表述上呈现比较复杂的语言框架类型特征，一方面类似于动词框架语，在运动路径描述中出现大量省略信息或信息广义化现象，另一方面又跟卫星框架语类似，能细节性地描述运动轨迹，因此，汉语应处于卫星框架语和动词框架语两种语言框架类型之间（第6章）。中国英语学习者英语被动构式的处理过程既包括句法运算也使用启发性策略，他们通常采用省力原则选择简单的启发处理来进行语法分析，名动名（NVN）策略与合理性策略是被普遍使用的启发策略（第7章）。英语双宾构式的理解和产出随着学习者语言水平的提升而有所变化，低水平语言学习者能较好地理解英语双宾构式，而在使用方面则会稍逊一筹，中级水平组的英语双宾构式的产出略高于其理解（第8章）。概念合成理论视角下二语写作中的一语影响的研究显示一语在二语主题作文过程中被作者进行两次整合而发挥突出作用（第9章）。

下面是几个共性问题：

在实验研究方面，语料准备、实验方法、实验过程、被试选择和实验情境等任何因素都可能直接影响实验结果和研究结论。

（1）被试样本量。本书的实验大多为实验室实验或自然实验，这就不可避免地在被试样本的选取上天然地受到实验规则本身的制约和限制，如范畴理论在英语教学中的应用属于课堂教学中的随堂自然实验，但样本的选择还是有一定的分层取样的考量，被试数量为80人，语言相对论的研究中被试为60人的样本量不够大，运动事件的研究被试为90人，算是实验性研究中较大的样本了，但即便如此，代表性仍然有限。因此，综合分析本书主干章节的研究，我们认为未来的应用认知语言学研究应该在被试样本量上多做考虑，尽可能用大样本实验和观察，如果限于条件实在无法做大样本的实验，最好采取分层取样技术，比如对某个教学方法的研究选择来自不同层次大学不同专业的被试，尽可能多地涵盖研究对象的代表性和整体性。对被试的选择，理想的情况应该是所有组中的所有被试都有类似的社会—经济背景以便把可能影响研究结论的文化及社会因素最小化。然而，由于英语是我国中小学里的必修课，因此就很难找到绝对的处于同龄的汉语单语者，这一局限性的克服是借助于招用一些年岁稍大而具有良好教育背景的被试。在语言相对论的实验中，尽管被试所做出的反应是非言语的，研究中所讨论的行为的认知处理是否是纯粹的非语言的处理尚有存疑，要考虑到许多人在选择决策时会含蓄地使用言语策略（Roberson & Davidoff, 2000）。精挑细选被试，把他们的社会—经济背景差异最小化以便精确计算个体的影响变量，回答为什么在认知任务实验中二语语法模式会强于一语模式这样的问题。

被试性别因素有可能会对研究产生重要影响，具身认知与动词隐喻义研究的发现之一是展现具身性双重编码方式的多媒体教学能够更有效地促进类型1动词字面义的记忆和隐喻性用法的理解，主要是因为在双重编码过程中，通过对所观察到的意象发生"神经镜像"的运动想象力导致。因此，男性和女性被试在观察动作意象时刺激的镜像神经元程度可能不一样，发挥的运动想象力可能不同，如果将被试的性别因素考虑在内可以进行更加细致的分析。本书第9章的概念整合理论对作文的应用研究属于典型的自然实验，经过海选之后的被试只有8名，尽管实验本身的性质要做作文文本的分析，但显然被试数量代表性不足，应该采用更大的被试样本量进行研究。

（2）研究材料的多维度。实验材料的选取对于实验研究结果具有举足轻重的作用，任何一个应用认知语言学的研究都必须建立在对语料精深分析的基础上。认知语言学的特点之一是由于其发展历史不长，很多概念术语和理论阐释相对较新，大多不为学界尤其是仅从事教学实践的一线教师所熟知，同时，认知语言学虽不能说门派林立各自为政，但毕竟研究路径多样，学说陈杂，因此就造成了有些术语和理念的混用和交叉，因此，认知语言学理论指导下的实验材料的选择和选用就极为重要。本书范畴理论在英语教学中的应用研究只探索了被试对单词词义的回忆，而"词汇知识极大地反映在所有实用的语言技能中"（Meara & Jones, 1988：80），要考察词汇的习得情况，仅仅考察词义显然有所不足，还应该把其他的度量和技能算入其中。可见，实验设计应该多维度多方面考虑。关于语言相对论的研究，即使实验任务是非语言性的，而指示语仅仅为"哪一个是最为相像的？"也难以保证"最为相像"这样的表述在两种语言中意味着同一件东西，也许，在一门语言中它代表着"一致"，而在另一种语言中它仅仅是接近于"一般相似"，由于对实验指示语的不同解读，被试可能会表现得大相径庭，而这样的行为上的差异仅仅是由对于指示语的不同理解而导致的，而不是由任何思维上的差异所导致的。与实验中所用的刺激物有关，对于每一个范畴有两个变化（备择项3和4对应于工具、5和6对应于物质），动物除外（备择项2），这样的不对称安排可能会引致被试更多地关注单一的刺激物，引起不同被试组的强烈偏见或偏向，因此，有必要进一步在其他语言和文化中来表现本研究发现的普遍性，我们关于语言模式与认知行为之间存在相关性的观察结论需要通过在现有的框架中对其他的复数标记系统的研究来检验。本书的隐喻呈现法对英语多义短语动词的教与学具有重要启发作用，但是仍存在局限性。隐喻与多义短语动词教学研究所选取的短语动词均为多义词，特别是小品词带up和out的高频短语动词，可能有部分测试的意义已为被试所知，一定程度上影响教学效果；实验使用了E-prime来测试学生的准确率和反应时，没有像其他研究一样设计英译汉和汉译英题型，所收集的数据对于测试被试的直接输出和对短语动词的使用不够明显。具身认知与动词隐喻词义的研究只选取了10个类型1动词和10个类型2动词，因此被试在正式实验期间，对每个目标词对应的字面义检测题和隐喻性用法检测题都要十分认真仔细来确保实验所得到的数据可用并有效，不然在一定程度上就会影响实验结果。因此，足够多的两种类型的目标词对于确保实验的可信性和有效性很有必要。英语双宾构式研究的英语双宾构式测试仅仅设计了语法正确性的判断，仍然存在着缺陷，六种意思的划分已显过时，现在已有九种甚至十一种划分的说法，此类应该考虑更多的动词范畴以保证研究中动词意义的准确性。测试的问题项目不一定在逻辑上完全恰当，因此，进一步的研究为了展示每个问题项的目标，其信度和效度都应该进一步考察。

（3）研究的时间轴。本书的研究均为短时间内的横向研究，实际上，认知语言学理论的应用效用要通过长期的观察才能得出更有说服力的结论。比如，本书的范畴理论与词汇教学的研究只是使用了诱发性的词汇回忆和产出实验探索了被试对单词词义的回忆，而"词汇知识极大地反映在所有实用的语言技能中"（Meara & Jones，1988：80），要考察词汇的习得情况，仅仅考察词义显然不够，也只是基本探查和证实了基本词教学的价值和意义，而未能纵向跟踪考察被试对新学单词的长期记忆。本实验包括即时后测和延时后测，验证不同教学方法下的短时和长久记忆。因此并不能保证被试在前后两次测试的一周内没有进行复习或是回想所教过的短语动词。因此，可能会影响到不同教学方法下的学习效果，尽管对照组与实验组在前测中水平相当。

认知语言学研究已经表明多义词具有认知理据，并且强调小品词与方位隐喻关系较大，因此对小品词关系的深入了解将会有助于短语动词的习得。在许多研究当中，研究者们认为小品词是短语动词中更重要的部分（Lakoff & Johnson，1980；Morgan，1997；Kurtyka，2001）。然而实验3表明接受基于方位隐喻的认知教学法的学生与接受传统教学法的学生相比，在即时后测中并未体现出优越性。短语动词的多个义项是"由动词和小品词交互作用而形成的多义网络"（Mahpeykar &Tyler，2015：1），未来的研究可以将重点放在检测短语动词的小品词是否比动词携带更多的内容或是按方位隐喻组织的短语动词是否真的有效。动词的字面义和理解动词的隐喻性用法的研究无法避免地存在着几个缺点及不足。第一，前测结果表明，实验组被试和对照组被试在对类型2动词熟悉度上要好于类型1动词，而且，有些类型1动词的基本字面义虽然本质上不一样，但是一定程度上意义相近，如hobble和stagger。在类型2动词中则没有这种情况，因此，对于一部分被试来说，对类型1动词的习得难度要大于类型2动词的习得，这可能会对我们的结果有影响。考虑到我们的研究是要证明一种倾向，而不是针对某几个目标词进行研究，所以，这样的情况还是要尽量避免。鉴于本研究的目的是要探索是否双重编码的编码方式更有利于中国英语学生理解动词的隐喻性用法，因此来自中国其他地区的大学的被试最好也需要考虑在内，因此，如果来自其他学校拥有不同英语背景的被试也参与其中的话，研究将会变得更加切实有效和有意义。

关于运动事件的研究采取的实验刺激来源于各类动画视频的剪辑合并，在画质上存有一定瑕疵且所找到的视频内容在复杂程度上不能很好地控制，在一定程度会影响到被试在实验过程中的表现。所选的高水平二语学习者被试的语言能力尤其是口语表达能力不够高，导致其在多方面跟低水平二语学习者之间的差距不够显著。未来的研究可以考虑适当扩大被试样本数量，使实验结果

10. 结　语

更有信服力。基于位移事件展开的语言类型框架研究，以前多是从以汉语为母语，英语为目标语的角度出发，后续研究可以考虑从英语为母语，汉语为目标语的角度出发或者综合起来比较两类语言习得是否得出同样的结论。

英语被动构式的理解过程研究采用了英语专业的研究生作为高水平被试，但很多非英语专业的学生也精通英语。本研究探讨了合理性在英语被动构式的理解过程中起到的作用，但并没有探讨生命体对理解的影响。例如The player was hit by the ball这个句子中，the ball是没有生命的，而the player是生命体。根据人们的常识，只有具有生命的角色能够发出某种动作。本研究没有足够的证据来排除这种影响因素。另一方面，本研究只涉及了一种完整的、非歧义的简单被动构式，没有足够的证据得出有效的结论反映中国学生对所有英语被动构式的理解情况。本研究探讨了NVN策略与合理性策略两种常见的启发式处理策略，而值得探索的是人们在完成处理任务时还使用了哪些其他策略以及启发和运算到底是如何进行协调的。以后的研究应该丰富被动构式的类型，深化厘清被动构式理解中句法运算和简单启发之间的关系和区别。

有大量的关于构式语法的理论研究，但是其实践运用则寥寥无几。本领域的研究都是分析汉语的事实或者分析汉语中这类结构的特征以及汉语结构的习得，很少有人研究英语。尽管双宾构式的研究探讨了中国英语学习者对于英语双宾构式的习得也得出了一定有意义的结论，但是仍然有以下几个问题值得进一步的探讨，如中国英语学习者和英语母语者在习得英语双宾构式中的差异性和相似性，解释中国英语学习者对英语双宾构式的习得中的理解和产出之间关系之变化的中介变量，不同英语水平的中国学习者较常用的英语双宾构式结构的类型是双名词构式还是与格构式。

概念整合理论对作文的应用研究采用了CET-4评分体系用于被试分组，尽管CET-4被广泛认为是评估大学生英语水平的标准化工具，但分组标准并不如自然科学的实验标准严格。两名中文背景英语教师在实验前接受了五点评分量表培训，之后评估所有被试的作文（被试名字被遮盖），尽管两位评估者的评分一致性信度较高，但评估的主观性无法避免。可在定性和定量分析中增加更多标准以评估被试作文。本实验研究结果应为提示性的而非确定性的结论。基于本实验研究的不足，对概念整合理论或写作过程的未来相关研究可增加更多实验人数，虽然有声思维发的编码程序较为费时，但更大容量的被试无疑会产生更为客观和令人信服的研究成果。更重要的是，如何消除一语在二语学习的负面影响、增加积极影响是一个值得深入研究的问题，在英语教学领域具有深远的历史意义。

实验程序化的实际运用。本书的几个实验程序，本身就是测试或学习的程序，如何"化"为实际的教学过程，这是一个值得深思和推展的问题。

10.2 展望及建议

尽管应用认知语言学受到越来越多的关注，展现出广阔前景，但它仍处于初级阶段，需要大量的研究充分探索和探讨认知语言学理论的实践潜力及其与应用语言学和二语习得研究对于外语教学的协同增效作用。受认知语言学启发的二语学习和教学方法需要从理论讨论转向课堂实践，以认知语言学为理论基础的教学建议需要转化为无认知语言学背景或认知语言学理论基础薄弱的语言教师易懂的教学材料和课堂活动。深奥晦涩的认知语言学理论如何转化为鲜活生动的教学设计和课堂教学，尚需深入思考和实践，即使得到了转化，转化的有效性和实效性如何，都需要超越对实验组和对照组短期内可测量收益的研究，结合定性和定量方法进行研究并采取纵向视角考察其长期效果（Littlemore，2009：190；魏晓敏等，2018）。

就研究方法而言，除了内省法外，认知语言学也采用语料库方法、实证方法等多样化的方法且研究变得更加电子化（Dąbrowska，2016：489）并日益关注影响语言信息处理与提取的社会维度。随着科技手段的不断发展与更新，以及正在兴起的人工智能，未来的认知语言学将出现怎样的新变化，是值得期待的前沿问题（束定芳、张立飞，2021）。

隐喻与多义词研究同时收集了被试的反应时，根据实验结果，在相同的教学方法下，研究生的准确率高于本科生，但是有趣的是实验2和实验3中研究生每道题的平均加工时间长于本科生的平均加工时间，我们推想比本科生掌握更多义项的研究生在面临判断时需要更多的时间来选择一个最恰当的意义，这需要进一步借助ERP、fMRI等研究方法在英语多义短语动词在学习者大脑中是如何加工的并探讨影响学习者习得短语动词的内在原因。

什么才是真正的认知语言学？它是否应该有自己的边界？认知语言学需要"重新定义"构建一个囊括神经、认知、功能、社会、使用、语法、语义等与语言相关的要素的理论模型并使之成为一个连贯的整体（束定芳、张立飞，2021）。上述论点关涉的是认知语言学，同样适用于对应用认知语言学的分析和探究。

进行认知语言学分析时，对于数据的使用要适度和谨慎，在基于统计数据得出结论之前应充分知晓统计手段的认知理据及其可能的心理现实性（束定芳、张立飞，2021）。选择合适的统计手段进行假设检验，不能严格遵守假设检验的一般过程，对于从实证研究中得到的各类数据以及各类算法背后的逻辑缺乏充分理解，无法对所得数据进行合理阐释。解决这一问题需要语言学、心理学、认知科学以及神经和脑科学等领域研究者之间的通力协作。

未来进一步要考虑的是跨语言背景的研究或母语者与二语者之间的对比研究将具有重大价值，其他因素如工作记忆能力，不同训练环境等均可纳入未来研究的考察范围。结合更先进的现代研究技术如事件相关电位（ERP），功能磁共振成像（function magnet resonance image，fMRI）等从神经认知角度揭示语言学习者对不同语言成分的处理将是这一领域极有意义的课题和方向。

研究的生态效度问题，数据能否交叉验证，实验过程能否复制并得到一致的结果，实验室实验和自然实验的评价和评估问题，能否认为实验室实验就一定比自然实验更科学更可靠？实验室实验得出的数据和结论如何用于真实的外语教学课堂？教学一线的教师如何掌握认知语言学的抽象而晦涩的概念和理论？如何用于真正的教学过程中？如何做到"化"？即把认知语言学的理论化为通俗的生动的课堂授课技巧？

应用认知语言学的研究如何克服和解决"两张皮"或"一头热"的问题涉及理论和实践的问题，即理论界和学术界热衷于概念的阐释和学说的引进而很少或者不去做实实在在的教学实践？而教学一线的教师仅热衷于现成的教材呈现方式和已有的教学模式，而不去消化教材把认知语言学的理念贯彻于日常教学活动中，教育是一种需要投入全部热情和精力的创造性活动，又有多少教师愿意做这样的全情投入和倾力奉献？

  数据分析的适切性问题。理论之"化"的问题，如何把认知语言学理论"化"为实用化程序化的教学流程或教学设计，具有可及性、可用性、可操作的教学方法？如何解决应用认知语言学的三化三可问题？三化—系统化、程式化、实用化，加大教学型准实验的研究。

参考文献

Abbot-Smith, K. & Behrens, H. (2006). How known constructions influence the acquisition of other constructions: The German passive and future constructions. *Cognitive Science: A Multidisciplinary Journal*, 30(6):995-1026.

Abel, B. (2003). English idioms in the first language and second language lexicon: A dual representation approach. *Second Language Research*, 19(4), 329-358.

Abelev, M. 2005. *Natural Object Categorization and Non-literal Word Use in Four-year-old Children*. Unpublished PhD Dissertations, Stanford University.

Achard, M. (1997). Cognitive grammar and SLA investigation. *Journal of Intensive English Studies*, 11(1):157-176.

Achard, M. & Niemeier, S. (2004). *Cognitive Linguistics, Second Language Acquisition and Foreign Language Teaching*. Berlin: Mouton de Gruyter.

Adkins, E. (1968). Teaching idioms and figures of speech to non-native speakers. *Modern Language Journal*, 52(3): 148-152.

Ahrens, K. (2003). Verbal integration: The interaction of participant roles and sentential argument structure. *Journal of Psycholinguistic Research*, 32(5): 497-516.

Akhavan, N., Nozari, N. & Göksun, T. (2017). Expression of motion events in Farsi. *Language, Cognition and Neuroscience*, 32(6):792-804.

Aktan-Erciyes, A., Akbuğa, E., Kızıldere, E. & Göksun, T. (2023). Motion event representation in L1-Turkish versus L2-English speech and gesture: Relations to eye movements for event components. *International Journal of Bilingualism*, 27(1): 61-86.

Alamargot, D. & Chanquoy, L. (2001). *Through the Models of Writing*. Netherlands: Kluwer Academic Publishers.

Alegre, M. & Gordon, P. (1999). Frequency effects and the representational status of regular inflections. *Journal of Memory and Language*, 40(1): 41-61.

Alejo, R. (2008). 'The acquisition of English phrasal verbs by L2 learners: A cognitive linguistic account'. Paper presented at the LAUD Symposium on Cognitive Approaches to Second/ Foreign Language Processing: Theory and Pedagogy. Landau, Germany, March 2008.

Alejo, R., Piquer, A. & Reveriego, G. (2010). Phrasal verbs in EFL course books. In S. De Knop, F. Boers & A. De Rycker (Eds.), *Fostering Language Teaching Efficiency Through Cognitive Linguistics,* Berlin: De Gruyter Mouton, 59-78.

Alejo-González, R. (2010). Making sense of phrasal verbs: A cognitive linguistic account of L2 learning. In Littlemore, J. & Juchem-Grundmann, C. (Eds.), *Applied Cognitive Linguistics in Second Language Learning and Teaching*, Amsterdam: John Benjamins Publishing Company, 50-71.

Alexander, R. J. (1984). Fixed expressions in English: Reference books and the teacher. *ELT Journal*, 8(2): 127-134.

Allen, S., Özyürek, A., Kita, S., Brown, A., Furman, R., Ishizuka, T. & Fujii, M. (2007). Language-specific and universal influences in children's syntactic packaging of Manner and Path: a comparison of English, Japanese, and Turkish. *Cognition*, 102(1): 16-48.

Anderson, R. C. & Kulhavy, R. W. (1972). Imagery and prose learning. *Journal of Educational Psychology*, 63(3): 242-243.

Andrea, B. H. (2011). Vocabulary size and depth of word knowledge in adult-onset second language acquisition. *International Journal of Applied Linguistics*, 21(2): 162-182.

Anna, S., Chanturia, K. C. & Norbert, S. (2011). Adding more fuel to the fire: An eye-tracking study of idiom processing by native and non-native speakers. *Second Language Research*, 27(2): 1-22.

Aristotle. (1954). *Rhetoric and Poetics*. Trans. W. Rhys Roberts & Ingram Bywater. New York: Modern Library.

Arlin, M., Scott, M. & Webster, J. (1979). The effects of pictures on rate of learning sight words: A critique of the focal attention hypothesis. *Reading Research Quarterly*, 14(4): 645-660.

Arndt, V. (1987). Six writers in search of texts: A protocol-based study of L1 and L2 writing. *ELT Journal*, 41(3): 257-267.

Aske, J. (1989). Path predicates in English and Spanish: A closer look. *Proceedings of the Berkeley Linguistics Society*, 15: 1-14.

Athanasopoulos, P. (2006). Effects of the grammatical representation of number on cognition in bilinguals. *Bilingualism: Language and Cognition*, 9(1): 89-96.

Athanasopoulos, P. (2009). Cognitive representation of color in bilinguals: The case of Greek blues. *Bilingualism: Language and Cognition*, 12(1): 83-95.

Athanasopoulos, P., Sasaki, M. & Cook, V. J. (2004). Do bilinguals think differently from monolinguals? Evidences from color categorization by Speakers of Japanese. Presented at *the 14th European Second Language Association Conferences*. San Sebastian, Spain.

Athanasopoulos P., Bylund E., Montero-Melis G., Damjanovic L., Schartner A., Kibbe A., Riches N. & Thierry G. (2015). Two languages, two minds: flexible cognitive processing driven by language of operation. *Psychological Science*, 26(4):518-526.

Atkinson. R. C. (1975). Mnemotechnics in Second-language. *Learning American Psychologist*, 30(8): 821-828.

Au, T. K. F. (1983). Chinese and English counterfactuals: The Sapir-Whorf Hypothesis revisited. *Cognition,* 15(1-3): 155-187.

Baayen, R. H., Piepenbrock, R. & Gulikers, L. (1995). The CELEX Lexical Database (Release 2) [CD-ROM]. Philadephia, PA: Linguistic Data Consortium, University of Pennsylvania.

Baayen, R. H. & Schreuder, R. (1999). War and peace: Morphemes and full forms in a noninteractive activation parallel dual-route model. *Brain and Language,* 68(1-2): 27-32.

Baayen, R. H. (2007). Storage and computation in the mental lexicon. In G. Jarema & G. Libben (Eds.), *The Mental Lexicon: Core perspectives.* Amsterdam: Elsevier, 81-104.

Babcock, L., Stowe, J. C., Maloof, C.J., Brovetto, C. & Ullman, M.T. (2012). The storage and composition of inflected forms in adult-learned second language: A study of the influence of length of residence, age of arrival, sex, and other factors. *Bilingualism: Language and Cognition, 15*(4): 820-840.

Bachman, L. F. (1985). Performance on doze tests with fixed-ration and rational deletions. *TESOL quarterly,* 19(3): 535-556.

Baicchi, A. (2016). The role of syntax and semantics in constructional priming: experimental evidence from Italian university learners of English through a sentence-elicitation task. In S. De Knop & G. Gilquin (Eds.), *Applied Construction Grammar.* Berlin: Mouton de Gruyter, 211-236.

Baldwin, T. (2005). Deep lexical acquisition of verb-particle constructions. *Computer Speech and Language*, 19(4): 398-414.

Bandura, A. (1969). Social learning of moral judgments. *Journal of Personality and Social Psychology*, 11(3): 275-279.

Barbara, T. & Hemenway, K. (1984). Objects, parts and categories. *Journal of Experimental Psychology: General*, 113(2): 169-193.

Barcelona, A. & Valenzuela, J. (2011). An overview of cognitive linguistics. in Brdar, M., Gries, S. T. & Fuchs, Z. (Eds.), *Cognitive Linguistics: Convergence and expansion.* Amsterdam: John Benjamins Publishing Company, 17-44.

Barcroft, J. (2009). Strategies and performance in intentional L2 vocabulary learning. *Language

Awareness, 18(1): 74-89.

Barner, D. & Bale, A. (2002). No nouns, no verbs: Psycholinguistic arguments in favor of lexical underspecification. *Lingua*, 112(10): 771-791.

Barss, A. & Lasnik, H. (1986). A note on anaphora and double objects. *Linguistic Inquiry*, 17(2): 347-354.

Bates, E., Bretherton, I. & Snyder, L. (1988). *From First Words to Grammar: Individual differences and dissociable mechanisms.* Cambridge: Cambridge University Press.

Bates, E. & MacWhinney, B. (1982). Functionalist approaches to grammar. In E. Wanner & L. Gleitman (Eds.), *Language Acquisition: The state of the art.* Cambridge University Press, 173-218.

Bauer, P. J., Annunziato, D. G. & Hertsgaard, L. A. (1995). Effects of prototypicality on categorization in 1 to 2 years old: Getting down to basic. *Cognitive Development*, 10(1): 43-68.

Beavers, J. (2011). An aspectual analysis of English ditransitive verbs of caused possession. *Journal of Semantics*, 18(1): 1-54.

Beavers, J., Levin, B. & Wei, T. (2009). The typology of motion expressions revisited. *Journal of Linguistics,* 46(3): 331-377.

Beck, M. L. (1997). Regular verbs, past tense and frequency: Tracking down a potential source of NS/NNS competence differences. *Second Language Research,* 13(2): 93-115.

Becker, T. P. (2014). Avoidance of English phrasal verbs: Investigating the effect of proficiency, learning context, task type, and verb type. *Asian Journal of English Language Teaching*, 24(1): 1-33.

Bencini, G. M. L. & Goldberg, A. (2000). The contribution of argument structure constructions to sentence meaning. *Journal of Memory and Language*, 43(4): 640-651.

Bencini, G. M. L. & Valian, V. V. (2008). Abstract sentence representations in 3-year-olds: Evidence from language production and comprehension. *Journal of Memory and Language*, 59(1): 97-113.

Bereiter, C. & Scardamalia, M. (1987). *The Psychology of Written Composition.* Hillsdale, NJ: Lawrence Erlbaum Associates.

Beréndi, M., Csábi, S. & Kövesces, Z. (2008). Using conceptual metaphors and metonymies in vocabulary teaching. In F. Boers & S. Lindstromberg (Eds.), *Cognitive Linguistic Approaches to Teaching Vocabulary and Phraseology.*Berlin: Mouton de Gruyter, 65-90.

Bergen, B. K. & Chang, N. (2005). Embodied Construction Grammar in simulation-based language understanding. In Östman, J. & Fried, M. (Eds.), *Construction Grammars: cognitive grounding and theoretical extensions.* Amsterdam: John Benjamins, 147-190.

Berlin, B. & Kay, P. (1969). *Basic Color Terms: Their universality and evolution*. Berkeley, CA: University of California Press.

Berman, R. A. & Slobin, D. I. (1994). *Relating Events in Narrative: A crosslinguistic, developmental study*. Hillsdale, NJ: Lawrence Erlbaum Associates.

Bever, T. G. (1970). The cognitive basis for linguistic structure. In J. Hayes (Eds.), *Cognition and the Development of Language*. New York: Wiley, 279-362.

Bialystok, E. (1978). A theoretical model of second language learning. *Language Learning*, 28(1): 81-103.

Bialystok, E. (2002). Cognitive processes of L2 users. In V. J. Cook (Eds), *Portraits of the L2 Users*. Clevedon: Multilingual Matters, 147-165.

Bialystok, E., Craik, F. I. M., Klein R. & Viswananthan, M. (2004). Bilingualism, aging and cognitive control: Evidence from the Simon Task. *Psychology and Aging*, 19(2): 290-303.

Black, M. (1962). *Models and Metaphors: Studies in language and philosophy*. New York: Cornell University Press.

Blasko, G. D. & Connine, C. (1993). Effects of familiarity and aptness on metaphor processing. *Journal of Experimental Psychology: Learning, Memory, and Cognition*, 19(2): 295-308.

Bloom, A. H. (1981). *The Linguistic Shaping of Thought: A Study in the impact of language on thinking in China and the West*. Hillsdale, NJ: Lawrence Erlbaum.

Bloom, A. H. (1984). Caution—The words you use may affect what you say: A response to Au. *Cognition*, 17(3): 275-287.

Bloom, P., Peterson, M. A., Nadel, L. & Garrett, M. F. (1996). *Language and Space*. The MIT Press.

Bloomfield, L. (1933). *Language*. New York: Holt, Rinehart and Winston.

Boas, F. (1940). *Race, Language, and Culture*. New York: The Macmillan Company.

Bobrow, S. & Bell, S. (1973). On catching on to idiomatic expressions. *Memory and Cognition*, 1(3): 343-346.

Boers, F. (2000a). Metaphor awareness and vocabulary retention. *Applied Linguistics*, 21(4): 553-571.

Boers, F. (2000b). Enhancing metaphoric awareness in specialized reading. *English for Specific Purposes*, 19(2): 137-147.

Boers, F. (2001). Remembering figurative idioms by hypothesising about their origin. *Prospect*, 16(3): 35-43.

Boers, F. (2004). Expanding learners' vocabulary through metaphor awareness: What expansion, what learners, what vocabulary? In M. Achard & S. Niemeier (Eds.), *Cognitive Linguistics, Second Language Acquisition, and Foreign Language Teaching*. Berlin: Mouton De Gruyter,

211-234.

Boers, F. (2011). Cognitive semantic ways of teaching figurative phrases: An assessment. *Review of Cognitive Linguistics*, *9*(1): 227-261.

Boers, F. (2013). An eye for words: Guaging the role of attention in incidental L2 vocabulary acquisition by means of eye-tracking. *Studies in Second Language Acquisition*, *35*(3): 483-517.

Boers, F. (2013). Cognitive linguistic approaches to teaching vocabulary: Assessment and integration. *Language Teaching*, 46(2): 208-224.

Boers, F. & Demecheleer, M. (1998). A cognitive semantic approach to teaching prepositions. *English Language Teaching Journal*, 52(3): 197-204.

Boers, F., Demecheleer, M. & Eyckmans, J. (2004). Etymological elaboration as a strategy for learning figurative idioms. In P. Bogaards & B. Laufer (Eds), *Vocabulary in a Second Language: Selection, acquisition and testing*. Amsterdam: John Benjamins, 53-78.

Boers, F., Eyckmans, J. & Stengers, H. (2006). Motivating multiword units: Rationale, mnemonic benefits, and cognitive style variables. *EUROSLA Yearbook*, 6(1): 169-190.

Boers, F., Eyckmans, J. & Stengers, H. (2007). Presenting figurative idioms with a touch of etymology: More than mere mnemonics? *Language Teaching Research*, 11(1): 43-62.

Boers, F. & Lindstromberg, S. (2008a). How cognitive linguistics can foster effective vocabulary teaching. In F. Boers & S. Lindstromberg (Eds.), C*ognitive Linguistic Approaches to Teaching Vocabulary and Phraseology*. Berlin: Mouton de Gruyter, 1-61.

Boers, F. & Lindstromberg, S. (2008b). Structural elaboration by the sound (and feel) of it. In Boers, F. & Lindstromberg, S. (Eds.), *Cognitive Linguistic Approaches to Teaching Vocabulary and Phraseology*, Berlin: Mouton de Gruyter, 330-353.

Boers, F. & Littlemore, J. (Eds.) (2003). *Cross-cultural Differences in Conceptual Metaphor: Applied linguistics perspectives*. Special Issue of Metaphor and Symbol. Mahwah, NJ: Lawrence Erlbaum Associates.

Boers, F., & Lindstromberg, S. (2006). Cognitive linguistics application in second or foreign language instruction: Rationale, proposals, and evaluation. In Kristiansen, G., Achard, M., Dirven, R. & de Mendoza Ibáñez, F. J. R. (Eds.), *Cognitive Linguistics: Current applications and future perspectives*. Berlin: Mouton de Gruyter, 305-358.

Boers, F., Piriz, A. M. P., Stengers, H. & Eyckmans, J. (2009). Does pictorial elicidation foster recollection of idioms? *Language Teaching Research*, 13(4): 367-382.

Bolger, P. A. & Zapata, G. (2011). Semantic categories and context in L2 vocabulary learning. *Language Learning*, 61(2): 614-646.

Bolinger, D. (1971). *The Phrasal Verb in English*. London: Oxford University Press.

Boroditsky, L. (2001). Does language shape thought? Mandarin and English speakers' conception of time. *Cognitive psychology*, 43(1): 1-22.

Bortfeld, H. (2002). What native and non-native speakers' images for idioms tell us about figurative language. In R. R. Heredia & J. Altarriba (Eds.), *Bilingual Sentence Processing*. Elsevier, 251-274.

Bower, G. H., Clark, M. C., Lesgold, A. M. & Winzenz, D. (1969). Hierarchical retrieval schemes in recall of categorized word lists. *Journal of Verbal Learning and Verbal Behavior*, 8(3): 323-343.

Bowerman, M. (1982). Starting to talk worse: Clues to language acquisition from children's late speech errors. In S. Strauss & R. Stavy (Eds.), *U-Shaped Behavioral Growth*. New York: Academic Press. 101-146.

Bowerman, M. & Levinson, S. C. (Eds.), (2001). *Language Acquisition and Conceptual Development*. Cambridge: Cambridge University Press.

Bowerman, M. & Choi, S. (2001). Shaping meanings for language: Universal and language-specific in the acquisition of spatial semantic categories. In M. Bowerman & S. Levinson (Eds.), *Language Acquisition and Conceptual Development*. Cambridge: Cambridge University Press, 475-511.

Britt, M. A., Perfitti, C. A., Garrod, S. & Rayner, K. (1992). Parsing in discourse: Context effects and their limits. *Journal of Memory and Language*, 31(3): 293-314.

Brooks, P. J. & Tomasello, M. (1999). Young children learn to produce passives with nonce verbs. *Developmental Psychology*, 35(1): 29-44.

Brown, A. (2007). *Crosslinguistic influence in first and second language convergence in speech and gesture*. Unpublished doctoral dissertation, Boston: Boston University.

Brown, A. & Gullberg, M. (2010). Changes in encoding of path of motion after acquisition of a second language. *Cognitive Linguistics*, 21(2): 263-286.

Brown, J. D. (1980). Relative merits of four methods for scoring doze test. *The Modern Language Journal*, 64(3): 311-317.

Brown, J. D. (1991). Do English and ESL faculties rate writing samples different? *TESOL Quarterly*, 25(4): 587-603.

Brown, R. (1974). *A First Language*. Cambridge, MA: Harvard University Press.

Brown, R. (1976). In memorial tribute to Eric Lenneberg. *Cognition*, 4(2): 125-153

Brown, R. & Lenneberg, E. (1954). A study in language and cognition. *Journal of Abnormal and Social Psychology*, 49(3): 454-462.

Brown. T. & Perry, F. (1991). A comparison of three learning strategies for ESL vocabulary acquisition. *TESOL Quarterly*, 25(4): 655-670.

Brugman, C. (1988). *The syntax and semantics of HAVE and its complements*. Unpublished PhD dissertation, Berkeley：University of California at Berkeley.

Bull, B. L. & Wittrock, M. C. (1971). Imagery in the learning of verbal definitions. *British Journal of Educational Psychology*, 43(3): 289-293.

Bybee, J. L. (1995). Regular morphology and the lexicon. *Language and Cognitive Processes*, 10(5): 425-455.

Bybee, J. L. (2006). From usage to grammar: The mind's response to repetition. *Language*, 82(4): 711-733.

Bybee, J. L. & McClelland, J. (2005). Alternatives to the combinational paradigm of linguistics theory based on domain general principles of human cognition. *The Linguistic Review*, 22(2-4): 381-410.

Bybee, J. L. & Moder, C. L. (1983). Morphological classes as natural categories. *Language*, 59(2): 251-270.

Cacciari, C. & Glucksberg, S. (1991). Understanding idiomatic expressions: the contribution of word meanings. In G. B. Simpson (Ed.), *Understanding Word and Sentence*. Amsterdam: Elsevier, 217-240.

Cacciari, C. & Tabossi, P. (1988). The comprehension of idioms. *Journal of Memory and Language*, 27(6): 668-683.

Cadierno, T. (2004). Expressing motion events in a second language: A cognitive typological perspective. In M. Achard & S. Niemeier (Eds.), *Cognitive Linguistics, Second Language Acquisition, and Foreign Language Teaching*. Berlin: Mouton de Gruyter, 13-49.

Cadierno, T. (2008a). Motion events in Danish and Spanish: A focus on form pedagogical approach. In S. De Knop & T. De Rycker (Eds.), *Cognitive Approaches to Pedagogical Grammar*. Berlin: Mouton de Gruyter. 259-294.

Cadierno, T. (2008b). Learning to talk about motion. In P. Robinson & N. C. Ellis (Eds.), *Handbook of Cognitive Linguistics and Second Language Acquisition*. New York/London: Routledge. 239-275.

Cadierno, T. (2010). Motion in Danish as a second language: Does the learner's L1 make a difference? In Z. Han & T. Cadierno (Eds.), *Linguistic Relativity in SLA: Thinking for Speaking*. Bristol/New York: Multilingual Matters, 1-33.

Cadierno, T. & Lund, K. (2004). Cognitive linguistics and second language acquisition: Motion events in a typological framework. In B. VanPatten, J. Williams, S. Rott & M. Overstreet (Eds.), *Form-Meaning Connections in Second Language Acquisition*. Mahwah, NJ: Lawrence Erlbaum, 139-154.

Cadierno, T. & Ruiz, L. (2006). Motion events in Spanish L2 acquisition. *Annual Review of*

Cognitive Linguistics, 4(1): 183-216.

Cameron, L. J. (1999). "Describing, Knowing, and Defining Metaphors," in Cameron, L. J. & Low, G. (Eds.), *Researching and Appying Metaphor*. Cambridge: Cambridge University Press, 3-28.

Cappelle, B., Shtyrov, Y. & Pulvermuller, F. (2010). Heating up or cooling up the brain? MEG evidence that phrasal verbs are lexical units. *Brain & Language*, 115(3): 189-201.

Caramazza, A. & Hillis, A. (1991). Lexical organization of nouns and verbs in the brain. *Nature*, 349(6312): 788-790.

Caramazza, A., Laudanna, A. & Romani, C. (1988). Lexical access and inflectional morphology. *Cognition*, 28(3): 297-332.

Cardini, F.E. (2008). Manner of motion saliency: An inquiry into Italian. *Cognitive Linguistics*, 19(4): 533-569.

Carroll, D.W. (2000). *Psychology of Language (3rd ed)*. Beijing: Foreign Language Teaching and Research Press.

Carroll, J. B. (Ed.). (1956). *Language Thought and Reality: Selected Writing of Benjamin Lee Whorf*. Cambridge, MA: The MIT Press.

Carroll, J. M. & Thomas, J. C. (1982). Metaphor and the cognitive representation of computing systems. *IEEE Transactions on Systems, Man, and Cybernetics*, 12(2): 107-116.

Carroll, M. & Lambert, M. (2003). Information structure in narratives and the role of grammaticised knowledge. In C. Dimroth & M. Starren (Eds.), *Information Structure and the Dynamics of Language Acquisition*. Amsterdam: John Benjarnins, 268-287.

Carter, R. & MeCarthy, M. (1988). Developments in the teaching of vocabulary: 1945 to the present day. In R. Carter & MeCarthy, M. (Eds.), *Vocabulary and Language Teaching*. New York: Longman Group UK Limited, 39-140.

Carton. A. S. & Nancy, M. (1966). *The Method of Inference in Foreign Language Study*. New York: The Research Foundation of the City of New York.

Caskey-Sirmons, L. A. & Hickerson, N. P. (1977). Semantic shift and bilingualism: Variation in the color terms of five languages. *Anthropological Linguistics*, 19(8):358-367.

Catherine, S. & Angus, S. (2004). *The Concise Oxford Dictionary*. Beijing: Foreign Language Teaching and Research Press.

Celce-Murcia, M. (2006). *Teaching English as a Second or Foreign Language*. Beijing: Foreign Language Teaching and Research Press.

Chang, Y., Li, B. & Lu, J. (2021). English vocabulary teaching from a cognitive perspective. *Open Access Library Journal*, 8(1): 1-8.

Chang, F., Bock, K. & Goldberg, A. E. (2003). Can thematic roles leave traces of their places? *Cognition*, 90(1): 29-49.

Chao, Y. (1968). *A Grammar of Spoken Chinese*. Berkeley: University of California Press.

Charteris-Black, J. (2002). Second language figurative proficiency: a comparative study of Malay and English. *Applied Linguistics*, 23(1): 104-133.

Chen, E., Gibson, E. & Wolf, F. (2005). Online syntactic storage costs in sentence comprehension. *Journal of Memory and Language*, 52(1): 144-169.

Chen, L. (2005). *The Acquisition and Use of Motion Event Expressions in Chinese*. Unpublished Doctoral Dissertation, University of Louisiana at Lafayette.

Chen, L. (2007). *The Acquisition and Use of Motion Event Expressions in Chinese*. Munchen: Lincom GmbH.

Chen, L. & Guo, J. (2009). Motion events in Chinese novels: evidence for an equipollently-framed language. *Journal of Pragmatics*, 41(9): 1749-1766.

Chen, L. & Guo, J. (2010). From language structures to language use: A case from Mandarin motion expression classification. *Chinese Language and Discourse,* 1(1): 31-65.

Choi, S. (2009). Typological differences in syntactic expressions of Path and Causation. In V. Gathercole (Ed.), *Routes to Language: Studies in Honor of Melissa Bowerman*. Mahwah, NJ: Lawrence Erlbaum Associates. 169-194.

Choi, S. (2011). Language-specificity of motion event expressions in young Korean children. *Language, Interaction and Acquisition*, 2(1): 157-184.

Choi, S. & Lantolf. J. P. (2008). The representation and embodiment of meaning in L2 communication: Motion events in speech and gesture in L2 Korean and L2 English speakers. *Studies in Second Language Acquisition*, 30(2): 191-224.

Choi, S. & Bowerman, M. (1991). Learning to express motion events in English and Korean: The influence of language-specific lexicalization patterns. *Cognition*, 41(1): 83-121.

Chomsky, N. (1975). *Reflections On Language*. New York: Random House.

Christianson, K., Hollingworth, A. & Ferreira, F. (2001). Thematic-roles assigned along the garden path linger. *Cognitive Psychology*, 42(4): 368-407.

Christine, A. D., Franklin, A. & Riddett, A. (2006). Categorical effects in children's colour search: A cross-linguistic comparison. *British Journal of Developmental Psychology*, 24(2): 373-400.

Chu, C. (2004). *Event conceptualization and grammatical realization: The case of motion in Mandarin Chinese*. Unpublished doctoral dissertation, University of Hawaii.

Chun. D. & Plass. J. (1996). Effects of multimedia annotations on vocabulary acquisition. *The Modern Language Journal*, 80(2): 183-198.

Church, K. (1988). A stochastic parts program and noun phrase parser for unrestricted text. Paper presented at *the Second Conference on Applied Natural Language Processing*, Austin, TX.

Cienki, A. (2016). Cognitive Linguistics, gesture studies, and multimodal communication.

Cognitive Linguistics, 27(4): 603-618.

Cieślicka, A. (2006). Literal salience in on-line processing of idiomatic expressions by second language learners. *Second Language Research*, 22(2): 115-144.

Cieślicka, A. (2007). Language experience and fixed expressions: Differences in the salience status of literal and figurative meanings of L1 and L2 idioms. In M. Nenonen & S. Niemi (Eds.), *Collocations and Idioms: Papers from the First Nordic Conference on Syntactic Freezes*. Joensuu: Joensuu University Press, 55-70.

Cieślicka, A. (2010). Formulaic language in L2: Storage, retrieval and production of idioms by second language learners, In J. Benjamin (Ed.), *Cognitive Processing in Second Language Acquisition: Inside the Learner's Mind*. Amsterdam: Philadelphia, 149-168.

Cieślicka, A. (2011). Hemispheric asymmetries in processing L1 and L2 idioms: Effects of salience and context. *Brain & Language*, 116(3): 136-150.

Cieślicka, A. (2012). Do nonnative language speakers chew the fat and spill the beans with different brain hemispheres? Investigating idiom decomposability with the Divided Visual Field paradigm. *Journal of Psycholinguistic Research*, 6(42): 475-503.

Cieślicka, A. (2013). Second language learners' processing of idiomatic expressions: Does compositionality matter? In K. D. Szelest & M. Pawlak (Eds.), *Psycholinguistic and Sociolinguistic Perspectives on Second Language Learning and Teaching*. Berlin and Heidelberg: Springer-Verlag, 115-136.

Clahsen, H. (1997). The representation of participles in the German mental lexicon: Evidence for the dual-mechanism model. In G. Booij & J. van Marle (Eds.), *Yearbook of Morphology 1996*. Dordrecht: Kluwer, 73-95.

Clahsen, H. (1999). Lexical entries and rules of language: A multi-disciplinary study of German inflection. *Behavioral and Brain Sciences,* 22(6): 991-1013.

Clahsen, H. (2006). Dual-mechanism morphology. In K. Brown (Ed.), *Encyclopedia of language and linguistics.* Oxford: Elsevier, 4; 1-5.

Clahsen, H. & Felser, C. (2006a). Grammatical processing in language learners. *Applied Psycholinguistics*, 27(1): 3-42.

Clahsen, H. & Felser, C. (2006b). How native-like is nonnative language processing? *Trends in Cognitive Science*, 10(12): 564-570.

Clahsen, H., Aveledo, F. & Roca, I. (2002). The development of regular and irregular verb inflection in Spanish child language. *Journal of Child Language*, 29(3): 591-622.

Clahsen, H., Felser, C., Neubauer, K., Sato., M. & Silva, R. (2010). Morphological structure in native and non-native language processing. *Language Learning*, 60(1): 21-43.

Clahsen, H., Hadler, M. & Weyerts, H. (2004). Speeded production of inflected words in children and adults. *Journal of Child Language*, 31(3): 683-712.

Clark, H. & Clark, E. (1977). *Psychology and language: An introduction to psycholinguistics.* New York: Harcourt Brace Jovanovich.

Clark, J. M. & Paivio, A. (1987). A dual coding perspective on encoding processes. In M. A. McDaniel & M. Pressley (Eds.), *Imagery and Related Mnemonic Processes: Theories, individual differences, and applications*, Springer-Verlag, New York, 5-33.

Clark, J. M. & Paivio, A. (1989). Arousal of affect by pictures and words. Paper presented at the *Annual Meeting of the Canadian Psychological Association*, Halifax, Canada.

Clark, J. M. & Paivio, A. (1991). Dual coding theory and education. *Educational Psychology Review*, 3(3): 149-210.

Cobuild, C. (1989). *Collins COBUILD dictionary of phrasal verbs.* London: Harper Collins Publishers.

Cohen. A. D. (1990). *Language Learning: Insights and Using a second language.* Addison: Wesley Longman Limited.

Colombo, L. (1993). The comprehension of ambiguous idioms in context. In C. Cacciari & P. Tabossi (Eds.). *Idioms: Processing, structure, and interpretation.* Lawrence Erlbaum, 163-200.

Condon, N. (2002). *A cognitive approach to phrasal verbs: How useful is it?* Paper presented at *IVACS Conference*, Ireland.

Condon, N. (2008). How cognitive linguistic motivations influence the learning of phrasal verbs. In F. Boers & S. Lindstromberg (Eds.), *Cognitive Linguistic Approaches to Teaching Vocabulary and Phraseology.* Berlin: Walter de Gruyter, 133-158.

Conklin, K. & Schmitt, N. (2008). Formulaic sequence: Are they processed more quickly than nonformulaic language by native and non-native speakers? *Applied Linguistics*, 29(1): 72-89.

Cook, V. (1993). *Linguistics and Second Language Acquisition.* Beijing: Foreign Language Teaching and Research Press.

Cook, V. (1996). *Second Language Learning and Language Teaching.* London: Arnold.

Cook, V. (1999). Going beyond the native speaker in language teaching. *TESOL Quarterly*, 33(2): 185-209.

Cook, V. (2002). *Portraits of the L2 User.* Bristol: Multilingual Matters.

Cook, V., Bassetti, B., Kasai, C., Sasaki, M. & Takahashi, J. (2006). Do bilinguals have different concepts? The case of shape and material in Japanese L2 users of English. *International Journal of Bilingualism*, 10 (2):137-152.

Cooper, M. & Holzman, M. (1983). Talking about protocols. *College Composition and Communication*, 34(3): 284-293.

Coulson, S. & Oakley, T. (2000). Blending basics. *Cognitive Linguistics*, 11(3/4): 175-196.

Coulson, S. (1997). *Semantic Leaps: The Role of Frame-shifting and Conceptual Blending in Meaning Construction*. San Diego: UCSD.

Cooper, T. C. (1999). Processing of idioms by L2 learners of English. *TESOL Quarterly Summer*, 33(2): 233-262.

Corbett, G. G. (2000). *Number*. Cambridge: Cambridge University Press.

Courtenay, B. D. (1870). Some General Remarks on Linguistics and Language. Inaugural Lecture given at St. Petersburg in December 1870. In Stankiewicz, E. (Ed., 1972). *A Baudouin de Courtenay Anthology: the Beginnings of Structural Linguistics*, Bloomington: Indiana University Press, 49-80.

Courtney, R. (1983). *Longman Dictionary of Phrasal Verbs*. London: Longman.

Cowan, R. (2008). *The Teacher's Grammar of English with Answers: A course book and reference guide*. Cambridge: Cambridge University Press.

Craik, F. & Lockhart, R. (1972). Levels of processing: A framework for memory research. *Journal of Verbal Learning and Verbal Behavior*, 11(6): 671-684.

William Croft, W. (2001). Radical Construction Grammar: Syntactic Theory in Typological Perspective. Oxford: Oxford University Press.

Croft, W. & Cruse, D. A. (2004). *Cognitive Linguistics*. Cambridge: Cambridge University Press.

Cronk, B. C., Lima, S. D. & Schweigert, W. A. (1993). Idioms in sentences: effects of frequency, literalness, and familiarity. *Journal of Psycholinguistic Research*, 22(1): 59-82.

Cronk, B. C. & Schweigert, W., A. (1992). The comprehension of idioms: The effects of familiarity, literalness and usage. *Applied Psycholinguistics*, 13(2): 131-146.

Cruse, D. A. (1992). Antonymy revisited: Some thoughts on the relationship between words and concepts. In A. Lehrer & E. Kittay (Eds.), *Frames, Fields and Contrasts*, Erlbaum, Hillsdale, 289-309.

Grush, R. (2004). The Emulation theory of representation: Motor control, imagery, and perception. *The Behavioral and Brain Sciences*. 27(3): 377-396.

Caskey-Sirmons, L. A. & Hickerson, N. P. (1977). Semantic shift and bilingualism: variation in the color terms of five languages. *Anthropological Linguistics*, 19(8): 358-367

Csábi, S. (2004). A cognitive linguistic view of polysemy in English and its implications for teaching. In M. Achard & S. Niemeier (Eds.), *Cognitive Linguistics, Language Acquisition, and Pedagogy*. Berlin: Mouton de Gruyter, 233-256.

Cummins, J. (1981). Age on arrival and immigrant second language learning in Canada: A reassessment. *Applied Linguistics*, 2(2): 132-149.

Cumming, A. (1989). Writing expertise and second language proficiency. *Language Learning*, 39(1): 81-135.

Cumming, A. (1990). Metalinguistic and ideational thinking in second language composing. *Written Communication*, 7(4): 482-511.

Cummins, J. (2000). *Language, Power and Pedagogy: bilingual children in the crossfire.* Clevedon, England: Multilingual Matters.

Cumming, A., Rebuffor, J. & Ledwell, M. (1989). Reading and summarizing challenging text in first and second languages. *Reading and Writing: An Interdisciplinary Journal,* 2(2): 201-219.

Cutler, A. & Fodor, J. A. (1979). Semantic focus and sentence comprehension. *Cognition*, 7(1): 49-59.

Cuyckens, H., Dirven, R. & Taylor, J. R. (2003). *Cognitive Approaches to Lexical Semantics.* Berlin: Mouton de Gruyter.

Dąbrowska, E. & Street, J. (2006). Individual differences in language attainment: Comprehension of passive sentences by native and non-native English speakers. *Language Science,* 28(6): 604-615.

Dagut, M. & Laufer, B. (1985). Avoidance of phrasal verbs: A case for contrastive analysis. *Studies in Second Language Acquisition*, 7(1): 73-79.

Danesi, M. (1992). Metaphor and classroom second language learning, *Romance Languages Annual*, 3: 189-193.

Danesi, M. (1993). Metaphorical competence in second language acquisition and second language teaching: The neglected dimension. In J. E. Alatis (Ed.), *Language Communication and Social Meaning.* Washington, DC: Georgetown University Press, 489-500.

Danesi, M. (2000). *Semotics in Language Education.* Berlin: Mouton de Gruyter.

Danesi, M. (2003). *Second Language Teaching: A View from the Right Side of the Brain.* London: Kluwer Academic Publishers.

Darwin, C. M. & Gray, L. S. (1999). Going after the phrasal verb: An alternative approach to classification. *TESOL Quarterly*, 33(1): 65-93.

Daugherty, K. G. & Seidenberg, M. S. (1992). Rules or connections? The past tense revisited. In *Proceedings of the 14th Annual Conference of the Cognitive Science Society.* Pittsburgh, PA: Cognitive Science Society, 259-264.

De Knop, S. (2008) *Cognitive Approaches to Pedagogical Grammar: A Volume in Honour of René Dirven.* New York: Mouton de Gruyter.

De Knop, S., Boers, F. & De Rycker, A. (2010). *Fostering Language Teaching Efficiency through Cognitive Linguistics.* Berlin: Mouton De Gruyter.

DeKeyser, R. (2003). Explicit and Implicit Learning. In Doughty, C. & Long, M. H. (Eds.), *The Handbook of Second Language Acquisition.* Oxford: Blackwell, 313-348.

De Knop, S. & Gilquin, G. (2016). Exploring L2 constructionist approaches. in De Knop, S. &

Gilquin, G. (Eds.), A*pplied Construction Grammar*. Berlin: Mouton de Gruyter, 3-17.

Deignan, A. (2003). Metaphorical expressions and culture: An indirect link. *Metaphor and Symbol*, 18(4): 255-271.

Deignan, A., Gabrys, D. & Solska, A. (1997). Teaching English metaphors using crossing-linguistic awareness-raising activities. *ELT Journal*, 51(4): 352-360.

DeKeyser, R. (2003). Explicit and Implicit Learning. In Doughty, C. & Long, M. H. (Eds.), *The Handbook of Second Language Acquisition*. Oxford: Blackwell, 313-348.

De Knop, S. & Gilquin, G. (2016). Exploring L2 constructionist approaches. in De Knop, S. & Gilquin, G. (Eds.), *Applied Construction Grammar*. Berlin: Mouton de Gruyter, 3-17.

DeLancey, S. (1989). Klamath stem structure in genetic and areal perspective. Papers from the 1988 *Hokan-Penutian Languages Workshop*. Eugene, OR: University of Oregon. 31-39.

Della Putta, P. (2016). Do we also need to unlearn constructions? the case of constructional negative transfer from Spanish to Italian and its pedagogical implications. In De Knop, S. & Gilquin, G. (Eds.), *Applied Construction Grammar*, Berlin: Mouton De Gruyter, 237-268.

Descartes, R. (1647/1982). Trans. by Miller, V. R. & Miller, R. P. *Principles of Philosophy*. New York: Springer.

Dewell, R. B. (1994). Over again: Image-schema transformations in semantic analysis. *Cognitive Linguistics*, 5(4): 351-380.

Dicamilla, F. & Antón, M. (2012). Functions of L1 in the collaborative interaction of beginning and advanced second language learners. *International Journal of Applied Linguistics*. 22(2): 160-188.

Dillon, R. F. & Sternberg, R. J. (1986). *Cognition and instruction*. New York: Academic Press.

Dirven, R. (2001). English phrasal verbs: Theory and didactic application. In M. Pütz & S. Niemeier (Eds.), *Applied Cognitive Linguistics II: Language Pedagogy*. Berlin: Mouton de Gruyter, 3-28.

Dirven, R. & Verspoor, M. (1998). *Cognitive Exploration of Language and Linguistics*. Amsterdam: John Benjamins .

Dixon, R. M. W. (1991). *A New Approach to English Grammar, on Semantic Principles*, Oxford: Oxford University Press.

Don, J. (2004). Categories in the lexicon. *Linguistics*, 42(5): 931-956.

Donald, M. (1998). Mimesis and the executive suite: Missing links in language evolution. In James Hurford, J, R., Studdert-Kennedy, M. & Knight, C. (Eds.), *Approaches to the Evolution of Language: Social and Cognitive Bases*. Cambridge: Cambridge University Press, 44-67.

Dong, T. & Chen, B. D. (2013). An empirical study of retention method of College English polysemy based on cognitive linguistics. In the proceeding of *International Conference on*

Psychology, Management and Social Science.

Dörnyei, Z. (2009). The L2 Motivational Self System. In Z. Dörnyei, & E. Ushioda (Eds.), *Motivation, Language Identity and the L2 Self*, Clevedon: Multilingual Matters, 9-42.

Dörnyei, Z. & Kormos, J. (1998). Problem-solving mechanisms in L2 communication. *Studies in Second Language Acquisition*, 20(3): 349-385.

Doughty, C. J. (2003). Instructed SLA: Constraints, Compensation, and Enhancement. In C. J. Doughty & M. H. Long (Eds.), *The Handbook of Second Language Acquisition*. Oxford: Blackwell Publishing Ltd, 256-310.

Doughty, C. & Long, M. H. (Eds), (2003). *The Handbook of Second Language Acquisition*. Oxford: Blackwell.

Downing, P. A. (1996). *Numeral Classifier Systems: The case of Japanese*. Amsterdam: John Benjamins.

Dowty, D. (1991). Thematic proto-rules and argument selection. *Language*, 67(3): 547-619

Ducharme, R., & Fraisse, P. (1965). Genetic study of the memorization of words and images. *Canadian Journal of Psychology*, 19(3), 253-261.

Dussias, P. & Piñar, P. (2010). Effects of reading span and plausibility in the reanalysis of wh-gaps by Chinese-English L2 speakers. *Second Language Research*. 26(4): 443-472.

Dye, C. D., Walenski, M., Prado, E., Mostofsky, S. H. & Ullman, M. T. (2013). Children's computation of complex linguistic forms: A study of frequency and imageability effects. *PLoS ONE*. 8(9): 746-783.

Eddington, D. & Lestrade, P. (2002). Are plurals derived or stored. In J. F. Lee., K. L. Kimberly & J. C. Clements (Eds.), *Structure, Meaning and Acquisition in Spanish: Papers from the 4th Hispanic Linguistics Symposium*. Somerville, MA: Cascadilla, 269-284.

Edgar, W. S. (2004). How to trace structural nativization: particle verbs in world Englishes. *World Englishes*, 23(2): 227-249.

Edward, H. (2014). Representing idioms: Syntactic and contextual effects on idiom processing. *Language and Speech*, 56(5): 373-394.

Ellis, H. C. & Hunt, R. R. (1993). *Fundamentals of Cognitive Psychology (6th ed.)*. Madison, WI: Brown & Benchmark.

Ellis. N. C. & Beaton, A. (1993a). Factors affecting the learning of foreign language vocabulary: Imagery keyword mediators and phonological short-term memory. *Quarterly Journal of Experimental Psychology*, 46A: 533-558.

Ellis, N. C. & Beaton, A. (1993b). Factors affecting the learning of foreign language vocabulary: Psycholinguistic determinants of foreign language vocabulary learning. *Language Learning*, 43(4): 559-617.

Ellis, N. C. (1997). *Vocabulary Acquisition: Word structure, collocation, word-class, and meaning.* Cambridge: Cambridge University Press.

Ellis, N. C. (2003). Constructions, chunking, and connectionism: The emergence of second language structure. *The Handbook of Second Language Acquisition.* Blackwell Publishing Ltd.

Ellis, N. C. (2001). Memory for language. In Robinson, P. (Ed.), *Cognition and Second Language Instruction.* Cambridge: Cambridge University Press, 33-68

Ellis, N. C. (2006a). Language acquisition as rational contingency learning. *Applied Linguistics* 27(1): 1-24.

Ellis, N. C. (2013). Second language acquisition. In G. Trousdale & T. Hoffmann (Eds.), *Oxford Handbook of Construction Grammar,* Oxford: Oxford University Press, 365-378.

Ellis, N. C. & Schmidt, R. (1998). Rules or associations in the acquisition of morphology? The frequency by regularity interaction in human and PDP learning of morphosyntax. *Language and Cognitive Processes*, 13 (2/3): 307-336.

Ellis, N. C. & Cadierno, T. (2009). Constructing a second language: Introduction to the special section. *Annual Review of Cognitive Linguistics*, 7(2): 111-139.

Ellis, N. C. & Wulff, S. (2015). Usage-based approaches to SLA. In B. VanPatten & J. Williams (Eds.), *Second Language Acquisition Research Series*: theories in second language acquisition. New York: Routledge, 75-94.

Ellis, R. (1986). *Understanding Second Language Acquisition.* Oxford: Oxford University Press.

Ellis, R. (1991). *Second Language Acquisition and Language Pedagogy.* Clevedon: Multilingual Matters.

Ellis, R. (1994). *The Study of Second Language Acquisition.* Oxford: Oxford University Press.

Elston-Güttler, K. & Williams, J. (2008). First language polysemy affects second language meaning interpretation: Evidence for activation of first language concepts during second language reading. *Second Language Research*, 24(2): 167-187.

Emig, J. (1971). The composing processes of twelfth graders, *National Council of Teachers of English Research Report,* 13: 98-100.

Engemann, H., Harr, A. K. & Hickmann, M. (2012). Caused motion events across languages and learner types: A comparison of bilingual first and adult second language acquisition. In Luna Filipović & Kasia M. Jaszcolt (Eds.), *Space and Time in Languages and Cultures: Linguistic diversity.* Amsterdam: John Benjamins, 263-287

Ervin, S. (1961). Semantic shift in bilingualism. *American Journal of Psychology*, 74(2): 233-241.

Estabrooke, I., Mordecai, K., Maki, P. & Ullman, M. T. (2002). The effect of sex hormones on language processing. *Brain and Language*, 83(1), 143-146.

Evans, V. & Green, M. (2006). *Cognitive Linguistics: An introduction.* Edinburgh: Edinburgh

University Press.

Eysenack, M. & Keane, M. (2005). *Cognitive Psychology* (5th ed.), Hove: Psychology Press.

Fadiga, L., Fogassi, L., Pavesi, G., & Rizzolatti, G. (1995). Motor facilitation during action observation: a magnetic stimulation study. *Journal of Neurophysiology*, 73(6): 2608-2611.

Faigley, L. & Witte, S. (1981). Analyzing revision. *College Composition and Communication*, 32(4): 400-414.

Farley, A. P., Ramonda, K. & Liu, X. (2012). The concreteness effect and the bilingual lexicon: The impact of visual stimuli attachment on meaning recall of abstract L2 words. *Language Teaching Research*, 16(4): 449-466.

Farrell, P. (2005). English verb-preposition constructions: Constituency and order, *Language*, 81(1): 96-137.

Farsani, H. M., Moinzade, A. & Tavakoli, M. (2012). Mnemonic effectiveness of CL-motivated picture-elucidation tasks in foreign learners' acquisition of English phrasal verbs. *Theory and Practice in Language Studies*, 2(3): 498-509.

Fauconnier, G. (1985). *Mental Spaces: Aspects of meaning construction in natural language*. Cambridge, MA: The MIT Press.

Fauconnier, G. (1990). Domains and connections. *Cognitive Linguistics*, 1(1): 151-174.

Fauconnier, G. (1994). *Mental Spaces: Aspects of Meaning Construction in Natural Language*. Cambridge: Cambridge University Press.

Fauconnier. G. (1997). *Mapping in Thought and Language*. Cambridge: Cambridge University Press.

Fauconnier, G. (1998). Mental spaces, language modalities, and conceptual integration. In M. Tomasello (Ed.), *The New Psychology of Language*. Mahwah, NJ: Lawrence Erlbaum Associates.

Fauconnier, G. & Sweetser, E. (1996). *Spaces, Worlds and Grammar*. Chicago: University of Chicago Press.

Fauconnier, G. & Turner, M. (1994). *Conceptual Projection and Middle Spaces*. San Diego, California: University of California.

Fauconnier, G. & Turner, M. (1998a). Conceptual integration networks. *Cognitive Science*, 22(2): 133-187.

Fauconnier, G. & Turner, M. (1998b). Principles of conceptual integration. In J. P. Koenig (Ed.), *Discourse and Cognition*. Stanford: Center for the Study of Language and Information, 269-283.

Fauconnier, G. & Turner, M. (2002). *The Way We Think: Conceptual blending and the mind's hidden complexities*. New York: Basic Books.

Felser, C. & Roberts, L. (2007). Processing wh-dependencies in a second language: A cross-modal priming study. *Second Language Research*, 23(1): 9-36.

Felser, C., Roberts, L., Gross, R. & Marinis, T. (2003). The processing of ambiguous sentences by first and second language learners of English. *Applied Psycholinguistics*, 24(3): 453-489.

Fernando, C. (1996). *Idioms and Idiomaticity*. Oxford: Oxford University Press.

Ferreira, F. (2003). The misinterpretation of noncanonical sentences. *Cognitive Psychology*, 47(2): 164-203.

Ferreira, F. & Patson, N. D. (2007). The "good enough" approach to language comprehension. *Language and Linguistics Compass*, 1(1-2): 71-83.

Ferreira, F., Bailey, K. G. D. & Ferraro, V. (2002). Good-enough representations in language comprehension. *Current Directions in Psychological Science*, 11(1): 11-15.

Field, R. E. (2004). Writing the second generation: Negotiating cultural borderlands in Jhumpa Lahiri's interpreter of Maladies and The Namesake. *South Asian Review*, 25(2): 165-177.

Fillmore, C. J. (1988). The mechanisms of "Construction Grammar", In Axmaker S., Jaisser, A. & Singmaster H. (Eds.), *Proceedings of the Fourteenth Annual Meeting of the Berkeley Linguistics Society*, Berkeley, CA: Berkeley Linguistics Society, 35-55.

Fillmore, C. J. & Kay, P. (1993). *Construction Grammar Coursebook*. Berkeley: University of California, Berkeley.

Fillmore, C. J., Kay, P. & O'Connor, M. C. (1988). Regularity and idiomaticity in grammatical constructions: The case of *Let alone*. *Language*, 64(3): 501-538.

Fine, G. (2014). *The Possibility of Inquiry: Meno's Paradox from Socrates to Sextus*. Oxford: Oxford University Press.

Fishler, I. (1977). Semantic facilitation without association in a lexical decision task. *Memory and Cognition*, 5(3): 333-339.

Fords, J. M. (2010). The typology of motion events. In *Space in Language*. Leipzig Summer School on Linguistic Typology, 1-34.

Fosnot, C. T. (1996). Constructivism: A psychological theory of learning. In C. T. Fosnot (Ed.) *Constructivism: Theory, perspective, and practices*. New York: Teachers College, Columbia University, 8-33.

Foss, D. J. (1970). Some effects of ambiguity upon sentence comprehension. *Journal of Verbal Learning and Verbal Behavior*, 9(6): 699-706.

Foss, D. J. & Cairns, H. S. (1970). Some effects of memory limitation upon sentence comprehension and recall. *Journal of Verbal Learning and Verbal Behavior*, 9(5): 541-547.

Foss, D. J. & Jenkins, C. M. (1973). Some effects of context on the comprehension of ambiguous sentences. *Journal of Verbal Learning and Verbal Behavior*, 12(5): 577-589.

Fotos, S. (1991). The cloze test as an integrative measure of EFL proficiency: A substitute for essays on college entrance examinations? *Language Learning*, 41(3): 313-336.

Fotovatnia, Z. & Goudarzi, M. (2014). Idiom comprehension in English as a foreign language: Analysability in focus. *Social and Behavioral Sciences*, 98(1): 499-503.

Fraisse, P. & Leveille, M. (1975). Influence of visual coding of phrases on their short-term memorization. *L'Année Psychologique*, 75(2), 409-416.

Francis, W., N. & Kučera, H. (1982). *Frequency Analysis of English Usage: Lexicon and grammar*. Boston: Houghton Mifflin.

Fraser, B. (1970). Idioms within a transformational grammar. *Foundations of Language*, 6(1): 22-42.

Fräser, B. (1976). *The Verb-particle Combination in English*. New York: Academic Press.

Frazier, L. & Fodor, J. D. (1978). The Sausage machine: A new two-stage parsing model. *Cognition*, 6(4): 291-325.

Frazier, L., Clifton, C. & Randall, J. (1983). Filling gaps: Decision principles and structure in sentence comprehension. *Cognition*, 13(2): 187-222.

Frege, G. (2008). *The Philosophy of Language*. Oxford: Oxford University Press.

Friedlander, A. (1990). Composing in English: effects of a first language on writing in English as a second language. In B. Kroll (Ed.), *Second Language Writing: research insights for the classroom*. Cambridge: Cambridge University Press, 109-125.

Fries, C. (1952). *The Structure of English: An introduction to the construction of English sentences*. New York: Harcourt, Brace.

Fujita, K. (1996). Double objects, causatives, and derivational economy. *Linguistic Inquiry*, 27(1): 146-173.

Gagné, E. D. (1985). *The Cognitive Psychology of School Learning*. Boston: Little, Brown and Company.

Gairns, R. & Redman, S. (1986). *Working with Words: A Guide to teaching and learning vocabulary*. Cambridge: Cambridge University Press.

Gallaway, C. & Richards, B. (1994). *Input and Interaction in Language Acquisition*. Cambridge: Cambridge University Press.

Gambrell, L. B. (1982). Induced mental imagery and the text prediction performance of first and third graders. In J. Niles & L. Harris (Eds.), *New Inquiries in Reading Research and Instruction*, Rochester, NY: National Reading Conference Proceeding, 131-135.

Gallese, V., Fadiga, L., Fogassi, L. & Rizzolatti, G. (1996). Action recognition in the premotor cortex. *Brain*, 119(2): 593-609

Gánem-Gutiérrez, G. & Roehr-Brackin, K. (2011). Use of L1, metalanguage, and discourse markers: L2 learners' regulation during individual task performance. *International Journal of Applied Linguistics*, 21(3):297-318

Gao, J. & Min, S. (2021). A comparative study of the effects of L1 and L2 prewriting discussions on L2 writing performance. *System*, 103(6): 1-13.

Gao, Y. (2011). Cognitive linguistics-inspired empirical study of Chinese EFL teaching. *Creative Education*, 2(4): 354-362.

Gardner, D. & Davies, M. (2007). Pointing out frequent phrasal verbs: A Corpus-based analysis. *TESOL Quarterly*, 41(2): 339-359.

Garman, M. (2002). *Psycholinguistics*. Beijing: Peking University Press.

Garnier, M. & Schmitt, N. (2016). Picking up polysemous phrasal verbs: How many do learners know and what facilitates this knowledge? *System*, 59(2): 29-44.

Garnsey, S. M., Pearlmutter, N. J., Myers, E. & Lotocky, M. A. (1997). The contributions of verb bias and plausibility to the comprehension of temporarily ambiguous sentences. *Journal of Memory and Language*, 37(1): 58-93.

Gass, S. M. (1997). *Input, Interaction and the Second Language Learner*. Mahwah, NJ: L. Erlbaum.

Gass, S. M. & Mackey, A. (2006). Input, interaction and output: an overview. *AILA Review*, 19(1): 3-17.

Geeraerts, D. (1983). Prototype theory and diachronic semantics: A case Study. *Indogermanische Forschungen*, 88(1): 1-32.

Geeraerts, D. (1992). Prototypicality effects in diachronic semantics: a round-up. In Kellermann, G. & Morrissey, M. (Eds.), *Diachrony within Synchrony: Language history and cognition*. Frankfurt: Peter Lang Verlag, 183-203.

Gentner, D. & Goldin-Meadow, S. (2003). *Language in Mind: Advances in the study of language and thought*. Cambridge, MA: MIT Press.

Gernsbacher, M. A. (1984). Resolving 20 years of inconsistent interactions between lexical familiarity and orthography, concreteness, and polysemy. *Journal of Experimental Psychology: General*, 113(2): 254-281.

Gibbs, R. W. (1980). Spilling the beans on understanding and memory for idioms in conversation. *Memory and Cognition*, 8(2): 149-156.

Gibbs, R. W. (1985). On the process of understanding idioms. *Journal of Psycholinguistic Research*, 14(4): 456-472.

Gibbs, R. W. (1986). Skating on thin ice: Literal meaning and understanding idioms in conversation. *Discourse Processes*, 9(1): 17-30.

Gibbs, R. W. (1993). Why idioms are not dead metaphors? In C. Cacciari & P. Tabossi (Eds.),

Idioms: Processing, structure, and interpretation. Hillsdale, NJ: Lawrence Erlbaum Associates, 57-77.

Gibbs, R. W. (1994). *The Poetics of Mind*. Cambridge/New York: Cambridge University Press.

Gibbs, R. W. (2011). Evaluating conceptual metaphor theory. *Discourse Processes,* 48(8): 529-562.

Gibbs, R. W. & Colston, H. L. (1995). The cognitive psychological reality of image schemas and their transformations. *Cognitive Linguistics*, 6(4): 347-378.

Gibbs, W. R., Nayak, N. P. & Cutting, C. (1989). How to kick the bucket and not decompose: Analyzability and idiom processing. *Journal of Memory and Language*, 28(5): 576-593

Gibbs, R. W. & Matlock, T. (2001). Psycholinguistic perspectives on polysemy. In H. Cuyckens & B. Zawada (Eds.), *Polysemy in Cognitive Linguistics*. Amsterdam: John Benjamins Publishing Company, 213-240.

Gibson, E. & Pearlmutter, N. J. (1998). Constraints on sentence comprehension. *Trends in Cognitive Sciences*, 2(7): 262-268.

Giora, R. (1997). Understanding figurative and literal language: The graded salience hypothesis. *Cognitive Linguistics*, 8(3): 183-206.

Giora, R. (1999). On the priority of salient meanings: Studies of literal and figurative language. *Journal of Pragmatics*, 31(7): 919-929.

Giora, R. (2002). Literal vs. figurative language: Different or equal? *Journal of Pragmatics*, 34(4): 487-506.

Giora, R. (2003). *On Our Mind: Salience, Context, and Figurative Language*. Oxford: Oxford University Press.

Glass, A. L. & Holyoak, K. J. (1986). *Cognition*. New York: Random House.

Glucksberg, S. (1989). Metaphors in conversation: How are they understood? Why are they used?. *Metaphor and Symbolic Activity*, 4(3): 125-143.

Glucksberg, S. (1993). Idiom meanings and allusional content. In C. Cacciari & P. Tabossi (Eds.), *Idioms: Processing, structure, and interpretation*. Hillsdale, NJ: Lawrence Erlbaum Associates, 3-26.

Glucksberg, S. (2001). *Understanding Figurative Language: From metaphors to idioms*. Oxford, UK: Oxford University Press.

Goldberg A. E. (1995). *Constructions: A construction grammar approach to argument structure*. Chicago: University of Chicago Press.

Goldberg A. E. (1997). Construction Grammar. In E.K. Brown & J.E. Miller (Eds.), *Concise Encyclopedia of Syntactic Theories*. New York: Elsevier Science Limited, 68-70.

Goldberg, A. E. (2003). Constructions: a new theoretical approach to language. *Trends in Cognitive Sciences*, 7(5): 219-224.

Goldberg, A. E. (2006). *Constructions at Work: The nature of generalization in language*. Oxford: Oxford University Press.

Goldberg, A. E., Casenhiser, D. M. & Sethuraman, N. (2004). Learning argument structure generalizations. *Cognitive Linguistics*, 15(3): 289-316.

Goldberg, A. E. & Bencini, G. M. L. (2005). Support from language processing for a constructional approach to grammar. In *Language in Use: Georgetown University Round Table on Languages and Linguistics* Series, 3-18.

González, R. A. (2010). Making sense of phrasal verbs: A cognitive linguistic account of L2 learning. *AILA Review*, 23(1): 50-71.

Gordon, P. (2004). Numerical cognition without words: Evidence from Amazonia. *Science*, 306(5695): 496-499.

Gordon, P. & Chafetz, J. (1990). Verb-based versus class-based accounts of actionality effects in children's comprehension of passives. *Cognition*, 36(3): 227-254.

Grabe, W. (2010) . Applied Linguistics: A Twenty-First-Century discipline. In Kaplan, R. B. (Ed.), *The Oxford Handbook of Applied Linguistics (2nd ed.)*, Oxford: Oxford University Press, 61-71.

Grady, J. E. (1997). *Foundations of Meaning: Primary metaphors and primary scenes*. Unpunilshed PhD Dissertation, University of California, Berkeley.

Graham, S. & Harris, K. R. (2000). The role of self-regulation and transcription skills in writing and writing development. Educational Psychologist, 35(1), 3-12.

Granger, S. (1983). *The Be + Past Participle Construction in Spoken English: With special emphasis on the passive*. New York: Elsevier Science Publishers.

Greim, B. D. (1982). *A Grammar of The Idiom: Theory development and its application to old French and old Germanic*. Michigan: Ann Arbor.

Gries, S. (1999). Particle movement: A cognitive and functional approach. *Cognitive Linguistics*, 10(2): 105-145.

Gries, S. & Wulff, S. (2005). Do foreign language learners also have constructions? Evidence from priming, sorting and corpora. *Annual Review of Cognitive Linguistics* 3(1): 182-200.

Gries, S. & Wullf, S. (2009). Psycholinguistic and corpus-linguistic evidence for L2 constructions. *Annual Review of Cognitive Linguistics*, 7(1):163-186.

Grodner, D., Gibson, E. & Watson, D. (2005). The influence of contextual contrast on syntactic processing: Evidence for strong-interaction in sentence comprehension. *Cognition*, 95(3): 275-296.

Groot, P. J. M. (2000). Computer assisted second language vocabulary acquisition. *Language Learning & Technology*, 4(1): 60-81.

Gropen J. (1989). The learnability and acquisition of the dative alternation in English. *Language*,

65(2): 203-257.

Grosjean, F. (2001). The bilingual's language and modes. In J. Nicol (Ed.), *One Mind, Two Languages*. Oxford: Balckwell, 1-22.

Grush, R. (2004). The emulation theory of representation: motor control, imagery, and perception. *Behavioral and Brain Sciences*, 27(3):377-396 + 396-442.

Gullberg, M. (2009). Reconstructing verb meaning in a second language: How English speakers of L2 Dutch talk and gesture about placement. *Annual Review of Cognitive Linguistics,* 7(1): 222-245.

Gullberg, M. (2011). Multilingual multimodality: Communicative difficulties and their solutions in second language use. In J. Streeck, C. Goodwin & C. LeBaron (Eds.), *Embodied Interaction: Language and body in the material world*, Cambridge: Cambridge University Press, 137-151.

Guo, J. & Chen, L. (2009). Learning to express motion in narratives by Mandarin-speaking children. In J. S. Guo, E. Lieven, N. Budwig, S. Ervin-Tripp, K. Nakamura & S. Ozcaliskan (Eds.), *Crosslinguistic Approaches to the Psychology of Language: Research in the Tradition of Dan Issac Slobin*. London: Lawrence Erlbaum Associates, 193-208.

Hagglund, M. (2001). Do Swedish advanced learners use spoken language when they write in English. *Moderna Sprk*, 95(1): 2-8.

Hahne, A., Müller, J. & Clahsen, H. (2003). Second language learners' processing of inflected words: Behavioral and ERP evidence for storage and decomposition. *Studies in Second Language Acquisition*, 31(1): 403-435.

Hahne, A., Müller, J. & Clahsen, H. (2006). Morphological processing in a second language: Behavioral and event-related brain potential evidence for storage and decomposition. *Journal of Cognitive Neuroscience*, 18(1): 121-134.

Hairston, M. (1982). The winds of change: Thomas Kuhn and the revolution in the teaching of writing. *College Composition and Communication*, 33(1): 76-88.

Hall, C. (1990). Managing the complexity of revising across languages. *TESOL Quarterly*, 24(1): 43-60.

Hampe, B. (2000). Facing up to the meaning of *face up to*: A cognitive semantic-pragmatic analysis of an English verb-particle construction. In A. Foolen & F. van der Leek (Eds.), *Constructions in Cognitive Linguistics*. Amsterdam: Johns Benjamins, 81-101.

Han, Z. & Cadierno, T. (2010). *Linguistic Relativity in SLA: Thinking for speaking*. New York: Multilingual Matters.

Hanks, P. (2013). *Lexical Analysis*. Amsterdam: John Benjamins.

Hanakawa, T. (2016). Organizing motor imageries. *Neuroscience Research*, 104(3): 56-63.

Harrington, M. (2002). Cognitive perspectives on second language acquisition, In Kaplan, R. B.

(Ed.), *The Oxford Handbook of Applied Linguistics*, Oxford: Oxford University Press, 124-140.

Hartshorne, J. K. & Ullman, M. T. (2006). Why girls say "holded" more than boys. *Developmental Science,* 9 (1): 21-32.

Hatch, E. & Brown, C. (1995). *Vocabulary, Semantics and Language Education*. Cambridge: Cambridge University Press.

Hawkins, R. & Chan, C. Y-h. (1997). The partial availability of universal grammar in second language acquisition: The "failed functional features hypothesis." *Second Language Research*, 13(3): 187-226.

Hayes, J. (1996). A new framework for understanding cognition and affect in writing. In M. Levy & S. Ransdell (Eds.), *The Science of Writing: Theories, methods, individual differences, and applications*. Mahwah, NJ: Lawerence Erlbaum, 1-27.

Haynes, M. & Baker, T. (1993). American and Chinese readers learning from lexical familiarization in English texts. In T. Huckin, M. Haynes & J. Coady (Eds.), *Second Language Reading and Vocabulary Acquisition*. Norwood, NJ: Ablex, 130-152.

Hayes, J. & Flower, L. (1980). Identifying the organizing of writing processes. In G. Lee & S. Erwin (Eds.), *Cognitive Processes in Writing: An interdisciplinary approach*. Hillsdale, NJ: Lawrence Erlbaum, 3-30.

Hayward, W. & Tarr, M. (1995). Spatial language and spatial representation. *Cognition*, 55(4): 39-84.

Heather, B. (2003). Comprehending idioms cross-linguistically. *Experimental Psychology*, 50(3): 217-230.

Hellman, A. B. (2011). Vocabulary size and depth of word knowledge in adult-onset second language acquisition. *International Journal of Applied Linguistics*, 21(2): 162–182.

Hendriks, H. (2005). Structuring space in discourse: a comparison of Chinese, English, French and German L1 and English, French and German L2 acquisition. In H. Hendriks (Ed.), *The Structure of Learner Varieties*. Berlin: Mouton de Gruyter, 111-156.

Hendriks, H. J. Y. & Hickmann, M. (2009). Typological issues regarding the expression of caused motion: Chinese, English and French. In M. Vukanovic & L. Grmusa (Eds.), *Space and Time in Language and Literature*. Cambridge: Cambridge Scholars Publishing, 22-38.

Hendriks, H., Hickmann, M. & Demagny, A. C. (2008). How adult English learners of French express caused motion: a comparison with English and French natives. *Acquisition et Interaction en Langue Etrangere*, 27(1): 15-41.

Hendriks, H. & Hickmann, M. (2011). Expressing voluntary motion in a second language: English learners of French. In V. Cook & B. Bassetti (Eds.), *Language and Bilingual Cognition*. New

York: Psychology Press, 315-339.

Hernandez, A., Li, P. & MacWhinney, B. (2005). The emergence of competing modules in bilingualism. *Trends in Cognitive Science,* 9(5): 220–225.

Herriot, P. (1969). The comprehension of active and passive sentences as a function of pragmatic expectations. *Journal of Verbal Learning and Verbal Behavior*, 8(2): 166-169.

Hickmann, M. (2003). *Children's Discourse: Person, space and time across languages.* Cambridge: Cambridge University Press.

Hickmann, M. (2006). The relativity of motion in first language acquisition. In M. Hickmann & S. Robert (Eds.), *Space in Languages: Linguistic Systems and Cognitive Categories*. Amsterdam: John Benjamins, 281-308.

Hickmann, M. & Robert, S. (2006). *Space in Languages: Linguistic systems and cognitive categories*. Amsterdam: John Benjamins.

Hickmann, M., Taranne, P. & Bonnet, P. (2009). Motion in first language acquisition: Manner and Path in French and English child language. *Journal of Child Language,* 36(4): 705-742.

Hickmann, M. & Hendriks, H. (2010). Typological constraints on the acquisition of spatial language in French and English. *Cognitive Linguistics*, 21(2): 181-188.

Hilferty, J. (2003). In *Defense of Grammatical Constructions.* unpublished PhD dissertation. Barcelona: Universitat de Barcelona.

Hill, J. & Mannheim, B. (1992). Language and world view. *Annual Review of Anthropology*, 21(10): 381-406.

Hillert, D. & Swinney, D. (2001). The processing of fixed expressions during sentence comprehension. In A. Cienki., B. J. Luka & M. B. Smith (Eds.), *Conceptual and Discourse Factors in Linguistic Structure.* CSLI Publications, 107-121.

Hockett, C. F. (1958). *A Course in Linguistics.* New York: Macmillan.

Hoffman, C., Lau, I. & Johnson, D. R. (1986). The linguistic relativity of person cognition: An English-Chinese comparison. *Journal of Personality and Social Psychology*, 51(6): 1097-1105.

Hohenstein, J. M. (2005). Language-related motion event similarities in English and Spanish-speaking Children. *Journal of Cognition and Development,* 6(3): 403-425.

Hohenstein, J. M., Naigles, L. R. & Eisenberg, A. R. (2004). Keeping verb acquisition in motion: A comparison of English and Spanish. In D. G. Hall & S. R. Waxman (Eds.), *Weaving a Lexicon*. Cambridge, MA: MIT Press, 569-602.

Hohenstein, J., Eisenberg, A. & Naigles, L. (2006). Is he floating across or crossing afloat? Cross-influence of L1 and L2 in Spanish-English bilingual adults. *Bilingualism: Language and Cognition*, 9(3): 249-261.

Holme, R. (2009). *Cognitive Linguistics and Language Teaching*. London: Palgrave Macmillan Publishers Limited.

Holme, R. (2010). A construction grammar for the classroom. *International Review of Applied Linguistics in Language Teaching*. 48(4): 355-377.

Holme, R. (2012). Cognitive linguistics and the second language classroom. *TESOL Quarterly*, 46(1): 6-29.

Hornby, A. S. (2004). *Oxford Advanced Learner's Dictionary*. Beijing: The Commercial Press.

Howarth, P. (1998). Phraseology and second language proficiency. *Applied Linguistics*, 19(1): 24-44.

Huang, S. & Tangkingsing, M. (2005). Reference to motion events in six Western Austronesian languages: Towards a semantic typology. *Oceanic Linguistics*, 44(2): 307-340.

Hulstijn. J. H. (1989). Implicit and incidental second language learning: experiments in the processing of natural and artificial input. *Interlingual Processes*, 1(5): 49-73.

Hulstijn, J. H. & Marchena, E. (1989). Avoidance: Grammatical or semantic causes? *Studies in Second Language Acquisition*, 11(3): 241-255.

Humboldt, W. von. (1988). *On Language: The diversity of human language structure and its influence on the mental development of mankind*. Translated by Heath, P., Cambridge: Cambridge University Press.

Hunn, E. (1977). *Tzeltal Folk Zoology: The classification of discontinuities in nature*. New York: Academic Press.

Hunt, E. & Agnoli, F. (1991). The Whorfian Hypothesis: A cognitive psychology perspective. *Psychological Review*, 98(3): 377-389.

Hwang, H. (2007). *Prosodic Phrasing in Sentence Comprehension: Evidence from native English speakers and native Korean-speaking second language learners of English*. Unpublished doctoral dissertation, University of Hawaii.

Iakimova, G., Passerieux, C., Denhière, G., Laurent, J. P., Vistoli, D., Vilain, J. & Hardy-Baylé, M. C. (2010). The influence of idiomatic salience during the comprehension of ambiguous idioms by patients with schizophrenia. *Psychiatry Research*, 177(1-2): 46-54.

Ibarretxe-Antunano, I. (2004a). Linguistic typologies in our language use: The case of Basque motion events in adult oral narratives. *Cognitive Linguistics,* 15(3): 317-349.

Ibarretxe-Antunano, I. (2004b). Motion events in Basque narratives. In S. Stromqvist & L. Verhoeven (Eds.), *Relating Events in Narrative: typological and contextual perspectives*. New Jersey: Lawrence Erlbaum Associates, 89-111.

Ibarretxe-Antunano, I. (2005). Interview: Leonard Talmy. A windowing onto conceptual structure and language. Part 1: Lexicalization and typology. *Annual Review of Cognitive Linguistics*,

3(2): 325-347.

Ibarretxe-Antunano, I. (2009). Path salience in motion events. In E. Lieven, J. Guo, N. Budwig, S. Ervintripp & K. Nakamura (Eds.), *Crosslinguistic Approaches to the Psychology of Language: Research in the tradition of Dan Isaac Slobin*. New York: Psychology Press, 403-414.

Ibarretxe-Antuñano, I., Cadierno, T. & Hijazo-Gascón, A. (2016). The role of force dynamics and intentionality in the reconstruction of L2 verb meanings: A Danish-Spanish bidirectional study. *Review of Cognitive Linguistics*. 14(1): 136-160.

Ikeda, M. & Takeuchi, O. (2006). Clarifying the differences in learning EFL reading strategies: An analysis of portfolios. *System*, 34(3): 384-398.

Ilson, R. (1983). Etymological information: Can it help our students? *ELT Journal*, 37(1): 76-82.

Imai, M. (2000). Universal ontological knowledge and a bias toward language-specific categories in the construal of individuation. In S. Niemeier & R. Dirven (Eds.), *Evidence for Linguistic Relativity*. Amsterdam: John Benjamins, 139-160.

Imai, M. & Gentner, D. (1997). A cross-linguistic study of early word meaning: Universal ontology and linguistic influence. *Cognition,* 62(2): 169-200.

Ioannis, G. (2020). Applied cognitive linguistics and L2 vocabulary teaching. In By Alagölü, N. & Kiymazarslan, V. (Eds.), *Current Perspectives on Vocabulary Learning and Teaching*, Newcastle upon Tyne: Cambridge Scholars Publishing, 55-76.

Irujo, S. (1986). Don't put your leg in your mouth: transfer in the acquisition of idioms in a second language. *TESOL Quarterly*, 20(2): 287-304.

Irujo, S. (1993). Steering clear: Avoidance in the production of idioms. *International Review of Applied Linguistics*, 31(3): 205-219.

Ishikawa, K. (1999). English verb-particle constructions and a V^0-internal structure. *English Linguistic*s, 16(2): 329-352.

Jack. C., Richards, J. P. & Heidi, P. (1989). *Longman Dictionary of Language Teaching & Applied Linguistics*. Addison Longman China Limited.

Jackendoff, R. (1990). On Larson's treatment of the double object construction. *Linguistic Inquiry*, 21(3): 427-456.

Jackendoff, R. (1990). *Semantic Structure*. Cambridge, MA: MIT Press.

Jackendoff, R. (1997). *The Architecture of Language Faculty*. Cambridge, MA: MIT Press.

Jackendoff, R. (1983). *Semantics and Cognition*. Cambridge, MA: MIT Press.

Jackendoff, R. (2003). Precis of foundations of language: brain, meaning, grammar, evolution. *Behavioral and Brain Sciences,* 26(6): 651-707.

Jackson, H. & Amela, E. Z. (2000). *Meaning and Vocabulary: An introduction to modern lexicology*. London: Cassel.

Jameson, K. A. & Alvarado, N. (2003). Differences in color naming and color salience in Vitenamese and English. *Color Research and Application*, 28(2): 113-138.

Jarvis, S. (2011). Conceptual transfer: Crosslinguistic effects in categorization and construal. *Bilingualism: Language and Cognition*, 14(1): 1-8.

Jesperson, O. (1933). *Essentials of English Grammar*. London: George Allen & Unwin Ltd.

Ji, Y. (2009). *The Expression of Voluntary and Caused Motion Events in Chinese and in English: typological and developmental perspectives*. Unpublished doctoral dissertation, University of Cambridge.

Ji, Y., Hendriks, H. & Hickmann, M. (2011a). Children's expression of voluntary motion events in English and Chinese. *Journal of Foreign Languages*, 34(4): 2-20.

Ji, Y., Hendriks, H. & Hickmann, M. (2011b). The expressions of caused motion events in Chinese and in English: some typological issues. *Linguistics*, 49(5): 1041-1076.

Ji, Y., Hendriks, H. & Hickmann, M. (2011c). How children express caused motion events in Chinese and English: universal and language-specific influences. *Lingua*, 121(12): 1796-1819.

Ji, Y. & Hohenstein, J. (2014). The expression of caused motion by adult Chinese learners of English. *Language and Cognition*, 6(4): 427-461.

Jia, G. (2003). The acquisition of the English plural morpheme by native mandarin Chinese-speaking children. *Journal of Speech, Language, and Hearing Research*, 46(6): 1297-1311.

Jiang, N. & Nekrasova, T. M. (2007). The processing of formulaic sequences by second language speakers. *Modern Language Journal*, 91(3): 433-445.

Johnson, M. (1985). Imagination in moral judgment. *Philosophy and Phenomenological Research*, 46(2): 265-280.

Johnson, M. (1987). *The Body in the Mind: The bodily basis of meaning, imagination, and reason*. Chicago: University of Chicago Press.

Johnson, M. (1989). Embodied knowledge. *Curriculum Inquiry*, 19(4): 361-377.

Johnson, S. H. (2000). Thinking ahead: the case for motor imagery in prospective judgements of prehension. *Cognition*, 74(1): 33-70.

Jones, S. & Tetroe, J. (1987). Composing in a second language. In A. Matsuhasi (Ed.), *Writing in Real Time: Modelling production processes*. Norwood, NJ: Ablex, 34-57.

Jones, L. (2004). Testing l2 vocabulary recognition and recall using pictorial and written test items. *Language Learning & Technology*, 8(13): 122-143.

Juchem-Grundmann, C. (2009). *"Dip into your savings!" Applying cognitive metaphor theory in the business English classroom. An empirical study*. Ph.D Dissertation, Koblenz: University of Koblenz-Landau.

Just, M. A. & Carpenter, P. A. (1980). A theory of reading: From eye fixation to comprehension.

Psychological Review, 87(4): 329-354.

Kaelbing, L., Littman, M. & Cassandra, T. (1998). Planning and acting in partially observable stochastic domains. *Artificial Intelligence*, 101(1): 99-134.

Kana, R. K., Murdaugh, D. L., Wolfe, K. R. & Kumar, S. L. (2012). Brain responses mediating idiom comprehension: Gender and hemispheric differences. *Brain Research*, 14(67): 18-26.

Kaplan, R. B. (1966). Cultural thought patterns in intercultural education. *Language Learning*, 16(1-2): 1-20.

Kaplan, R. B. (1983). Contrastive rhetorics: Some implications for the writing process. In A. Freedman, I. Pringle & J. Yalden (Eds.), *Learning to Write: First language/second language*: selected papers from the 1979 CCTE Conference, Ottawa, Canada. London: Longman.

Kaschak, M. P. & Glenberg, A. M. (2000). Constructing meaning: The role of affordances and grammatical constructions in sentence comprehension. *Journal of Memory and Language*, 43(3): 508-529.

Kathrine A. & Dougherty, S. (2012). Devillainizing video in support of comprehension and vocabulary instruction. *The Reading Teacher*, 65(6): 403-406.

Kay, P. (1995). Construction grammar. in Verschueren, J. Östman, Jan-Ola & Blommaert, J. (Eds.), *Handbook of Pragmatics*, Amsterdam: John Benjamins Publishing Company, 171–177.

Kay, P. (2001). Argument structure constructions and the argument-adjunct distinction. In Fried, M. & Boas, H. C. (Eds.), *Grammatical Constructions: Back to the roots*. Amsterdam: John Benjamins Publishing Company, 71-98

Kay P. & Fillmore, C. (1999). Grammatical constructions and linguistic generalizations: The What's X doing Y? construction. *Language*, 75(1): 1-33.

Kecskes, I. (2000). *Situation-bound Utterances in L1 and L2*. Berlin: Mouton de Gruyter.

Keizer, E. (2009). Verb-preposition constructions in FDG. *Lingua*, 119(8): 1186-1211.

Kellerman, E. (1995). Crosslinguistic influence: Transfer to nowhere. *Annual Review of Applied Linguistics*, 15(1): 125-150.

Kellerman, E. & van Hoof, A. M. (2003). Manual accents. *International Review of Applied Linguistics*, 41(3): 251-269.

Kellermann, M. G. & Morrissey M. D. (1992/2012). *Diachrony within Synchrony: Language history and cognition*. Frankfurt: Peter Lang.

Kellogg, R. T. (1996). A model of working memory in writing. In C. M. Levy & S. Ransdell (Eds.), *The Science of Writing: Theories, methods, individual differences, and applications*, Mahwah, NJ: Lawrence Erlbaum Associates, 57-71.

Kemmer, S. & Barlow, M. (2000). Introduction: A Usage-Based Conception of Language. In Barlow, M. & Kemmer, S. (Eds.), *Usage Based Models of Language*, Chicago, University of

Chicago Press, i-xxvii.

Kimball, J. (1973). Seven principles of surface structure parsing in natural language. *Cognition*, 2(1): 15-47.

Kirkici, B. (2005). *Words and Rules in L2 Processing: An analysis of the dual-mechanism model*. Unpublished PhD dissertation. Middle East Technical University.

Klatzky, R. L., Pellegrino, J., McCloskey, B. & Doherty, S. (1989). Can you squeeze a tomato? The role of motor representations in semantic sensibility judgments. *Journal of Memory & Language*, 28(1): 56-77.

Kleinmann, H. (1977). Avoidance behavior in adult second language acquisition, *Language Learning*, 27(1): 93-107.

Knop, S., Boers, F. & Rycker, A. (2010). *Fostering Language Teaching Efficiency through Cognitive Linguistics*. Berlin: Mouton de Gruyter.

Kobayashi, H. & Rinnert, C. (1992). Effectives of first language on second language writing: translation versus direct composition. *Language Learning*, 42(2): 183-215.

Kondo, T., Saeki, M., Hayashi, Y., Nakayashiki, K. & Takata, Y. (2015). Effect of instructive visual stimuli on neurofeedback training for motor imagery-based brain-computer interface. *Human Movement Science*, 43(10): 239-249.

Konopka, A. E. & Bock, K. (2009). Lexical or syntactic control of sentence formulation? Structural generalizations from idiom production. *Cognitive Psychology*, 58(1): 68-101.

Kopstein, F. & Roshal, S. M. (1954). Learning foreign vocabulary from pictures vs. words. *American Psychologist*, 9(1): 407-408.

Kosslyn, S. M. (1994). *Image and Brain: The resolution of the imagery debate*. Cambridge, MA: The MIT Press.

Kotz, S. A. & Elston-Güttler, K. (2004). The role of proficiency on processing categorical and associative information in the L2 as revealed by reaction times and event-related brain potentials. *Journal of Neurolinguistics*, 17(2): 215-235.

Kövecses, Z. (2001). A cognitive linguistic view of learning idioms in an FLT context. In M. Pütz, N. Niemeier & R. Dirven (Eds.), *Applied Cognitive Linguistics II: Language Pedagogy*. Berlin: Mouton de Gruyter, 87-115.

Kövecses, Z. (2010). *Metaphor: A Practical Introduction*. Oxford: Oxford University Press.

Kövecses, Z. & Szabó, P. (1996). Idiom: A view from cognitive semantics. *Applied Linguistics*, 17(3): 326-355.

Krashen, S. (1982). *Principles and Practices in Second Language Acquisition*. Oxford: Pergamon.

Krashen, S. (1985). *The Input Hypothesis: Issues and Implications*. Beverly Hills, CA: Laredo Publishing Company.

Kraskov, A., Numa, D., Quallo, M. M., Shepherd, S. & Lemon, R. N. (2009). Corticospinal neurons in macaque ventral premotor cortex with mirror properties: A potential mechanism for action suppression? *Neuron.* 64(6): 922-930.

Krinsky, R. & Krinsky, S. G. (1994). The peg-word mnemonic facilitates immediate but not long-term memory in fifth-grade children. *Contemporary Educational Psychology,* 19(2): 217-229.

Kristiansen, G., Achard, M., Dirven, R. & Ruiz de Mendoza Ibáñez, F. J. (Eds.), (2006). *Cognitive Linguistics: Current applications and future perspectives.* Berlin: Mouton de Gruyter.

Kubota, K. (1998). Ideologies of English in Japan. *World Englishes,* 117(3): 295-306.

Kurtyka, A. (2001). Teaching English phrasal verbs: A cognitive approach. In M. Pütz, S. Niemeier & R. Dirven (Eds.), *Applied Cognitive Linguistics II: Language pedagogy.* Berlin: Mouton de Gruyter, 29-54.

Labov, W. (1973). The boundaries of words and their meanings. In Bailey, C. J. N. & Shuy, R. W. (Eds.), *New Ways of Analyzing Variation in English.* Washington: Georgetown University Press, 340-373.

Labov, W. & Waletzky, J. (1967). Oral versions of personal experience. In Helm, J. (Ed.), *Essays on the Verbal and Visual Arts.* Seattle: University of Washington Press, 12-4. Reprinted in *Journal of Narrative and Life History,* 7(1):3-38, 1997.

Lakoff, G. (1987). *Women, Fire, and Dangerous Things: What categories reveal about the life of the mind.* Chicago: University of Chicago Press.

Lakoff, G. (1993). The contemporary theory of metaphor. In A. Ortony (Ed.), *Metaphor and Thought.* Cambridge: Cambridge University Press, 202-251.

Lakoff, G. (2004). *Don't Think of an Elephant! Know your values and frame the debate.* Hartford: Chelsea Green Publishing.

Lakoff, G. & Johnson, M. (1980). *Metaphors We Live by.* Chicago: University of Chicago Press.

Lakoff, G. & Núñez, R. E. (2000). *Where Mathematics Comes From: How the embodied mind brings mathematics into being.* New York: Basic Book.

Lakoff, G. & Turner, M. (1989). *More Than Cool Reason: A field guide to poetic metaphor.* Chicago: University of Chicago Press.

Lalleman, J. A., van Santen, A. J. & van Heuven, V. J. (1997). L2 processing of Dutch regular and irregular verbs. *Review of Applied Linguistics,* (115-116): 1-26.

Lamarre, C. (2005). The linguistic encoding of motion events in Chinese: With reference to cross-dialectal variation. In C. Lamarre & T. Ohori (Eds.), *COE ECS working paper,* 3-33.

Lambrecht, K. (1994). *Information Structure and Sentence Form: Topics, focus, and the mental representations of discourse referents.* Cambridge: Cambridge University Press.

Langacker, R. W. (1976). Semantic representations and the linguistic relativity hypothesis.

Foundations of Language, 14(3): 307-357.

Langacker, R. W. (1982). Space grammar, analysability, and the English passive. *Language*, 58(1): 22-80.

Langacker, R. W. (1987). *Foundations of Cognitive Grammar. Volume 1: Theoretical prerequisites*. Stanford: Stanford University Press.

Langacker, R. W. (1991a). *Foundations of Cognitive Grammar. Volume 2: Descriptive application*. Stanford: Stanford University Press.

Langacker, R. W. (1991b). *Concept, Image and Symbol*: *The Cognitive Basis of Grammar*. Berlin: Mouton de Grurter.

Langacker, R. (1999). *Grammar and Conceptualization*. Berlin: De Gruyter Mouton

Langacker, R. W. (2004). Remarks on nominal grounding. *Functions of Language*, 11(1): 77-113.

Langacker, R. W. (2008). *Cognitive Grammar: A basic introduction*. Oxford: Oxford University Press.

Larranaga, P., Treffers-Daller, J., Tidball, F. & Omega, M. C. G. (2012). L1 transfer in the acquisition of manner and path in Spanish by native speakers of English. *International Journal of Bilingualism*, 16(1): 1-22.

Larsen-Freeman, D. & Cameron, L. (2008). *Complex Systems and Applied Linguistics*. Oxford: Oxford University Press.

Larson, R. (1988). On the double object construction. *Linguistics Inquiry*, 19(3): 335-391.

Larson, R. (1990). Double objects revisited: Reply to Jackendoff. *Linguistics Inquiry*, 21(4): 589-632.

Lattcy, E. (1986). Pragmatic classification of idioms as an aid for the language learner. *IRAL*, 24(3): 217-233.

Laufer, B. (1992). How much lexis is necessary for reading comprehension? In P. J. L. Arnaud & H. Bejoing (Eds.), *Vocabulary and Applied Linguistics*. London: Macmillan, 129-132.

Laufer, B. (1998). The development of passive and active vocabulary in second language: Same or different? *Applied Linguistics*, 19(2): 255-271.

Laufer, B. & Eliasson, S. (1993). What Causes Avoidance in L2 Learning. *Studies in Second Language Acquisition*, 15(1): 35-48.

Laufer, B. & Paribakht, T.S. (1998). The relationship between passive and active vocabularies: effects of language learning context. *Language Learning*, 48(3): 365-391.

Laws, K. R. & Hunter, M. Z. (2006). The impact of colour, spatial resolution, and presentation speed on category naming. *Brain and Cognition*. 62(2): 89-97.

Lay, N. (1988). The comforts of the first language in learning to write. *Kaleidoscope*, 4(1): 15-18.

Lazar, G. (1996). Using figurative language to expend students' vocabulary. *ELT Journal,* 50(1):

43-51.

Lbarretxe-Antunano, I. (2004a). Linguistic typologies in our language use: The case of Basque motion events in adult oral narratives. *Cognitive Linguistics*, *5*(3): 317-349.

Lbarretxe-Antunano, I. (2004b). Motion events in Basque narratives. In Strömqvist, S. & Verhoeven, L. (Eds.), *Relating Events in Narrative: Typological and contextual perspectives*, Mahwah, NJ: Lawrence Erlbaum, 89-111.

Lee, P. (1996). *The Whorf Theory Complex: A critical reconstruction.* Amsterdam: John Benjamins.

Lemmens, M. (2005). Motion and location: toward a cognitive typology. In G. Guard-Gillet (Ed.), *Gefievieve Parcours linguistiques: Domaine anglais*. CIEREC Travaux, 223-244.

Lennon, P. (1996). Getting 'easy' verbs wrong at the advanced level. *IRAL,* 34(1): 23-36.

Levelt, W. J. M. (1996). Perspective taking and ellipsis in spatial descriptions. In P. Bloom, M. A. Peterson, L. Nadel & M. F. Garrett (Eds.), *Language and Space,* Cambridge, MA: The MIT Press, 77-107.

Levinson, S. C. (2003). *Space in Language and Cognition: Explorations in cognitive diversity*. Cambridge: Cambridge University Press.

Li, C. N. & Thompson, S. A. (1989). *Mandarin Chinese: A Functional Reference Grammar*. Berkeley, CA: University of California Press.

Li., P., Zhang, F., Yu, A. & Zhao, X. (2020). Language History Questionnaire (LHQ3): An enhanced tool for assessing multilingual experience. *Bilingualism: Language and Cognition*, 23(5): 938-944.

Li, F. X. (1993). *A Diachronic Study of V-V Compound in Chinese.* Unpublished PhD dissertation. Buffalo: State University of New York at Buffalo.

Li, F. X. (1997). Cross-linguistic lexicalization patterns: diachronic evidence from verb-complement compounds in Chinese. *Sprachtypologie und Universalienforschung*. 50(3): 229-250.

Liang, J. (2002). *How do Chinese EFL learners construction sentence meaning: Verb-centered or construction-based?* MA thesis, Guangzhou: Guangdong University of Foreign Studies.

Liao, Y. D. & Fukuya, Y. J. (2004). Avoidance of phrasal verbs: The case of Chinese learners of English. *Language Learning*, 4(2): 193-226.

Libben, M. R. & Titone, D. A. (2008). The multidetermined nature of idiom processing. *Memory & Cognition*, 36(6): 1103-1121.

Lindstromberg, S. (2004). 'Memory poster circles' and 'Physical action vocabulary and metaphor'. In S. Lindstromberg (Ed.), *Language Activities for Teenagers*. Cambridge: Cambridge University Press, 156-160.

Lindstromberg, S. (2010). *English Prepositions Explained.* Amsterdam: John Benjamins

Publishing.

Lindestromberg, S. & Boers, F. (2005). From movement to metaphor with manner-of-movement verbs. *Applied Linguistics*, 26(2): 241-261.

Litontas, J. (2002). Context and idiom understanding in second languages. *EURDSLA Yearbook*, 2:155-185.

Littlemore, J. (2002). Developing metaphor interpretation strategies for students of economics: A case study, Les Cahiers de l' *APLIUT*, 22(4): 40-60.

Littlemore, J. (2004). What kind of training is required to help language students use metaphor-based strategies to work out the meaning of new vocabulary?, *D.E.L.T.A.*, 20(2): 265-279.

Littlemore, J. (2009). *Applying Cognitive Linguistics to Second Language Learning and Teaching*. London: Palgrave Macmillan.

Littlemore, J. & Juchem-Grundmann, C. (2010). *Applied Cognitive Linguistics in Second Language Learning and Teaching (AILA Review, Volume 23)*. Amsterdam: John Benjamins Publishing Company.

Littlemore, J. & Low, G. (2006a). *Figurative Thinking and Foreign Language Learning*. New York: Palgrave McMillan.

Littlemore, J. & Low, G. (2006b). Metaphoric competence, second language learning, and communicative language ability. *Applied Linguistics*, 27(2): 268-294.

Littlemore, J. & MacArthur, F. (2007). What do learners need to know about the figurative extensions of target language words? A contrastive corpus-based analysis of *thread*, *hilar*, *wing* and *aletear*. In I. Navarro i Fernando, J.L. Otal Campo and A.J. Silvestre López (Eds.), *Metaphor and Discourse, a Special Edition of Culture, Language and Representation*: *Cultural Studies Journal of Universitat Jaume*, I (5): 131-150.

Liu, D. & Tsai, T. (2021). Cognitive linguistics and language pedagogy. In Wen, X. & Taylor, J. R. (Eds.), *The Routledge Handbook of Cognitive Linguistics*. New York: Routledge, 543-555.

Liu, J. (2004). Effects of comic strips on L2 learners' reading comprehension. *TESOL Quarterly*, 38(2): 225-243.

Labov, W. & Waletzky, J. (1967). Narrative analysis: oral versions of personal experience. In Helm, J. (Ed.), *Essays on Verbal and Visual Arts*. Seattle: University of Washington Press, 12-44.

Lönneker-Rodman, B. (2008). The Hamburg Metaphor Database Project: Issues in resource creation. *Language Resources & Evaluation*, 42(3): 293-318.

Low, G. (1998). On teaching metaphor. *Applied Linguistics*, 9(2): 125-147.

Lowie, W. & Verspoor, M. (2004). Input Versus Transfer?—The role of frequency and similarity in the acquisition of L2 prepositions. In Achard, M. and Niemeier, S. (Eds.), *Cognitive Linguistics, Second Language Acquisition and Foreign Language Teaching*. Berlin: De

Gruyter Mouton, 77-94.

Lu, Z. & Sun, J. (2017). Presenting English polysemous phrasal verbs with two metaphor-based cognitive methods to Chinese EFL learners. *System*, 69:153-161.

Lucy, J. A. (1992a). *Language Diversity and Thought: A reformulation of the Linguistic Relativity Hypothesis*. Cambridge: Cambridge University Press.

Lucy, J. A. (1992b). *Grammatical Categories and Cognition: A case study of the Linguistic Relativity Hypothesis*. Cambridge: Cambridge University Press.

Lucy, J. A. & Gaskins, S. (2001). Grammatical categories and the development of classification preferences: A comparative approach. In M. Bowerman & S. C. Levinson (Eds.), *Language Acquisition and Conceptual Development*. Cambridge: Cambridge Unicersity Press, 257-283.

Luk, Z. P. 2012. Motion events in Japanese and English: Does learning a second language change the way you view the world? In L. Filipović & K. M. Jaszczolt (Eds.), *Space and Time in Languages and Cultures, Volume 1: Linguistic diversity*, Amsterdam: John Benjamins, 205-232.

Lum, J. A. G., Conti-Ramsden, G., Page, D. & Ullman, M.T. (2012). Working, declarative and procedural memory in specific language impairment. *Cortex*, 48(9): 1138-1154.

Luo, H. (2021). Cognitive linguistics and second language acquisition. in Wen, X. & Taylor, J. R. (Eds.), *The Routledge Handbook of Cognitive Linguistics*, New York: Routledge, 556-567.

Lyons, J. (1968). *Introduction to Theoretical Linguistics*. Cambridge: Cambridge University Press.

Lyons, J. (1977). *Semantics*. Cambridge: Cambridge University Press.

MacDonald, M. C., Pearlmutter, N. J. & Seidenberg, M. S. (1994). Lexical nature of syntactic ambiguity resolution. *Psychological Review*, 101(4): 676-703.

MacWhinney, B. (1995). *The CHILDES Project: Tools for analyzing talk*. Hillsdale, NJ: Lawrence Erlbaum.

Magogwe, J. M. & Oliver, R. (2007). The relationship between language learning strategies, proficiency, age and self-efficacy beliefs: A study of language learners in Botswana. *System*, 35(3): 338-352.

Mahadevan, S. & Cornell, J. (1992). Automatic programming of behaviour-based robots using reinforcement learning. *Artificial Intelligence*, 55(1): 311-365.

Mahpeykar, N. 2008. *An Analysis of Native and Non-Native Speakers' Use of The Word Out In MICASE*. Unpublished MA dissertation, University of Birmingham.

Mahpeykar, N. & Tyler, A. (2015). A principled cognitive linguistics account of English phrasal verbs with *up* and *out*. *Language and Cognition*, 7(1): 1-35.

Majid, A., Bowerman, M., Kita, S., Haun, D. B. M. & Levinson, S. C. (2004). Can language restructure cognition? The case for space. *Trends in Cognitive Sciences*, 8(3): 108-114.

Mäntylä, K. (2004). Idioms and language users: the effect of the characteristics of idioms on their recognition and interpretation by native and non-native speakers of English. PhD Dissertation, Jyväskylä: University of Jyväskylä.

Manzanares, J. V. & López, A. M. R. (2008). What can language learners tell us about constructions? In S. De Knop & R. De Rycker (Eds.), *Cognitive Approaches to Pedagogical Grammar,* Berlin: Mouton de Gruyter, 198-230.

Maratsos, M. P. & Anbramovitch, R. (1975). How children understand full, truncated, and anomalous passives. *Journal of Verbal Learning and Verbal Behaviou*r, 14(2): 145-157.

Marcus, G.F., Brinkmann, U., Clahsen, H., Wiese, R. & Pinker, S. (1995). German inflection: The exception that proves the rule. *Cognitive Psychology*, 29(3): 198-256.

Marinis, T., Roberts, L., Felser, C. & Clahsen, H. (2005). Gaps in second language sentence processing. *Studies in Second Language Acquisition*, 27(1): 53-78.

Marks, L. E. (1996). On perceptual metaphors. *Metaphor and Symbolic Activity*, 11(1): 39-66.

Markus, C., Creiras, M. & Jacobs, A. M. (2008). Contrasting effects of token and type syllable frequency in lexical decision. *Language and Cognitive Processes*, 23(2): 296-326.

Marotta, G., Meini, L. (2012), Spatial Prepositions in Italian L2: Universal and language-specific features. In L. Filipovis & K. Jaszczolt (Eds.), *Space and Time in Language and Culture. Vol. I: Linguistic Diversity,* Amsterdam/Philadelphia: John Benjamins, 289-323.

Marshall, C., Marinis, T. & Van der Lely, H. (2007). Passive verb morphology: The effect of phonotactics on passive comprehension in typically developing and Grammatical-SLI children. *Lingua*, 117(8): 1434-1447.

Martinez, F. (2003). *Exploring Figurative Language Proficiency in Bilinguals: The Metaphor Interference Effect.* Texas: The Office of Graduate Studies of Texas A & M University.

Marzban, A. & Jalali, F. (2016). The interrelationship among L1 writing skills, L2 writing skills, and L2 proficiency of Iranian EFL learners at different proficiency levels. *Theory and Practice in Language Studies*. 6(7): 1364-1371.

Matlock, T. & Heredia, R. R. (2002). Understanding phrasal verbs in monolinguals and bilinguals. in R. R. Heredia & J. Altarriba (Eds.), *Bilingual Sentence Processing. Advances in psychology*, 134: 251-274.

Matsumoto, Y. (2003). Typologies of lexicalization patterns and event integration: clarifications and reformulations. In M. Kajita & C. Chiba (Eds.), *Empirical and Theoretical Investigations into Language: A Festschrift for Masar u Kajita.* Tokyo: Kaitakusha, 403-418.

Matula, S. (2007). Incorporating a cognitive linguistic presentation of the prepositions *on*, *in*, and *at* in ESL instruction: A quasi-experimental study. Unpublished PhD dissertation, Washington D.C.: Georgetown University.

Masaeed, K.A. (2016). Judicious use of L1 in L2 Arabic speaking practice sessions. *Foreign Language Annals,* 49(1): 716-728.

Mayer, M. (1969). *Frog, Where Are You?* New York: Dial Press.

Mayer, R. E. (1987). Instructional variables that influence cognitive processes during reading. In B. K. Britton & S. M. Glynn (Eds.), *Executive Control Processes in Reading*. Lawrence Erlbaum Associates, Inc., 201-216.

Mayer, R. E. & Anderson, R. B. (1991). Animations need narrations: An experimental test of a dual-coding hypothesis. *Journal of Educational Psychology*, 83(4): 484-490.

Mazuka, R. & S. R. Friedman. (2000). Linguistic relativity in Japanese and English: Is language the primary determinant in object classification? *Journal of East Asian Linguistics*, 9(4): 353-377.

McCarthy, M. (1990). *Vocabulary*. Oxford: Oxford University Press.

McClelland, J. L. (1987). The case for connectionism in language processing. In M. Coltheart (Ed.), *Attention and Performance: Vol XII. The Psychology of Reading*. Hillsdale, NJ: Erlbaum, 3-36.

McNeill, D. (1992). *Hand and Mind*. Chicago: The University of Chicago Press.

McNeill, D. (2005). *Gesture and Thought*. Chicago: The University of Chicago Press.

McNeill, D. & Duncan, S. D. (2000). Growth points in thinking-for-speaking. In D. McNeillm (Ed.), *Language and Gesture*. Cambridge: Cambridge University Press, 141-161.

Meara, P. (2002). The rediscovery of vocabulary. *Second Language Research*, 18(4): 393-407.

Merleau-Ponty, M. (2005). *Phenomenology of Perception*. Translated by Colin Smith, New York: Taylor & Francis Group.

Meunier, F. & Segui, J. (1999a). Frequency effects in auditory word recognition: The case of suffixed words. *Journal of Memory and Language*, 41(3): 327-344.

Meunier, F. & Segui, J. (1999b). Morphological priming effect: The role of surface frequency. *Brain and Language*, 68(1-2): 54-60.

Michael, W. E. & Mark. T. K. (2000). *Cognitive Psychology: A Student's Handbook*. United Kingdom: Psychology Press.

Michael, H. (2003). *Patterns of Lexis in Text*. Qxford: Qxford University Press.

Minsky, M. (1975). A framework for representing knowledge. In P. Winston (Ed.), *The Psychology of Computer Vision*. New York: McGraw-Hill, 211-277.

Moore, R. (2019). Utterances without force. *Grazer Philosophische Studien*, 96(3), 342-358.

Morgan, P. S. (1997). Figure out: Metaphor and the semantics of the English verb-particle construction. *Cognitive Linguistics*, 8(4): 327-357.

Morgan-Short, K., Finger, I., Grey, S. & Ullman, M. T. (2010). Second language acquisition of gender agreement in explicit and implicit training conditions: An event-related potential study. *Language Learning*, 60(1): 154-193.

Morgan-Short, K., Finger, I., Grey, S. & Ullman, M. T. (2012). Second language processing shows increased native-like neural responses after months of no exposure. *PloS ONE*, 7(3): e32974.

Morimoto, S. & Loewen, S. (2007). A comparison of the effects of image-schema-based instruction and translation-based instruction on the acquisition of L2 polysemous words. *Language Teaching Research*, 11(3): 347-372.

Morton, J. (1979). *Facilitation in Word Recognition: Experiments causing change in the Logogens Model*. New York: Plenum Press.

Munnich, E. & Landau B. (2003). The effects of spatial language on spatial representation: Setting some boundaries. In D. Gentner & S. Goldin-Meadow (Eds.), *Language in Mind: Advances in the study of language and thought*. Cambridge, MA: MIT Press, 112-155.

Nagy, W. E. & Herman, P. A. (1985). Incidental vs. instructional approaches to increasing reading vocabulary. *Educational Perspectives*, 23(1): 16-21.

Naigles, L. & Terrazs, P. (1998). Motion verb generalizations in English and Spanish: Influence of language and syntax. *Psychological Science*, 9(5): 363-369.

Nation, I. S. P. (1983). Testing and teaching vocabulary. *Guidelines*, 5(1): 12-25.

Nation, I. S. P. (1990). *Teaching and Learning Vocabulary*. New York: Newbury House.

Nation, I. S. P. (2006). How large a vocabulary is needed for reading and listening? *Canadian Modern Language Review*, 63(1): 59-82.

Navarro, S. & Nicoladis, E. (2005). Describing motion events in adult L2 Spanish narratives. In D. Eddington (Ed.), *Selected Proceedings of the 6th Conference on the Acquisition of Spanish and Portuguese as First and Second Languages*. Somerville, MA: Cascadilla Proceedings Project, 102-107.

Neagu, M. (2007). English verb particles and their acquisition: A cognitive approach. *RESLA*, 20(1): 121-138.

Neely, J. (1977). Semantic priming and retrieval from lexical memory: Roles of inhibitionless spreading activation and limited capacity attention. *Journal of Experimental Psychology: General*, 106(3): 226-254.

Negueruela, E., Lantolf, J. P., Jordan, S. R. & Gelabert, J. (2004). The "private function" of gesture in second language speaking activity: A study of motion verbs and gesturing in English and Spanish. *International Journal of Applied Linguistics*, 14(1): 113-147.

Nelson, E. (1992). Memory for metaphor by nonfluent bilinguals. *Journal of Psycholinguistic Research*, 21(2): 111-125.

Neubauer, K. & Clahsen, H. (2009). Decomposition of inflected words in a second language: An experimental study of German participles. *Studies in Second Language Acquisition*, 31(3): 403-435.

Neumann, G. & Ingo, P. (1995). Phrasal verbs in interlanguage: Implications for teaching. *Fremdsprachen Lehren Und Lernen*, 24(1): 93-105.

New, B., Brysbaert, M., Segui, J., Ferrand, L. & Rastle, K. (2004). The processing of singular and plural nouns in French and English. *Journal of Memory and Language*, 51(4): 568-585.

Newell. A. (1990). *Unified Theories of Cognition*. Cambridge, MA: Harvard University Press.

Newman, A. J., Ullman, M. T., Pancheva, R., Waligura, D. L. & Neville, H. J. (2007). An ERP study of regular and irregular English past tense inflection. *Neuroimage*, 34(1): 435-445.

Newman, A.J., Tremblay, A., Nichols, E. S., Neville, H. J. & Ullman, M. T. (2012). The influence of language proficiency on lexical-semantic processing in native and late learners of English: ERP evidence. *Journal of Cognitive Neuroscience*, 24(5): 1205-1223.

Niemeier, S. (2004). Linguistic and cultural relativity-reconsidered for the foreign language classroom. In S. Niemeier (Ed.), *Cognitive linguistics, Second Language Acquisition and Foreign Language Teaching*. Berlin/New York: Mouton De Gruyter, 95-118.

Nippold, M. A. (1991). Evaluating and enhancing idiom comprehension in language-disordered students. *Language, Speech, and Hearing Services in Schools*, 22(3): 100-106.

Nippold, M. A. & Fey, S. H. (1983). Metaphoric understanding in preadolescents having a history of language acquisition difficulties. *Speech and Hearing Services in Schools*, 14(1): 171-180.

Nippold, M. A. & Martin. S. T. (1989). Idiom interpretation in isolation versus context: A developmental study of children and adolescents. *Journal of Speech and Hearing Research*, 36(4): 728-737.

Nippold, M. A. & Rudzinski. M. R. (1993). Familiarity and transparency in idiom explanation: A developmental study of children and adolescents. *Journal of Speech and Hearing Research*, 36(4): 728-737.

Nordmann, E., Cleland, A. A. & Bull, R. (2013). Cat got your tongue? Using the tip-of-the tongue state to investigate fixed expressions. *Cognitive Science*, 37(8): 1553-1564.

Nordmann, E., Cleland, A. A. & Bull, R. (2014). Familiarity breeds dissent: Reliability analyses for British-English idioms on measures of familiarity, meaning, literality, and decomposability. *Acta Psychologica*, 149(3): 87-95.

Norris, J. M. & Ortega, L. (2001). Does type of instruction make a difference? Substantive findings from a meta-analytic review. *Language Learning,* 51(1): 157-213.

Nunberg, G. (1978). The Pragmatics of reference. Bloomington, In Indiana University Linguistics Club.

Oakley, T. (2004). Image schema. In D. Geeraerts & H. Cuyckens (Eds.), *The Handbook of Cognitive Linguistics*. Oxford: Oxford University Press, 214-235.

Ochsenbauer, A. & Hickmann, M.L. (2010). Children's verbalizations of motion events in German.

Cognitive Linguistics, 21(2): 217-238.

Odlin, T. (1989). *Language Transfer: Cross-linguistic influence in language learning*. Cambridge: Cambridge University Press, .

Odlin, T. (2005). Cross-linguistic influence and conceptual transfer: what are the concepts? *Annual Review of Applied Linguistics,* 25(1): 3-25.

Odlin, T. (2008). Conceptual transfer and meaning extensions. In P. Robinson & N. Ellis (Eds.), *Handbook of Cognitive Linguistics and Second Language Acquisition*. New York: Routledge, 306-340.

Oh K. J. (2003). Manner and path in motion event descriptions in English and Korean. In B. Beachley, A. Brown & F. Conlin (Eds.), *Proceedings of the 27th Annual Boston University Conference on Language Development*. Somerville, MA: Cascadilla Press, 580-590.

Oller, J. W. & Jr. (1972). Scoring methods and difficulty levels for cloze tests of proficiency in English as a second language. *The Modern Language Journal*, 56(3): 151-158.

Oller, J. W. & Jr. (1973). Cloze tests of second language proficiency and what they measure. *Language Learning*, 23(1): 105-118.

Olson, D. R. & Filby, N. (1972). On the comprehension of active and passive sentences. *Cognitive Psychology*, 3(3): 361-381.

Omega, S. A. N. (2007). The acquisition of motion event descriptions in L2 Spanish. Unpublished Doctoral Dissertation, University of Alberto.

Ortega, L. (2007). Meaningful L2 practice in foreign language classrooms: A cognitive-interactionist SLA perspective. In R. DeKeyser (Ed.), *Practice in a Second Language: Perspectives from applied linguistics and cognitive psychology*. Cambridge: Cambridge University Press, 180-207.

Ortega, L., Tyler, A. E., Park, H. I. & Uno, M. (2016). *The Usage-based Study of Language Learning and Multilingualism (Georgetown University Round Table on Languages and Linguistics series)*. Washington: Georgetown University Press.

Ortony, A., Sehallert, R., Reynolds, R. & Antos, S. (1978). Interpreting Metaphors and Idioms: Some effects of context on comprehension. *Journal of Verbal Learning and Verbal Behaviour*, 17(4): 465-477.

Ozcaliskan, S. & Slobin, D. I. (1999). Learning how to search for the frog: expression of manner of motion in English, Spanish, and Turkish. In A. Greenhill, H. Littlefield & C. Tano (Eds.), *Proceedings of the 23th Annual Boston University Conference on Language Development*. Somerville, MA: Cascadilla Press, 541-552.

Ozcaliskan, S. & Slobin, D. I. (2000a). Climb up vs. ascend climbing: lexicalization choices in expressing motion events with manner and path components. In S. Catherine-Howell, S. A.

Fish, & K. Lucas (Eds.), *Proceedings of the 24th Annual Boston University Conference on Language Development*. Somerville, MA: Cascadilla Press, 558-570.

Ozcaliskan, S.& Slobin, D. I. (2000b). Expression of manner of movement in monolingual and bilingual adult narratives: Turkish vs. English. In A. Goksel & C. Kerslake (Eds.), *Studies on Turkish and Turkic Languages*. Wiesbaden, Germany: Harrasowitz Verlag, 253-262.

Ozcaliskan, S. & Slobin, D. I. (2003). Codability effects of the expressions of Manner of Motion in Turkish and English. In E. E. Taylan & S. Ozsoy (Eds.), *Proceedings of the Tenth International Conference on Turkish Linguistics*, 259-270.

Ozyurek, A. & Özçaliskan, S. (2000). How do children learn to conflate manner and path in their speech and gestures? Differences in English and Turkish. In E. Clark (Ed.), *The proceedings of the Thirtieth Annual Child Language Research Forum*. Stanford: The Center for the Study of Language and Information, 77-86.

Paivio, A. (1969). *Mental imagery in associative learning and memory. Psychological Review.* 76(3): 241-263.

Paivio, A. (1971). *Imagery and Verbal Processes*. New York: Holt, Rinehart, and Winston.

Paivio, A. (1972). A theoretical analysis of the role of imagery in learning and memory. In P. W. Sheehan (Ed.), *The Function and Nature of Imagery*, New York: Academic Press, 253-279.

Paivio, A. (1978). Comparisons of mental clocks. *Journal of Experimental Psychology: Human Perception and Performance*, 4(1): 61-71.

Paivio, A. (1983). The empirical case for dual coding theory. In Yuille, J. C. (Ed.), *Imagery, Memory and Cognition: Essays in Honor of Allan Paivio*, Erlbaum, Hillsdale, New Jersey, 307-332.

Paivio, A. (1986). *Mental Representations*. Oxford: Oxford University Press.

Paivio, A. (1991). Dual coding theory: Retrospect and current status. *Canadian Journal of Psychology*, 45(3): 255-287.

Paivio, A. (2007). *Mind and its evolution: A dual coding theoretical approach*. Lawrence Erlbaum Associates Publishers.

Paivio, A. (2010). Dual coding theory and the mental lexicon. *The Mental Lexicon*, 5(2): 205-230.

Paivio, A. & Begg, I. (1981). *The Psychology of Language*. New York: Prentice-Hall.

Paivio. A. & Csapo. K. (1973). Picture superiority in free recall: Imagery or dual coding. *Cognitive Psychology*, 5(2): 176-206.

Paivio, A. & Desrochers, A. (1980). A dual-coding approach to bilingual memory. *Canadian Journal of Psychology*, 34(4): 388-399.

Paivio, A. & Lambert, W. E. (1981). Dual coding and bilingual memory. *Journal of Verbal*

Learning & Verbal Behavior, 20(5): 532-539.

Paivio, A. & Walsh, M. (1993). Psychological processes in metaphor comprehension. In A. Ortony (Ed.), *Metaphor and Thought* (2nd ed.). Cambridge: Cambridge University Press, 307-328.

Papagno, C. & Genoni, A. (2004). The role of syntactic competence in idiom comprehension: A study on aphasic patients. *Journal of Neurolinguistics*, 17(5): 371-382.

Papagno, C., Tabossi, P., Colombo, M. R. & Zampetti, P. (2004). Idiom comprehension in aphasic patients. *Brain and Language*, 89(1): 226-234.

Paradis, M. (1998). The other side of language: Pragmatic competence. *Journal of Neurolinguistics*, 11(1-2): 11-10.

Paterson, K. B., Liversedge, S. P., Rowland, C. & Filik, R. (2003). Children's comprehension of sentences with focus particles. *Cognition*, 89(3): 263-294.

Patrick, H. (1979). *Collins Dictionary of the English Language*. London: William Collins Son's & Co. Ltd.

Pavlenko, A. (2011). *Thinking and Speaking in Two Languages*. Toronto: Multilingual Matters.

Peyraube, A. (2006). On the history of some adverbs of scope and quantity in Chinese. In C. Anderl & H. Eifring (Eds.), *Studies in Chinese Language and Culture: Festchrift in Honor of Christoph Harbsmeier in the Occasion of his 60th birthday*. Oslo: Hermes Academic Publishing, 269-283.

Phillips, L. T. (2007). *Motion events in Spanish as a foreign language*. Unpublished MA thesis, University of Pittsburg.

Pinker, S. (1991). Rules of language. *Science*, 253(5019): 530-535.

Pinker, S. (1998). Words and Rules. *Lingua*, 106(1-4): 219-242

Pinker, S. (1999). *Words and Rules: The Ingredients of Language*. New York: Basic Books.

Pinker, S. & Prince, A. (1988). On language and connectionism: Analysis of a parallel distributed processing model of language acquisition. *Cognition*, 28(1-2): 73-193.

Pinker, S. & Prince, A. (1994). Regular and irregular morphology and the psychological status of rules of grammar. In S. D. Lima, R. L. Corrigan & G. K. Iverson (Eds.), *The Reality of Linguistic Rules*. Amsterdam: John Benjamin, 321-351.

Pinker, S. & Ullman, M. T. (2002). The past and future of the past tense. *Trends in Cognitive Sciences*, 6(11): 456-463.

Pinner, R. S. (2016), A rose by any other name: A contemporary assessment of the scope of linguistic relativity hypothesis. *English Literature and Language*, 53(1):13-28.

Pollard, C. & Sag, I. A. (1994). *Head-Driven Phrase Structure Grammar*. Chicago: The University of Chicago Press.

Popiel, S. J. & McRae, K. (1988). The figurative and literal sense of idioms, or all idioms are not used equally. *Journal of Psycholinguistic Research*, 17(6): 475-487.

Porto, M. D. & Pena, D. C. (2008). A cognitive approach to some phrasal verbs in English for specific purposes. *IBÉRICA*, 16(1): 109-128.

Pourcel, S. (2005). *Relativism in the Linguistic Representation and Cognitive Representation of Motion Events across Verb-framed and Satellite-framed Languages*. Unpublished Doctoral Dissertation, University of Durham, UK.

Powell, G. (1980). A Meta-analysis of the effects of "Imposed" and "Induced" imagery upon word recall. Paper presented at the Annual Meeting of the National Reading Conference, San Diego, CA.

Prado, E. & Ullman, M. T. (2009). Can imageability help us draw the line between storage and composition? *Journal of Experimental Psychology: Language, Memory, and Cognition*, 35(4): 849-866.

Prasada, S. & Pinker, S. (1993). Generalization of regular and irregular morphological patterns. *Language and Cognitive Processes*, 8(1): 1-56.

Prasada, S., Pinker, S. & Snyder, W. (1990). Some evidence that irregular forms are retrieved from memory but regular forms are rule-generated. Paper presented at the 31st Annual Meeting of the Psychonomic Society. New Orleans, LA.

Pressley. M. (1976). Mental imagery helps eight-year-olds remember what they read. *Journal of Educational Psychology*. 68(3): 355-359.

Pressley, M. (1977). Imagery and children's learning: Putting the picture in developmental psychology. *Review of Educational Research*, 47(4): 585-622.

Pütz, M. (2007). Cognitive linguistics and applied linguistics. In Geeraerts, D. & Cuyckens, H. (Eds.), *The Oxford Handbook of Cognitive Linguistics*, Oxford: Oxford University Press, 1139-1159.

Pütz, M., & Verspoor, M. H. (2000). *Explorations in Linguistic Relativity*. Amsterdam: John Benjamins.

Pütz, M., Niemeier, S. & Dirven, R. (2001a). *Applied Cognitive Linguistics* I: *Theory and Language Acquisition*. Berlin: Mouton De Gruyter.

Pütz, M., Niemeier, S. & Dirven, R. (2001b). *Applied Cognitive Linguistics* II: *Language Pedagogy*. Berlin: Mouton De Gruyter.

Qualls, C. D., Treaster, B., Blood, G. W. & Hammer, C. S. (2003). Lexicalization of idioms in urban fifth graders: A reaction time study. *Journal of Communication Disorders*, 36(4): 245-262.

Quine, W. (1969). *Ontological Relativity and Other Essays*. New York: Columbia University Press.

Quintilian, M. F. (1920). *Institutio Oratoria*, translated by H. E. Butler, New York: G. P. Putnam's Sons Publisher.

Quirk, R., Greenbaum, S., Leech, G. & Svartvik, J. (2008). *A Comprehensive Grammar of the English Language*. London: Longman.

Radden, G. & Driven, R. (2007). *Cognitive English Grammar*. Amsterdam: John Benjamins Publishing Company.

Raimes, A. (1985). What unskilled ESL students do as they write: A classroom study of composing. *TESOL Quarterly*, 19(2): 229-258.

Raimes, A. (1987). Language proficiency, writing ability, and composing strategies: A study of ESL college student writers. *Language Learning*, 37(3): 439-468.

Read. J. (1993). The development of a new measure of L2 vocabulary knowledge. *Language Testing*, 10(3): 355-371.

Read, J. (1997). Vocabulary and testing. In N. Schmitt & M. McCarthy. (Eds.), *Vocabulary: description, acquisition, and pedagogy*. Cambridge: Cambridge University Press, 303-320.

Richards, I. A. (1936). *The Philosophy of Rhetoric*. Oxford: Oxford University Press.

Reid, J. (1992). A computer text analysis of four cohesion devices in English discourse by native and nonnative writers. *Journal of Second Language Writing*, 1(2): 79-108.

Requejo, M. D. & Díaz, C. P. (2008). A cognitive approach to some phrasal verbs in English for Specific Purposes. *IBÉRICA*, 16(2): 109-128.

Rizzolatti, G., Fadiga, L., Gallese, V. & Fogassi, L. (1996). Premotor cortex and the recognition of motor actions. *Cognitive Brain Research*, 3(2):131-141.

Rizzolatti, G. & Sinigaglia, C. (2010). The functional role of the parieto-frontal mirror circuit: interpretations and misinterpretations. *Neuroscience*, 11(4): 264-274.

Roberson, D. & Davidoff, J. (2000). The categories perception of colors and facial expression: The effect of verbal interference. *Memory and Cognition*, 28(6): 977-986

Robinson, P. (2003). Attention and memory during SLA. In C. Doughty & M. H. Long (Eds.), *The Handbook of Second Language Acquisition*. Oxford: Blackwell, 631-678.

Robinson, P. (2001). *Cognition and Second Language Instruction*. Cambridge: Cambridge University Press.

Robinson, P. & Ellis, N. C. (2008). *Handbook of Cognitive Linguistics and Second Language Acquisition*. New York: Taylor and Francis.

Robinson, P. & Ellis, N. C. (2011). *Handbook of Cognitive Linguistics and Second Language Acquisition*. Z. Lu, & Z. W. Chen (trans.), Guangzhou: Yangcheng Evening News Press.

Roehr, K. (2008). Linguistic and metalinguistic categories in second language learning. *Cognitive Linguistics*, 19(1):67-106.

Rosa. E. V. M. (2005). Idioms, transparency and pragmatic inference. *UCL Working Papers in Linguistics*, 17: 389-425.

Rosch, E. (1972). The structure of the color space in naming and memory for two languages. *Cognitive Psychology*, 3(2):337-354.

Rosch, E. (1973). On the internal structure of perceptual and semantic categories. In T. E. Moore (Ed.), *Cognitive Development and The Acquisition of Language*. New York: Academic Press, 111-144.

Rosch, E. (1975). Cognitive representations of semantic categories. *Journal of Experimental Psychology: General*, 104(3): 192-233.

Rosch, E. (1978). Principles of categorization. In E. Rosch & L. B. Barbara (Eds.), *Cognition and Categorization*, Hillsdale, NJ: Lawrence Erlbaum, 27-48.

Rosch, E. & Mervis, C. B. (1975). Family resemblances: Studies in the internal structure of categories. *Cognitive Psychology*, 7(4): 573-605.

Rosch, E., Mervies, C. B., Wayne. D., Gray, D. M. & Johnson, D. B. (1976). Basic objects in natural categories. *Cognitive Psychology*, 8(3): 382-439.

Rosch, E. & Mervis, C. B. (1981). Categorization of natural objects. *Annual Review of Psychology*, 32(1): 89-115.

Rosch, E. & Barbara, L. (1978). *Cognition and Categorization*. Hillsdale: Lawrence Erlvaum Associates, Inc., Publishers.

Rudzka-Ostyn, B. (2003). *Word Power: Phrasal Verbs and Compounds: A cognitive approach*. Berlin: Mouton De Gruyter.

Rousseau, Jean-Jacques. (1978). *Emile*. trans. by Foxley, B., London: Dent and Sons.

Rumelhart, D. E. & McClelland, J. L. (1986). On learning the past tenses of English verbs. In J. L. McClelland, D. E. Rumelhart & the PDP research group. (Eds.), *Parallel Distributed Processing: Explorations in The Microstructure of Cognition. Vol. II.*, Cambridge, MA: MIT Press, 216-271.

Russell, B. (1923). Vagueness. *The Australasian Journal of Psychology and Philosophy*, 1(2): 84-92.

Sadoski, M. (2005). A dual coding view of vocabulary learning. *Reading & Writing Quarterly*, 21(3): 221-238.

Sadoski, M. & Paivio, A. (2001). *Imagery and Text: A dual coding theory of reading and writing*. Mahwah, NJ: Lawrence Erlbaum.

Sagarra, N. & Herschensohn, J. (2010). The role of proficiency and working memory in gender and number agreement processing in L1 and L2 Spanish. *Lingua*, 120(8): 2022-2039. .

Saltz. E. & Donnenwerth-Nolan, S. (1981). Does motoric imagery facilitate memory for sentences? A selective interference test. *Journal of Verbal Behavior and Verbal Learning*, 20(3): 322-332.

Sammer, S. A. (2013). EFL students' judgments of English idiom familiarity and transparency.

Journal of Language Teaching and Research, 4(4): 662-669.

Sandra, D. (1994). The morphology of the mental lexicon: Internal word structure viewed from a psycholinguistic perspective. *Language and Cognitive Processes*, 9(3): 227-269.

Sansome, R. (2000). Applying lexical research to the teaching of phrasal verbs. *International Review of Applied Linguistics*, 38(1): 59-70.

Sapir, E. (1929). The status of linguistics as a science. *Language*, 5(4): 207-214.

Sapir, E. (1994). *The Psychology of Culture: A course of lectures*. Berlin: Mouton de Gruyter.

Sasoski, M. Paivio, A. & Goetz, E. T. (1991). A critique of schema theory in reading and a dual coding alternative. *Reading Research Quarterly*, 26(4): 463-484.

Sasoski, M. & Paivio, A. (1994). A dual coding view of imagery and verbal processes in reading comprehension. In R.B-Ruddell, M. R. Ruddell, & H. Songer (Eds.), *Theoretical Models and Processes of Reading*. Newark, DE: International Reading Association, 75-88.

Sasoski, M. (1983). An exploratory study of the relationships between reported imagery and the comprehension and recall of a story. *Reading Research Quarterly*. 19(1): 110-123.

Sasoski, M. (1985). The natural use of imagery in story comprehension and recall: Replication and extension. *Reading Research Quarterly*, 20(5): 658-667.

Saville-Troike, M. (2006). *Introducing Second Language Acquisition*. Cambridge: Cambridge University Press.

Schachter, J. (1974). An error in error analysis. *Language Learning*, 24(2): 205-214.

Schmidt, R. W. (1990). The role of consciousness in second language learning. *Applied Linguistics*, 11(2): 129-158.

Schmidt, R. W. (2001). Attention. In P. Robinson (Ed.), *Cognition and Second Language Instruction*. Cambridge: Cambridge University Press, 3-32.

Schmidt. R. W. (1994). Deconstructing consciousness in search of useful definitions for applied linguistics. *AILA Review*, 1(1): 11-26.

Schmitt, N., Schmitt, D. & Caroline Clapham, C. (2001). Developing and exploring the behaviour of two new versions of the Vocabulary Levels Test. *Language Testing*, 18(1): 55-88.

Schweigert, W. A. (1986). The comprehension of familiar and less familiar idioms. *Journal of Psycholinguistic Research*, 15(1): 33-45.

Schweigert, W. A. (1991). The muddy waters of idiom comprehension. *Journal of Psycholinguistic Research*, 20(4): 305-314.

Searle, J. R. (1979). Metaphor. In A. Ortony (Ed.), *Metaphor and Thought*. Cambridge: Cambridge University Press, 92-123.

Seidenberg, M. S., Tanenhaus, M. K., Leiman, J. M. & Bienkowski, M. (1982). Automatic access of the meaning of ambiguous word in context: Some limitations to knowledge-based processing. *Cognitive Psychology*, 14(4): 489-537.

Seidenberg, M. S. & Joanisse, M. F. (1998). Evaluating behavioral and neuroimaging data on past tense processing. *Language*, 74(1): 104-122.

Serafini, E. J. & Sanz, C. (2016). Evidence for the decreasing impact of cognitive ability on second language development as proficiency increases. *Studies in Second Language Acquisition*, 38(4): 607-646.

Sereno, J. A. & Jongman, A. (1991/1997). Inflectional morphology in the mental lexicon. Paper presented at the Annual Meeting of the Linguistic Society of America, Chicago.

Sereno, J. A. & Jongman, A. (1992). The processing of inflectional morphology in English. Poster presented at the fifth annual CUNY Conference on Human Sentence Processing, New York.

Sereno, J. A. & Jongman, A. (1995). Acoustic correlates of grammatical class. *Language & Speech*, 38(1): 57-76.

Sereno, J. A. & Jongman, A. (1997). Processing of English inflectional morphology. *Memory and Cognition*, 25(4): 425-437.

Sereno, J. A., Slack, E. & Jongman, A. (1996). Hemispheric differences in grammatical class. Paper presented at the Annual Meeting of the Psychonomic Society, Chicago.

Sharp, D. L. M., Bransford, J. D., Goldman, S. R., Risko, V. J., Kinzer, C. K. & Vye, N. J. (1995). Dynamic visual support for story comprehension and mental model building by young, at-risk children. *Educational Technology Research and Development*, 43(4): 25-42.

Sharpen, R. (2016). L1 conceptual transfer in the acquisition of L2 motion events in Spanish and English: The Thinking-for-Speaking Hypothesis. *Open Linguistics*, 2(1): 235-252.

Shaw, S. D. & Weir, C. J. (2007). *Examining Writing: research and practice in assessing second language writing*. Cambridge: Cambridge University Press.

Shen, H. H. (2010). Imagery and verbal coding approaches in Chinese vocabulary instruction. *Language Teaching Research*, 14(4): 485-499.

Shepard, R. N. (1967). Recognition memory for words, sentences, and pictures. *Journal of Verbal Learning & Verbal Behavior*, 6(1), 156-163.

Shibitani, M. (1985). Passives and related constructions: A prototype analysis. *Language*, 61(4): 821-848.

Shortall, T. (2003). Corpus-driven grammar and the ELT syllabus. *The Language Teacher*, 27(7): 27-29.

Side, R. (1990). Phrasal verbs: Sorting them out. *English Language Teaching Journal*, 44(2): 144-152.

Siewierska, A. (1984). *The Passive: A comparative linguistic analysis*. Sydney: Croom Helm Ltd.

Silverman, R. & Hines, S. (2009). The effects of multimedia-enhanced instruction on the vocabulary of English-language learners and non-English-language learners in pre-kindergarten through second grade. *Journal of Educational Psychology*, 101(2): 305-314.

Simpson, G. B. (1981). Meaning dominance and semantic context in the processing of lexical ambiguity. *Journal of Verbal Learning and Verbal Behavior*, 20(1): 120-136.

Sjoholm, K. (1995). *The Influence of Crosslinguistic, Semantic, and Input Factors on the Acquisition of English Phrasal Verbs: A comparison between Finnish and Swedish learners at an intermediate and advanced level*. Abo: Abo Akademi University Press.

Skehan, R. (1998). *A Cognitive Approach to Language Learning*. Oxford: Oxford University Press.

Skoufaki, S. (2008). Conceptual metaphor meaning clues in two idiom presentation methods. In F. Boers & S. Lindstromberg (Eds.), *Cognitive Linguistic Approaches to Teaching Vocabulary and Phraseology*. Berlin: Mouton de Gruyter,101-132.

Slobin, D. I. (1966). Grammatical transformations and sentence comprehension in childhood and adulthood. *Journal of Verbal Learning and Verbal Behavior*, 5(3): 219-227.

Slobin, D. I. (1996a). From 'thought to language' to 'thinking to speaking'. In J. Gumperz & S. Levinson (Eds.), *Rethinhing Linguistic Relativity*. Cambridge: Cambridge University Press,70-96.

Slobin, D. I. (1996b). Two ways to travel: Verbs of motion in English and Spanish. In M. Shibatani & S. Thompson (Eds.), *Grammatical Constructions: Their form and meaning*. Oxford: Oxford University Press, 195-217.

Slobin, D. I. (1996c). *From Thought and Language to Thinking for Speaking: Rethinking Linguistic Relativity*. Cambridge : Cambridge University Press.

Slobin, D.I. (2000). Verbalized events: A dynamic approach to linguistic relativity and determinism. In S. Niemeier & R. Dirven (Eds.), *Evidence for Linguistic Relativity (Vol. 198)*, Amsterdam: John Benjamins, 107-138.

Slobin, D. I. (2003). *Language and Thought Online: Cognitive consequences of linguistic relativity*. In D. Gentner & S. G. Meadow (Eds.), *Language in Mind*. Cambridge, MA: MIT Press, 157-192.

Slobin, D. I. (2004). The many ways to search for a frog: linguistic typology and the expression of motion events. In S. Stromqvist & L. Verhoeven (Eds.), *Relating Events in Narrative, Vol. 2: typological and contextual perspectives*. Mahwah, NJ: Lawrence Erlbaum Associates, 219-257.

Slobin, D. I. (2006). What makes manner of motion salient? explorations in linguistic typology, discourse, and cognition. In M. Hickmann & S. Robert (Eds.), *Space in Languages: linguistic systems and cognitive categories*. Amsterdam: John Benjamins, 59-81.

Smith, B. D., Stahl, N. & Neil, J. (1987). The effect of imagery instruction on vocabulary development. *Journal of College Reading and Learning*, 20(1): 131-137.

Smith, B. D., Miller, C., Grossman, F. & Valeri-Gold, M. (1994). Vocabulary retention: Effects of using spatial imaging on hemispheric-preference thinkers. *Journal of Research and Development in Education*, 27(4): 244-252.

Smolka, E. & Dorre, L. (2013). Can you reach for the planet?—The processing of idioms in aphasic patients. *Social and Behavioral Sciences*, 94(1): 170-171.

Someren, M., Barnard, Y. F. & Sandberg, J. (1994). *The Think Aloud Method: A practical guide to modeling cognitive processes*. London: Academic Press.

Spivey, M. J., Tanenhaus, M. K., Eberhard, K. M. & Sedivy, J. C. (2002). Eye movements and spoken language comprehension: Effects of visual context on syntactic ambiguity resolution. *Cognitive Psychology*, 45(4): 447-481.

Sprenger, S. A., Levelt, W. J. M. & Kempen, G. (2006). Lexical access during the production of idiomatic phrases. *Journal of Memory and Language*, 54(2): 161-184.

Stam, G. (2006). Thinking for speaking about motion: L1 and L2 speech and gesture. *International Review of Applied Linguistics*, 44(2): 143-169.

Steels, L. (2011). Introducing Fluid Construction Grammar. In Steels, L. (Ed.), *Design Patterns in Fluid Construction Grammar*. Amsterdam: John Benjamins Publishing Company, 3-30.

Steffensen, M. S., Goetz, E. T. & Cheng, X. (1999). The images and emotions of bilingual Chinese readers: A dual coding analysis. *Reading Psychology,* 20(4): 301-324.

Steingart, S. K. & M. D. Glock. (1979). Imagery and the recall of connected discourse. *Reading Research Quarterly*, 15(1): 66-83.

Stemberger, J. P. & MacWhinney, B. (1986). Frequency and the lexical storage of regularly inflected forms. *Memory and Cognition*, 14(1): 17-26.

Stephen, W. & Sandra, V. (2014). Hemispheric processing of idioms: The influence of familiarity and ambiguity. *Journal of Neuolinguistics*, 28(1): 1-18.

Stern, H. H. (1983). *Fundamental Concepts of Language Teaching*. Oxford: Oxford University Press.

Stockall, L. & Marantz, A. (2006). A single route, full decomposition model of morphological complexity: MEG evidence. *The Mental Lexicon*, 1(1): 85-123.

Strömqvist, S. & Verhoeven, L. (Eds.) (2004). *Relating Events in Narrative. vol. 2: Typological and contextual perspectives*. Mahwah, NJ: Lawrence Erlbaum Associates.

Stross, B. M.（1973）. Acquisition of botanical terminology by Tzeltal children. In Edmonson, M. S. (Ed.), *Meaning in Mayan Languages*, New York: Mouton de Gruyter, 107-141.

Sudhalter, V. & Braine, M. (1985). How does comprehension of passive develop? A comparison of actional and experiential verbs. *Journals of Child Language*, 12(2): 455-470.

Sung, M. C. & Yang, H. K. (2016). Effects of construction-centered instruction on Korean students' learning of English transitive resultative constructions. in De Knop, S. & Gilquin, G. (Eds.), *Applied Construction Grammar*. Berlin: Mouton De Gruyter, 89-114.

Swarts, H., Flower, L. & Hayes, J. R. (1984). Designing protocol studies of the writing process: An introduction. In R. Beach & L. Bridwell (Eds.), *New Directions in Composition Research*, New York: Guilford, 53-71.

Sweetser, E. (1990). *From Etymology to Pragmatics: Metaphorical and cultural aspects of semantic structure*. Cambridge: Cambridge University Press.

Swinney, D. (1979). Lexical access during sentence comprehension (re)consideration of context effects. *Journal of Verbal Learning and Verbal Behavior*, 18(6): 645-660.

Swinney, D. & Cutler. A. (1979). The access and processing of idiomatic expressions. *Journal of Verbal Learning and Verbal Behavior*, 18(5): 523-534.

Swinney, D., Onifer, W., Peather, P. & Hirshkowitz, M. (1979). Semantic facilitation across sensory modalities in the processing of individual words and sentences. *Memory and Cognition*, 7(3): 159-165.

Tabossi, P. & Zardon, F. (1993). The activation of idiomatic meaning in spoken language comprehension. In C. Cacciari & P. Tabossi (Eds.), *Idioms: Processing, structure, and interpretation*. Hillsdale, NJ: Lawrence Erlbaum, 145-161.

Tabossi, P., Arduino, L. & Fanari, R. (2011). Descriptive norms for 245 Italian idiomatic expressions. *Behavior Research Methods*, 43(1): 110-123.

Taft, M. (1979). Recognition of affixed words and the word frequency effect. *Memory and Cognition*, 7(4): 263-272.

Taki, S. & Soghady, M. R. (2013). The role of L1 in L2 idiom comprehension. *Journal of Language Teaching and Research*, 4(4): 824-833.

Talmy, L. (1983). How languages structure space. In H. Pick & L. Acredolo (Eds.), *Spatial Orientation: theory, research, and application*. Boston, MA: Springer, 225-282.

Talmy, L. (1985). Lexicalization patterns: semantic structure in lexical form. In T. Shopen (Ed.), *Language Typology and Syntactic Description, Vol.3*. Cambridge: Cambridge University Press, 36-149.

Talmy, L. (1991). Path to Realization: a typology of event conflation. In Sutton L., Johnson, C. & Shields, R. (Eds.), *Proceedings of the Seventeenth Annual Meeting of the Berkeley Linguistics Society: General Session and Parasession on The Grammar of Event Structure*, 480-519.

Talmy, L. (2000a). *Toward a Cognitive Semantics, Vol.1: Concept structuring systems*. Cambridge, MA: MIT Press.

Talmy, L. (2000b). *Toward a Cognitive Semantics, Vol.2*: *Typology and process in concept structuring*. Cambridge, MA: MIT Press.

Talmy, L. (2009). Main verb properties and equipollent framing. In J. Guo, E. Lieven & N. Budwig (Eds.), *Crosslinguistic Approaches to the Psychology of Language*: *research in the tradition of Dan Isaac Slobin*. New York: Psychology Press, 389-402.

Taraban, R. & McCleland, J. L. (1988). Constituent attachment and thematic role assignment in sentence processing: Influences of context-based expectations. *Journal of Memory and Language*, 27(6): 597-632.

Tarone, E. (1982). Systematicity and attention in interlanguage. *Language Learning*, 32(1): 69-82.

Tarone, E. (1988). *Variation in Interlanguage*. London: Edward Arnold.

Taylor, J. R. (1993). Some pedagogical implications of cognitive linguistics. In Geiger, R. A. & Rudzka-Ostyn, B. (Eds.), *Conceptualizations and Mental Processing in Language*, Berlin: Mouton De Gruyter, 201-224.

Taylor, J. R. (2002) *Cognitive Grammar*. Oxford: Oxford University Press.

Taylor, J. R. (1995). *Linguistic Categorization: Prototypes in linguistic theory* (*2nd ed.*). Oxford: Clarendon Press.

Taylor, J. R. & Tetroe(2003) *Linguistic Categorization* (*3rd ed.*). Oxford: Oxford University Press.

Thibodeau, P. H. & Boroditsky, L. (2011). Metaphors we think with: the role of metaphor in reasoning. *PLoS ONE*, 6(2): 1-11.

Thoms, J., Liao, J. & Szustak, A. (2005). The use of L1 in an L2 on-line chat activity. *The Canadian Modern Language Review*, 62(1): 161-182.

Thornbury, S. (2003). *How to Teach Vocabulary*. Beijing: World Knowledge Publishing Corporation.

Titone D. A. & Connine, C. M. (1994a). Descriptive norms for 171 idiomatic expressions: Familiarity, compositionality, predictability, and literality. *Metaphor and Symbolic Activity*, 9(4): 247-270.

Titone, D. A. & Connine, C. M. (1994b). Comprehension of idiomatic expressions: Effects of predictability and literality. *Journal of Experimental Psychology: Learning, Memory, and Cognition*, 20(5): 1126-1138.

Titone, D. A. & Connine, C. M. (1999). On the compositional and non-compositional nature of idiomatic expressions. *Journal of Pragmatics*, 31(12): 1655-1674.

Titone, D. A., Holzman, P. S. & Levy, D. L. (2002). Idiom processing in schizophrenia: Literal implausibility saves the day for idiom priming. *Journal of Abnormal Psychology*, 111(2): 313-320.

Titone, D. A. & Libben, M. (2014). A time-dependent effect of decomposability, familiarity and literal plausibility on idiom priming. *The Mental Lexicon*, 9(3): 473-496.

Tomasello, M. (1998). The turn of constructions. *Journal of Child Language*, 25(1): 431-442.

Tomasello, M. (2003). *Constructing a Language: A usage-based theory of language acquisition*. Cambridge, MA: Harvard University Press.

Tony, P. B. (2014). Avoidance of English phrasal verbs: Investigating the effect of proficiency, learning context, task type, and verb type. *Asia Journal of English Language Teaching*, 24(1): 1-33.

Torreano, L. A., Cacciari, C. & Glucksberg, S. (2005). When dogs can fly: Level of abstraction as a cue to metaphorical use of verbs, *Metaphor and Symbol*, 20(4): 259-274.

Townsend, D. J. & Bever, T. G. (2001). *Sentence Comprehension: The integration of habits and rules*. Cambridge, MA: MIT Press.

Trebits, A. (2009). The most frequent phrasal verbs in English language EU documents: A corpus-based analysis and its implications. *System*, 37(3): 470-481.

Treffers-Daller, J. & Tidball, F. (2015). Can L2 learners learn new ways to conceptualise events? Evidence from motion event construal among English-speaking learners of French. In Guijarro-Fuentes, P., Schmitz, K. & Müller, N. (Eds.), *The Acquisition of French In Multilingual Contexts*. Bristol: Multilingual Matters, 145-184.

Turner, M. (1991). *Reading Minds: The study of English in the age of cognitive science*, Princeton, NJ: Princeton University Press.

Turner, M. (1996). *The Literary Mind*. Oxford University Press.

Turner M. & Fauconnier, G. (1995). Conceptual integration and formal expression. *Journal of Metaphor and Symbolic Activity*, 10(3): 183-204.

Tyler, A. (2008). Cognitive linguistics and second language instruction. In Robinson, P. & Ellis, N. C. (Eds.), *Handbook of Cognitive Linguistics and Second Language Acquisition*. New York: Routledge, 456-488.

Tyler, A. (2012). *Cognitive Linguistics and Second Language Learning: Theoretical basics and experimental evidence*. New York: Routledge.

Tyler, A. (2016). Usage-based approaches to language and language learning: An introduction to the special issue. *Language and Cognition*, 1(3):1-11.

Tyler, A. & Evans, V. (2004). Applying cognitive linguistics to pedagogical grammar: The case of *over*. In M. Achard & S. Niemeier (Eds.), *Cognitive Linguistics, Second Language Acquisition, and Foreign Language Teaching*. Berlin: Mouton De Gruyter, 257-280.

Tyler, A., Mueller, C. & Ho, V. (2011). Applying cognitive linguistics to learning the semantics of English *to*, *for* and *at*: An experimental investigation. *Vigo International Journal of Applied Linguistics*, 8(1): 181-205.

Tyler, A., Huang, L. & Jan, H. (2018). *What is Applied Cognitive Linguistics? Answers from current SLA research.* Berlin: Mouton de Gruyter.

Tyler, L. K. & Marslen-Wilson, W. D. (1977). The on-line effects of semantic context on syntactic processing. *Journal of Verbal Learning and Verbal Behavior*, 16(6): 683-692.

Underwood, G., Schmitt, N. & Galpin, A. (2004). The eyes have it: An eye-movement study into the processing of formulaic sequences. In N. Schmitt (Ed.), *Formulaic Sequences.* Amsterdam: John Benjamins, 153-172.

Ungerer, F. (2001). Basicness and conceptual hierarchies in foreign language learning: A corpus-based study. In D. Geeraerts, R. Dirven, J. R. Taylor & R. W. Langacker (Eds.), *Applied Cognitive Linguistics, II, Language Pedagogy*, Berlin: Mouton De Gruyter, 201-222.

Ungerer, F. & Schmid, H. J. (2008). *An Introduction to Cognitive Linguistics.* Beijing: Foreign Language Teaching and Research Press.

Utsumi, A. & Sakamoto, M. (2007). Predicative metaphors are understood as two-stage categorization: Computational evidence by latent semantic analysis. In *Proceedings of the 29th Annual Meeting of the Cognitive Science Society*, Nashville, Tennessee, 1575-1580.

Uzawa, K. & Cumming, A. (1989). Writing strategies in Japanese as a foreign language: Lowering or keeping up the standards. *Canadian Modern Language Review*, 46(1): 178-194.

Uzawa, K. (1996). Second language learners' process of L1 writing, L2 writing and translation from L1 and L2. *Journal of Second Language Writing*, 5(3): 271-294.

Van der Lely, H. K. (1996). Specifically language impaired and normally developing children: Verbal passive vs. adjectival passive sentence interpretation. *Lingua*, 98(4): 243-272.

Van der Lely, H. K. J. & Ullman, M. T. (2001). Past tense morphology in specially language impaired and normally developing children. *Language and Cognitive Processes*, 16(2/3): 177-217.

Van Dyke, J. A. & McElree, B. (2006). Retrieval interference in sentence comprehension. *Journal of Memory and Language*, 55(2): 157-166.

Vasiljevic, Z. (2011). Using conceptual metaphors and L1 definitions in teaching idioms to non-native speakers. *The Journal of Asia TEFL*, 8(3): 135-160.

Verspoor, M. & Lowie, W. (2003). Making sense of polysemous words. *Language Learning*, 53(3): 547-586.

Vidakovic, I. (2012). He walked up the pole with arms and legs: Typology in second language acquisition. In Filipovic, L. & K. M. Jaszczolt (Eds.), *Space and Time in Languages and Cultures, Volume 1: Linguistic Diversity.* Amsterdam: John Benjamins, 233-261.

Vigneswaran, G., Philipp, R., Lemon, R. N. & Kraskov, A. (2013). M1 corticospinal mirror neurons and their role in movement suppression during action observation. *Current Biology,*

23(3): 236-243.

Villavicencio, A. (2005). The availability of verb-particle constructions in lexical resources: How much is enough? *Computer Speech and Language*, 19(4): 415-432.

Virginia, G. (2020). Special issue on semantic representation and processing in bilinguals. *International Journal of Bilingualism*, 24(3): 457-463.

Waara, R. (2004). Construal, convention, and constructions in L2 speech. In Achard, M. & Niemeier S. (Eds.), *Cognitive Linguistics, Second Language Acquisition and Foreign Language Teaching*, Berlin; Mouton de Gruyter, 51-75.

Waibel, B. (2007). *Phrasal Verbs in Learner English: A corpus-based study of German and Italian students*. Unpublished PhD dissertation. Freiburg: Albert Ludwigs-Universität Freiburg.

Walenski, M., Mostofsky, S. H. & Ullman, M. T. (2007). Speeded processing of grammar and tool knowledge in Tourette's syndrome. *Neuropsychologia*, 45(11): 2447-2460.

Wang, L. L & Muller, S. (2013). Regularity and idiomaticity in Chinese separable verbs. In P. Y. Liu, & Q. Su (Eds.), *Chinese Lexical Semantics*. Revised selected paper at the 14th CLSW, Zhengzhou, China, 229-240.

Wang. A.Y. & Thomas. M. H. (1992). The effect of imagery-based mnemonic on the long-term retention of Chinese characters. *Language Learning*, 42(3): 359-376.

Wang, W. & Wen, Q. (2002). L1 use in the L2 composing process: An exploratory study of 16 Chinese EFL writers. *Journal of Second Language Writing*, 11(3): 225-246.

Wang, X. (2020). *Applying Cognitive Linguistics to Second Language Idiom Learning*. Unpublished PhD Dissertation. Wellington: Victoria University of Wellington.

Webber. N. E. (1978). Pictures and words as stimuli in learning foreign language responses. *The Journal of Psychology*, 98(1): 57-63.

Webster, M. (1979). *Webster's Third New International Dictionary*. Springfield, MA: Merriam Webster.

Wei, X., Zhang, L. J. & Zhang, W. (2020). Associations of L1-to-L2 rhetorical transfer with L2 writers' perception of L2 writing difficulty and L2 writing proficiency. *Journal of English for Academic Purposes*, 47(1):1-14.

Weiner, E. S. C. & Simpson, J. A. (1989). The *Oxford English Dictionary*. Oxford: Oxford University Press.

Weinreich, U. (1969). Problems in the analysis of idioms. In J. Puhvel (Ed.), *Substance and Structure of Language*. Las Angeles, CA: University of California Press, 23-81.

Wen, X. & Taylor, J. R. (2021).Cognitive Linguistics: Retrospect and prospect. in Wen, X. & Taylor, J. R (Eds.), *The Routledge Handbook of Cognitive Linguistics*. New York: Routledge, 1-15.

White, B. J. (2012). A conceptual approach to the instruction of phrasal verbs. *The Modern Language Journal*, 96(3): 419-438.

White, R. & Arndt, V. (1991). *Process Writing*. London: Longman.

Whitney, P., Mckay, T., Kellas, G. & Emerson, W. (1985). Semantic activation of noun concepts in context. *Journal of Experimental psychology: Learning, Memory, & Cognition*, 11(1): 126-135.

Whorf, B. L. (1940). Science and Linguistics, *MIT Technology Review*, 42(6):227-231, 247-248.

Whorf, B. L. (1956). *A Linguistic Consideration of Thinking in Primitive Community, Language, Thought and Reality—Selected Writings of Benjamin Whorf*. Cambridge: Cambridge University Press.

Whorf, B. L. (1956). *Language, Thought and Reality: Selected Writings of Benjamin Lee Whorf*. Cambridge, MA: The MIT Press.

Wiener, N. (1950). The Human Use of Human Beings: Cybernetics and society. Cambridge, MA: The Riverside Press.

Wilkins, D. (1972). *Linguistics in Language Teaching*. London: Edward Arnold.

William G., & Robert, B. K. (1996). *Theory and Practice of Writing: An Applied Linguistics Perspective*. London: Longman.

Wittgenstein, L. (1978). *Philosophical Investigations*. Oxford: Basil Blackwell.

Wong, F. L. (1976). *The Second Time Around: Cognitive and social strategies in second language acquisition*. Stanford, CA: Stanford University.

Wu, D. H., Morganti, A. & Chatterjee, A. (2008). Neural substrates of processing path and manner information of a moving event. *Neuropsychologia,* 46(2): 704-713.

Wulff, S. & Gries, St. T. (2011). Corpus-driven methods for assessing accuracy in learner production. In Robinson, P. (Ed.), *Second Language Task Complexity: researching the cognition hypothesis of language learning and performance*. Amsterdam: John Benjamins, 61-87.

Xin, J. F. & Rieth, H. (2001). Video-assisted vocabulary instruction for elementary school students with learning disabilities. *Information Technology in Childhood Education Annual*, 1(1): 7-103.

Yandell, M. D. & Zintz, M. V. (1961). Some difficulties Indian children encounter with idioms in reading. *The Reading Teacher*, 14(4): 256-259.

Yasuda, S. (2010). Learning phrasal verbs through conceptual metaphors: A case of Japanese EFL learners. *TESOL Quarterly*, 44(2): 250-273.

Yu, L. (1996). *The role of cross-linguistic lexical similarity in the use of motion verbs in English by Chinese and Japanese learners*. Unpublished PhD dissertation, Toronto: University of Toronto.

Yates, (1966). *The Art of Memory*. London: Routledge.

Yu, N. & Wang, B. P. Y. (2018). Cognitive linguistics approach to Chinese second language acquisition. In Chuanren Ke (Ed.), *The Routledge Handbook of Chinese Second Language Acquisition*. London: Routledge, 31-47.

Zamel, V. (1982). Writing: The process of discovering meaning. *TESOL Quarterly*, 16(2): 195-209.

Zamel, V. (1983). The composing processes of advanced ESL students: six case studies. *TESOL Quarterly*, 17(2): 165-187.

Zhang, M. (2018). Collaborative writing in the EFL classroom: The effects of L1 and L2 use. *System*, 76(4): 1-2.

Zhang, R. (2006). Symbolic flexibility and argument structure variation. *Linguistics: An Interdisciplinary Journal of the Language Sciences*, 44(4): 689-720.

Zhang, H., Yang, Y. M., Gu, J. X. & Ji, F. (2013). ERP correlates of compositionality in Chinese idiom comprehension. *Journal of Neurolinguistics*, 26(1): 89-112.

Zlatev, J. & Yangklang, P. (2004). A third way to travel: The place of Thai in motion event typology. In Strömqvist, S. & Verhoeven, L. (Eds.), *Relating Events in Narrative: Vol. 2., Typological and contextual perspectives*, Mahwah: Lawrence Erlbaum Associates, 159-190.

本书编写组.（2016）.《高校英语专业八级考试大纲》.上海：上海外语教育出版社.

蔡金亭.（2002）.英语过渡语中的动词屈折变化——对情状体优先假设的检验.外语教学与研究，34（2）：107-115.

蔡金亭.（2009）.对汉—英过渡语中假被动式的实证研究.外语教学，30（5）：50-53.

蔡金亭、朱立霞.（2010）.认知语言学角度的二语习得研究：观点、现状与展望.外语研究，119（1）：1-7.

常辉、郑丽娜.（2008）.二语动词规则形式与不规则形式的大脑表征研究.现代外语，31（4）：415-422.

陈海燕、汪立荣.（2013）.隐喻意识培养与大学英语词汇教学.解放军外国语学院学报，36（3）：57-62.

陈鸿标.（1998）.英语水平对中国英语学习者理解英语句法歧义句的制约作用.现代外语，80（2）：1-16.

陈庆荣、谭顶良、邓铸、徐晓东.（2010）.句法预测对句子理解影响的眼动实验.心理学报，42（6）：672-682.

陈士法、苗兴伟、方洁.（2007）.英汉双语心理词典中英语单词的存储单位——一项实验研究.外语教学与研究，39（1）：51-55.

陈万霞.（2002）.从中国学习者英语语料库看英语被动语态习得.外语教学与研究，34（3）：198-202.

陈晓湘、许银.（2009）.意象图式理论对多义介词On、Over、Above习得作用的实证研究.外语与外语教学，246（9）：18-23.

程杰.（2010）.英语短语动词的句法生成研究.解放军外国语学院报，33（5）：18-23+65.

成晓光.（2003）.双重代码理论与英文阅读.外语与外语教学，168（3）：15-18.

邓宝石、杨波.（2005）.国外语言相对论研究刍议.西南农业大学学报（社会科学版），3（4）：140-142.

董艳萍、梁君英.（2002）.走近构式语法.现代外语，25（2）：142-152.

董艳萍、梁君英.（2004）.构式在中国学生英语句子意义理解中的作用.外语教学与研究，36（1）：42-48.

段丹、田臻.（2022）.构式语法研究的创新发展与趋势（2001-2020）.现代外语，45（5）：721-731.

范琳，王庆华.（2002）.英语词汇学习中的分类组织策略实验研究.外语教学与研究，34（3）：209-212.

房定坚、禹昱.（2005）.浅论二语习得中的意象.同济大学学报（社会科学版），16（4）：100-103.

冯胜利.（2005）.轻动词移位与古今汉语的动宾关系.语言科学，4（1）：3-16.

高一虹.（2000）.沃尔夫假说的"言外行为"与"言后行为".外语教学与研究，32（3）：182-189.

高佑梅、张允.（2014）.认知语言学方法为基的中国英语课堂教学实证研究.中国应用语言学（Chinese Journal of Applied Linguistics），37（4）：451-482.

龚兵.（2012）.中国英语学习者隐喻识解能力实证研究.外国语言文学，113（3）：164-171.

龚玉苗.（2006）.隐喻意识与外语词汇教学.外语界，111（1）：40-45+76.

顾琦一、程秀苹.（2010）.中国英语学习者的花园路径句理解——与工作记忆容量和语言水平的相关研究.现代外语，33（3）：297-304.

桂诗春.（1988）.《应用语言学》.长沙：湖南教育出版社.

桂诗春.（1991）.《实验心理语言学纲要》.长沙：湖南教育出版社.

桂诗春.（1992a）.认知与外语学习.外语教学与研究，92（4）：2-9.

桂诗春.（1992b）.绪言.载桂诗春（主编），《中国学生英语学习心理》.长沙：湖南教育出版社，1-23.

桂诗春.（2000）.《新编心理语言学》.上海：上海外语教育出版社.

桂诗春.（2004）.我国外语教学的新思考.外国语，152（4）：2-9.

桂诗春.（2005）.外语教学的认知基础.外语教学与研究.37（4）：243-249.

桂诗春.（2010）.关于我国外语教学若干问题的思考.外语教学与研究，42（4）：275-281.

桂诗春、宁春岩.（1997）.《语言学方法论》.北京：外语教学与研究出版社.

国伟.（2013）.中国学习者英语短语动词回避倾向的实证研究.解放军外国语学院学报，36（4）：73-77.

郭纯洁、刘芳.（1997）.外语写作中母语影响的动态研究.现代外语，78（4）：30-38.

郭嘉、杨蕾、王爽、张丹．（2022）．母语迁移对二语写作复杂度的影响．当代外语研究，29（3）：140-148．

郭绍虞．（1979）．《汉语语法修辞新探》．北京：商务印书馆。

韩大伟．（2007）．“路径"含义的词汇化模式．东北师大学报（哲学社会科学版），227（3）：155-159．

何安平．（2004）．《语料库语言学与英语教学》．北京：外语教学与研究出版社．

何莲珍、王敏．（2003）．任务复杂度、任务难度及语言水平对中国学生语言表达准确度的影响．现代外语，26（2）：171-179．

何善芬．（2002）．《英汉语言对比研究》．上海：上海外语教育出版社．

何晓炜．（2008）．最简方案框架下的英汉双宾语结构生成研究．现代外语，31（1）：1-12．

胡学文．（2007）．中国学生英语双宾构式的习得——一项基于语料库的对比研究．外语研究，105（5）：48-53．

胡裕树．（1979）．《现代汉语》．上海：上海教育出版社．

胡竹安、余志红．（1981）．《语言类型地理学》简介．国外语言学，9（4）：58-67．

胡壮麟．（2020）．《认知隐喻学（第二版）》．北京：北京大学出版社．

黄昌静、邵志洪．（2006）．英汉双及物构式引申机制对比研究．外语教学，27（6）：19-23．

黄华新．（2020）．认知科学视域中隐喻的表达与理解．中国社会科学，293（5）：48-64．

黄洁．（2008）．语言习得研究的构式语法视角．四川外语学院学报，24（4）：84-89．

霍恩比．（2004）．《牛津高阶英汉双解词典（第六版）》（Oxford Advanced Learner's English-Chinese Dictionary）．北京：商务印书馆．

纪玉华、许其潮．（2003）．再议萨丕尔-沃尔夫假说——评国外跨文化交际学教科书对语言相对论的讨论．外国语言文学，78（4）：59-61．

纪云霞、林书武．（2002）．一种新的语言理论：构块式语法．外国语，141（5）：16-22．

姜晖．（2007）．双重代码理论及其对英语学习中记忆的作用．辽宁师范大学学报（社会科学版），30（6）：56-58．

姜孟．（2006）．英语专业学习者隐喻能力发展实证研究．国外外语教学，28（4）：27-34．

靳琰、张梅（2007）．双重代码理论在中学英语词汇教学中有效性的实证研究．甘肃高师学报，12（4）:94-96．

阚哲华．（2010）．汉语位移事件词汇化的语言类型探究．当代语言学，12（2）:126-135+190．

蓝纯．（2001）．认知语言学：背景与现状．外语研究，69（3）：14-20．

蓝纯．（2005）．《认知语言学与隐喻研究》．北京：外语教学与研究出版社．

雷蕾．（2011）．词汇强化条件和语言水平对词汇附带习得的影响研究．外语研究，125（1）：75-79．

黎金琼．（2008）．意象图式理论与英语短语动词教学的实证研究．硕士论文，长沙：湖南大学．

黎锦熙.（1992）.《新著国语文法》.北京：商务印书馆.

李福印.（2004）.《应用认知语言学：概念隐喻与意像图式在英语学习中的应用》.北京：中国文史出版社.

李福印.（2007）.意象图式理论.四川外语学院学报，23（1）：80-85.

李恒、曹宇.（2013）.中国高水平英语学习者运动事件的言语–手势表征.外语教学与研究，45（6）：886-896.

李佳、蔡金亭.（2008）.认知语言学角度的英语空间介词习得研究.现代外语，31（2）：185-193.

李绍山.（1999）.《语言研究中的统计学》.西安：西安交通大学出版社.

李淑静.（2001）.英汉语双及物结构式比较.外语与外语教学，146（6）：12-14+31.

李小华、王立非.（2010）.第二语言习得的构式语法视角：构式理论与启示.外语学刊，153（2）：107-111.

李雪.（2010）.英汉移动动词词汇化模式的对比研究——一项基于语料的调查.西安外国语大学学报，18（2）：39-42.

梁晓波.（2002）.认知语言学对英语词汇教学的启示.外语与外语教学，155（2）：35-39.

寮菲、刘煜.（2000）.语序与语义策略在第二语言简单句理解中的作用.外语教学，21（2）：22-26.

林崇德.（2006）.思维心理学研究的几点回顾.北京师范大学学报（社会科学版），197（5）：35-42.

林书武.（1997）.国外隐喻研究综述.外语教学与研究，109（1）：11-19.

林书武.（2002）.隐喻研究的基本现状、焦点及趋势.外国语，137（1）：38-45.

林艳.（2009）.构式义和动词义的互动与整合.河南社会科学，17（6）：157-159.

林正军.（2022）.基于体认语言观的中小学英语教学.课程·教材·教法，42（2）：95-101.

林正军、张宇.（2020）.基于体认语言观的外语教学探索.外语教学与研究，52（2）：261-272.

林正军、张存.（2021）.体认语言观阐发.外语教学，42（5）：1-6.

刘丹.（2006）.基于中国学习者语料库的非英语专业学习者短语动词使用失误分析.硕士论文.武汉：华中科技大学。

刘世理.（2006）.中国学生英语短语动词的认知误区及应对策略.西安外国语学院学报，14（3）：31-35.

刘昕、王维波.（2011）.构式语法：认知语言学的新视角.大连民族学院学报，13（4）：371-372+425.

刘艳、李金屏.（2011）.在介词教学中运用概念隐喻的可行性研究——以in为例.解放军外国语学院学报，34（2）：61-64+119.

刘正光.（2009）.认知语言学的语言习得观.外语教学与研究，41（1）：46-53.

刘正光.（2010）.认知语言学的语言观与外语教学的基本原则.外语研究，119（1）：8-14.

刘正光.（2011）.《构式语法研究》.上海：上海外语教育出版社.

刘正光、艾朝阳.（2016）.从认知语言学看外语教学的三个基本问题.现代外语，39（2）：257-266.

龙绍赟.（2008）.UP语义伸延的认知视角.四川外语学院学报，24（3）：79-83.

卢慧霞.（2012）.中国大学生"give"双宾语构式直接宾语受事习得研究——一项基于语料库的对比研究.浙江海洋学院学报（人文科学版），29（5）：74-79.

卢梭 著，李平沤 译（1978）《爱弥儿》（全两册）（汉译名著本），北京：商务印书馆.

卢植.（2003）.认知与外语多媒体教学设计.外语教学，24（4）：47-50.

卢植.（2003）.英语学习者对含有歧义性后缀的屈折词的形态加工.现代外语，26（3）：302-310.

卢植.（2006a）.《认知与语言——认知语言学引论》.上海：上海外语教育出版社.

卢植.（2006b）.语言相对论对当代认知语言学的影响.外语学刊，130（3）：32-37.

卢植.（2011）.《应用语言学》.广州：暨南大学出版社.

卢植、涂柳.（2010）.二语习得年龄与高熟练度中英文双语者心理词典表征.外国语，33（4）：47-56.

卢植、陈卓雯.（2011）.译者前言.载罗宾逊，埃利斯（著），卢植、陈卓雯（译），《认知语言学与二语习得手册》.广州：羊城晚报出版社，1-2.

卢植、丛迎旭.（2015）.认知语言学的新趋势：应用与实证——第四届全国认知语言学与二语习得研讨会综述.外国语，38（3）：109-111.

卢植、庞莉.（2019）.不同编码方式对英语学习者的动词隐喻理解效应.当代外语研究，26（4）：48-57+114.

陆俭明、吴海波.（2018）.构式语法理论研究中需要澄清的一些问题.外语研究，168（2）：1-5.

罗立胜、杨叶丹.（2008）.大学英语学习阶段的语言输入及语言理解研究.外语教学，29（1）：40-43.

罗思明、查如荣、董烈刚.（2011）.英语结果构式二语习得实证研究.淮南师范学院学报，13（2）：35-38.

罗思明、王文斌、王佳敏.（2018）.英汉时间词特质及其语言蕴含共性.外语教学与研究，50（5）：643-655.

罗廷亮.（1985）.《英语短语动词》.北京：外语教学与研究出版社.

吕叔湘.（1982）.《中国文法要略》.北京：商务印书馆.

吕叔湘、丁声树（主编）.（1983）.《现代汉语词典》（第三版）.北京：商务印书馆.

马利军、张积家、杜凯.（2013）.语义分解性在惯用语理解中的作用.心理学报，45（4）：391-405.

马庆株.（1981）.时量宾语和动词的类.中国语文，19（2）：86-90.

马庆株.（1992）.《汉语动词和动词性结构》.北京：北京语言学院出版社.

孟晓.（2018）.认知语言学理论在短语动词教学中的应用.博士论文，济南：山东大学.

缪小春、桑标.（1992）.量词肯定句和否定句的理解.心理学报，25（3）：232-239.

牛保义.（2011）.《构式语法理论研究》.上海：上海外语教育出版社.

彭聃龄、刘松林.（1993）.汉语句子理解中语义分析与句法分析的关系.心理学报，26（2）：132-139.

彭玉海.（2010）.试论动词隐喻映射.外语学刊，157（6）：37-40.

瞿云华、张建理.（2005）.英语多义系统习得实证研究.外语研究，90（2）.43-48.

邵伟国、朱申生.（1993）.从双重被动结构谈起——兼与《英语意念语法》作者商榷.解放军外语学院学报，60（1）：20-30.

佘贤君、王莉、刘伟、张必隐.（1998）.惯用语的理解：构造还是提取.心理科学，21（4）：346-349+370.

沈家煊.（2000）.句式和配价.中国语文，277（4）：291-297.

沈家煊.（2003）.现代汉语"动补结构"的类型学考察.世界汉语教学，65（3）：17-23.

沈育刚.（2002）.隐喻意识对英语短语动词习得的作用.国外外语教学，24（2）：15-19.

施春宏，（2021）.构式三观：构式语法的基本理念.东北师大学报（哲学社会科学版），312（4）：1-15.

史文磊.（2010）.《运动事件：跨语言词化模式考察》评介.外语教学与研究，42（6）：472-474.

束定芳.（2000a）.《隐喻学研究》.上海：上海外语教育出版社.

束定芳.（2000b）.论隐喻的基本类型及句法和语义特征.外国语，125（1）：20-28.

束定芳.（2013）.《认知语言学研究方法》.上海：上海外语教育出版社.

束定芳、汤本庆.（2002）.隐喻研究中的若干问题与研究课题.外语研究，72（2）：1-6.

束定芳、庄智象.（1996）.《现代外语教学——理论、实践与方法》.上海：上海外语教育出版社.

束定芳、田臻.（2021）.《认知语言学新发展研究》.北京：清华大学出版社.

束定芳、张立飞.（2021）.后"经典"认知语言学：社会转向和实证转向.现代外语，44（3）：420-429.

宋文辉，（2004）.再论现代汉语动结式的句法核心.现代外语，27（2）：163-172.

苏远连.（2017）.动词隐喻的多学科研究前沿.现代外语，40（5）：705-714.

苏远连、陈海燕.（2020）.中国二语学习者对英语动词隐喻理解加工的策略研究.外语教育研究，8（2）：36-44.

索天章.（1978）.现代美语中语法辞汇的一些变化.郑州大学学报（哲学社会科学版），10（2）：41-56.

汪榕培.（1997）.英语的短语动词.外语与外语教，100（4）：18-23.

王朝培.（2006）.英语短语动词语义构成的认知探索.西南民族大学学报（人文社科版），181（9）：219-223.

王初明.（2015）.构式和构式语境与第二语言学习.现代外语，38（3）：357-365.

王丹、杨玉芳.（2010）.论元结构的焦点和重音关系对话语理解的影响.心理科学，33（3）：526-529.

王立仁.（1993）.英语短语动词初析.外语教学，14（3）：46-51+63.

王文斌.（2004）.概念合成理论研究与应用的回顾与思考.外语研究，83（1）：6-12.

王文斌.（2007）.《隐喻的认知构建与解读》.上海：上海外语教育出版社.

王文斌、赵轶哲.（2021）.论超常规四字格成语与汉语强空间性表征的同质性.当代修辞学，223（1）：10-18.

王彦波.（2007）.《大学英语四级710分词汇进阶》.上海：华东理工大学出版社.

王寅.（2011）.《构式语法研究（下卷）：分析应用》.上海：上海外语教育出版社.

王寅、朱长河、狄梅.（2003）.第二届全国认知语言学讲习班与研讨会综述.外语教学与研究，35（2）：108-110.

王寅.（2007）.《认知语言学》.上海：上海外语教育出版社.

王志军、杨小茜.（2002）.以语料为基础的英汉被动句对比及其认知阐释.山东外语教学，90（5）：27-28+37.

魏大为.（2011）.英语学习者前缀派生词认知加工机制实验研究.兰州交通大学学报，30（5）：125-129.

魏梅.（2014）.概念教学对大学生英语短语动词学习的影响.解放军外国语学院学报，37（2）：25-32.

魏梅、王立非.（2012）.透明度与英语水平对大学生英语惯用短语学习的影响.解放军外国语学院学报，35（4）：51-55.

魏晓敏、刘正光、李晓芳.（2018）.应用认知语言学三十年.外语教学与研究，50（2）：230-240.

魏耀章.（2012）.认知能力和语言水平对中国英语专业学生隐喻理解的影响.外语界，148（1）：82-89.

魏志成.（2003）.《英汉语比较导论》.上海：上海外语教育出版社.

问芳莲、卢植.（2000）.歧义句理解过程中优先效应的实验研究.解放军外国语学院学报，23（2）：31-34.

文秋芳.（2013）.认知语言学对二语教学的贡献及其局限性.载文秋芳等著，《认知语言学与二语教学》，北京：外语教学与研究出版社，1-14.

文秋芳、郭纯洁.（1998）.母语思维与外语写作能力的关系：对高中生英语看图作文过程的研究.现代外语，82（4）：44-56.

文旭.(1999).国外认知语言学研究综观.外国语,119(1):34-40.
文旭.(2002).认知语言学的研究目标、原则和方法.外语教学与研究,34(2):90-97.
文旭.(2015).《语言的认知基础》.北京:科学出版社.
文旭、匡芳涛.(2016).英语词汇教学的范畴化研究.英语研究,(3)1:111-120.
巫玮.(2011).利用意象图式促进英语短语动词教学.考试周刊,13(4):136-137.
吴霞、王蔷.(1998).非英语专业本科学生词汇学习策略.外语教学与研究,113(1):53-57.
伍丽梅、莫雷、王瑞明.(2005).视角在时间语言理解中的影响.心理科学,28(4):1014-1019.
谢华.(2007).熟悉度、透明度和语境对英语学习者理解习语的影响.解放军外国语学院学报,30(5):59-64.
熊学亮.(2002).认知语言学和外语教学.国外外语教学,25(4):33-42.
熊学亮、王志军.(2002).被动句式的原型研究.外语研究,71(1):19-23.
熊学亮、王志军.(2003).被动句认知解读一二.外语教学与研究,35(3):195-199.
徐昉.(2021).我国二语写作研究的若干重点问题.外语教学与研究,53(4):571-581.
徐火辉.(1990).汉语儿童量化否定句理解的发展.心理科学通讯,13(4):13-18.
徐盛桓.(2001).试论英语双及物构块式.外语教学与研究,33(2):81-87.
徐盛桓.(2007).相邻关系视角下的双及物句再研究.外语教学与研究,39(4):253-260.
徐维华、张辉.(2010).构式语法与二语习得:现状、问题及启示.当代外语研究,17(11):23-29.
许子艳.(2013).英语运动事件表达习得与二语水平关系研究.中国外语,10(5):64-71.
亚里士多德(著),方书春(译).(1959).《范畴篇 解释篇》(汉译名著).北京:商务印书馆.
严嘉.(2008).双重编码理论对大学英语教学的启示——谈图示教学法在大学英语综合课课文讲解中的运用.曲靖师范学院学报,27(2):87-90.
严世清.(1995).隐喻理论史探.外国语,99(5):27-31.
严辰松.(2006).构式语法论要.解放军外国语学院学报,29(4):6-11.
杨朝春.(2005).语言相对论近期实证研究综述.外语教学与研究,37(6):411-418
杨朝春.(2009).汉英名词的数范畴差异及其认知影响.西安外国语大学学报,17(2):11-16.
杨静、王立新、彭聃龄.(2004).第二语言获得的年龄和熟练程度对双语表征的影响.当代语言学,6(4):321-327.
杨茗茗、文卫霞.(2012).小品词OUT在短语动词中的认知语义研究.牡丹江大学学报,21(12):68-71.
杨永林、门顺德.(2004).语言相对论与外语教学的跨文化比较研究.现代外语,27

（3）：294-301.

药盼盼、李妮、陈宝国.（2012）.词根频率对汉语母语者英语屈折词和派生词表征方式的影响.外语教学与研究，44（5）：694-705.

叶琳.（2012）.英汉习语理解模式及使用策略研究，博士论文，武汉：华中科技大学.

殷瑜.（2014）.动词隐喻的多模态视角.硕士论文，广州：暨南大学.

英汉双解版编译组.（2007）.《新牛津英汉双解大词典》（*The New Oxford English-Chinese Dictionary of English*）.上海：上海外语教育出版社.

俞琳、杨朝军.（2022）.融合与创新：大数据战略下构式语法研究的新进展.外文研究，10（02）：16-21.

俞珏.（2013）.近40年来英语短语动词研究综述.池州学院学报，27（2）.112-114+136.

俞珏、张辉.（2019）.中国英语学习者英语短语动词加工的神经认知研究.外语教学与研究，51（6）：838-849.

袁野、李丹.（2007）.语言理解的体验性及行动性.四川外语学院学报，23（3）：47-52.

袁毓林.（2004）.论元结构和句式结构互动的动因、机制和条件——表达精细化对动词配价和句式构造的影响.语言研究，24（4）：1-10.

曾永红.（2011）.中国大学生英语运动事件表达习得研究.博士论文，长沙：湖南师范大学.

曾永红、白解红.（2013）.中国学生英语运动事件表达习得研究.外语与外语教学，273（6）：44-48.

张彬.（2007）.英语学习者对英语短语动词的回避现象研究.解放军外国语学院学报，30（6）；60-64.

张伯江.（1999）.现代汉语的双及物结构式.中国语文，270（3）：175-184.

张昌柱.（1986）.《英语短语动词》.石家庄：河北人民出版社.

张道真.（1995）.《实用英语语法》.北京：外语教学与研究出版社.

张辉.（2003）.《熟语及其理解的认知语义学研究》.北京：军事谊文出版社.

张建理.（2006）.英汉双宾语句认知对比研究.外国语，166（6）：28-33.

张建理.（2010）.再论英汉双宾语构式.外语研究，120（2）：8-13.

张建理.（2011）.英语双宾语构式的历时演变探究.浙江大学学报（人文社会科学版），41（3）：149-158.

张萌、张积家.（2008）.熟悉性和语境对中学生成语理解的影响.中国科技创新导刊，15（30）；192-193.

张萍、王晓琳.（2022）.多义短语动词句子加工中的语义因素和意象图式.外国语，45（2）：27-36.

张韧.（2007）.认知语法视野下的构式研究.外语研究，103（3）：35-40.

张绍全.（2010）.《中国英语学习者多义词习得的认知语言学研究》.重庆：重庆大学出版社.

张璇、杨玉芳.（2009）.工作记忆容量在语言理解中的作用及机制.心理科学，32（5）：1030-1033.

张亚旭、舒华、张厚粲、周晓林.（2002）.话语参照语境条件下汉语歧义短语的加工.心理学报，34（2）：126-134.

张正厚、吕磊、谭霞.（2010）.语言水平与听力理解困难关联性的认知心理分析.外语教学理论与实践，32（1）：33-38.

章柏成、韦汉.（2004）.英语词汇教学的呈现方式研究.外语与外语教学，181（4）：24-27.

赵平.（2007）.传统教学模式下与多媒体教学模式下词汇呈现方式之比较.外语界，123（6）：53-58.

赵鹏芳.（2011）.基于中国学习者英语语料库的短语动词习得研究.湖南科技大学学报（社会科学版），14（6）：114-117.

中国社会科学院语言研究所.（2011）.《新华字典》.北京：商务印书馆.

周彩庆.（2007）.中国英语学习者对英语习语的理解和学习.博士论文，上海：上海外国语大学.

周英、张淑静.（2011）.英语专业学生英语习语加工研究.解放军外国语学院学报，34（1）：46-51.

朱德熙.（1982）.《语法讲义》.北京：商务印书馆.

祝丽丽、王文斌.（2021）.论沃尔夫的语言相对性原则.外国语文，37（2）：73-82.

后　记

这本《应用认知语言学》杀青之际，我收到中国英汉语比较研究会认知语言学专业委员会秘书长张辉教授和第七届认知语言学与二语习得研讨会组委会杨林秀教授的主旨发言邀请，正好借此机会，梳理一下我在研究应用认知语言学过程中的点点滴滴和撰写此书过程中的感人时刻并借此表达对给予我帮助的人士的谢忱。

我国的认知语言学是与新世纪同步的，新世纪第一年即2001年10月份"首届全国认知语言学研讨会"以"开拓语言认知研究的新领域"为主题在上海外国语大学召开，认知语言学的研究和应用从此便在中国大地蓬勃起来，至2006年5月南京师范大学召开的"认知语言学理论的发展、应用及跨学科研究"为主题的"第四届全国认知语言学研讨会"上中国认知语言学研究会（现为中国英汉语比较研究会认知语言学专业委员会）正式成立，时隔一年，便于2008年在位于蚌埠的安徽财经大学召开"第一届认知语言学与二语习得学术研讨会"。不久，学会常务理事会决定"全国认知语言学研讨会"和"认知语言学与二语习得研讨会"成为本会的规定性常态性学术活动，前者于单数年份举办，后者于双数年份召开，至此次2022年9月在山西大学召开的"第七届认知语言学与二语习得研讨会"。历届的"认知语言学与二语习得研讨会"，我本人均积极参与。2012年10月在中国石油大学（北京）召开的"第三届认知语言学与二语习得研讨会"上，我向大会呈赠了50本我与暨南大学陈卓雯老师合译的 *Handbook of Cognitive Linguistics and Second Language Acquisition*（Robinson

和Elilis主编，Routledge Press与羊城晚报出版社2011年12月联合出版）。2014年10月在宁波大学召开"第四届认知语言学与二语习得研讨会"，其时，我任宁波大学外语学院院长并正在推进我主持的2013年国家社科基金规划项目"应用认知语言学视域下的英语教与学研究"的研究，会后，我与丛迎旭教授合写了《认知语言学的新趋势：应用与实证》的会议综述发表于《外国语》2015年第3期。我的认知语言学实证性应用研究自始至终受到了中国英汉语比较研究会认知语言学专业委员会的关心和支持，受到了多位专家学者的帮助。

  本书写作过程中，王文斌、束定芳、王初明、张辉、文旭、张绍杰、杨连瑞、王立非、程工、许余龙、高一虹、任伟、常辉、马利军、林正军、刘振前、李毅、李杰、齐振海、杨达复、韩景泉、赵晨、董燕萍、范琳、姜孟、周榕、郭涛、袁凤识、魏在江、赵秀凤、焦丹、杨松、肖坤学、陈香兰、詹宏伟、张萍、高航、王慧莉、严明、胡春雨、陈宏俊、王小潞、王红阳、黄立波、张政、刘希瑞等同行专家给予亲切指导和关怀。王文斌教授关心我的国家社科项目的申报过程并亲自审改我的项目申请书，每想及此，感怀至深。束定芳教授在我的项目实施过程中给予亲切指导并指导我邀请时任国际认知语言学会会长的汉堡大学Klaus-Uwe Panther教授和夫人到宁波大学讲学。张辉教授多次过问我的研究进展并邀我向认知语言学与二语习得研讨会提交科研报告。文旭教授给我寄来他2021年与John R. Taylor主编的The Routledge Handbook of Cognitive Lnguistics供我查新。远在泰国的朱拉隆功大学的王葆华教授从海外给我发来Construction at Work等一批最新的文献，我在最初涉猎认知语言学文献时就得益于葆华教授，他还协助指导了我的博士研究生涂柳的研究工作。宁波大学黄大网教授在英国公开大学（位于伯明翰）访学期间利用地利之便帮我收集了著名应用认知语言学者、伯明翰大学Jeannette Littlemore教授关于认知语言学应用于外语教学的全部论著。我在暨南大学指导的硕士研究生魏澜毕业当年即到新西兰奥克兰大学攻读博士学位并留校工作，我需要查阅最新文献时只要通过微信发出协查信息便会在几分钟内收到最新资料，极大地方便了本书的写作。北京外国语大学外语教学与研究编辑部的郭洁老师给我提供了我亟需的生成语言学方面的英文原著。广东外语外贸大学在读博士生罗健京、我的博

后　记

士研究生郑有耀都曾协助查找有关资料，魏在江教授给我发来构式语法方面的最新文献。宁波大学杨新亮教授在阿姆斯特丹大学访学进修期间、徐亮副教授在堪萨斯大学访学进修期间也都协助查找了有关资料。宁波大学李昌标副教授在北京大学攻读博士学位期间帮我在北大图书馆和国家图书馆收集到大量的认知语言学的文献。对上述所有给予本书写作提供了帮助的学界同行，在此一并致以诚挚谢意！

应用认知语言学的研究是一个充满挑战但又饶有趣味的过程。2007年5月，我邀请认知语法创始人Ronald W. Langacker教授到广州的暨南大学做认知语法和范畴化的讲座。2012年金秋10月，剑桥大学袁博平教授做生成语言学与二语习得的讲座。2014年10月我邀请莱斯大学（Rice University）的Michel Achard教授在"第四届全国认知语言学与二语习得研讨会"的会前讲习班授课并做大会主旨报告。2017年4月，刘正光教授邀请宾夕法尼亚大学於宁教授在湘讲学，我借湘粤互邻的地利之便邀请於宁先生来穗主讲"戏如人生"的隐喻分析，其精彩讲学至今回荡在白云山麓。同年5月，阿拉巴马大学刘迪麟教授应我特邀做了认知语言学与二语教学的专题讲座，刘先生的全英讲座翔实丰富，所引发的学术启迪令人难忘。2017年12月，奥克兰大学张军教授应我特邀来穗做二语写作过程研究的学术讲座。2018年1月，新南威尔士大学高雪松教授应邀来广外讲学并对我的科研项目给予直接指导。

本书的写作及与之相关的科研课题研究一直受到王克非教授提掖。2017年7月，《外语教学与研究》在云南师范大学举办西部外语学科发展论坛，我应邀做了应用认知语言学的建构——兼论认知语言学与英语教学的主旨发言（本书第一章），2018年4月，《外语教学与研究》主办的"第六届全国外语教学与研究中青年学者论坛"（东南大学承办），我做了"文化—语言—思维———项基于语言相对论的实验研究"的主旨发言（本书第6章的相关内容），2019年7月，《外语教学与研究》在青海师范大学举办西部外语学科发展论坛，我做了认知研究与外语课堂设计的报告（本书第5章相关内容）。书稿付梓之际，特向王克非教授致以最诚挚的谢忱。

写作本书过程中，我的小孙女桐桐在玩玩具搭积木过程中发展语言能力的惊人进步，让我直观而深切地感受到具身认知理念的巨大潜力和应用前景，自然教育和在运动中成长的理念让我又重读大学时代读过的卢梭小说《爱弥儿》！

卢 植

2022年9月10日